2013年度"教育部人文社会科学研究西部和边疆地区项目"资助
"基于语料库的汉语语言符号的网络再生及其生成逻辑研究"
（项目批准号：13XJA860001）

西北师范大学 "外国语言文学"优势学科资助

西北师范大学外国语言文学文库

语言无羁

汉语言符号的网络再生与生成逻辑研究

曹进 靳琰 白丽梅 著

中国社会科学出版社

图书在版编目(CIP)数据

语言无羁:汉语言符号的网络再生与生成逻辑研究/曹进,靳琰,白丽梅著. —北京:中国社会科学出版社,2019.10
ISBN 978 - 7 - 5203 - 5477 - 6

Ⅰ.①语… Ⅱ.①曹…②靳…③白… Ⅲ.①汉语—网络用语—研究 Ⅳ.①H136.4

中国版本图书馆 CIP 数据核字(2019)第 232546 号

出 版 人	赵剑英
责任编辑	陈肖静
责任校对	刘 娟
责任印制	戴 宽

出 版	中国社会科学出版社
社 址	北京鼓楼西大街甲 158 号
邮 编	100720
网 址	http://www.csspw.cn
发 行 部	010 - 84083685
门 市 部	010 - 84029450
经 销	新华书店及其他书店

印 刷	北京明恒达印务有限公司
装 订	廊坊市广阳区广增装订厂
版 次	2019 年 10 月第 1 版
印 次	2019 年 10 月第 1 次印刷

开 本	710×1000 1/16
印 张	27.75
插 页	2
字 数	335 千字
定 价	138.00 元

凡购买中国社会科学出版社图书,如有质量问题请与本社营销中心联系调换
电话:010 - 84083683
版权所有 侵权必究

序

在当代数字化已渗透并存在于社会诸方面的浪潮中,人们的生存和工作方式已悄然发生根本性的变化。在我国,许多网民徜徉于虚拟的网络世界生活,他们使用后现代文化的解构、拼贴、混合手法,借用汉语表意文字的独特优势,采用分解、颠倒、混合、重组等手段,利用敲击键盘的"书写"方式,以富有口语特征的言语表达创造了自由、舒展、任性的语言,尽情地言说着个体的所思所想,一个新的语言传播场域被豁然打开。凭藉诸多通信方式而存在的网络语言发端于网络、栖身于网络并演化于网络,堪称网络运行的润滑剂与人际交往的血液,其主体生发于自然语言,其变体却又不免让人总有似曾相识而又不易相认的熟悉感和陌生感。

2006 年,《剑桥百科全书》语料库的主编之一,语言学家克里斯特尔(D. Crystal)所撰著的《语言与因特网》(*Language and the Internet*)由剑桥大学出版社第二次出版,其中文版也于 2006 年由上海科技教育出版社发行第一版。克里斯特尔以全球的开阔视野看待网络语言的发展和变化。他在"中文版序"中提出:"汉语,以及在中国使用的其他语言,是如何应对各种各样的电子媒体通信领域的,中国人又是如何对它做出反应的,我们需要这方面的研究资料。"什么是网络语言?目前各种定义依然莫衷一是。人机对话会将表意文字引向何处？网络语言何以大行其道？这都是值得语言研究工作者关注的问题。因此，探究网络语言的产生背景、发展现状、演进规律、传播方式及其所产生的影响等，不仅有利于提炼出语言传播的新规律，也有利于重构虚拟世界与现实世界的对位关系。《语言无羁：汉语言符号的网络再生与生成逻辑研究》为读者提供了鲜明生动的答案。

媒介技术的革新引爆了一场语言革命。网络技术与语言的勾连使得语言变体成为一个时代的记忆与铭文。在网络空间这个新的语言场域中，网民突破了时空的枷锁，沉浸于后现代文化的狂欢之中，颠覆、重构、消解着自然语言的严肃性和规范性，追求着碎片化、快餐式、混搭式的语言表达，以有限的语符创造出意境无限丰富的内涵。在网络时代，《语言无羁》一书使原本不易被察觉的语言隐性存在变为可视的显性现实。

网络传播赋予表意文字以强大的生命力。该著作对网上传播的表意文字符号及其复合体从能指和所指的"多样性"、"离散性"、"任意性"、"规约性"等做了较为深入的审视和探讨。研究显示，网络介入表意文字传播后，汉语言文字传播进入了一个特殊的表意状态，而且社会与技术因素既制约又助推着网络语言的生产与传播形态。

网络成为大众话语对民间语文符号的再解构与再符号化场域，利用网语符号嘲人笑己，共娱共乐、乐谈人生、观照世界，已成为时下网络语言的意义之所在；恶搞他人、宣泄情感、嘲讽自我、针砭时弊，已成为现代社会生存精神紧张的减压阀，网络语言的游戏精神和叛逆精神，已成为网民共同的内心表露。在这样一个传播场域，表意文字的生命力已得到了空前的张扬和发挥，网络的开放与限制，真实与虚拟使网民渴望更多的传播自由，彰显个性、宣扬自我与创造动力，促使他们利用表意文字以建构与众不同的网语传播符号，找寻另类的语言表达，以获得传播的愉悦与快感，由此促使传播技术不断推出新成果，使网络传播符号得以不断地更新。

该著作开展了网络语言的多维动态研究，具有跨学科、跨符号、跨语言、跨技术、跨领域的"跨学科"特征，从多个层面解析了网络语言传播问题，相对完整地透视了网络语言的生发背景、演变规律、传播途径、传播方式以及传播逻辑。作者采用符号学、语用学、语言学、模因论、传播学理论与方法，利用各学科间的内部有机联系，使得网络语言研究在符号生产、意义诠释、语境构建、言语行为、语用规则、传播效果等诸多方面形成了共同的研究旨趣和彼此依赖的关系。

该著作采用语料库、问卷调查、参与观察等方法，依据鲜活生动的网络语言语料，从网络无疆（网络与网络语言的关系）、创造无限（网络文字的想象与加工）、符号无垠（网络语言符号的生产）、模仿无涯（网络语言的模仿与复制）、语言无羁（网络影响思维与感知）、微力无边（自媒体语言的传播）直至传播无囿（时空变化引起语言变迁），构建起了一条网络语言发展的清晰脉络，为语言研究，特别是网络语言研究开辟了新的视角，提供了新的方法，催生了新的研究动力。

数字媒介的发展和传播技术的进步颠覆着网民的书写方式，网民在身体在场而不出场的网络体验中，在解构、拼贴、重构网络语言符号的书写过程中，借用汉语表意文字的独特优势，创造出了网络语言这一新的语言变体，并体验着网络语言符号的变造与意义生发的狂欢，网络时代，既有"思想无羁"，更具"语言无羁"，网络语言所具有的杂糅、简易、直观、奇异、谐趣、调侃等表征，虽然遭人质疑，但其独特的非物质性、实时性、非线性、流动性、私人性、公共性、杂合性、不确定性等，已成为真切的社会现实，值得语言研究人员高度关切，随着网络的进一步普及，网络语言将会有更多的变数和更大的发展空间，也必将在人类语言史上产生更加深远的影响。

是为序。

北京外国语大学中国外语与教育研究中心、国家语言能力发展研究中心

2019 年 8 月 23 日

目　录

第一章　绪论……………………………………………（1）
　第一节　国内外研究现状…………………………（4）
　第二节　网络语言定义……………………………（10）
　第三节　研究意义…………………………………（13）
　本章小结……………………………………………（15）

第二章　研究方法与数据处理………………………（17）
　第一节　研究方法…………………………………（18）
　第二节　研究重点…………………………………（20）
　第三节　网络语言语料库…………………………（21）
　第四节　调查问卷结果统计与分析………………（28）
　本章小结……………………………………………（48）

第三章　网络无疆
　　　——互联网与网络语言……………………（50）
　第一节　互联网的发展与飞跃……………………（51）
　第二节　新媒体：网络语言的催化剂………………（68）
　第三节　网络时空：网络语言的栖息地……………（81）

· 1 ·

本章小结 …………………………………………………………（95）

第四章　创造无限
　　——文字的想象与加工域 ………………………………（97）
第一节　网络语言是技术进步的结果 ……………………………（98）
第二节　网络语言爆炸的技术逻辑 ………………………………（111）
第三节　技术+新语言　新生活 …………………………………（123）
本章小结 …………………………………………………………（129）

第五章　符号无垠
　　——网络时代符号的滥觞 ………………………………（131）
第一节　网络时代的符号爆炸 ……………………………………（132）
第二节　表意符号的演变历程 ……………………………………（139）
第三节　象形符号的网络衍生 ……………………………………（147）
第四节　符号的博弈：自然语言与网络语言的角力 ……………（163）
本章小结 …………………………………………………………（177）

第六章　模仿无涯
　　——网络语言的"发酵罐" ………………………………（180）
第一节　模因论与网络语言传播 …………………………………（181）
第二节　"老虎"
　　——强势模因的演绎进路 ………………………………（197）
第三节　传播力：表情模因的生成与传播 ………………………（213）
本章小结 …………………………………………………………（226）

目 录

第七章　语言无羁
　　——网络影响思维与感知的逻辑路径 …………………（228）
　第一节　网络影响思维的逻辑轨迹 ………………………（229）
　第二节　语言无羁:网络影响听觉的路径 …………………（247）
　第三节　网络影响口语交流的逻辑脉络 …………………（257）
　第四节　网络阅读的逻辑魅力 ……………………………（266）
　第五节　网络:解构书写逻辑 ………………………………（275）
　本章小结 ……………………………………………………（282）

第八章　微力无边
　　——微语微言的力量 ……………………………………（284）
　第一节　微空间的微语言考察 ……………………………（285）
　第二节　微信语言:人际关系的"催化剂" …………………（298）
　第三节　微信语言:人际关系的"稀释剂" …………………（306）
　本章小结 ……………………………………………………（326）

第九章　传播无囿
　　——时空压缩的语言变形 ………………………………（328）
　第一节　网络传播:网络语言的原发地 ……………………（329）
　第二节　网络语言暴力传播动因 …………………………（339）
　第三节　网络语言暴力矫治策略 …………………………（356）
　第四节　网络媒介素养教育 ………………………………（366）
　本章小结 ……………………………………………………（373）

第十章　结论 ………………………………………………（376）
　第一节　研究发现 …………………………………………（377）

第二节　网络语言复杂性与多元化的思考 ……………（386）

第三节　研究限制与展望 …………………………………（389）

参考文献 ……………………………………………………（391）

网络参考 ……………………………………………………（416）

后记 …………………………………………………………（431）

第一章

绪　论

　　语言世界里最让人着迷的大概就是八方谈异，四方言殊的现象。

——克洛德·海然热（C. Hagege）[①]

　　互联网的重要功能是社会参与、人际拓展和网络分享。网民通过电子邮件、电子公告系统、虚拟社区、博客微博、社会网络、即时通信、网络新闻、网络文学、网络游戏以及网络购物等多样态方式建立起了庞大的网络帝国，而构建这个"帝国"的便利工具就是网民们熟悉的"网络语言"。随着技术的进步，曾经让人望而生畏的计算机早已摘下了高贵的面纱，电脑成为人脑的有力助手，也成为寻常百姓家的日常家电。网络让宇宙间的这颗蓝色星球成为了一个跨越时空的"地球村"。网络语言在人脑和电脑的合力下，从一开始就散发着一种与自然语言有着核心不同的"味道"，即技术性、杂糅

---

① ［法］克洛德·海然热：《语言人：论语言学对人文科学的贡献》，张祖建译，生活·读书·新知三联书店1999年版，第42页。

性、拼贴性以及生造性等多元混合的特征。

　　语言循着语言的河道规矩流淌，而网络语言则是这条大河里泛起的涟漪，充满活力但又不走寻常路。网络交际使得语言生活变得极为丰富和杂乱。计算机编程语言、网页制作编写语言、网民的口语加书面语的加花语言纷纷闯入了我们的语言。在浩瀚的网络星河中，电子媒介更加明确地把语词嵌入虚拟空间，"语言半人马"将原本由口说出的词语进行重组并置入书写视觉之中。网民开展的语言"大生产"活动将所有人和语言都扔进了巨型的网络搅拌机中。贴吧、邮件、论坛、虚拟社区、购物、餐饮、微信、微博、博客、即时通讯、QQ、官网、门户网站、BBS、跟帖、评论均成为汉语言和文字的想象域和加工域，从最初控制计算机的程序语言到当下的网络交流语言，它栖身于网络社会的每个角落。网络语言以计算机技术、网络技术、键盘技术、输入技术以及显示技术为介质，为人们展现了前所未有的语言生态。人肉搜索（doxing）、围观、吐槽、网络涂鸦、灌水、宣泄、无厘头成为网络新生活的标志。网络技术使语言偏离了原来的规则，字、词、谐音、字符画、仿音字（duang）、偏旁部首字（艹）、方言、外语、古字、音形叠加、错别字、表情包、汉字画、混合语和火星文都被网民"塞进"了语言系统。标题党、谣言党、网络喷子、键盘侠虽遭人嫌弃，但依然活跃在网络中。网络空间成为了给他人施压的锅炉房，为自己释压的解压阀。虚拟的"红包"、"偷菜"、"养宠物"成为"第二人生"的标记。汉语语言文字从未像现在这样多样、多元和杂乱。抒发心情的"XX体"满天飞，体现暴力的詈骂语充斥网络，解构汉字成为时尚，错别字大行其道，物价飞涨有了"豆你玩"，生造字词受人喜爱，偏旁拆字（艹，中，艸，亻，弓虽）另赋含义，"羊佳将"、"虾折腾"、"发新社"等谐音变义词随处可见。有心的网友将汉语歧义词一股脑扔在

第一章　绪论

网络上,传播了汉语言文化的奇妙景观。所谓的"八级汉语"令人"脑洞大开",例如:

(1)冬天:能穿多少穿多少;夏天:能穿多少穿多少。

(2)剩女产生的原因有两个:一是谁都看不上,二是谁都看不上。

(3)单身人的来由:原来是喜欢一个人,现在是喜欢一个人。①

汉语的神奇之处就在这里。汉语中相同的文字,不同的音高、语调和语气能表达出完全截然相反的意思。汉语歧义句的魅力也正在于此。网络语言代表着一种新的语言文化,其中不乏充满活力和新意的话语,尤其在新媒体环境下。语言只有随着社会的发展不断纳新吐故,才会具有生命力。汉字是象形文字,其拆分与组合特质使其自身能够表达物质外壳的东西。有时候,汉字的魅力在于只有接收者才懂得的秘密符号。那么"对表意文字的梦想冲破语言的樊笼,希望重新找到深埋在象形文字当中的万物和谐和历史以及史前史"。②

本著作旨在对汉语语言符号的网络再生与生成逻辑开展深入研究,力图寻找网络语言传播的内在规律,挖掘汉语网络语言生成的深层机理与路径,根据网络语言的传播现状对其进行正确的引导和科学的规范,为建设良好的网络语言生态服务。挖掘网络语言的社会价值和学术价值,有利于推动我国汉语言朝着健康蓬勃的势头发展,使吸收了网络语言优点的自然语言更好地充当社会交际工具,

---

① 百度贴吧,冬天能穿多少穿多少,夏天能穿多少穿多少,http://tieba.baidu.com/p/2532229409,2013-08-15。

② [法]克洛德·海然热:《语言人:论语言学对人文科学的贡献》,张祖建译,生活·读书·新知三联书店1999年版,第92页。

从而繁荣语言文化。

第一节 国内外研究现状

虚拟世界依赖符号转化为现实世界，人类凭借传播技术使虚拟世界符号化，同时虚拟世界也使得人高度符号化。在新媒体所营造的全新媒体生态环境下，网络语言的研究成为一个充满魅力的学术话题。

早在 1959 年，传播学大师麦克卢汉（M. McLuhan）就指出"电子时代的生产者变成了消费者，消费者变成了生产者"。[①] 1996 年科洛（M. Collot）和贝尔莫尔（N. Belmore）在《电子语言》一文中主要探讨了 BBS 中的语言特征。他们认为，BBS 上没有固定的成员，讨论的话题宽泛，可以是艺术讨论，也可以是政治辩论或个人建议，由此导致电子语言出现变体。[②] 耶茨（S. J. Yeats）的看法是"电子口语和书写的根本不同在于其生产和消费模式。口语是'会飞'的语言，以同样的速度和动力方式来消费、倾听它。而书写则是稳定的，它按照作者的速度来完成，按照读者的意愿来消费"。[③] 莱文森（P. Levinson）[④] 在《软边缘》一书中提出"在计算机屏幕显示的文字是一种新的媒介……这种拥有无限的刷新频率的屏幕看起来像电视，但显示的是文字而不是图像，最重要的是，这些文字还能被阅

[①] ［加］梅蒂·莫利纳罗、科琳·麦克卢汉、威廉·托伊：《麦克卢汉书简》，何道宽，仲冬译，中国人民大学出版社 2005 年版，第 253 页。

[②] Collot, Milena & Nancy Belmore, Electronic language: a new variety of English, in (ed.) Susan C. Herring, *Computer-Mediated Communication-Linguistic, Social and Cross-cultural Perspectives*, Amsterdam: John Benjamins Publishing Company, 1996: 13 – 28.

[③] Yeats, S. J., Oral and written linguistic aspects of computer conferencing: a corpus based study, in (ed.) S. C. Herring, *in Computer-Mediated Communication-Linguistic, Social and Cross-cultural Perspectives*, Amsterdam: John Benjamins Publishing Company, 1996: 29 – 46.

[④] Levinson，又译为"莱文森"。

第一章 绪论

读者所创造"。① 甘布尔（T. K. Gamble）认为网络语言是在屏幕上用思想编码的过程，网民会共享一种奇特的语言，恰似某种行话，可以用来作为人们联系的桥梁。② 2008 年，翁（J. Ong）认为电脑语言和人类语言有相像，电脑语言是人直接有意识创造出来的。③ 2009 年，艾耶尔（A. J. Ayer）在《可能有一种私人语言吗》一文中的看法是："语言是人为确定的，可以创造一些私密的、只有少数人可以理解的编码。"④ 2001 年，语言学家克里斯特尔（D. Crystal）研究了英语网络语言的种种形态和存身空间。2004 年，克里斯特尔在《语言的革命》一书中再次探讨了网络语言对人类交往的影响：随着大众对网络越来越熟悉，发生了语言革命。"语言用户的选择受到硬件的限制，键盘决定了语言能力的生产力，那么显示器则决定了语言能力的接受性。"⑤ 2011 年，克里斯特尔出版了《网络语言学：学生指南》一书，他"从描写语言学的视角对网络语言的特性做了详尽的描述，并较详细地论述了对网络语言现象展开研究的方法论问题"。⑥ 该著作系统介绍了网络语言学的研究范围、研究方法以及研究方向。

2005 年，Jarrell 和 Freiermuth 提出，在语言课堂中网络聊天可以作为潜在的学习动力工具。⑦ 2008 年，Pérez-Sabater 等学者探讨在线

---

① [美] 保罗·利文森：《软边缘：信息革命的历史与未来》，熊澄宇等译，清华大学出版社 2002 年版，第 129 页。
② [美] 特里·K. 甘布尔、迈克尔·甘布尔：《有效传播》（第七版），熊婷婷译，清华大学出版社 2005 年版，第 107—108 页。
③ [美] 沃尔特·翁：《口语文化与书面文化——语词的技术化》，何道宽译，北京大学出版社 2008 年版，第 3 页。
④ [英] A. J. 艾耶尔：《可能有一种私人语言吗》，商务印书馆 2004 年版，第 873 页；[美] 茱莉亚·T. 伍德：《生活中的传播》，北京大学出版社 2009 年版，第 127 页。
⑤ [英] 戴维·克里斯特尔：《语言与因特网》，郭桂春，刘全明译，上海科技教育出版社 2006 年版，第 16 页。
⑥ 陈泽源、马博森：《网络语言学：学生指南述评》，《当代外语研究》2014 年第 4 期。
⑦ Jarrell, Douglas, Mark R. Freiermuth, *The Motivational Power of Internet Chat*, SAGE Publication, 2005.

体育解说词,给网络语言研究提供了书面的计算机辅助交际案例。该研究的目的是检查口语特征和三种语言在网络足球评论中的混合体裁。研究表明,在线评论的形式和内容受到了在线报纸风格的强烈影响。① 2012 年,Soffer 在《液体语言?论数字化时代语篇的个人化》中表明,使用人际数字话语(CMC 和短信)人数众多,其特征是拼写错误多,书面语受口语影响大。作者考察了非标准的口头话语的社会合法化及其社会话语的含义,认为数字口语化具有后现代和后结构的鲜明特点。口头书面文字表面上反映了语言结构的熔化,类似社会结构发生改变。Soffer 使用索绪尔的基本结构理论分析了口语的书面化文本是如何形成的。语言精心误用的本质非常结构化和系统化,语言使用的无政府主义和对现代语言结构的反叛具有高度的行动意味。② 2015 年,Nissenbaum 和 Shifman 探讨了模因在网络社区中作为文化资本的运作,揭示了三种主要的模因资本:亚文化知识、不稳定的平衡点以及话语作为武器。创新的内容会导致模因的配置成为不稳定的平衡点,触发关于"正确"使用的持续冲突。③

中国互联网络信息中心(CNNIC)自从 1997 年 6 月 3 日至 2018 年 1 月,发布了 41 次《中国互联网络发展状况统计报告》。整整 20 年的系列《中国互联网络发展状况统计报告》,对国内网民人数、手机网民人数、网民年龄、性别、上网时间、上网时长、上网地点、上网目的、上网行为均有详尽且准确的量化统计与分析,为调查网

---

① Pérez-Sabater, Carmen, et al, A spoken genre gets written online football commentaries in English, French, and Spanish, *Written Communication*, Volume 25 Number 2, 2008 (8): 235 – 261.

② Soffer, Oren, Liquid language? On the personalization of discourse in the digital era, *New Media & Society*, The Author (s) 2012, 4 (7): 1092 – 1110.

③ Nissenbaum, Asaf & Limor Shifman, Internet memes as contested cultural capital: The case of 4chan's/b/ board, *New Media & Society* 1 – 19, The Author (s) 2015.

第一章 绪论

络语言的发展和演变提供了重要数据支撑。人民网舆情监测室的研究表明：

> 网络语言是在一定时期内，因政治、经济、文化、社会及人们心理活动共同作用的产物，互联网是它的载体特性，网络联结网民个体，形成词、短语、句子、符号传播的广阔平台。在全球范围内，网络语言已经成为社会文化变迁的重要投射，在中国，由于汉语的音、意、形更为丰富，网络语言作为一种文化样本越来越受到关注和重视。社会转型的大背景下产生的网络语言，反映出时代的社会变革、社会心态。①

"百度搜索风云榜"以数亿网民的单日搜索行为作为大数据基础，以关键词为统计对象建立全面的各种关键词排行榜，以榜单形式向用户呈现基于百度海量搜索数据的排行信息。② 同时，"百度指数"③ 在网络语言研究方面也为研究工作者提供了诸多方便。百度指数可以清晰告知网民：某个关键词在百度的搜索量有多大，一段时间内的搜索涨跌态势以及相关的新闻舆论变化，关注这些词的网民背景，分布在什么地方，用户同时还搜了哪些相关的词。④

此外，"搜狐热词"、"天涯社区"、"猫扑社区"、"148知识网"、"流行语大全"等均成为网络语言集中出现的虚拟场域。截

---

① 人民网舆情监测室：《人民网舆情监测室发布2015年网络语象报告》，https：//mini.eastday.com/a/160326224519655-2.html，2016-03-26。
② 百度搜索，百度搜索风云榜，http：//top.baidu.com/，2017-05-05。
③ 百度指数，http：//index.baidu.com/，2016-12-12。
④ 百度百科，百度指数，http：//baike.baidu.com/link？url＝Zliw-5qEXisi_oGFZhKv-DOgz6UyJ1VDMwVHkdL3BrFAxURWwOjUUVRL7-pgBj48dTsvXANk7AtPbITNGd4rD1YRHiWORsTGsKV0pQ-f_0ZwZfr9m5itkVwbMMirhfmGq，2017-06-28。

止2017年3月20日,根据对中国知网(CNKI)"主题词"的检索,从2007年至2016年十年间,每年知网收录的关于网络语言的研究论文均在350篇以上,并呈上升趋势。研究主旨涵盖了网络语言的利弊、传播、形态、结构、语篇、话语特征等,研究视角也各有千秋,包括哲学、符号学、传播学、模因论、语用学、语义学、形态学、词汇学等。

2005年以来,教育部、国家语委每年都会通过商务出版社出版发布上一年度的《中国语言生活状况报告》(中国语言生活绿皮书)。系列《报告》对当前中国语言生活的状况进行了详细科学的描写、分析、建议和预测。报告指出:网络媒体催生了网络语言汉语新语体。例如,教育部、国家语委发布的《中国语言生活状况报告(2016)》记录了2015年的网络热词。有网友将其改串成了一段类似"段子"的表达,例如:

(4) 世界这么大,我想去看看……不看不知道,一看才发现,你们城里人真会玩……明明可以靠脸吃饭,偏偏要靠才华……不仅敢出手为国护盘,还能证明"我妈是我妈"……简直吓死宝宝了……这外面的世界果然主要看气质啊……此刻,我只想静静……①

诸多网络"流行用语反映了一年来网民对社会生活的关注与感悟,是认识社会、感悟社会、理解社会的一个窗口"。② 该系列报告对语言文字研究工作者具有极大的学术和应用价值。《中国语言生活

---

① Lizimin,图解:中国语言生活状况报告(2016),360个人图书馆,2016-06-05。
② 新华网,教育部、国家语委. 中国语言生活状况报告(2016),http://news.xinhuanet.com/politics/2016-05/31/c_129030561.htm,2016-05-31。

状况报告》(2017) 对"弹幕"、"表情包"、"年度字词书写"、"新词语"、"流行语"、"网络用语"做了专题研究。① 教育部语言文字信息管理司组编的《世界语言生活报告》(2016) 搜录了英语近年热门词语 (2007—2010)、德语近年热门词语 (2007—2010)、俄罗斯近年年度词语 (2007—2010)、日本近年热词解读 (2007—2010)②。《世界语言生活报告》(2018) 则搜录了日本年度热词与年度汉字 (2013—2014)、俄罗斯年度词语 (2013—2014)、德国年度词 (2013—2014)、法国年度术语及新词 (2013—2014)、西班牙年度热词 (2013—2014)、英语年度热词 (2013—2014)。③ 由国家语言资源监测与研究平面媒体中心、有声媒体中心、网络媒体中心和商务印书馆联合发起的"汉语盘点活动"已经开展了12年。此项活动进一步推进了网络语言的发展。④ 在 Web2.0 时代，众多"冷媒介"纷纷向"热媒介"转化，制造视觉奇观，创造眼球经济，彰显个人存在感或创造力。

国内学者目前出版的关于网络语言的专著包括：《网络语言概说》(于根元，2001)，《网络语言》(刘海燕，2002)，《网络语言的传播与控制研究：兼论未成年人网络素养教育》(王炎龙，2009)，《网络语言新探》(汤玫英，2010)，《网络语言语法与语用研究》(张云辉，2010)，《网络语言传播导论》(曹进，2012)，《英汉网络语言对比研究》(傅轶飞，2013)，《基于语言学理论的网络语言应用研究》(高岩，2014)，《网络交际中不礼貌话语的建

---

① 国家语言文字工作委员会：《中国语言生活状况报告》，商务印书馆2017年版，第170—222页。
② 教育部语言文字信息管理司：《世界语言生活报告》，商务印书馆2016年版，第3—35页。
③ 同上书，第201—237页。
④ 国家语言文字工作委员会：《中国语言文字事业发展报告》，商务印书馆2018年版，第145页。

构模式及其语用机制》（谢朝群等，2015），《网络语言学教程》（林刚，2017）以及《网络语言研究》（张颖伟，2017）等，上述著作各有侧重，对网络语言的形式、分类、内容、意义、话语礼貌、媒介素养、传播特点、传播规律、生产人群等做了各有特色的研究。

第二节　网络语言定义

德赖弗斯（L. Dreyfus）在《互联网上》提出"互联网不只是一个新的技术革新；它是技术革新的一个新类型；这种类型生产出了技术的真正本质"。[①]诺顿（J. Naughton）在《未来简史：互联网的起源》中评价说："有人把互联网与印刷术和电视等同起来，它们极大地改变了人类的通信环境。然而，互联网比前两者更具潜力，因其充分利用了印刷术赋予人类的文明手段，也摆脱了广播电视一对多本质的束缚。"[②]

克里斯特尔认为网络语言是"言语+文字+电子媒体属性特征"的混合体，既不是言语和文字的混血儿，也不是口语和文字的简单叠加。[③] 菲德勒（F. Fidler）称网络语言"是一种电脑和环球网络的通用语言。"他认为数字语言和第三次媒介形态大变化有着密不可分的联系："数字语言作为一种强大的变革催化剂出现了。这是一种与其他任何语言都不同的语言……三个语言种类——表达式、口头和

[①] Hubert L. Dreyfus, *On the Internet*, London: Routledge, 2001: 1-2.
[②] Naughton, John, *A Brief History of The Future: The Origins of The Internet*, London: Weidenfeld and Nicolson, 1999: 21-22.
[③] ［英］戴维·克里斯特尔：《语言与因特网》，郭桂春、刘全明译，上海科技教育出版社2006年版，第31页。

第一章 绪 论

书面——被发展用来便利人类之间的沟通。"① 尽管互联网"有着卓著的技术成就和华丽的屏幕,然而互联网的各项功能之中体现得最明显的还是其语言特征。如果说因特网是一场革命,那么它很可能是一场语言革命"。②

曹进认为"赋予网络语言定义的基本脉络有三条:第一,网络语言是网络交流语言;第二,网络语言是一种社会方言;第三,网络语言是创造性的语言"。③ 学者们从不同角度给予网络语言不同的定义。刘海燕认为:"网络语言可以说是出现在网络上的常用的语言,是现实世界特定人群的语言与'虚拟世界'的保险方式之间相互适应于改造过程的产物。"④ 王炎龙的看法是:"网络语言是人们在网络交流中所运用的工具,是网民用来表达他们的网络情感和生活的语言,是在网络语境中传递和交流信息的载体和社会语言的变体。"⑤ 汤玫英提出:"网络语言是一种新的、特定的社会方言,它不仅具有独特的使用者和交际场合,也具有独特的表达功能。"⑥ 张云辉则认为网络语言"包括网络文学使用的语言,网络聊天室、各种即时聊天工具及论坛中使用的语言,电子邮件以及网络延伸出来的手机短信语言"。⑦ 傅轶飞认为汉语网络语言"指网络上新闻媒体、各类论坛、聊天室、博客(含手机短信、飞信、彩信和微信)等语境中经常出现的、前所未用的以杜撰、借代、

---

① [美]罗杰·菲德勒:《媒介形态变化》,明安香译,华夏出版社2000年版,第60—61页。
② [英]戴维·克里斯特尔:《语言与因特网》,郭桂春、刘全明译,上海科技教育出版社2006年版,前言,第4页。
③ 曹进:《网络语言传播导论》,清华大学出版社2012年版,第52页。
④ 刘海燕:《网络语言》,中国广播电视出版社2002年版,第12页。
⑤ 王炎龙:《网络语言的传播与控制研究:兼论未成年人网络素养教育》,四川大学出版社2009年版,第1页。
⑥ 汤玫英:《网络语言新探》,河南人民出版社2010年版,第11页。
⑦ 张云辉:《网络语言语法与语用研究》,学林出版社2010年版,第5页。

谐音造词为主，以（汉语拼音和英语）首字母缩略、数字、符号造词为辅的网络流行语现象"。① 高岩认为网络语言是"随着社会的发展而出现的语言变化形式，是网民自己创造、自发形成的社会语言现象。网络语言包括汉字、英文、字母、数字、符号、表情、图片、繁体字、错别字、生僻字、谐音字等正规和非正规的文字与符号"。②

2012 年，曹进在《网络语言传播导论》中从宏观、中观以及微观三个层面对网络语言定义，即，网络语言是（1）一种新的媒介语言；（2）利用网络开展言语交际、思想交流所使用的语言；（3）网络人际传播符号系统。③ 本著作对曹进提出的网络语言定义做了进一步凝练和修正，使网络语言的概念定义更加简洁清晰：

  网络语言是以互联网为技术载体，以自然语言为支撑，对人类语言和非语言符号重新组合，在虚拟社区的文化环境下甚至延伸至物理社会所使用的言语、表达方式或言辞。网络语言必须合乎计算机编码规则，能够通过计算机键盘输入的传播符号系统。

"语言"的网络化使得传播内容、传播关系以及传播效果均发生了较大的改变。网络语言是在网络场域中使用的、特定的"方言集合体"或是网民交流的"交际变体"。

---

① 傅轶飞：《英汉网络语言对比研究》，国防工业出版社 2013 年版，第 7 页。
② 高岩：《基于语言学理论的网络语言应用研究》，哈尔滨工业大学出版社 2014 年版，第 27 页。
③ 曹进：《网络语言传播导论》，清华大学出版社 2012 年版，第 52 页。

第一章 绪论

第三节 研究意义

"随着互联网的普及以及网络'原住民'的成长，如今外界对于网络语言的态度之争已不比往昔。司空见惯的网络语言，也逐渐赢得从主流文化到权威声音的认可。"①如今，"二次元世界正成为网络流行语言和文化的策源地之一……美国《福布斯》双周刊网站刊文，关注中国的二次元市场。越来越多的中国年轻人选择'逃入虚拟世界'"。②CNNIC 的第 41 次《中国互联网络发展状况统计报告》显示，截至 2017 年 12 月，我国网民规模达 7.72 亿，普及率达到 55.8%，超过全球平均水平（51.7%）4.1 个百分点。手机网民规模达 7.53 亿。③

"Internet World Stats"（"互联网世界统计"）的数据说明"网络是一个没有边界的地球村。但是，它被不同国家和地区的语言分隔开了。我们统计了互联网用户使用最多的前十种语言。无论居住在哪里，讲同一种语言的人们显示了一种形成自己的在线社区的倾向。"④ 表 1-1 显示，在世界互联网使用前十名的语言中，汉语位居第二，中国网民占世界互联网总用户的 20.8%。一个有趣的事实是联合国的 6 种官方语言（阿拉伯语、汉语、英语、法语、俄语和西班牙语）都位居互联网使用前十排名。

---

① 新华网，网络语言走红的背后，http://news.xinhuanet.com/tech/2016-06/20/c_129075283.htm，2016-06-20。

② 同上。

③ 中国互联网络信息中心，第 41 次中国互联网络发展状况统计报告，www.cnnic.net.cn/hlwfzyj/hlwxbg/hlwtjbg/201803/P020180305409870339136.pdf，2018-03-05。

④ Internet World Stats. Surfing and Site Guide Internet World Stats，http://www.internetworldstats.com/surfing.htm，2017-05-01。

表 1-1　　　　　　　互联网使用前十名的语言统计表①

互联网使用前十名的语言（2016 年 6 月 30 日）
（互联网用户使用语言数据）

互联网排名前十语言	互联网使用语言用户数	互联网渗透率（%人口）	互联网用户增长（2000—2016）	世界互联网总用户增长率（参与）	使用该语言世界人口（2016 估算）
English 英语	948 608 782	67.8%	573.9%	26.3%	1 400 052 373
Chinese 汉语	751 985 224	53.1%	2 227.9%	20.8%	1 415 572 934
Spanish 西班牙语	277 125 947	61.6%	1 424.3%	7.7%	450 235 963
Arabic 阿拉伯语	168 426 690	43.4%	6 602.5%	4.7%	388 332 877
Portuguese 葡萄牙语	154 525 606	57.9%	1 939.7%	4.3%	266 757 744
Japanese 日语	115 111 595	91.0%	144.5%	3.2%	126 464 583
Malay 马来语	109 400 982	37.8%	1 809.3%	3.0%	289 702 633
Russian 俄语	103 147 691	70.5%	3 227.3%	2.9%	146 358 055
French 法语	102 171 481	25.9%	751.5%	2.8%	393 892 299
German 德语	83 825 134	88.3%	204.6%	2.3%	94 973 855
TOP 10 LANGUAGES 前 10 名语言	2 814 329 132	56.6%	848.4%	77.9%	4 972 343 316
Rest of the Languages 其他语言	797 046 681	33.7%	1 141.0%	22.1%	2 367 750 664
WORLD TOTAL	3 611 375 813	49.2%	900.4%	100.0%	7 340 093 980

注：(1) 互联网统计排名前十语言数据截止于 2016 年 6 月 30 日；(2) 互联网渗透率指说某种语言的互联网用户的人数与说某种具体语言的估算总人口之间的比率；(3) 最新数据来自国际电信联盟属下的"尼尔森在线"，GfK 公司以及其他可靠来源；(4) 世界人口信息主要来自美国和欧盟国家人口调查局。

数据解释：说汉语的互联网用户达到 751985224 人，中国网民占世界互联网总用户的 20.8%。

表 1-2 说明中国大陆的互联网用户是世界互联网汉语使用的最大群体，达到 721,434,547 人，占 95.9%，脸谱网使用用户达到 1,800,000 人；香港互联网汉语使用用户达到 5,751,357 人，占 0.8%；澳门互联网汉语使用用户达到 433,752 人，占

---

① Internet World Stats. INTERNET WORLD USERS BY LANGUAGE Top 10 Languages, http://www.internetworldstats.com/stats7.htm, 2017-05-01.

第一章 绪论

0.1%；新加坡使用用户达到4,699,204人，占0.6%；台湾使用用户达到19,666,364人，占2.6%。从中国互联网络信息中心（CNNIC）的报告和"Internet World Stats"的统计数据中可以看出，汉语在互联网使用的情况，包括网民的数量和使用网络的情况，仅就网民数量规模来看，研究汉语网络语言就是一件极有学术价值的工作。

表1-2　　　　　使用汉语的互联网用户统计表[①]

说汉语的互联网用户—2016

地区	人口 （2016 估算）	Internet Users 2016年6月30日	渗透率 （%人口）	用户/%	脸谱 2016年6月30日
中国大陆	1 378561591	721434547	52.3	95.9	1800000
香港	7167403	5 751357	80.2	0.8	5100000
澳门	597425	433752	72.6	0.1	370000
新加坡	5781728	4699204	81.3	0.6	4 100000
台湾	23464787	19666364	83.8	2.6	18 000000
总计	1 415572934	751985224	53.1	100.0	29 370000

注：（1）汉语（普通话）互联网使用人数和人口统计截止于2016年6月30日；（2）人口数据来自美国人口调查局和当地代理；（3）最新数据来自国际电信联盟，脸谱网以及其他可靠来源。

本章小结

互联网的重要功能是社会参与、人际拓展和网络分享。本著作之所以要从多维视野考察网络语言就在于网络语言自身所具有的特性：语言符号与非语言符号的杂糅、线上与线下的博弈、传统与现代的交融、主流与亚文化的并存、口语与文字的混杂、隐身与显身

[①] Internet World Stats. Chinese Speaking Internet Users Statistics, http：//www.internet-worldstats.com/stats17.htm，2017-05-01.

的斗争、隐藏与显现的挣扎、内心与现实的纠缠、软件与硬件的匹配、虚拟与真实的矛盾等等，都成为网络语言生成的混合剂、添加剂和发泡剂。虚拟世界依赖符号转化为现实世界，人类凭借传播技术使虚拟世界符号化，同时虚拟世界也使得人高度符号化。网络语言在人脑和电脑的合力作用下，从一开始就散发着一种与自然语言有着核心不同的"味道"，即技术性、杂糅性、拼贴性以及生造性等多元混合的特征。网络媒介更加明确地把人和语词嵌入虚拟空间，"语言半人马"将原本由口说出的词语进行重组并置入书写视觉之中。网民开展的语言"大生产"活动将所有人和语言都扔进了巨型的网络搅拌机中。随着研究的不断深入，学者们对网络语言的定义也越来越清晰和准确。在全球范围内，网络语言已经成为社会文化变迁的重要投射，在中国，由于汉语的音、意、形更为丰富，网络语言作为一种文化样本越来越受到关注和重视。中国互联网络信息中心的报告和"Internet World Stats"的统计数据显示了汉语在互联网使用的情况，仅就网民数量规模来看，研究汉语网络语言就是一件极有学术价值的工作。因为，任何网民上网的首要活动就是语言活动。

第二章

研究方法与数据处理

> 社会科学应当关注的,是人类的多样性。这种多样性构成了人类过去、现在和未来分别生活于其中的全部社会世界。
>
> ——C. 赖特·米尔斯(C. W. Mills)[①]

本著作在自建的开放式语料库基础之上,从多维、跨学科视角,以多元方法,对网络语言开展了描述性和解释性研究。网络语言作为活跃在虚拟空间的媒介传播语言的一种独特形式,因其传播内容、传播途径、传播形态等的特殊性引起了越来越多的学术关注。网络语言不是单纯的语言传播现象,它还涉及到语言的使用场合、使用规则、符号生产、符号变异、社会文化、群体心理、传播技术等领域,因此,有必要对网络语言从哲学、语言学、语用学、符号学、传播学、社会学等视角开展跨学科研究,方可对这一特殊语言现象做出较为有力的解释。本著作自建了汉语网络语言语料库,将其作

[①] [美] C. 赖特·米尔斯:《社会学的想象力》,陈强、张永强译,生活·读书·新知三联书店 2005 年版,第 142 页。

为重要的辅助研究工具，研究焦点是在动态实时的基础之上，以真实语料为研究内容，依据科学的理论对网络语言进行合理的分类、准确的描述、客观的分析，细致的研究和科学的归纳，较为全面地发现并解释网络语言的语言特征、使用规则、符号结构变化与意义流变、网络传播方式的变化及其规律以及网民使用网络言语的行为表征，进而挖掘网络语言的生成路径和传播逻辑。

第一节　研究方法

本著作定位于以多维视角和多元方法对汉语网络语言开展系统、全面的多学科研究。本著作结合语言学理论，但不拘泥于语言本体的研究，以走向更为开阔的学术视野，从哲学、传播学、语用学、符号学、模因论、网络传播、人际传播、群体传播等视角切入，对汉语网络语言传播进行多维立体的考察。本著作对网络传播中出现的网络语言进行真实的记录、客观的描写和科学的阐释，以便充分把握网络语言的传播现状和特点、传播途径和逻辑，厘清网络语言传播中彼此缠绕的诸多问题，找寻传播规律并得出科学的结论。

第一，自然观察法。在正常上网的条件下，通过保存网页、复制网页内容、网页抓图等辅助手段，有目的、有规律、有计划地观察网民在虚拟世界里开展言语交流的内容和言语行为，及时采集网民生产网络语言的物理运动和语言表征，以及交流语境造成的交流压力。研究者静态观察网民在万维网、BBS、论坛、虚拟社区、博客、微博、微信中使用网络语言的情况，同时根据研究需要采集语料样本，包括采集语料、记录网址、网站/网页名称、时间等。每周六采样一次，采样时段规定为早、中、晚三个时段。每次观察一种

第二章 研究方法与数据处理

网络言语行为,观察时及时捕捉和记录网络语言的变化以及新的语言现象。

第二,参与观察法。按照汉森(A. Hansen)指出的"设计、接触、建立联系、收集和记录数据、分析数据、整理写作"① 这样一个参与观察路径,研究人员与网民开展言语互动,以实现网络语言活动的调研和访谈。

第三,问卷和访谈法。为了验证本著作的结论,以弥补观察法与参与观察法的不足,研究人员还采用了问卷调查法和访谈法,旨在调查网民对网络语言的了解、态度、适用范围、使用频度、认知等。本研究一共开展了两次网络语言调查,包括一次普通问卷调查和一次网络问卷调查,以及四次专门访谈。通过问卷调查得出的结论既支持了网络语言搜集、整理与分类的合理性;研究人员也清楚地了解到了网民使用网络语言的深层原因。

第四,分类法。本著作将网络语言归为 11 大类、64 小类,几乎涵盖了目前网络语言的所有现象。为进一步更加科学地归类、分析网络语言奠定了基础。

第五,阐释法。本著作不仅要描写网络语言的特征、分析网络语言产生、发展与传播机理,更重要的是,依据语言学、哲学、语用学、符号学、模因论与传播学等学科的经典理论对网络语言做出跨学科、跨领域的科学合理的解释。

第六,语料库。语料库是本著作的一个重要支撑。该库预设计收录 10,000 条网络语言语料,包括字、词、网络流行语、网络热词、淋语、火星文等,来源包括网络信息、纸版期刊、书籍、报纸、电影、电视综艺节目等等,目前收录网络语汇达到 9397 条,录入员

---

① [英]安德斯·汉森:《大众传播研究方法》,崔保国等译,新华出版社 2004 年版,第 43—69 页。

依据网络语言的大、小类，手工录入词条、释义等，采用语料库技术人员专门设计的百度模拟软件配合进行网络语言使用频次搜索，语料库系统自动统计分析网络语言使用情况。

第二节　研究重点

本著作从技术逻辑、文字的想象与加工逻辑、符号生产与变化逻辑、社会模仿逻辑、思维与语言逻辑、语言简化与语言交融的内在逻辑、碎片式传播逻辑等七个维度，开展网络语言的综合视野研究，力图探索网络语言的演变规律，演进路径、自然语言与网络语言的互动关系，网络语言传播路径，以及如何规范网络语言的问题。具体包括：

1. 技术与语言的互动。从技术角度分析汉语言符号网络再生与生成逻辑。以键盘与键盘产物为代表的技术与技术逻辑贯穿于整个社会秩序与传播过程。通过键盘逻辑，重要的操作符号才能被识别，并被传递。键盘决定着生产性的语言能力。

2. 回到象形文字的网络语言。象形文字创始之初便是围绕着对外部世界的临摹和想象而产生的。网络时代的汉字和语汇更是网民竭尽所能，发挥了空前的想象力和语言加工能力，方使网络语言世界充满生命力。

3. 思维与语言的博弈。从思维逻辑角度分析汉语言符号网络再生与生成逻辑。汉语语言网络符号能保持当下的存在状态，既有历时的嬗变，也有各种符号形态间共时的合力，本著作力图揭示隐藏在这种存在逻辑后的再生规律与逻辑。

4. 社会就是模仿。源自新达尔文主义的模因论为解释网络语言的"热词"、"流行语"和网络语言的快速膨胀提供了理论支持和实践诠释。

5. 网络脑与人脑的角力。网络时代的人类思维在网络介入下，既显得分外活跃，又充满了"网络脑"的味道。人类的思维以及听、说、读、写的行为都开始经历着前所未有的大变革、大发展，探究网络语言影响思维和听、说、读、写的逻辑路径是本著作的重点之一。任何事物的存在和发展都有一定的规律性，汉语网络语言符号同样会适应时代的变迁，进行自身的简化与相互间的融合，这种简化和融合也是语言符号网络传播的重要动因。

6. 新媒体新语言。从语言简化与语言交融角度分析汉语言网络再生及其逻辑。新媒体必然要采用与之传播逻辑相符的媒介语言。邮件、博客、微博、微信均有各自独到的语言传播特质。特别是占据网民生活的微信，更是解构了原有的语言形态，表现出了其特有的"微信语"特征。

7. 语言生态的断裂。从碎片式传播逻辑解读汉语言符号网络再生与生成逻辑。碎片式传播以其快捷、高效的传播方式成为网络环境下语言符号传播的主要特点。本著作从人际传播和群体传播的视角解读汉语言符号网络传播的机制与逻辑，挖掘网络语言暴力生成的深层原因。

第三节 网络语言语料库

进入21世纪，网络业已成为融合了现实社会与虚拟社会的"超级社会"中交叉纵横的神经网络，而永无止息的电子信息就像神经脉冲一样，让网络语言在其中纵横穿梭。网络语言的主体源于自然

语言无羁:汉语言符号的网络再生与生成逻辑研究

语言,但是,其来源的杂乱,生产者的散匿,使用者的多变以及传播者的混乱,都使得自然语言出现了大量的网络变体,令人应接不暇。语言学的研究结果显示:"语言学的研究必须以语言事实作为根据,必须详尽地、大量地占有材料,才有可能在理论上得出比较客观、准确的结论。如此一来,语料库方法就显得尤为重要。"①

一 网络语料库:技术挑战

语料是开展语言研究的基本素材。Hunston 认为"存放在电子计算机中的语言材料……对于语言学研究已经很有用;而这些真实的语言材料经过分析、加工、处理之后,就可以变成更加有用的语言资源。所以,不论是未经加工的'生语料'或者经过加工的'熟语料',都是非常宝贵的"。② 吕德令(A. Lüdeling)等认为"语言研究的标准语料库难以提供稀有语料,比如,属于标准语料库不包含的风格或语域问题,或是标准语料库没有覆盖的问题,互联网则成为又好又快的数据来源"。③

随着互联网的发展壮大,海量手持的智能移动设备的接入使网络信息呈现密集爆炸状态,在高速发展的计算技术、网络技术、传播技术的强力助推下,网络不仅为各种离线语料库的建设提供了不计其数的语料,互联网自身也成为一个潜在的在线超级语料库。然而,要研究网络语言文本,就需要加上一个新的维度,例如,需要讨论书面语与口语的博弈,因为网络语言基本上都使用书面媒介,

---

① 曹进、赵鸿章、王灏:《汉语网络语言语料库研制与应用》,《兰州文理学院学报》(社会科学版)2015 年第 5 期。
② 冯志伟:《〈应用语言学中的语料库〉导读》,Hunston, Susan, *Corpora in Applied Linguistics*,世界图书出版公司、剑桥大学出版社 2006 年版,第 13 页。
③ Lüdeling, A., Stefan Evert & Marco Baroni, Using web data for linguistic purposes, in (ed.), Nadja Nesselhauf & Carolin Biewer, *Corpus Linguistics and The Web*, Amsterdam-New York: Rodopi, 2007, 8.

第二章 研究方法与数据处理

但是，显然网络语言又与口语表达有很大的近似度。因此，要研究网络语言（weblish/netspeak）对现有语言的影响，就需要研究者投身于网络语言生活，在网络语言非常活跃的虚拟空间里，观察、搜集乃至使用网络语言，与网民开展频繁的言语交际，才能对网络语言有一个较为清晰和客观的认识。

法国哲学家德里达（J. Derrida）指出，人们"用'文字'来表示所有产生一般铭文的东西，不管它是否是书面的东西，即使它在空间上的分布外在于言语顺序，也是如此：它不仅包括电影、舞蹈，而且包括绘画、音乐、雕塑等等'文字'"。① 网络语言的表现特质与德里达所言的极为接近。例如，网络上的"哭"就表现出了自然语言的贫乏和网络语言的多变性和衍生性。

表 2-1　　　　　　网络语言"哭"的表征呈现

语言符号	呜呜	555
非语言符号	:(	(
颜文字	~~~~(>_<)~~~~	/(ToT)/~~
输入法表情	😭	😭

"当无声的符号以直接性表现出来时它就成了自由的标志；于是，符号所表达的东西以及通过符号来表达的人就会准确地呈现出来。"② 孟华指出"类象符号重新知道了原始仪式文化那种视、听、说、感多种媒体共现互补的状态……，由此构成了一个"融听觉、视觉表达为一体的通感符号场"。③

构建汉语网络语言语料库的技术制约表现在，第一，网络语言符号具有更大的生产性空间，符号的多变性和不规则性破坏了语言

---

① ［法］雅克·德里达：《论文字学》，汪堂家译，上海译文出版社 2005 年版，第 11 页。
② 同上书，第 341 页。
③ 孟华：《文字论》，山东教育出版社 2008 年版，第 73 页。

的稳定性。网络语言借用自然语言的语音体系、语法体系和书写体系，在此基础上生产独具网络韵味的网络语言，虽然网络语言的材料和结构基本上还是源于自然语言，但其在表达句式、内容蕴含、意义展现、风格发挥、语体驾驭等方面还是表现出了独有的特征。当下的标准语料库无法处理网络语言中如此纷繁杂乱的语言现象。

第二，究其本质，互联网其实就是一个巨型语料库，但如何在这个库内找到适合研究的语料是本著作遇到的首要困难。《中国语言生活状况报告》就特别说明其语料统计不包括以下四种情况："（1）汉字部件。如：'讠、亻、辶、宀'；（2）拼字，大部分出现于人名、地名，如'刘亻思亻思'等；还有出现在网络上的特殊语言现象，'如孤ヶ独、Θ狼'等；（3）乱码和无法显示的字符；（4）没有甄别文本中的别字。"① 此外，表情符号、肢体符号、动作符号、静态图片加静态文字、动态图片加静态文字、静态图片加动态文字、动态图片加动态文字等均无法按照传统语料库开展归类和统计。

第三，当前语料库的制约。目前包括国内外权威的语料库收录的语料均为规范的语言语料，其语料库技术"通常都采用自动分词系统所采用的方法，主要基于字符串机械性的匹配加上检错技术并辅以自动分词知识。机械性的分词方法包括最大匹配法、最佳匹配法、基于词频统计的分词方法、联想——回溯法、双向扫描法等等。"② 这样的分词方法对于数字+文字、外语+汉语+表情符号、文字+表情、汉语+拼音等"加花"或"叠罗汉式"的网络语言往往无能为力。

第四，网络语言固有的特性决定了入库语料是未经标注的生语

---

① 中国语言生活状况报告课题组：《中国语言生活状况报告》，商务印书馆 2016 年版（下）；2007 年版（下），第 3 页；2006 年版（下），第 3 页；2005 年版（下），第 6 页。

② 曹进、赵鸿章、王灏：《汉语网络语言语料库研制与应用》，《兰州文理学院学报》（社会科学版）2015 年第 5 期。

第二章　研究方法与数据处理

料,而且诸多语料也无法标注,因为网络语言往往由各种样态的符号构成,很难实现元信息标注、进行文本形符、类符的划分与甄别,很难给予语料词性赋码。可见,要研究网络语言杂乱的语言形式,自建语料库就成为一种可贵的尝试。如果将这些语料排除在外,又会使网络语言固有的特色荡然无存。

二　网络语料库的搭建

(一)　网络语言与编码原则

网络语言语料库的建立包括硬件环境的搭建、系统平台的开发、语料收集与分析三个关键步骤。第一,硬件环境的搭建:基于Internet和Vmware环境下的虚拟服务器一台;第二,系统平台的开发:架设基于Apache + MySQL + PHP服务器端系统,开发应用代码,通过互联网,利用蜘蛛服务器持续抓取主流网络媒体站点,获得相关WEB页面内容,存储关键内容到本地以获得原始的文本信息库;第三,语料收集与分析:在此基础上,首先对这部分语料进行简单语义分析,通过切词程序分析原始语料库形成词汇库,再按照时段、词频进行统计形成带有词频指数的热词字典,最后辅助以人工分拣和录入,对字典词汇通过搜索引擎指数化、趋势化入库后进行分析。

人类最早的交际基本是处于同一个时空结构的声音传播。文字的出现使语言具有了空间移动性、长久的储藏性和信息的可靠性。电话的出现,让处于同一时间节点的人可以在不同的空间中进行即时交流,而随着计算机网络的发展,则使得处于同一时间节点而处于不同空间节点的人进行便利的交际。人们输入的内容只能是键盘上存在的(或者说可以通过键盘输入的)各种编码以及编码的组合。网络语言的特点就是以有限的元素创造出意境、意味无限丰富的内涵,充分体现出语言符号的能指性与意指性。

目前，限于技术的瓶颈，自建的网络语言语料库只能检索语言文字信息，或检索可用计算机键盘输入的象形字符，如，笑脸 :)，哭脸 :(等，"而对于图像、音频、视频等则无法直接对其内容进行检索，借助于与其相关的'标签信息'（tag）（依然是基于文本的）进行间接检索"。① 目前一些输入法可以根据输入者的输入来完成一些字符到图形的自动转换，这种从抽象到具象的自动转换恰恰会让网络语言丧失其生命力与创造力。例如，初见"Orz"或"zrO"，若不经人点明，很难想到这是一个头朝左或朝右的下跪的人。经人点明后，谁又能不佩服想出这个字母组合的人的创造力呢？但是如果键入这三个字母后计算机自动转换为一个下跪的人的图像，只能说是一种技术上的飞跃反而导致了想象力与创造力的退步。

为了便于语料入库，本著作将收集整理入库的网络语言并限制为"符合计算机编码规则，能够通过计算机键盘输入，以基本字母、字符和符号为单位构建的、流行于网络的一种普遍认可的用于即时非语音交流的符号系统。"②。

（二）语料库结构与语料分析

缺少对网络语言的了解阻碍了人们对网络的进一步利用以及对语言流变规律的认识。要深入研究网络语言就必须注意到以下几个方面：（1）基于语料库的网络语言分类研究将会使我们清晰地看到网络语言究竟存在哪些语言符号或非语言符号形态；（2）网络语言符号生产、意义流变的规律；（3）网络语言形态变化研究。

数据采集主要包括了以下几个部分：网络语言的语料录入系统；

---

① 曹进、赵鸿章、王灏：《汉语网络语言语料库研制与应用》，《兰州文理学院学报》（社会科学版）2015 年第 5 期。

② 同上。

第二章 研究方法与数据处理

网络语言应用调查问卷在线调查与录入系统；网络语言应用网络在线访谈与录入系统以及重复语料过滤系统。入库的网络语言数据搜集录入后，百度搜索引擎自动搜索数千条的网络语言语料在网络上的使用频次。研究者对问卷调查、访谈调查的结果加以整理后，将相关数据导入社会科学统计软件包（SPSS V.18）进行处理，利用SPSS软件对获取的所有数据进行精加工，并进行有效的统计与分析，产生直观的数据图表进行科学解释。①（见图 2-1）。

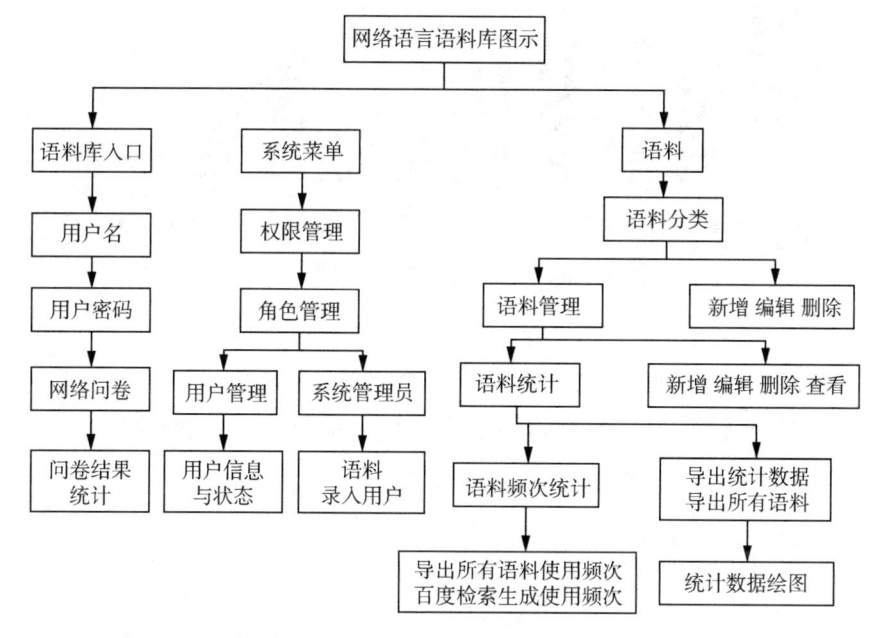

图 2-1 网络语言语料库各模块功能图示（曹进等，2015：111）

网络语言语料库可以统计语料总数，也可以检索统计每一大类、每一小类的网络语言的词条数、释义，还可以统计每个大类或小类中网络语言词条的使用频次；比对语料库中的 11 大类或 64 小

---

① 曹进、赵鸿章、王灏：《汉语网络语言语料库研制与应用》，《兰州文理学院学报》（社会科学版）2015 年第 5 期。

类的网络语言词条数,依据语料分类词条数,利用计算机画出 11 大类或 64 小类之间词条使用频次差异的折线图、直方图或饼状图。(见图 2-2)

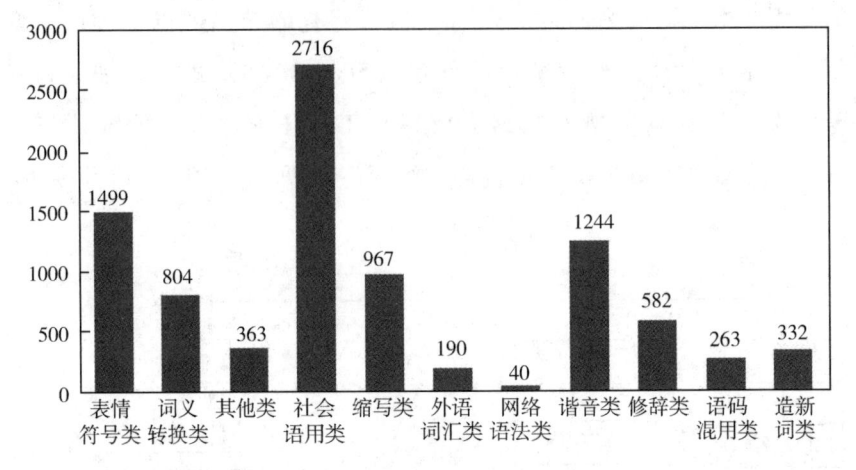

类别	数量
表情符号类	1499
词义转换类	804
其他类	363
社会语用类	2716
缩写类	967
外语词汇类	190
网络语法类	40
谐音类	1244
修辞类	582
语码混用类	263
造新词类	332

图 2-2 网络语言大类图示

"该语料库从设计、分析、搭建到应用,不仅给研究提供了大量可靠的、客观的、准确的语料,为深入、系统地研究网络语言打下了坚固的基础,也为他人以后在本领域的研究提供了较大便利,具有较高的应用与参考价值。"①

第四节 调查问卷结果统计与分析

本著作利用语料库统计数据,结合网络问卷调查和访谈,探究了网民对网络语言的基本了解、对使用网络语言的态度、网络

---

① 曹进、赵鸿章、王灏:《汉语网络语言语料库研制与应用》,《兰州文理学院学报》(社会科学版)2015 年第 5 期。

第二章 研究方法与数据处理

语言的使用场域、使用频次、意义流变、使用对象,网络语言流行的原因以及网民对网络语言负面影响的认知,以期为汉语言符号的网络再生源头提供一个较为完整的实证基础和较为合理的理论阐释。

一 问卷调查数据搜集、统计与分析

(一)问卷发布方式

本次问卷调查对 2012 版的问卷内容做了修订和调整,发布在网络平台上(网址:http://wydc.nwnu.edu.cn/Home/Login)。网友采用网络作答形式,网络问卷平台自动统计相关数据。网友回答完整问卷用时约 15 分钟。

(二)问卷内容

问卷共分 10 部分。A 部分是针对网络语言开展的基本测试;B 部分了解网民对网络语言熟悉度的调查;C 部分调查网民是否喜欢网络语言以及喜欢程度;D 部分是网民接触网络语言情况;E 部分调查网民对网络语言的态度;F 部分调查网民使用网络语言情况;G 部分了解网络语言流行的原因;H 部分了解网民对网络语言的评价;I 部分调查网民使用计算机与网络情况;J 部分调查网民个人基本信息。

(三)调查对象

问卷调查对象为来自除港澳台之外的所有省、自治区和直辖市的网民。

(四)问卷统计与分析

本次问卷调查共回收网络问卷 3233 份,剔除非完整问卷后,有效问卷为 2864 份,本著作基于 2864 份有效问卷开展相关统计分析。数据统计和分析工具为 Excel 2007 和 SPSS18.0 软件。

表 2-2 显示，本次问卷调查的受试女性多于男性，1990 年以后出生的受试占绝大多数（96.44%），来自县城和农村地区的人数和来自省会城市和地级市的人数基本相同（1434∶1430）。97.24% 的人为学生，本科生占绝大多数（81.18%）。

表 2-2　　参与网络问卷调查人员基本个人信息统计表

网民信息	分类信息	人数（人）	占比（%）
性别	男性	1078	37.64
	女性	1786	62.36
年龄段	1980 年以前	102	3.56
	1990 年以后	2762	96.44
网民来源地	省会城市	664	23.18
	其他地级市	766	26.75
	县城	821	28.67
	农村	613	21.4
受教育程度	初中	18	0.63
	高中	35	1.22
	本科	2325	81.18
	研究生	486	16.97
职业	学生	2785	97.24
	白领	27	0.94
	服务员	8	0.28
	教师	8	0.28
	工人	0	0
	干部	0	0
	普通职员	36	1.26

二　对网络语言的熟悉度的调查结果及分析

表 2-4 表明，显著性水平为 0.010＜0.05，因此可知，在网络语言熟悉度方面不存在性别之间的差异。从受试的来源地看，除来自省会城市和地级市的受试之间没有差异之外，来自其他不同地方

的受试在网络语言熟悉度中均存在显著差异。来自省会城市和地级市的受试对网络语言的熟悉度要大于来自其他地方的受试,来自县城的受试对网络语言的熟悉度大于来自农村的受试。

表 2-3　　　　　　　测试题结果描述

	人数	最小值	最大值	平均数	标准偏差
网络语言熟悉度	2864	2	10	6.73	1.091
有效的 N（listwise）	2864	—	—	—	—

表 2-3 显示,该测试平均值为 6.73 分（总分 10 分）,可以看出受试对网络语言还是比较熟悉的。

表 2-4　　不同类别的受试对网络语言熟悉度的 t 检验结果

	配对差异数					T	df	显著性（双尾）
	均差	标准偏差	标准错误平均值	95% 差异数的信赖区间				
				下限	上限			
男性-女性	0.12231	1.50991	0.04723	0.02963	0.21499	2.590	1077	0.010
省会城市-地级市	0.55556	0.88192	0.29397	-0.12235	1.23346	1.890	663	0.095
县城-农村	2.12500	1.12599	0.39810	1.18365	3.06635	5.338	820	0.001
省会城市-县城	2.22222	0.66667	0.22222	1.70978	2.73467	10.000	663	0.000
地级市-农村	3.12500	1.64208	0.58056	1.75219	4.49781	5.383	765	0.001
省会城市-农村	3.50000	1.41421	0.50000	2.31769	4.68231	7.000	663	0.000
地级市-县城	1.90000	1.19722	0.37859	1.04356	2.75644	5.019	765	0.001

三　"是否见过这些网络语言"的调查结果分析

从表 2-5 中可以看出受试中见过问卷中所列出的网络语言的男性为 956 人,虽然仅占选择见过的受试总人数的 44%,但是却占男性受试的 88.7%,而女性选择见过的人数为同类人数的 69.7%,因此可以说男性见过问卷中所列出的网络语言的人数在同性别中的比例要大于女性。来自省会城市和来自地级市的受试选择见过的人数分别为 658 人和 759 人,仅占选择见过的受试总人数的 29.9% 和

34.5%，但是却占同类人数的99.1%，可以说来自省会城市和地级市的绝大部分受试都选择了见过问卷中所列出的网络语言。

表2-5　　　　　　是否见过网络语言人数统计表

是否见过这些网络语言（总人数2864）			
见过的人数：2200人，占总数76.8%			
受试类别	人数	占见过人数的百分比（%）	占本类人数的百分比（%）
男性	956	44	88.7
女性	1244	56	69.7
省会城市	658	29.9	99.1
地级市	759	34.5	99.1
县城	677	30.8	82.5
农村	106	4.8	17.3
没见过的人为：664人，占总人数的23.2%			
男性	122	18.4	11.3
女性	542	81.6	30.3
省会城市	6	0.9	0.9
地级市	7	1.1	0.9
县城	144	21.7	17.5
农村	507	76.4	82.7
见过，是否理解			
总人数2200			
完全不理解	515	23.4	—
有点理解	323	14.7	—
完全理解	1362	61.9	—

四　对网络语言的喜欢程度调查结果及分析

受试中选择"非常喜欢"和"喜欢"的受试人数为757人，选择"一般"人数为1758人，选择"不喜欢"和"非常不喜欢"的受试人数为349人，见表2-6。

本项的评价体系为5级量表，赋值如下：非常喜欢5分，喜欢4

第二章 研究方法与数据处理

分,一般3分,不喜欢2分,非常不喜欢1分,因此数字越大,表明喜欢的程度越大。表2-7显示"是否喜欢网络语言"的平均值为3.1724,因此可以说受试还是比较喜欢网络语言的。

表2-6　　　　　　喜欢网络语言的程度统计表

程度	人数	百分比
非常喜欢	138	4.8
喜欢	619	21.6
一般	1758	61.4
不喜欢	347	12.1
非常不喜欢	2	0.07
合计	2864	—

表2-7　　　　　　是否喜欢网络语言统计表

	人数	最小值	最大值	平均数	标准偏差
	2864	1.00	5.00	3.1724	0.74684
有效的N(listwise)	2864	—	—	—	—

从表2-8和表2-9可以看出,男女性别、来自省会城市和地级市、县城和农村的受试在喜欢网络语言方面不存在差异;但是来自省会城市和县城、省会城市和农村、地级市和县城、地级市和农村之间均存在差异,而且来自省会城市及地级市的受试要比来自县城和农村的受试更喜欢网络语言。

表2-8　　　　　不同类别受试喜欢网络语言描述性统计表

	人数	最小值	最大值	平均数	标准偏差
男性	1078	3.00	5.00	4.3000	0.67495
女性	1786	2.00	5.00	4.2000	1.03280
省会城市	664	3.00	5.00	4.6000	0.69921
地级市	766	3.00	5.00	4.4000	0.69921
县城	821	2.00	5.00	3.5000	0.84984
农村	613	1.00	4.00	2.7000	0.82327

表 2-9　不同类别受试喜欢网络语言的 t 检验结果统计表

	配对差异数					T	df	显著性（双尾）
	均差	标准偏差	标准错误平均值	95%差异数的信赖区间				
				下限	上限			
男性-女性	0.10000	1.28668	0.40689	-0.82044	1.02044	0.246	1077	0.811
省会城市-地级市	0.20000	1.03280	0.32660	-0.53882	0.93882	0.612	663	0.555
县城-农村	0.80000	1.13529	0.35901	-0.01214	1.61214	2.228	612	0.053
省会城市-县城	1.10000	1.10050	0.34801	0.31275	1.88725	3.161	663	0.012
地级市-农村	1.70000	1.05935	0.33500	0.94219	2.45781	5.075	612	0.001
省会城市-农村	1.90000	0.99443	0.31447	1.18863	2.61137	6.042	612	0.000
地级市-县城	0.90000	1.10050	0.34801	0.11275	1.68725	2.586	765	0.029

表 2-10 显示，在 757 名喜欢网络语言的受试中，选择"比较同意"和"非常同意"两项合计的百分比分别为"简单易懂"为 86.95%，"幽默生动"为 89.57%，"个性时尚"为 60%，"方便快捷"为 92.17%，"气氛轻松"为 88.69%，"更好表达"为 79.57%，因此可以说受试中喜欢网络语言的原因是网络语言"简单易懂"、"幽默生动"、"个性时尚"、"方便快捷"、"气氛轻松"和"更好表达"。

表 2-10　喜欢与非常喜欢网络语言的原因统计表

	简单易懂		幽默生动		个性时尚		方便快捷		气氛轻松		更好表达	
	人数	百分比	人数	百分比	人数	百分比	人数	百分比	人数	百分比	人数	百分比
非常不同意	26	3.48	13	1.74	20	2.61	7	0.87	20	2.61	26	3.48
比较不同意	20	2.61	0	0	7	0.87	0	0	0	0	0	0
无所谓	53	6.96	66	8.7	276	36.52	53	6.96	66	8.7	53	6.96
比较同意	428	56.52	494	65.22	355	46.96	302	40	493	65.21	454	60
非常同意	230	30.43	184	24.35	99	13.04	395	52.17	178	23.48	224	29.57

表 2-11 显示，在 349 名选择"不喜欢"和"非常不喜欢"的受试中，211 人不喜欢网络语言的主要原因是他们认为网络语言没必要。

表 2-11　　　　　　　　不喜欢网络语言原因统计表

原因	人数	百分比
完全看不懂	46	13.21
觉得没必要	211	60.38
觉得它不规范	39	11.32
破坏语言规则	20	5.66
不好掌握	33	9.43

五　网络语言使用情况及受试对网络语言的态度

从表 2-12 可以看出：（1）受试在网络聊天时"从不"或"偶尔"使用网络语言的人共占受试总人数 14.02%，因此可以说受试中绝大部分人在聊天时经常使用网络语言。（2）所有受试对"网友"使用网络语言（100%），对"朋友"使用网络语言的受试占总人数的 99.08%，其次为对"同学"使用网络语言，占总人数的 97.01%，而对"长辈"、"上级"和"下级"几乎不使用网络语言，这说明网络语言一般用于非正式场合的熟悉人之间。（3）所有受试在"聊天"时使用网络语言（100%），"游戏"中使用网络语言的人占总人数的 57.24%，在"电子邮件"中使用网络语言的人占总人数的 34.71%，而在"博客"、"论坛"及"BBS"中基本不使用网络语言，这同样说明受试是在非正式场合使用网络语言，或网络语言经常用于非正式场合。（4）绝大部分受试在聊天时会使用数字语言，绝对不会使用数字语言的人仅占总人数的 15.17%；而且大部分受试在使用网络语言时会或多或少自造网络语汇，绝对不会自造网络语汇的人仅占总人数的 22.99%。

表 2-12 显示部分受试对网络语言持有"无所谓"的态度（64.37%），"坚决反对"和"反对"的人仅占总人数的 6.67%，"拥护"和"坚决赞成"的占总人数的 28.97%。

表 2-13　网民使用网络语言与对待网络语言的态度统计表

网络聊天使用网络语言		从不	偶尔	较多	经常	很频繁	
	人数	105	296	1475	843	145	—
	百分比	3.68	10.34	51.49	29.43	5.06	—
使用网络语言的对象		网友	同学	朋友	长辈	上级	下级
	人数	2864	2778	2838	13	7	33
	百分比	100	97.01	99.08	0.46	0.23	1.15
使用网络语言的环境		博客	聊天	论坛	游戏	电子邮件	BBS
	人数	494	2864	13	1639	994	237
	百分比	17.24	100	0.46	57.24	34.71	8.28
和朋友聊天时是否使用数字语言		绝对不用	偶尔使用	较多使用	经常使用	—	
	人数	434	1501	850	79	—	
	百分比	15.17	52.41	29.66	2.76	—	
是否会自造网络语汇		绝对不会	偶尔会	较多会	经常会		
	人数	658	1896	224	86		
	百分比	22.99	66.21	7.82	2.99		
对网络语言的态度		坚决反对	反对	无所谓	拥护	坚决赞成	
	人数	59	132	1844	757	72	—
	百分比	2.07	4.6	64.37	26.44	2.53	—

从表 2-13 中可以看出：大多数受试反对在机关公文（85.3%）、新闻出版物（80.24%）、学生作文（84.61%）及学生作业（82.51%）中使用网络语言，支持在这些场合使用网络语言的分别仅有 4.58%、5.09%、6.21% 和 2.97%。对在博客、广告、电子邮件、电子公告栏、学生日记及论坛中使用网络语言持无所谓态度的受试分别占总人数的 59.32%、55.87%、51.96%、47.35%、58.03%、43.44%；而支持在网络游戏中使用网络语言的人有 51.95%。说明受试认为网络语言虽然运用较为广泛，但在较为正式的文体中还是不能使用网络语言。

表2-13　　对网络语言在不同场合使用的态度统计表

出现场合	坚决反对 人数	坚决反对 百分比	有点反对 人数	有点反对 百分比	无所谓 人数	无所谓 百分比	有点支持 人数	有点支持 百分比	坚决支持 人数	坚决支持 百分比
机关公文	1988	69.41	455	15.89	290	10.13	79	2.76	52	1.82
新闻出版物	1060	37.01	1238	43.23	420	14.67	125	4.36	21	0.73
广告	375	13.09	500	17.46	1600	55.87	310	10.82	79	2.76
电子公告栏	698	24.37	514	17.95	1356	47.35	217	7.58	79	2.76
论坛	494	17.25	573	20.01	1244	43.44	355	12.4	198	6.91
网络游戏	99	3.46	171	5.97	1106	38.62	955	33.34	533	18.61
博客	217	7.58	277	9.67	1699	59.32	467	16.31	204	7.12
电子邮件	375	13.09	474	16.55	1488	51.96	382	13.34	145	5.06
学生日记	59	2.06	112	3.91	1662	58.03	886	30.94	145	5.06
学生作文	1205	42.08	1218	42.53	263	9.18	86	3	92	3.21
学生作业	1771	61.8	593	20.71	415	14.49	33	1.15	52	1.82

表2-14显示，受试对在网络游戏、博客、学生日记及广告中使用网络语言持肯定态度，对在电子公告栏、论坛及电子邮件中使用网络语言持无所谓的态度，而对在机关公文、新闻出版物、学生作文及学生作业中使用网络语言持反对态度。

表2-14　　对网络语言在不同场合使用的态度描述性统计表

	人数	最小值	最大值	平均数	标准偏差
机关公文	2864	1.00	5.00	1.5000	1.26930
新闻出版物	2864	1.00	5.00	1.8000	1.22927
广告	2864	1.00	5.00	2.8000	1.13529
电子公告栏	2864	1.00	5.00	2.5000	1.17851
论坛	2864	1.00	5.00	2.6000	1.26491
网络游戏	2864	2.00	5.00	3.6000	0.96609
博客	2864	2.00	5.00	3.2000	0.91894
电子邮件	2864	1.00	5.00	2.6000	1.07497
学生日记	2864	1.00	5.00	3.2000	1.13529
学生作文	2864	1.00	5.00	1.8000	1.31656
学生作业	2864	1.00	5.00	1.60	1.350
有效的N（listwise）	2864				

表 2-15 说明使用网络语言的人数远远大于从不使用网络语言的人数。"偶尔使用"和"较多使用"、"经常使用"的人群占总人数的 93.3%。

表 2-15　　网民本人在日常生活中使用网络语言统计表

从来不用		偶尔使用		较多使用		经常使用	
人数	百分比	人数	百分比	人数	百分比	人数	百分比
192	6.7	1685	58.83	795	27.78	192	6.7

表 2-16 和表 2-17 显示,来自农村受试的 19.41% 从来不用网络语言,而来自省会城市的受试从来不用网络语言的比例为零。较多使用网络语言的受试以来自省会城市的人最多,为同类受试中的 43.22%,其次为来自地级市的受试,然后是来自县城的受试,最后是来自农村的受试。

表 2-16　　各类受试在日常生活中使用网络语言情况统计表

人员类别	从来不用		偶尔使用		较多使用		经常使用	
	人数	占同类受试的百分比	人数	占同类受试的百分比	人数	占同类受试的百分比	人数	占同类受试的百分比
男性	84	7.79	897	83.21	64	5.94	33	3.06
女性	108	6.05	788	44.12	731	40.93	159	8.9
省会城市	0	0	305	45.93	287	43.22	72	10.84
地级市	5	0.65	398	51.96	264	34.47	99	12.92
县城	68	8.28	580	70.65	155	18.88	18	18.88
农村	119	19.41	402	65.58	89	14.52	3	14.52

表 2-17 表明在受试周围"偶尔使用"、"有时用"、"分场合用"和"经常使用"的人数远远超过了"从来不用"的人数,占比达到 95.17。

表 2-17 和 2-18 中的数据可以看出,来自农村受试周围的人有 71.5% 的人从来不用或偶尔使用网络语言,而来自省会城市和地级市的受试周围的人分场合使用或经常使用网络语言的百分比

第二章 研究方法与数据处理

分别高达73.8%和79.3%。而来自县城的受试周围的人大多为有时用或分场合用。

表2-17　受试周围人使用网络语言状况统计表

从来不用		偶尔使用		有时用		分场合用		经常使用	
人数	百分比	人数	百分比	人数	百分比	人数	百分比	人数	百分比
138	4.83	500	17.47	698	24.37	1330	46.44	198	6.9

表2-18　受试周围人使用网络语言情况统计表

人员类别	从来不用		偶尔使用		有时用		分场合用		经常使用	
	人数	占同类受试的百分比	人数	占同类受试的百分比	人数	占同类受试的百分比	人数	占同类受试的百分比	人数	占同类受试的百分比
男性	96	8.9	248	23	295	27.4	374	34.7	65	6
女性	42	2.4	252	14.1	403	22.6	956	53.5	133	7.5
省会	4	0.6	14	2.1	156	23.5	464	69.9	26	3.9
地级市	6	0.8	32	4.2	120	15.7	538	70.2	70	9.1
县城	45	5.5	98	11.9	297	36.2	282	34.3	99	12
农村	83	13.5	356	58	125	20.4	46	7.5	3	0.5

从表2-19可以看出各类受试对周围人使用网络语言都持有无所谓的态度。受试表现出对他人使用网络语言的折衷态度。

表2-19　受试对周围人使用网络语言态度统计表

坚决反对		反对		无所谓		拥护		坚决赞成	
人数	百分比	人数	百分比	人数	百分比	人数	百分比	人数	百分比
79	2.76	125	4.37	2318	80.92	263	9.19	79	2.76

表2-20显示各类受试绝大部分对周围人使用网络语言持无所谓的态度，男性在同类中持坚决反对和反对意见的比例要大于女性，来自农村的受试在同类中持坚决反对和反对意见的比例要大于来自县城的，来自县城的大于来自地级市的，来自地级市的大于来自省会城市的。

表 2-20　　　不同受试对周围人使用网络语言态度统计结果表

人员类别	坚决反对 人数	坚决反对 占同类受试的百分比	反对 人数	反对 占同类受试的百分比	无所谓 人数	无所谓 占同类受试的百分比	拥护 人数	拥护 占同类受试的百分比	坚决赞成 人数	坚决赞成 占同类受试的百分比
男性	38	3.5	56	5.2	922	85.5	44	4.1	18	1.7
女性	41	2.3	69	3.9	1396	78.2	219	12.3	61	3.4
省会	16	2.4	8	1.2	514	77.4	93	14	33	5
地级市	20	2.6	24	3.1	593	77.4	105	13.7	24	3.1
县城	25	3	37	4.5	695	84.7	43	5.2	21	2.6
农村	18	2.9	56	9.1	516	84.2	22	3.6	1	0.2

表 2-21 中可以看出大多数受试认为使用网络语言、外语词、字母词对自己语言表达能力没有太大的影响。

表 2-21　　　使用网络语言、外语词、字母词汇影响语言表达能力统计表

绝对没有影响		没有太大影响		有些影响		影响非常大	
人数	百分比	人数	百分比	人数	百分比	人数	百分比
237	8.28	1745	60.93	804	28.07	78	2.72

六　网络语言流行的原因

从表 2-22 可以看出大多数受试同意或比较同意网络语言流行的原因主要是"网络的普及"、"社会的包容"、"青少年跟潮流的心态"、"使用快捷方便"、"网络语言通俗易懂"、"网络语言本身新奇有趣"、"网络语言符合社会的进程"。

表 2-22　　　　　　网络语言流行原因统计表

原因	非常不同意 人数	非常不同意 百分比	比较不同意 人数	比较不同意 百分比	无所谓 人数	无所谓 百分比	比较同意 人数	比较同意 百分比	非常同意 人数	非常同意 百分比
网络的普及	263	9.2	250	8.74	428	14.94	922	32.18	1001	34.94
社会的包容	270	9.43	329	11.49	731	25.52	1100	38.41	434	15.15

续表

原因	非常不同意 人数	非常不同意 百分比	比较不同意 人数	比较不同意 百分比	无所谓 人数	无所谓 百分比	比较同意 人数	比较同意 百分比	非常同意 人数	非常同意 百分比
青少年跟潮流的心态	250	8.74	237	8.28	461	16.09	1198	41.84	718	25.06
使用快捷方便	211	7.36	237	8.28	586	20.46	1409	49.2	421	14.71
语言发展的必然规律	455	15.85	711	24.83	823	28.74	711	24.83	164	5.74
网络语言通俗易懂	244	8.51	402	14.05	678	23.67	1270	44.34	270	9.42
网络语言本身新奇有趣	257	8.97	230	8.03	612	21.37	1363	47.59	402	14.03
书籍媒体的借用	514	17.95	863	30.13	685	23.92	624	21.78	178	6.22
电视媒体的借用	395	13.79	672	23.45	863	30.13	697	24.34	237	8.28
网络语言符合社会的进程	342	11.95	210	7.33	652	22.77	1370	47.82	290	10.12

表2-23中每一项的最大值为5,平均数超过3的可以认为是受试同意该项是网络流行的原因。因此从上表可以看出,除了"语言发展的必然规律"、"书籍媒体的借用"及"电视媒体的借用"这三项的均值没有达到3之外,其余的均值均超过了3,因此可以确定受试认为网络语言流行的主要原因为:"网络的普及"、"社会的包容"、"青少年跟潮流的心态"、"使用快捷方便"、"网络语言通俗易懂"、"网络语言本身新奇有趣"及"网络语言符合社会进程"。

表2-23   网络语言流行的原因

原因	N	最小值	最大值	平均数	标准偏差
网络的普及	2864	1.00	5.00	3.6000	1.34990
社会的包容	2864	1.00	5.00	3.4000	1.17379
青少年跟潮流的心态	2864	1.00	5.00	3.6000	1.34990

续表

原因	N	最小值	最大值	平均数	标准偏差
使用快捷方便	2864	1.00	5.00	3.5000	1.26930
语言发展的必然规律	2864	1.00	5.00	2.7000	1.33749
网络语言通俗易懂	2864	1.00	5.00	3.3000	1.15950
网络语言本身新奇有趣	2864	1.00	5.00	3.4000	1.17379
书籍媒体的借用	2864	1.00	5.00	2.8000	1.22927
电视媒体的借用	2864	1.00	5.00	2.8000	1.31656
网络语言符合社会的进程	2864	1.00	5.00	3.4000	1.17379
有效的 N（listwise）	2864				

七 对网络语言的评价

从表 2-24 和表 2-25 中可以看出"网络语言是现代汉语的污染者"、"网络语言是一种低俗的传播工具"、"网络语言会影响人们的语言表达能力"、"网络语言使母语退化"、"网络语言使写作能力降低"、"网络语言使人们口味庸俗化"、"使用网络语言是没有文化的表现"、"网络语言会冲击中国传统语言"、"网络语言扰乱了原有的语言规范"、"学习使用网络语言会成为一种普遍现象"、"网络语言对传统语言规范冲击很大"、"网络语言应该被限制使用"、"网络语言会对传统语言形成巨大威胁"及"网络语言最终会替代日常语言"的均值均低于 2.5，说明受试不同意这些陈述，因此可以看出，受试对网络语言持肯定态度，网络语言不会对传统语言形成巨大威胁，也不会扰乱语言规范，因此不应该被限制使用。

表 2-24　　　　　　对网络语言的评价分析表

问卷内容	非常不同意		比较不同意		无所谓		比较同意		非常同意	
	人数	百分比	人数	百分比	人数	百分比	人数	百分比	人数	百分比
网络语言就是谐音的汉字	211	7.36	454	15.86	481	16.78	1435	50.12	283	9.89

第二章 研究方法与数据处理

续表

问卷内容	非常不同意 人数	非常不同意 百分比	比较不同意 人数	比较不同意 百分比	无所谓 人数	无所谓 百分比	比较同意 人数	比较同意 百分比	非常同意 人数	非常同意 百分比
网络语言是能看懂但不规范的汉字	184	6.44	487	17.01	560	19.54	1396	48.74	237	8.28
网络语言是用某些字母、数字和符号表达意思	178	6.21	322	11.26	500	17.47	1620	56.55	244	8.51
网络语言是一种网上交流的语言	98	3.42	224	7.82	448	15.64	1817	63.44	277	9.67
网络语言是一种符语，不能算语言	277	9.67	1132	39.54	744	25.98	527	18.39	184	6.44
网络语言是一种用于密友间交流的密码	132	4.6	355	12.41	744	25.98	1409	49.2	224	7.82
网络语言是一种幽默诙谐、风趣生动的语言	138	4.83	231	8.05	402	14.04	1757	61.35	336	11.73
网络语言是现代汉语的污染者	566	19.77	1212	42.3	678	23.68	283	9.89	125	4.37
网络语言是一种低俗的传播工具	546	19.08	1323	46.21	593	20.69	270	9.43	132	4.6
网络语言是紧张生活中自我解压和宣泄的方式	131	4.57	362	12.64	784	27.37	1409	49.2	178	6.22
使用网络语言是一种时尚	151	5.27	310	10.82	705	24.6	1547	54.02	151	5.29
网络语言会影响人们的语言表达能力	619	21.61	836	29.2	823	28.74	481	16.78	105	3.68
网络语言使消息传播更加简洁生动	151	5.29	257	8.97	678	23.68	1396	48.74	382	13.33
网络语言可以增进朋友间的感情	132	4.6	237	8.28	744	25.98	1435	50.12	316	11.03
网络语言使母语退化	369	12.87	1211	42.3	625	21.84	527	18.39	132	4.6

续表

问卷内容	非常不同意 人数	非常不同意 百分比	比较不同意 人数	比较不同意 百分比	无所谓 人数	无所谓 百分比	比较同意 人数	比较同意 百分比	非常同意 人数	非常同意 百分比
网络语言使写作能力降低	336	11.72	1198	41.84	619	21.61	520	18.16	191	6.67
网络语言使人们口味庸俗化	441	15.4	1132	39.54	685	23.91	448	15.63	158	5.52
网络语言使人们之间代沟越来越深	164	5.73	500	17.46	665	23.22	1291	45.08	244	8.52
使用网络语言是没有文化的表现	421	14.71	1350	47.13	678	23.68	290	10.12	125	4.37
网络语言使汉语更加丰富	138	4.83	388	13.55	678	23.67	1488	51.95	172	6
网络语言的表达力更强	171	5.98	250	8.74	606	21.15	1679	58.62	158	5.52
网络语言会冲击中国传统语言	454	15.85	1212	42.32	658	22.97	388	13.55	152	5.31
网络语言扰乱了原有的语言规范	428	14.94	1179	41.17	652	22.77	453	15.82	152	5.31
学习使用网络语言会成为一种普遍现象	322	11.24	1087	37.95	724	25.28	619	21.61	112	3.91
网络语言对传统语言规范冲击很大	428	14.94	1086	37.93	652	22.76	553	19.31	145	5.06
网络语言应该被限制使用	520	18.16	1179	41.15	823	28.74	237	8.28	105	3.68
网络语言会对传统语言形成巨大威胁	448	15.64	1383	48.29	619	21.61	250	8.73	164	5.73
网络语言最终会替代日常语言	521	18.19	1666	58.17	546	19.06	105	3.67	26	0.91

第二章 研究方法与数据处理

表 2-25　对网络语言的评价的标准偏差统计表

编号	网络语言评价	人数	最小值	最大值	平均数	标准偏差
1	网络语言就是谐音的汉字	2864	1.00	5.00	3.2727	1.19087
2	网络语言是能看懂但不规范的汉字	2864	1.00	5.00	3.2727	1.19087
3	网络语言是用某些字母、数字和符号表达意思	2864	1.00	5.00	3.4545	1.12815
4	网络语言是一种网上交流的语言	2864	1.00	5.00	3.5455	1.03573
5	网络语言是一种符语，不能算语言	2864	1.00	5.00	2.7273	1.00905
6	网络语言是一种用于密友间交流的密码	2864	1.00	5.00	3.2727	1.27208
7	网络语言是一种幽默诙谐、风趣生动的语言	2864	1.00	5.00	3.3636	1.28629
8	网络语言是现代汉语的污染者	2864	1.00	5.00	1.3636	1.02691
9	网络语言是一种低俗的传播工具	2864	1.00	5.00	1.3636	1.02691
10	网络语言是紧张生活中自我解压和宣泄的方式	2864	1.00	5.00	2.9091	1.30035
11	使用网络语言是一种时尚	2864	1.00	5.00	3.3636	1.12006
12	网络语言会影响人们的语言表达能力	2864	1.00	5.00	2.1364	1.12006
13	网络语言使消息传播更加简洁生动	2864	1.00	5.00	3.2727	1.27208
14	网络语言可以增进朋友间的感情	2864	1.00	5.00	3.2727	1.27208
15	网络语言使母语退化	2864	1.00	5.00	1.3636	1.02691
16	网络语言使写作能力降低	2864	1.00	5.00	1.8182	1.16775
17	网络语言使人们口味庸俗化	2864	1.00	5.00	2.4545	1.03573
18	网络语言使人们之间代沟越来越深	2864	1.00	5.00	3.2727	1.19087
19	使用网络语言是没有文化的表现	2864	1.00	5.00	1.2727	0.90453
20	网络语言使汉语更加丰富	2864	1.00	5.00	3.0909	1.04447
21	网络语言的表达力更强	2864	1.00	5.00	3.2727	1.19087
22	网络语言会冲击中国传统语言	2864	1.00	5.00	2.2364	1.28629
23	网络语言扰乱了原有的语言规范	2864	1.00	5.00	1.4545	1.03573
24	学习使用网络语言会成为一种普遍现象	2864	1.00	5.00	1.6364	0.92442
25	网络语言对我们的传统语言规范冲击很大	2864	1.00	5.00	1.4545	1.03573
26	网络语言应该被限制使用	2864	1.00	5.00	2.3636	0.92442
27	网络语言会对传统语言形成巨大威胁	2864	1.00	5.00	1.6727	0.90453
28	网络语言最终会替代日常语言	2864	1.00	5.00	1.8818	0.87386

续表

编号	网络语言评价	人数	最小值	最大值	平均数	标准偏差
	有效的 N（listwise）	2864	—	—	—	—

表 2-26 显示，各类受试对网络语言的评价 t 检验结果说明男性-女性、省会城市-地级城市、县城-农村、地级市-农村、省会城市-农村、地级市-县城之间均无显著差异。这说明活跃在虚拟空间的网络语言没有明显的地域空间差异。

表 2-26　　各类受试对网络语言的评价 t 检验结果

	配对差异数			95% 差异数的信赖区间		T	df	显著性（双尾）
	均差	标准偏差	标准错误平均值	下限	上限			
男性-女性	0.30000	1.05935	0.33500	-0.45781	1.05781	0.896	1077	0.394
省会城市-地级市	-0.20000	2.04396	0.64636	-1.66216	1.26216	-0.309	663	0.764
县城-农村	0.20000	1.61933	0.51208	-0.95840	1.35840	0.391	612	0.705
省会城市-县城	0.20000	1.47573	0.46667	-0.85567	1.25567	0.429	663	0.678
地级市-农村	0.60000	1.89737	0.60000	-0.75729	1.95729	1.000	612	0.343
省会城市-农村	0.40000	0.84327	0.26667	-0.20324	1.00324	1.500	612	0.168
地级市-县城	0.40000	2.22111	0.70238	-1.18889	1.98889	0.569	765	0.583

表 2-27　　描述性统计资料

	人数	最小值	最大值	平均数	标准偏差
	2864	1.00	5.00	3.8385	1.11031
有效的 N（listwise）	2864	—	—	—	—

题目 8、9、10、12、15、16、17、18、19、23、25、27 是反向计算，也就是说选择"非常不同意"得 5 分，而选择"非常同意"则得 1 分。从表中数据可以看出，受试对网络语言持有肯定的评价，认为网络语言是一种幽默诙谐、风趣生动的语言、网络语言使消息传播更加简洁生动、网络语言使汉语更加丰富、网络语言的表达力

更强等,网络语言不会使母语退化、不会对传统语言形成巨大威胁,不是现代汉语的污染者和低俗的传播工具,也不会最终替代日常语言,仅仅是用某些字母、数字、符号、汉字的谐音表达意思的一种网上交流的工具。

八 使用网络功能的频次

表2-28显示受试中69.66%的人几乎每天都在用的网络功能是浏览网页,53.79%的人每天都使用搜索引擎,而每天都使用聊天工具的人高达78.39%。48.74%的受试偶尔使用电子邮件,62.53%的人偶尔使用网站购物,47.36%的人偶尔使用论坛,50.84%的人偶尔使用贴吧,40.23%的人偶尔使用博客。从表2-28的数据可以看出大多数受试几乎不使用播客(51.96%),29.43%的人偶尔使用播客。

表2-28　　　　　　受试使用网络功能频次统计表

用途	从不使用 人数	从不使用 百分比	偶尔使用 人数	偶尔使用 百分比	一周1—3次 人数	一周1—3次 百分比	一周4—5次 人数	一周4—5次 百分比	几乎每天使用 人数	几乎每天使用 百分比
浏览网页	40	1.4	342	11.94	302	10.55	185	6.46	1995	69.66
搜索引擎	79	2.76	362	12.64	283	9.89	599	20.92	1541	53.79
电子邮件	131	4.6	1396	48.74	487	17.01	132	4.6	718	25.06
聊天工具	13	0.46	152	5.29	184	6.44	270	9.43	2245	78.39
网站购物	86	3	1791	62.53	606	21.16	144	5.03	237	8.28
网络游戏	316	11.03	836	29.2	1277	44.6	145	5.06	290	10.12
论坛	757	26.44	1356	47.36	257	8.97	178	6.21	316	11.03
贴吧	546	19.06	1456	50.84	362	12.64	204	7.12	296	10.34
博客	1053	36.78	1152	40.23	257	8.97	165	5.75	237	8.28
播客	1488	51.96	843	29.43	243	8.49	92	3.21	198	6.91

本章小结

互联网的重要功能是社会参与、人际拓展和网络分享。网络技术和网络人际交往的需求促使了网络语言的出现和发展。网络语言是人凭借技术媒介开展人际交流的结果,也是促使网络语言飞速发展的核心原因。电脑与人脑的合作共谋使得人类语言生活从来没有如此丰富过、杂乱过。贴吧、邮件、论坛、虚拟社区、购物、餐饮、微信、微博、博客、即时通讯、QQ、官网、门户网站、BBS、跟帖、评论均成为汉语言和文字的想象域和加工域,从最初的计算机程序语言到当下的网络交流语言,网络语言栖身于网络社会的各个角落。虚拟空间凭藉种种符号与现实世界勾连,人类又依靠技术符号化虚拟世界,更有趣的是,虚拟世界使得实实在在的人变得高度符号化和虚拟化。

本章描述了研究设计与研究方法,以定性和定量结合的方式开展研究。提出的研究问题观照到了网络语言的各个主要方面。研究重点从技术逻辑、文字的想象与加工逻辑、符号生产与变化逻辑、社会心理逻辑、思维逻辑、碎片式传播逻辑、语言简化与语言交融的内在逻辑七个维度,开展网络语言的综合研究,挖掘汉语网络语言的发展、演变规律,网络语言与自然语言互动关系,以及如何面对网络语言暴力问题。网络语言的杂乱需要语料库来搜录、整理和加工网络语言素材,在杂乱无章中去探寻网络语言的起始源头、发展脉络、预测其发展趋势,破解其符号背后隐藏的深层含义。

本著作在语料库统计的基础上,结合网络问卷调查和面对面访谈,探讨青年网民对网络语言的了解、对网络语言持有的态度、网

第二章 研究方法与数据处理

络语言的使用范围、使用场合、使用频度、使用对象,网络语言流行的原因以及网民对网络语言负面影响的认知,以期为汉语言符号的网络再生源头提供一个较为完整的实证基础和较为合理的理论阐释。

第三章

网络无疆

——互联网与网络语言

> 每一种技术都是思想的物质体现，因此一切技术都是人的理念的外化。在外化中并通过外化，我们可以读到技术所体现的思想。
>
> ——保罗·莱文森（P. Levinson）[1]

网络技术是一种信息技术，其影响主要通过改变社会交往方式，进而对人类的生产方式和生活方式产生影响。网络社会的"人们二十四小时都生活在创造性的状态之中"。[2] 互联网就像一张漫无边际的蜘蛛网，将世界各个角落的人们连接起来，它正改变着人们传统的联系、通讯及社交方式。互联网将软件和硬件以独特的方式结合起来，体现了人类无限的创新精神。它可以跨越时空、地理的分隔，甚至可以跨越种族界限，缩短空间距离，突破地域障碍，节省联系时间。互联网为世界各地的不同人群提供了亘古未有的新型沟通方

---

[1] ［美］保罗·莱文森：《思想无羁》，何道宽译，南京大学出版社2003年版，第209页。
[2] ［法］鲁尔·瓦纳格姆：《日常生活的革命》，张新木、戴秋霞、王也频译，南京大学出版社2008年版，第196页。

第三章 网络无疆

式，人类第一次有了空前的紧密连接，这种连接既是物理的，更是虚拟的；既是物质的，更是思想的，真正实现了"足不出户，便知天下事"。此外，互联网还在改变着人们的传统学习方式，它为人类提供了一种更灵活、便捷、富于变化的模式，慕课、微课、翻转课堂、泛在学习、移动学习、线上线下混合式学习等都成为了互联网学习的新方式。网民可以利用互联网访问海量信息和数据，进行具有自我风格的学习，筛选自己所需的信息。所以，奥斯特勒（N. Ostler）特别指出："如今，新媒体引发的世界语言革命似乎也正在悄然进行。"[1] 因此网民宣称"现代社会，人类生存的四大要素是水、食物、空气和网络。"[2]

第一节 互联网的发展与飞跃

一 互联网技术的发展

陈卫星指出"传播的技术本质在于网络"。[3] 互联网的产生、发展和普及皆源于社会的发展、人类的发展和需求的增长，也源于技术的飞速进步。事实证明"社会能否掌握技术，特别是每个历史时期里具有策略决定性的技术，相当程度地塑造了社会的命运"。[4] 互联网的发展和普及，为人类自身的生产和生活提供了极大便利，也为人类交往提供了前所未有的机遇。"互联网也给人类最基本的传播

---

[1] [英]尼古拉斯·奥斯特勒：《语言帝国：世界语言史》，章璐等译，上海人民出版社2009年版，前言，第3页。

[2] 人民网，联网已成基本生活需求 重要程度犹如空气食物水，http://media.people.com.cn/GB/40728/15818401.html，2011-10-08。

[3] 陈卫星：《传播的观念》（修订版），人民出版社2008年版，第187页。

[4] [美]曼纽尔·卡斯特：《网络社会的崛起》，夏铸九、王志弘译，社会科学文献出版社2006年版，第6页。

活动带来了巨大的震撼。"①

互联网的核心和关键的物质基础是计算机。1990年，欧洲核子研究中心（CERN）的伯纳斯·李（T. Berners-Lee）发现了远程控制计算机的方法，万维网（World Wide Web）从此诞生。1992年，国际互联网协会成立。1993年，伊利诺斯大学美国国家超级计算机应用中心（NCSA）的学生安德里森（M. Andreesen）等人开发出了浏览器"马赛克"（Mosaic removal tool），由此，"互联网开始得以爆炸性普及"。② 2002年，全球网民数量超过了5亿。2004年2月4日，哈佛大学的朱克伯格（M. Zuckerberg）创建了社交网站Facebook（脸书网）。2005年，视频网站YouTube诞生，用户可以上传、观看视频短片。截至2017年6月，我国网民仍以10—39岁群体为主，占整体的72.1%；其中20—29岁年龄段的网民占比最高，达29.7%，10—19岁、30—39岁群体占比分别为19.4%、23.0%。③

表3-1显示，截止2017年3月25日，世界人口达到7634758428人，互联网用户达到4156932140人。亚洲互联网用户达到2023630194，位居世界第二，渗透率达到48.1%，2000年至2018年，增长了1,670%。上述数据表明，互联网成为了全世界人们的重要生活与工作领域。

---

① 谢新洲：《网络传播理论与实践》，北京大学出版社2004年版，第3页。
② 陈卫星：《传播的观念》（修订版），人民出版社2008年版，第188页。
③ 中国互联网信息中心（CNNIC），第40次《中国互联网络发展状况统计报告》，http://cnnic.cn/hlwfzyj/hlwxzbg/hlwtjbg/201708/P020170807351923262153.pdf，2017-08-10。

第三章 网络无疆

表3-1　　　　　　世界互联网用户及2018人口统计表[①]

世界互联网用户及2017人口统计表（2017年3月25日更新）

世界地区	人口 （2017估算）	世界人口 （%）	互联网用户 2017年3月31日	渗透率 （%人口）	增长 2000—2017	用户 （%）
非洲	1287914329	16.9	453329534	35.2	9941	10.9
亚洲	4207588157	55.1	2023630194	48.1	1670	48.7
欧洲	827650849	10.8	704833752	85.2	570	17.0
拉丁美洲/ 加勒比地区	652047996	8.5	437001277	67.0	2318	10.5
中东	254438981	3.3	164037259	64.5	4893	3.9
北美	363864662	4.8	345660847	95.0	219	8.3
大洋洲/ 澳大利亚	41273454	0.6	28439277	68.9	273	0.7
全世界 人口总计	7634758428	100.0	4156932140	54.4	1052	100.0

注：（1）互联网使用和世界人口统计数据更新截止到2017年12月31日；（2）点击每个地区名可以获取更详细的信息使用数据；（3）人口数据源于联合国人口区划；（4）互联网实用信息来自国际电信联盟属下的"尼尔森在线"、GfK公司、当地的信息和通信技术公司等发布的可靠数据；（5）涉及定义、导航帮助或免责问题，请参考Site Surfing Guide。

1987年9月14日，北京市计算机应用技术研究所正式建成中国第一个国际互联网电子邮件节点，钱天白教授发出了第一封电子邮件："越过长城，走向世界"，自此拉开了中国人使用互联网的大幕。1996年，中国公用计算机互联网中国骨干网络建成并开通使用。1997年，《人民日报》旗下的人民网接入互联网。同年6月，中国科学院在计算机网络信息中心组建了中国互联网络信息中心（China Internet Network Information Center，英文缩写CNNIC），同年11月，CNNIC发布了首份《中国互联网络发展状况统计报告》。随着中国互联网的发展，出现了一些设计网络的重要时间节点：

1997年是中国互联网元年。尽管1994年中国已接入了互联网，

[①] Internet World State. WORLD INTERNET USAGE AND POPULATION STATISTICS, http: //www. internetworldstats. com/stats. htm, 2017 – 03 – 31.

语言无羁：汉语言符号的网络再生与生成逻辑研究

但互联网真正进入寻常百姓家，并开始腾飞般的发展，是在1997年。[①] 1998年被称为中国的"网络门户元年"，因为就在这一年，新浪网建立，网易突破了电子邮件领域进军门户网站，搜狐网也从1998年开始运作。国家保密局公布了《计算机信息系统保密管理暂行规定》；公安部出台了《计算机信息系统病毒防治管理办法》，同时成立了公共信息网络安全监察局，网络犯罪、网络警察逐渐进入了公众的视线中。[②] 1999年被看作是即时通讯工具"QQ"元年。1999年，腾讯公司自主开发的即时网络通信工具QQ，因其合理的设计、良好的应用、友好的界面、强大的功能、稳定高效的系统运行，赢得了广大用户特别是青年用户的青睐。

2002年是中国博客元年，其标志为"博客中国"网站的建立，这是博客"Blog"概念引进国内后，进行实践的国内第一个博客平台。2005年被称为网络音乐元年。中国网络音乐下载创造的收益高达36亿元人民币，一举超越传统唱片业。[③] 2006年被看做是网络视频发展元年。网络视频作为一种新媒体正式亮相于网络家族。"中国网络视频市场在网络、终端、技术、用户以及投资这五大因素的合力推动下，从量变到质变，促使中国网络视频产业进入历史发展中的关键时期。"[④] 2007年被看做是中国网络民意元年或网络公关元年。物权法草案、"最牛钉子户"、"黑砖窑"、"PX项目"以及"华南虎"等事件[⑤]，均引起了中国网民的热议，网民高度关注事关重大公共决策的事件。2008年是SNS元年。网络社区发展火爆，猫扑、

[①] 月光博客，中国互联网二十年回忆，http://www.williamlong.info/archives/3829.html，2014-04-20。

[②] ET说事的博客，中国互联网元年一览，http://blog.sina.com.cn/s/blog_65cf5a6d01018zre.html，2012-12-14。

[③] 同上。

[④] 同上。

[⑤] 同上。

第三章 网络无疆

开心农场,偷菜游戏风靡全国。2008年,"今儿你偷菜了吗?"成为网民相互调侃的一个问候语。

2010年是微博元年。2010年的重要年度人物、事件(犀利哥、凤姐、3Q战争、唐骏学历门)都成为微博网民关注讨论的焦点。此外,在认证机制下,名人、品牌企业、机构、网站等组织纷纷进驻微博,作为企业发布官方信息和与网民交流互动的平台。2011年1月,腾讯公司推出了一款通过无线或有线网络和智能手机快速发送语音、短信、视频、图片和文字,支持多人群聊的手机聊天软件——"微信"(We-Chat),被称为微信元年。2013年是4G元年。4G牌照在经过历时一年多的千呼万唤之后,终于2013年年底正式发放,这标志着中国地区移动互联网正式迈入4G高速时代。随着移动端迅猛发展,2015年已成为新媒体视频元年,各种视频APP、公众号层出不穷,大量网络微视频在网上流传。2016年是中国网络直播元年。网络直播从一个个冰冷的手机应用,变为充斥在年轻网民休闲时的热门话题。各路主播从狭小的直播间走上大雅之堂,成为网络发布会不可或缺的角色。

从中国互联网络信息中心(CNNIC)第一份仅3页的报告至2017年1月长达116页的报告显示了中国互联网、网民的飞速发展与变化。

二 国内外主要社交工具

"人类历史上,大凡重要的技术革命都伴随媒介革命,人类任何活动本质上都是信息活动,信息流的传递介质、管理方式的不同将决定你接受信息的不同,所有有关信息流媒介的变革一定是底层的变革——网络社交也是如此。"[1] 根据媒介发展形态,美国媒介理论

---

[1] Kuugaz,社交网络:关于创新的互联网战役,http://blog.sina.com.cn/s/blog_4befbfa10100oh0s.html,2010-12-31。

家莱文森的《新新媒介》对旧媒介、新媒介和新新媒介作了清楚的界定：

> 互联网诞生之前的一切媒介都是旧媒介（old media）……新媒介（new media）指互联网上的第一代媒介……新媒介的例子有电子邮件、亚马逊网上书店、iTunes 播放器、报刊的网络版、留言板、聊天室等。新新媒介指互联网上的第二代媒介，滥觞于 20 世纪末，兴盛于 21 世纪，例子有博客网、维基网、"第二人生"、聚友网、脸谱网、播客网、掘客网、优视网、推特网等。[①]

互联网技术提供了越来越丰富的网络服务，例如，搜索引擎、电子邮件、Skype、BBS、虚拟社区、聊天室、论坛、购物、游戏、ICQ、QQ、博客、飞信、微博、微信等。网络服务功能不断增加，网民的交际面也在逐渐扩大，网络语言也随着技术进步不断得以发展，类型越来越多，形式越来越丰富，内容越来越繁杂。

究其本质，互联网既是计算机之间的联网，更是人与人之间的联结。早期的电子邮件是网络社交的起点。BBS 则使"群发"和"转发"进入常态化。BBS 对网络社交的重要贡献就是从单纯的点对点交流推进到了点对面的传播。即时通信（IM）和博客更像是前面两个社交工具的升级换代版本，前者提高了传输速度和并行处理，后者则使得信息发布节点体现出强烈的个体意识。交友成为社交网络的一个开端。人类任何活动本质上都是信息传播活动，重要的技术革命都会伴随着媒介革命。互联网的发展早已超越了当初冷战时

[①] [美] 保罗·莱文森：《新新媒介》，何道宽译，复旦大学出版社 2011 年版，译者前言，第 3—4 页。

第三章 网络无疆

期"阿帕网"(ARPANET)的军事目的。社交网络使互联网从学校、政府、商业应用平台扩展成一个人类社交和新型的学习工具。此外,网络社交不断跨界,其范围由台式电脑、笔记本式电脑延展至了智能手机平台,借助手机价格的平民性、手机自身的便携性、普及性和无线网络(Wi-Fi)的覆盖,利用各种交友、即时通讯、邮件收发器、第三方应用APP等软件,手机迅速成为新的便携智能社交网络的新宠。随着社交媒体和移动网络的高速发展,各种热字词、新表达、新语汇、流行语呈井喷之势,泛在学习、移动学习成为现代教育的新宠。中文原本是一种富有创造性的语言,通过字与字、词与词、语序变换等各种灵活组合可以表达出无限的意蕴,这一特点使得汉语网络语言的创造性显得尤为突出。

(一)国外网络社交工具

1. Facebook(脸谱)

2004年2月,扎克伯格(M. E. Zuckerberg)在哈佛大学建立了知名的社交网络FACEBOOK网站,邀请好友注册该网站。两个月后,注册用户已有3万人,同年11月30日,其用户数量就达到一百万。到目前为止,注册Facebook的用户总数已达到22亿人,几乎占据全球总人口的三分之一。Facebook创立时的出发点是为了交友,能看到对方的真实资料头像等,因此起名叫Facebook。一旦用户成为好友,便可以通过给对方留言、发站内信、评论日志等形式进行互访互动。Facebook还提供方便快捷的好友查询方式,因为具有相同兴趣爱好的好友信息是聚合在一起的,因此用户可以很快搜索到和自己有共同点的人。2017年,Facebook Messenger月活跃用户超过12亿人,它已经成为人们日常生活中重要的组成部分。

皮尤互联网和美国生活项目(Pew Internet & American Life Project)最新调查结果显示,与其他互联网用户相比,Facebook用户的社交圈更牢固。Facebook 上的网民和其网络社交好友的关系最密切，比其他互联网用户平均高出 9%，所以 Facebook 用户得到其他人的帮助也较多。Facebook 用户更乐于把现实生活中认识的人加为好友，在 Facebook 用户的好友中见面多次的好友占到了 89%。调查显示，到目前为止 Facebook 是最具粘性的社交平台，52% 的用户每天都会访问 Facebook 网站。①

2. Twitter（推特/微博）

2006 年，博客的技术首创者威廉姆斯（E. Williams）创建了一家名为"Obvious"的新公司。该公司推出了 Twitter 服务。Twitter 是微博客的典型应用。它可以让网民创作发送不超过 140 个字符的消息，这些消息也被称作"推文"（Tweet，原指小鸟鸣叫）。该服务由杰克·多西（J. Dorsey）在 2006 年 3 月创办并在当年 7 月启动。② 起初，该服务只用于向好友的手机发送文本信息。2006 年底，Obvious 公司对服务进行了改造升级，用户无需输入本人的手机号码，而是以即时信息服务和个性化的 Twitter 网站接收与发送信息。Twitter 与 Facebook 有着核心的差别。Facebook 看中的是人际关系，缺乏基本的人际关系，就会寸步难行，用户必须是这个圈儿里的，跟谁说比说什么重要。而 Twitter 则不然，它以内容为基础，如果内容贫乏，就会让人嫌弃。可见 Twitter 是个载体，说什么比跟谁说更重要。

3. GaGamatch（嘎嘎）

GaGamatch 成立于 2010 年底，是一个针对全球的 SNS 国际交友网站。它的口号是："跨越语言，向世界说 Hi"。它具有国际化多语种、多元化的即时聊天以及邮件通信等社交功能。最新版本更新时

---

① Pew Internet, 不同社交平台用户使用频率，http：//www.199it.com/archives/11631. html, 2015 - 1 - 19。

② 百度知道，Twitter 是什么，https：//zhidao.baidu.com/question/94293070.html, 2016 - 07 - 28。

间为 2015 年 5 月 4 号。① 其服务目的是通过一个优秀的国际交友平台为全球人士提供线上线下交流的机会，在线翻译功能更是为不同身份、不同地域、不同肤色、不同语言的人在线互动提供极大便利，GaGamatch 为用户提供了日志发布、相册保存、心情更新、资源分享等功能，搭建了一个丰富高效的用户交流互动平台。GaGamatch 国际交友网提供了一系列保证会员隐私与安全的功能，给会员提供了一个安全的在线搜索、速配、交流环境。②

4. Skype（网络电话）

Skype 是一款即时通讯软件，具备即时通讯所需的基本功能，包括视频聊天、多人聊天、文字聊天、语音会议、发送信息等功能。更为便捷的是网民可以用 Skype 免费与其他用户语音通话、拨打国内外长途电话以及实现呼叫转移等。Skype 支持用户进行跨平台的视频呼叫，可与使用 iPhone、iPad、Mac、Android、Windows、Phone、Windows PCs 甚至电视的 Skype 用户进行视频通话。新版本支持 3G 和 Wi-Fi 网络，无论用户身在何地，都可以与好友分享自己的精彩瞬间。Skype 的"留言信箱"服务让客户不在线的时候，亲朋好友仍能如留言电话一样留下口讯。同时，Skype 提供实时翻译服务。③

5. ICQ（我找你）

1996 年 7 月，以色列青年程序员维斯格、瓦迪和高德芬成立了 Mirabilis 公司，开发出了一种人与人在互联网上能够快速直接交流的软件，取名为"ICQ（I seek you，我找你）"。ICQ 是互联网上最早

---

① GaGaHi，跨越世界，向世界说 Hi，https：//www.gagahi.com/，2015-12-31。

② 百度百科，GaGamatch 国际交友网，http：//baike.baidu.com/link?url=y_sfe38z7r24jIlBRkxG63MFlKCOeZubGc9sYICxtrkc7Y5U8GrqMhqt4VOP5tW-AAghPAUm6EeVRCO2_95uEh_WcT3p5iDarnnfkbbFl2EPazN98lrHrDXX_SQaHT7ykG3b-4EIIRSrPCw8KovVza，2015-09-1。

③ 百度百科，skype，https：//baike.baidu.com/item/skype，2017-02-06。

的即时通讯软件。ICQ 支持互联网聊天、发送信息和文件等。① ICQ 功能强大，它能够提示朋友和同事何时已经连接上网，可以通过软件相互交流；它也可以建立 ICQ 主页，利用插件发送贺卡或语音邮件。网民可以选用不同的字体、字号、颜色发送消息，可以将好友分成不同的组群，让 ICQ 提醒未来的活动，可以把重要事项做成备忘录或记事簿贴到屏幕上；网民还可以通过 ICQ 搜索网页，实时聊天，还可以回放保存的聊天内容，并且在聊天中插入动作和表情等。②

（二）国内网络社交工具

2016 年，各类社交应用持续稳定发展，互联网平台实现泛社交化。一方面，综合性社交应用引入直播等服务带来用户和流量的增长；另一方面，针对不同场景、不同垂直人群、不同信息承载方式的细分社交平台进一步丰富，向创新、小众化方向发展。"截至 2017 年 6 月，即时通信用户规模达到 6.92 亿，较 2016 年底增长 2535 万，占网民总体的 92.1%。其中手机即时通信用户 6.68 亿，较 2016 年底增长 2981 万，占手机网民的 92.3%"。③ 国内主要的社交网络包括微信、新浪微博、开心网、人人网、若邻网、天际网等等。国内社交工具主要分为四大类：社交聊天、网络电话、视频聊天以及游戏语音。

1. QQ 即时通信

1999 年 2 月，腾讯公司"正式推出第一个即时通信软件——腾

---

① 互动百科，中国互联网史，http：//www.baike.com/wiki/中国互联网史，2017 - 05 - 01。
② Wikipedia，ICQ，https：//en.wikipedia.org/wiki/ICQ，2016 - 10 - 08。
③ 中国互联网信息中心，第 40 次《中国互联网络发展状况统计报告》，http：//cnnic.cn/hlwfzyj/hlwxzbg/hlwtjbg/201708/P020170807351923262153.pdf，2017 - 08 - 10。

第三章 网络无疆

讯即时通信（Tencent Instant Messenger，简称 TIM 或腾讯 QQ）"。[①] QQ 的 logo 是一只佩戴红色围巾的小企鹅。它支持在线聊天、视频通话、语音通话、点对点断点续传文件、随时收发重要文件并共享文件、网络硬盘、自定义面板、QQ 邮箱等多种功能，它可与多种通讯终端相连。QQ 不断完善其社交功能，目前还提供加好友、游戏中心、QQ 游戏、花样直播、腾讯视频、QQ 音乐、腾讯电脑管家、应用管理器等功能，此外，会话、联系人、群聊、QQ 空间、中转站等为网民提供了更多的生活和工作便利。QQ 不再是单一的社交联系工具，更成为一种高效方便的即时通信工具。

2. 微博

微博与 Facebook 相似，是一个基于网民关系的信息获取、分享并加以快速传播的平台。其特点是信息传递快、现实感强，解决了信息传递中点对点信息不对称的难题。微博从出现之日起，就一直在默默地改变着网民的生活，社会各个阶层、各种媒体都感受到了微博的影响力。"微博作为社交媒体，得益于名人明星、网红及媒体内容生态的建立与不断强化。"[②] 关于微博，网上流传着这样一段话："当你的粉丝超过 100，你就好像是一本内刊；超过 1000，你就是个布告栏；超过 1 万，你就像一本杂志；超过 10 万，你就是一份都市报；超过 100 万，你就是一份全国性报纸；超过 1000 万，你就是电视台。"[③] 微博传播的力量可见一斑。微博作为一个新媒体的传播平台，具有鲜明的传播优势，媒体、单位、部门、个人均可快速便捷地将信息直接传递给受众。"微博用户特征更为明显，用户中一线城市网

[①] 腾讯新闻，腾讯简介，http：//news.qq.com/a/20040213/000285.htm，2004 - 02 - 13。

[②] 中国互联网络信息中心，第 39 次《中国互联网络发展状况统计报告》，http：//www.cnnic.net.cn/hlwfzyj/hlwxzbg/，2017 - 02 - 06。

[③] 百度百科，拼搏，https：//baike.baidu.com/item/%E6%8B%BC%E5%8D%9A/12765347，2017 - 02 - 06。

民、女性网民、20—29岁网民、本科及以上学历网民、城镇网民对微博的使用率明显高于其他群体。"① 微博是网络语言的高发场域。

3. 微信

在当下的网络生活中，微信成为一种富有特色的生活方式。微信提供公众平台、朋友圈、消息推送、表情包下载、收发红包等功能，用户通过"发起群聊"、"扫一扫"、"收付款"、"摇一摇"、"搜索号码"、"附近的人"、"扫二维码"、"远程建群"或"面对面建群"、"黑名单"、"添加好友"和"关注公众平台"等进入到自己所需的空间开展人际交往活动，微信用户还可以将内容分享给好友以及将看到的精彩内容分享到微信朋友圈。② 从用户特征来看，"微信朋友圈用户渗透率高，各群体网民对微信朋友圈的使用率无显著差异；五线城市网民、10—19岁网民对QQ空间的使用率明显较高，产品用户下沉效果明显，更受年轻用户青睐"。③ 微信目前成为网络语言的主要生产场域。

4. 视频浏览

在网络时代，查阅网络图片和听音频已远远满足不了网民的消费需求，越来越多的人喜欢上网观看视频，更有许多网友喜欢把自己生活中拍的各种有趣的种种视频发送到网上，与其他网民分享，这就促使了网络视频的快速传播。诸如国外的Youtube，国内的优酷网、土豆网、爱奇艺网等受到网民追捧。随着3G、4G、Wi-Fi的大规模覆盖，网民在移动消费终端观看视频的时间逐年增长，可以部分印证这个趋势。在消费需求的压力下，一些企业开始推出视频

---

① 中国互联网络信息中心，第39次《中国互联网络发展状况统计报告》，http：//www.cnnic.net.cn/hlwfzyj/hlwxzbg/，2017-02-06。
② 百度百科，http：//baike.baidu.com，2017-02-06。
③ 中国互联网络信息中心，第39次《中国互联网络发展状况统计报告》，http：//www.cnnic.net.cn/hlwfzyj/hlwxzbg/，2017-02-06。

第三章 网络无疆

社交软件,例如,51VV 视频社区——MvBox 旗下产品,是一款由北京优贝在线网络科技有限公司开发的多人视频互动娱乐工具。① 新浪 SHOW 则是一款由新浪公司开发的多人视频互动聊天工具。②

从交流属性的角度观察,微信朋友圈"是相对封闭的个人社区,分享的信息偏向朋友之间的交互,微博是基于社交关系来进行信息传播的公开平台,QQ 空间介于两者之间"。③ 而如果从用户特征的角度来看,"微信朋友圈用户渗透率高;五线城市网民、10—19 岁网民对 QQ 空间的使用率明显较高;微博用户特征更为明显,一线城市网民、女性网民、20—29 岁网民、本科及以上学历网民、城镇网民对微博的使用率明显高于其他群体"。④

表 3 - 2 显示,中国网民随着互联网技术的发展,最常使用的网络服务也在发生变化。排名前三的典型社交应用均属于综合类社交应用。⑤ 首先,随着互联网技术的不断进步,互联网的附加应用功能和网络通讯方式不断被开发出来,加之软件生产商的不断配合,即时通讯交流工具 ICQ、MSN、QQ、GTalk 等都大大加强了人际交往的便利性。其次,互联网的服务功能不断泛化,走向了日常生活的各个层面:由最初的信息来源,不断衍伸到生活、交流、传播等方面。网络服务的技术形态变化和传播内容的变化说明技术对人类社会具有反推作用。当人类社会需要技术时,技术会制约或促进社会发展;当技术无法或不能较好地完成人类的需求时,人类就会要求技术进

---

① 百度百科,51VV 视频社区,https://baike.baidu.com/item/51VV%E8%A7%86%E9%A2%91%E7%A4%BE%E5%8C%BA,2016 - 02 - 06。
② 百度百科,新浪 show,http://baike.baidu.com/view/3449850.htm,2017 - 02 - 06。
③ 中国互联网络信息中心,第 39 次《中国互联网络发展状况统计报告》,http://www.cnnic.net.cn/hlwfzyj/hlwxzbg/,2017 - 02 - 06。
④ 同上。
⑤ 中国互联网信息中心,第 40 次《中国互联网络发展状况统计报告》,http://cnnic.cn/hlwfzyj/hlwxzbg/hlwtjbg/201708/P020170807351923262153.pdf,2017 - 08 - 10。

行改进或改善。

表3-2　2016-12—2017-6 中国网民各类互联网应用的使用率①

应用	2017-6 用户规模（万）	2017-6 网民使用率（%）	2016-12 用户规模（万）	2016-12 网民使用率（%）	半年增长率（%）
即时通讯	69163	92.1	66628	91.1	3.8
搜索引擎	60945	81.1	60238	82.4	1.2
网络新闻	62458	83.1	61390	84.09	1.7
网络视频	56482	75.2	54455	74.5	3.7
网络音乐	52413	69.8	50313	68.8	4.2
网上支付	51104	68.0	47450	64.9	7.7
网络购物	51443	68.5	46670	63.8	10.2
网络游戏	42164	56.1	41704	57.0	1.1
网上银行	38262	50.9	36552	50.0	4.7
网络文学	35255	46.9	33319	45.6	5.8
旅行预订	33363	44.4	29922	40.9	11.5
电子邮件	26306	35.0	24815	33.9	6.0
论坛/bbs	13207	17.6	12079	16.5	9.3
互联网理财	12614	16.8	9890	13.5	27.5
网上炒股或炒基金	6848	9.1	6276	8.6	9.1
微博	29071	38.7	27143	37.1	7.1
地图查询	46998	62.6	46166	63.1	1.8
网上订外卖	29534	39.3	20856	28.5	41.6
在线教育	14426	19.2	13764	18.8	4.8
网约出租车	27792	37.0	22463	30.7	23.7
网约专车或快车	21733	28.9	16799	23.0	29.40
网络直播	34259	45.6			
共享单车	10612	14.1			

---

① 中国互联网信息中心，第40次《中国互联网络发展状况统计报告》，http://cnnic.cn/hlwfzyj/hlwxzbg/hlwtjbg/201708/P020170807351923262153.pdf，2017-08-10。

第三章 网络无疆

表 3-3 2016-12—2017-6 中国网民各类手机互联网应用的使用率[①]

应用	2017-6 用户规模（万）	2017-6 网民使用率（%）	2016-12 用户规模（万）	2016-12 网民使用率（%）	半年增长率（%）
手机即时通信	66778	92.3	63797	91.8	4.7
手机网络新闻	59615	82.4	57126	82.2	4.4
手机搜索	59271	81.9	57511	82.7	3.1
手机网络音乐	48929	67.6	46791	67.3	4.6
手机网络视频	52523	72.6	49987	71.9	5.1
手机网上支付	50185	69.2	46920	67.5	7.0
手机网络购物	48042	66.4	44093	63.4	9.0
手机网络游戏	38546	53.3	35166	50.6	9.6
手机网上银行	35013	48.4	33357	48	5.0
手机网络文学	32668	45.1	30377	43.7	7.5
手机旅游预订	29897	41.3	26179	37.7	14.2
手机邮件	21539	29.8	19713	28.4	9.3
手机论坛/bbs	11260	15.6	9739	14.0	15.6
手机在线教育课程	11990	16.6	9798	14.1	22.4
手机微博	25860	35.7	24086	34.6	7.4
手机地图、手机导航	44091	60.9	43123	62.0	2.2
手机网上订外卖	27412	37.9	19387	27.9	41.4

2016 年，移动网民经常使用的五类 App（手机应用）中，即时通信类 App 用户使用时间分布较为均衡，与网民作息时间关联度较高；网络直播类 App 在 17 点、19 点、22 点和 0 点出现四次使用小高峰；微博社交类 App 用户在 10 点之后使用时间分布较为均衡，在 22 点出现较小使用峰值；综合电商类 App 用户偏好在中午 12 点及晚 8 点购物；综合资讯类 App 用户阅读新闻资讯的时间分布较为规律，

[①] 中国互联网信息中心，第 40 次《中国互联网络发展状况统计报告》，http://cnnic.cn/hlwfzyj/hlwxzbg/hlwtjbg/201708/P020170807351923262153.pdf，2017-08-10。

早6点至早10点使用时长呈上升趋势。①

第41次《中国互联网络发展状况统计报告》数据显示：截至2017年12月，"中国网民规模达7.72亿，中国手机网民规模达7.53亿。网民仍以10—39岁群体为主，占整体的73%：其中20—29岁年龄段的网民占比最高，达30%，10—19岁、30—39岁群体占比分别为19.6%、23.5%"。②

第39次《中国互联网络发展状况统计报告》统计数据更加具体而细致地说明：2016年，网民在"手机端最经常使用的APP应用是即时通信。79.6%的网民最常使用的APP是微信，其次为QQ，淘宝、手机百度、支付宝列第3、4、5位"。③从网民使用即时通信的规模来看，网民中"即时通信用户规模达到6.66亿，占网民总体的91.1%。手机即时通信用户6.38亿，占手机网民的91.8%"。④此外，随着网络新闻、网络娱乐、网络游戏、网络文学、网络视频等信息的多样态呈现，网络语言的来源也同步呈现出形式的杂繁性和使用的广泛性：

> 2016年，社交平台成为新闻素材收集、新闻传播的重要渠道。社交媒体成为诸多社会热点事件爆发、发酵的源头，并进一步带动新闻网站、传统媒体的跟进报道……在网络娱乐类应用发展方面，网络游戏用户规模达到4.17亿；网络文学用户规模达到3.33亿，其中手机网络文学用户规模为3.04亿；网络

---

① 中国互联网络信息中心，第39次《中国互联网络发展状况统计报告》，http：//www.cnnic.net.cn/hlwfzyj/hlwxzbg/，2017-02-06。
② 中国互联网信息中心，第40次《中国互联网络发展状况统计报告》，http：//cnnic.cn/hlwfzyj/hlwxzbg/hlwtjbg/201708/P020170807351923262153.pdf，2017-08-10。
③ 中国互联网络信息中心，第39次《中国互联网络发展状况统计报告》，http：//www.cnnic.net.cn/hlwfzyj/hlwxzbg/，2017-02-06。
④ 同上。

第三章 网络无疆

视频用户规模达 5.45 亿，手机视频用户规模为接近 5 亿。网络直播用户规模达到 3.44 亿。①

第 39 次《中国互联网络发展状况统计报告》的统计数据显示：被高频使用的新媒体，诸如手机即时通信、网络新闻、社交媒体、微信朋友圈、QQ 空间、微博、网络游戏、网络文学、网络视频、网络直播等均成为网络语言的出现、模仿、生产、使用以及传播的高发场域。该报告调查数据充分显示了互联网提供的服务类型越来越丰富，网民与网民之间、网民与机构之间、网民与商家之间的互动愈来愈频密，维系频密互动的重要工具之一就是语言及其网络变体——网络语言。网民出于信息检索、就业求职、结交新友、维持旧好、抱怨不满、情绪宣泄等目的，通过网络"打铁"、论坛跟帖、邮件回复、新闻评论、空间留言、社区"灌水"、产品评价、人际戏谑、游戏跟风、直播吐槽、文学创作、音乐感悟、秀出自己以及欢迎围观等方式，以"语不惊人誓不休"的劲头开展网络语言"大生产"。技术成为人类社会发展的加速器，技术也为网络语言的发展壮大提供了无限的可能，技术更为冷冰冰的国际互联网披上了温暖的外套，网络从此有了生命和温度，人在技术的诱惑或感召下，自觉自愿地开启了自己的"第二人生"。②

---

① 中国互联网络信息中心，第 39 次《中国互联网络发展状况统计报告》，http://www.cnnic.net.cn/hlwfzyj/hlwxzbg/，2017 - 02 - 06。
② "第二人生（Second Life，SL）"是一个基于因特网的虚拟世界，参见［美］瓦格纳·詹姆斯·奥《第二人生》，李东贤、李子南译，清华大学出版社 2009 年版。

第二节 新媒体:网络语言的催化剂

有了计算机就有了机器语言,有了网络技术才有了网络语言。中国的网络语言发展大致有几个节点:第一,计算机和网络技术语言逐渐进入人们的生活,类似"猫"(modem,调制解调器)、"拨号上网"等;第二,2005年中国网民突破了1亿人,网络流行语现象初步兴起。在这个阶段,大量网民们处于学习使用网络阶段。这个阶段没有十分明显的网络事件,源于生活或文艺节目的网络流行语"PK"、"美眉"、"粉丝"等也一般是对日常生活现象的描述,还未形成一种亚流行文化现象。第三,"网络化是2008年中国民间语文的重要特点之一"。[①] 2008年的"民间语文"有四个特点:(1)网络化。网络语言来自日本、韩国、美国的影视作品、国产文学文艺作品,乃至时政新闻的新词新语、个人的心语心情以及技术创造的新表情,网络语言在2008年呈现"井喷"态势,井喷动力源于网络在我国的飞速发展。网络空间成为"流行字、流行词、流行语录、流行段子最为重要的语源库";[②](2)社会化。2008年对中国而言不同寻常。冰冻雪灾、藏独事件、火炬传递、汶川地震、奥运会等等,使得大量流行字、词、语录、段子都与社会事件、自然灾害和突发事件产生密切联系;(3)圈子化。不同的圈子有着完全不同的语言,"雷人"、"打酱油"、"宅男宅女"、"做人不要太CNN"等表达风靡一时;(4)技术化。火星文、键构符、表情符借助技术之力实现了

[①] 黄集伟,2008,民间语文的狂欢,http://www.nbweekly.com/Print/Article/6917_0.shtml,2009-1-9。

[②] 同上。

第三章 网络无疆

社会应用。这四种特点集中体现了2008年网络语言的流行特点。在网络语言经历了各种"门"后，2009年的"门"照开不误，"车震门"、"捐款门"、"间谍门"、"酒瓶门"、"明星代言门"是网络语言活跃的流行语。2009年，层出不穷的网络事件，网民不断介入社会和政治生活，被称为"网络民意年"。2008年至2013年，网民开始大量生产网络流行语、网络热词，"意见领袖"、网络红人、文艺界明星的种种言论均成为网络语言流行的重要语源。2014至2016年，随着网络舆论不再那么喧闹，网络语言出现了分流，广场骂大街式的舆论场域转向了沙龙讨论式的舆论空间。部分网络语言转向了委婉隐晦的黑色幽默，例如，"重要的事情说三遍"、"我妈是我妈"。还有一部分网络语言转向了更加个体化的内心表达，例如，"内心几乎是崩溃的"、"吓死宝宝了"、"友谊的小船说翻就翻"、"蓝瘦香菇"等。这充分说明网络语言的生产与消费早已超越了传统媒介，网民开始使用"新新媒介"来生产和传播"新新"网络语言。莱文森将"新新媒介"的特征和原理界定为："（1）消费者即生产者；（2）生产者多半是非专业人士；（3）个人能选择适合自己才能和兴趣的新新媒介去表达；（4）新新媒介一般免费；（5）新新媒介之间的关系既互相竞争，又互相促进；（6）新新媒介的服务功能胜过搜索引擎和电子邮件；（7）新新媒介没有自上而下的控制；（8）新新媒介使人人成为出版人、制作人和促销人"。[①]

一 改变世界的语言技术

网络技术的普及为网络语言洞开了便利之门，网络的低门槛、平民化也为语言表现技术、语言训练技术、语言处理技术、语言应

[①] ［美］保罗·莱文森：《新新媒介》，何道宽译，复旦大学出版社2011年版，译者前言，第3—4页。

用技术、语言研究技术①提供了前所未有的新手段。新媒体的普及为网络语言洞开便利之门。新媒体是一个在传统媒体与网络媒体上不断拓延和发展的新事物。新媒体"利用数字技术和网络技术,通过互联网、宽带局域网、无线通信网、卫星等渠道,以及电脑、手机、数字电视机等终端,向用户提供信息和娱乐服务的一种传播形态"。②莱文森更是在其《新新媒介》中,对旧媒介、新媒介、新新媒介做了清晰的划分。显而易见,受到技术、社会、网民等多重原因的刺激,新媒体发展并发达成为业界发展的必然趋势。新媒体所具有的灵动性、便捷性、廉价性、即时性、共享性与交际性都是传统媒体所不具备的新特点。

（一）智能技术：新媒体的物质装备

当今社会,技术的飞跃使信息载体的物质形态逐渐变得丰富多彩,从书籍、报刊、杂志的普及到电视、电脑的流行,再到手机、Pad 类产品、Kindle 被热捧,科学技术的每一次变革,均会出现新的媒介形态并推出一批新的智能设备。在所有的智能设备里,移动智能终端的便捷更是让它占据了半壁江山。智能手机具备以下特点：无线接入互联网的能力、PDA 功能、开放的操作系统、使用便捷、功能强大、运行速度快。第三方 APP 软件可以通过移动通讯网络来实现无线网络接入手机。个人终端的智能化也成为发展新媒体必不可少的技术要素。放眼如今的智能终端开发市场,主流的设备操作系统主要包括微软公司开发的 windows phone 操作系统,苹果公司开发的 ios 操作系统以及谷歌开发的安卓 android 操作系统。如今,这三大操作系统各有优劣,为智能设备市场的蓬勃发展开发了一个新

---

① 赵世平：《语言与国家》,商务印书馆,党建读物出版社 2015 年版,第 120 页。
② 百度百科,新媒体,https：//baike. baidu. com/item/% E6 % 96% B0 % E5 % AA% 92 % E4 % BD% 93/6206, 2017 – 02 – 07。

第三章 网络无疆

的平台，注入了新的活力与新鲜元素。

近几年，"穿戴式智能设备"利用先进的智能科技对人们日常生活中的穿戴饰品进行优化与改善，如眼镜、手套、手表、手环、服饰及鞋等。"可穿戴"概念刚流行时，耐克公司（Nike）就推出了 Nike + Fuel Band，它可以监测跑步者的步伐及其所消耗的卡路里。智能手环不仅仅是"手表"或者"手环"，它更像记录仪，可以记录用户心率、步伐、卡路里、睡眠，有的还可以做到久坐提醒、侦测体脂率、帮助用户调整呼吸节奏，同时通过无线传输将数据导入手机或者电脑，让用户可以实时检测身体的状况。2014年苹果公司新开发出的 Apple Watch 手表，将智能终端市场又推向了一个新的高潮。它不仅拥有普通手表所具备的一切特点，同时更为重要的是它还可以用来浏览天气、股市行情以及日历等，甚至可以用来接听电话，实现人际交往的目的。伴随着技术的进步以及大量用户喜好的变迁，可穿戴式智能设备的结构、功能与技术开发的核心也在不断改变，通过这些不同的变化，人与人之间，人与社会之间沟通的方式又一次产生了变化，人际沟通工具可以遍布全身去分布，获取信息也不再单纯地依赖于传统的智能终端设备。这些设备的出现，必将引领新一轮的智能设备更新迭代，新媒体的温床也就此滋生。智能设备借助软硬件的不断进步，加速了新媒体扩张的脚步，使得新媒体设备与人不断融合，人对于新媒体的渴望更加强烈。

（二）输入输出技术：新媒体普及的逻辑变奏

"文字愈是充满神秘，效力就愈大。"[1] 在新媒体应用过程中，各种新奇文字不断涌现。在经历了几次巨大变革之后，输入法也成为促进新媒体和网络语言被热捧的重要原因。中文输入法技术是将

---

[1] ［法］克洛德·海然热：《语言人：论语言学对人文科学的贡献》，张祖建译，生活·读书·新知三联书店1999年版，第87页。

语言无羁：汉语言符号的网络再生与生成逻辑研究

汉字输入电脑或智能手机等设备而采用的中文信息处理编码技术。1981年，中国国家标准总局发布了《信息交换用汉字编码字符集·基本集》（GB2312—80），在36年的发展历程中，汉字输入法技术经历了从零到有，由难到易，从单一简单到智能复杂的巨大演变。中文输入法经历了以下几个阶段：单字输入、词语输入、整句输入以及联想输入。汉字输入法编码可分为以下几类：音码、形码、音形码、形音码、无理码等。曾经广泛使用的中文输入法有拼音输入、智能狂拼、五笔输入、二笔输入、郑码输入等等。目前流行的输入法包括搜狗拼音输入法、百度输入法、讯飞输入法、谷歌拼音输入法以及QQ拼音输入法等等。为了提高输入速度，手写技术、扫描技术、语音录入技术也纷纷加入到输入技术的大家族中来。

计算机在中国普及之初，核心问题便是如何将汉字输入到电脑当中去，因为"只有解决了用几十个键盘按键将几万个汉字准确高效地表达出来的难题，中国才能真正地参与到信息和互联网的革命中来"。[①] 经过无数的技术挑战之后，划时代的五笔字型输入法脱颖而出，成功地解决了人们最初所遇到的各种困难，五笔输入法从而红极一时。然而随着电脑用户的不断增加，越来越多的用户发现五笔输入法虽然输入速度快，准确率高，但强记词根的硬性入门条件将许多人拒之门外。人的需求总是在推动着技术向前发展，应运而生的智能ABC输入法、智能狂拼输入法简洁易用，很快受到了广大网民的青睐。当输入法发展到此阶段便已具有了简单的联想和记忆功能。不断改进发展起来的联想输入法很大程度上满足了人们的需求，使得网上交流越来越方便快捷，新媒体的信息生产与传播也越来越得心应手。例如，搜狗输入法不仅可以输入单字，也可以输入

[①] 搜狗拼音输入法官方博客日志，汉语拼音五十年 搜狗输入法两年—同一个世界 同一个梦想，http://pinyin.blog.sohu.com/93397077.html，2008-07-01。

第三章　网络无疆

词组，具备联想功能，它还逐渐开发出了汉字偏旁部首的呈现与输出功能，如："亻"、"艹"、"讠"等。此外，搜狗拼音具备了输入汉语拼音，输出图画功能，如：在键盘上敲击拼音"mao"，选择工具条上就会出现相应的文字"猫"、猫头" "，还可以出现字符画（见图3-1），既为网民的快速言语表达提供了便利，也提供了乐趣。

```
             ,'
           _/((.
        _.—..'  `\.
      .'         ^T=.
     /   \     .—'
     |   /    )'-.
     ;,  <_..-(  '-.)
     \ \-._)   `-.)
      '.'-._.-.
        '-...'.
```

图3-1　搜狗拼音"猫"的字符画

"网络书写方式的键盘化改变了人们原有的交流方式，社会节奏的加快也强化了网络语言的效率意识。"① 网络语言的产生和发展以计算机技术为基础，是充分借用键盘提供的符号系统和各种输入法的结果，因此，网络语言也可以说是一种键盘语言。② 随着输入法的推广和使用，网民交际中开始大量地涌现出新的造词、造句规则，这些新的"网络语法规则"有的已经被汉语词典所收录，

---

① 赵世平：《语言与国家》，商务印书馆、党建读物出版社2015年版，第185页。
② 吴太胜、陈业秀：《网络语言及网民群体的社会文化心理探析》，《广西社会科学》2007年第9期。

它们凭借联想记忆输入法不断传播,改变着网民的表达方式与交流方式,同时也影响着我们的语言生活。在这种背景支撑下,每一位网民都在创造新的词汇,运用新的知识,开始进行网络语言"大生产"运动。

二 新媒体与社会环境的互动

(一) 网络与社会共舞

"社会的发展变革对传媒的使用发展的作用和影响也是巨大的,二者之间呈现互动关系。"① 在全球发展变迁的大浪潮下,"世界"已经变得越来越小,现实与虚拟的边界愈加模糊,人们之间的联系也越来越紧密,人们对于未知信息的探索与渴求也变得越来越强烈,越来越深入,全世界任何一个角落的人们都渴望与不同地区、不同种族、不同年龄的人们进行交流沟通。网民不断在现实世界里寻找虚拟,但又在虚拟世界寻求真实。就中国的新媒体发展步骤与过程来看,它的萌芽与发展赶上了中国改革开放的步伐,这为新媒体自身的发展打开了一个全新的社会场域和消费空间。同时,中国社会的变革为新媒体发展提供了一个更为开放的环境,新媒体的传播能够在一个宽松自由的环境下充分发挥自己的优势,使得信息的传播达到了一个空前的自由状态。网络媒体的发展便是对这一特点充分的印证。

"新媒体"的本质是数字化媒体。尽管传统媒体的最终呈现方式没有太大的改变,仍然以纸质形式居多,然而传统媒体在信息搜集、制作与发布等过程已经实现了数字化。报刊书籍等印刷媒体的呈现形态已经实现了纸媒和数媒同步上市;传统摄影已迈向了数字摄影发展之路,"胶卷"近乎成了文物概念,摄影成本之低使得"人人都

---

① 闵大洪:《中国社会变革与新媒体使用》,《Internet 信息世界》2001 年第 12 期。

第三章 网络无疆

成为摄影师";电视、广播等媒体也开始进行了全新的改革,通过先进的技术来强化自身的特点与功能,甚至电视媒介也开始与互联网融合,演变成了数字化的新媒体,网民能够方便地跨越时空获取自己想获得的信息。基于数字技术的新传播工具层出不穷,数字化产品如数字相机、数字摄录机、数字电视机、数字洗衣机、电纸书、IPod、MPX、DVD、4G 手机、笔记本电脑、平板电脑等纷纷问世。存储设备也从笨重的纸张书籍转向了计算机软盘、移动硬盘(非固态与固态)、优盘(闪存)等等。新兴的书写与记录工具在不断满足人们对技术设备的渴望,人的这种新奇、多样的需求又刺激了新媒体样态的持续产生与发展。

从另一个视角来看,新媒体的出现是社会变革的产物,是全球化、技术化、网络化大趋势下一种必要的存在。社会环境与技术变革使新媒体的发展更是如虎添翼,新媒体不断在社会、技术发展中汲取养分。百姓足不出户便可与天南地北的人士进行直接沟通,因此与其说是新媒体改变了社会,还不如说是社会的变革造就了新媒体的今天,社会环境的变革成为了新媒体产生与发展必不可少的关键性因素。

(二)网络与生活并存

随着社会日新月异的发展,人们的空余休闲时间越来越少,因此,人们需要更便捷、易用、经济的传播媒介。新媒体的产生与发展正好在这方面极大地满足了人们的休闲需求。微博和微信以其字数少、交往快、互动多的优势取代了博客的 800 字长篇大论,既减少了博主发布信息的时间,也让读者以最快的时间获取了其渴望的信息。在新媒体空间环境里,网民可以通过简洁明了的文字了解到别人在做什么,我们的周围乃至全球范围内都在发生什么,这对于人们在短时间内获取信息非常有益。

"在网中倘佯,伴网络共成长,见证着网络以越来越人性化的发展改变着我们的生活:实时聊天,互动游戏,虚拟社区,电子商务……网络的世界越来越自成一体。"① 手机是人们常说的"掌上媒体",虽然它体积小,但便携、快捷、移动的特征为人们"忙里偷闲"提供了极大便利。便携式终端诸如手机和平板更是深刻影响了青少年网民,以至于社会生活中出现了出门"低头族"、回家"晒一族"、吃饭"消毒族"、旅游"炫耀族"以及如厕"耗时族"。智能终端除了具备通话、短信功能外,还有语音聊天、视频聊天、游戏机、音乐播放器、理财购物、旅行预报、阅读新闻、机位预订、租车约车等更多功能,在很大程度上改变了人与人之间的信息沟通和传播方式:"以手机(或类似手机但功能更为强大)为终端、以无线通信技术为支撑,进行大众和分众信息传播的新兴传媒。"② 作为"第五媒体"的代表——手机之所以受到百姓的热烈追捧,最重要的因素便是其高度的便携性、隐私性、个性化吸引了海量网民。手机功能打破了地域和时间限制,人们能够随时随地地接收文字、图片、声音、视频等各种讯息。手机传播彻底实现了麦克卢汉"延伸论"的观点。手机、微信、微博构建的社交媒体环境对人类的日常生活产生了前所未有的影响。例如,"厕所社交"、"拍照消毒"等令人啼笑皆非的语汇的出现与使用。

"厕所社交"指在厕所里趁方便时登陆社交网站,用手机刷微博、刷微信甚至聊QQ等。美国市场调查机构尼尔森公司的数据显示,18至24岁的美国人中,32%会进行"厕所社交"。③ "吃

---

① 迎儿:《网络如何影响我的生活》,《Internet信息世界》2001年第11期。
② 应中迪:《第五媒体新解读》,《新闻实践》2006年第1期。
③ 百度百科,厕所社交,http://baike.baidu.com/link?url=Xg2OcR1wRX4G-SH7 eLeheo8-eibtMB5aBG18RGANtzuX4g5Yafb8fTWpmPJVB8HcMzcKwKQ0jvOtkkgQtc4Y75HcWceAwoMca9 of-WmLAWMDW8NP_ Gc_ gV2qrdYBtrv4,2017-020-08。

饭消毒"则是食客在吃饭前拍照发微博或微信;许多消费者会把用餐时拍摄的美食照片分享到社交网站上。

图3-2 食客就餐时"拍照消毒"的情景

新媒体技术打破了传统媒体在时空上的限制,信息与舆论传递的"亚公共领域"① 随之扩大,网络为越来越多的人们提供了平等的话语权。网民可以在自由开放的平台上发表自己的言论,参与其他人的言论讨论,提高了自由发表言论的意识。网民在新媒体环境下彼此互动,相互了解,迸发出了一场场思想与思想交汇的盛宴。然而,我们在享受新媒体为人们带来的各项便利的同时,也必须警惕:由于监管制度还不够完善以及社会利益结构等方面的冲突,加之网络、手机等新传播媒介的物理隐身性、广泛性、快速性、虚拟变更性更使得不法分子别有用心地散布虚假信息、传播谣言,制造大量群体性事件。

(三) 网络与人类共处

传播学大师麦克卢汉曾断言"媒介即信息"。② 无论是报纸杂志

---

① 曹进:《网络语言传播导论》,清华大学出版社2012年版,第205页。
② [加拿大]马歇尔·麦克卢汉:《理解媒介——论人的延伸》,何道宽译,商务印书馆2000年版,第33页。

还是广播电视,信息传播的渠道和内容往往是统一的,打开一份报纸或一份期刊就能了解它的态度和观点。而新媒体作为新的载体,其内容并不统一,可以说"每个人都有账号,每个账号都有态度,每条信息都有观点"。①

新媒体时代促使信息传递以最快的速度环绕在每个人身边,每个个体在面对五花八门的未知事物时,更多的时候是困惑、难以抉择,甚至会出现信息迷失状态。与此同时,由于个人习惯不同,网民之间的兴趣爱好等也大相庭径,因此我们每个人所渴望的媒体带给我们每个人不一样的内容,人们既需要大众传播的信息,也需要分众传播的新媒体信息。网络人需要一个能真正了解,熟悉个人兴趣的媒体,用一种新的传播方式使网民与外界联系,获取新的知识与信息。新媒体可以让人们避免无数选择困难,精准地获取自己所需要的信息。网络语言生活已经成为中国网民重要的语言生活类型之一,无论其愿意与否。李宇明根据网民对网络的不同依赖程度,把网络人群划分为四种类型:

> 第一类是网络原住民,他们生下来就不是伴着报纸、广播、电视长大的,而是伴随着网络长大的。他们基本是90后,网络就像他们一个离不开的器官;第二类是网络移民,他们本来是看着报纸、听着广播、看着电视长大的,但觉得网络很好,宜于居住,就迁移到网络上来了;第三类是网络观光客,他们知道网络风光无限,有时间就到网络上转悠转悠,但还是习惯读报纸、听广播、看电视;第四类是网络局外人,他们缺乏上网的技术和条件,比如西部地区、农村地区和一些民族地区的老

---

① 中国报协网,《媒介即是资讯 新媒体突破"成长的烦恼"》,http://zgbx.people.com.cn/n/2013/0521/c347610-21555259.html,2013-05-21。

第三章 网络无疆

人、妇女和孩子们。[①]

要实现人类个性化的信息需求,就需要大量的技术改造支持。传播方式的改变就是对个性化需求满足的方式之一。新媒体开始从传统媒体的"一对多"的传播方式变成"多对多"的传播方式。新发展起来的"多对多"新媒体更像是一个属于受众的贴身秘书,它会更注重分众化、精准化、定制化、互动性的传播内容,为网民提供合适的信息内容,人们的需求促进着新媒体越来越容易被人们所接受。在世界变成"地球村"的今天,个体对于个性化的追求变得更加强烈。新媒体利用个体追求新奇与个性化的特征,开展有针对性的、个性化的信息传播,从而牢牢吸引住大量的用户来促进自己的进一步发展。

网络时代造就的网络语言成为这个时代变迁的记录仪、成为当下社会语言与社会文化的放大器,更是成为语言杂糅的"和面机"。"偶稀饭、酱紫、潜水、微观、度娘、学婊、元芳体、槑、踮、欧巴、屌丝、撕逼、niubility(牛逼)、geilivable(给力)、SB(傻逼)、Orz(膜拜)、88(再见)"等等,语言从来没有像今天这样占据着网民的话语世界,网络语言的万千变化可谓"乱花渐欲迷人眼"。成长在21世纪网络环境中的一代人被称为"数码宝宝",他们主张创新,崇拜个性,他们不愿使用那些重复的、俗套式的、样板化的语言表达方式,而是在键盘的方寸天地间生产出了奇特的"网言网语"。网民的"语言大生产"颠覆了语言原有的规矩和传统,追求语言的新奇表达成为网络亚文化一族的鲜明表征。"语不惊人誓不休"成为青年网民间的使用语言与文字博弈和角力的座右铭。例如:

[①] 李宇明:《关注网络原住民》,http://paper.people.com.cn/rmrb/html/2016-09/15/nw.D110000renmrb_20160915_2-08.htm,2016-09-15。

(1)"特别能吃苦"这5个字,我想了想,我只做到了前四个。

(2)早上刚一起床,就有一股睡午觉的冲动。

(3)吃,我所欲也,瘦,亦我所欲也,二者不可得兼,我了个去也。

(4)没钱的时候,在家里吃野菜;有钱的时候,在酒店吃野菜。①

上述例子是网民将自己的生活感悟以谐趣的语言形式表达出来,体现了对生活的感悟,也表现了对汉语使用的驾驭能力。网络语言记录了时代的变迁、技术的变化以及文化的滥觞,网言网语网文彰显了网民的思维习惯与言语表达方式。网络语言既是网络新一代的时髦 logo,更是一种彰显网络身份认同的标记。

新媒体的特点与优势为新媒体自身的发展带来了全新的前景,更是为传统媒体的发展和改造树立了一个标志。它将成为传统媒体发展革新的一个新的转折点。正是在这样一次次的改革与变化后,新媒体逐渐成长为满足个体需求、适应时代发展需要的信息输送通道。回过头来看,科学技术的变革促使媒体传播的硬件基础以及传输路径发生了巨大变化;社会大环境的改变给了新媒体一个平台,使其更加鲜艳明媚地生长。新技术也为汉字的造字术提供了极大的便利。例如,图3-3就是利用了汉字形意结合的方式,将"字"、"意"、"画"三个元素完美地结合在了一起。

新媒体在人们的社会生活中扮演着越来越重要的角色,新媒体也为我们的语言生活增添了诸多色彩和乐趣。在新媒体带来便捷与改

---

① 应届毕业生网2016网络流行经典搞笑句子,http://juzi.yjbys.com/gaoxiao/17612.html,2016-07-25。

第三章 网络无疆

图 3-3 买汰烧 de 生活实录①

革的同时，也将风险与挑战带到了人们的语言生活中。语言规范遭到挑战，语言"雾霾"渐渐进入我们的生活，"加花"语言在网络上大行其道，甚至进入了传统媒体和人们的日常生活。因此，如何控制新媒体带来的语言风险也成为当下人们所面临的一个重要问题。这将是我们在第九章要深入讨论的话题。

第三节 网络时空：网络语言的栖息地

海德格尔说："词语缺失处，无物存在。"② 没有词语的存在，网络引发的诸多现象就无法表达，人就无法开展网络交际。海德格尔语言哲学的精髓便是以下表达："词语——不是物，不是任何存在者；

---

① 百度图片，http://image.baidu.com，2017-02-10。
② ［德］马丁·海德格尔：《在通向语言的途中》，孙周兴译，商务印书馆1997年版，第186页。

相反,当词语可用于表示物时,我们就理解了物。于是物'存在'。"① 而且,"词语不光处于一种与物的关系之中,而且词语本身就'是'那个保持物之为物并且与物之为物发生关系的东西;作为这样一个发生关系的东西,词语就是关系本身"。② 互联网是一种存在,但因其虚拟性、跨时空性与隐匿性,网络语言这个"物"便在"一个无世界的'世界'空间中四处歇脚",③ 在这种存在中,语言被不停地生产出来,而且以多种繁杂方式表现出来。南方朔断言:"语言是我们最低限的存在,"④ 网民、网络关系、网络互动、网络语言、网络信息、以及网络传播均在"这个最低限的存在"中存在。"互联网时代的本质特征就是:互动、联接、网络;互联网思维,就是符合互联网时代本质特征的思维方式,即:'互动'的本质,是'民主';'联接'的本质,是'开放';'网络'的本质,是'平等',互联网时代的前进方向,就是将整个世界变成一个'任意互动、无限联接的网络体'。"⑤ 人—机互动、人—网互动、人—人互动实现了支配与解除、控制与释放、管理与协调、自由与束缚,一切网络言行均在"最低"存在中被搬演到了虚拟生活的超级话语广场上。网络空间因人的存在而富有活力,人因网络的存在而焕发了更大的创造力。在赛博空间里,人塑造语言,也被语言所塑造。网络语言的存在因网络语言生产、使用、扩散而存在。

一 新生活需要新语言

互联网的蓬勃兴起,人类拥有了一个全新的、真实与虚拟交织

---

① [德]马丁·海德格尔:《在通向语言的途中》,孙周兴译,商务印书馆1997年版,第156页。
② 同上书,第155页。
③ 同上书,第133页。
④ 南方朔:《语言是我们的居所》,辽宁教育出版社2000年版,第1页。
⑤ 马海洋:《运用互联网思维的10大经典营销案例》,http://www.sohu.com/a/190078783_99986976,2017-09-06。

第三章 网络无疆

的二维生活世界。尽管网络"新新人类"用网络空间这一隐喻描绘其新奇际遇，以万维网、虚拟社会、虚拟社区、电子邮件、博客、微博、微信为典范的新技术带给世界的却是另一番颇为生活化的景象：网络交际与虚拟生活，新生活需要新表达。新生活引来新的书写，众多网络写手击键如飞，网络如众声喧哗的假面舞会，网民肆意将自身的感受、心得、纠结、沉醉与挥洒在网络空间中。

表 3-4　　　　　　问卷受试使用网络功能频次统计表

用途	从不使用 人数	百分比	偶尔使用 人数	百分比	一周1—3次 人数	百分比	一周4—5次 人数	百分比	几乎每天使用 人数	百分比
浏览网页	40	1.4	342	11.94	302	10.55	185	6.46	1995	69.66
搜索引擎	79	2.76	362	12.64	283	9.89	599	20.92	1541	53.79
电子邮件	131	4.6	1396	48.74	487	17.01	132	4.6	718	25.06
聊天工具	13	0.46	152	5.29	184	6.44	270	9.43	2245	78.39
网站购物	86	3	1791	62.53	606	21.16	144	5.03	237	8.28
网络游戏	316	11.03	836	29.2	1277	44.6	145	5.06	290	10.12
论坛	757	26.44	1356	47.36	257	8.97	178	6.21	316	11.03
贴吧	546	19.06	1456	50.84	362	12.64	204	7.12	296	10.34
博客	1053	36.78	1152	40.23	257	8.97	165	5.75	237	8.28
播客	1488	51.96	843	29.43	243	8.49	92	3.21	198	6.91

表 3-4 显示，受试中 69.66% 的人几乎每天都用的网络功能是浏览网页，53.79% 的人每天都使用搜索引擎，而每天都使用聊天工具的人高达 78.39%。48.74% 的受试偶尔使用电子邮件，62.53% 的人偶尔使用网站购物，47.36% 的人偶尔使用论坛，50.84% 的人偶尔使用贴吧，40.23% 的人偶尔使用博客，29.43% 的人偶尔使用播客。表 3-4 表明问卷调查的受试使用了网络常见的 10 种网络服务功能。这说明网络语言的语源广泛，来自政治经济、文化艺术、新闻传播、科技军事、社会生产、娱乐生活等众多领域。早期的 e-mail、论坛、虚拟社区、贴吧等随着互联网服务类型的增加，网络

语言逐渐向网络文学、博客、QQ 空间、微博、微信蔓延，直至感染了报纸、期刊、电影、电视、文艺作品，涵盖范围更广，跨越了语言、时空和地理边界。跨技术、跨语言、跨文化、跨民族、跨国界成为了网络语言的核心动力。网民在虚拟社会与真实社会中如钟摆般不停晃动，人变成了虚拟生物与真实符号的结合体。2017 年春节前夕，网上一则幽默段子便揭示了"双面生活"的实质。例如：

（5）这几天，上海写字楼里的 Linda、Mary、Vivian、George、Michael、Justin 挤上火车，陆陆续续回到铁岭、回到安徽、回到河南、回到广西，名字又变成了桂芳、翠花、胖妞、臭狗、二饼、狗蛋……这几天，北京各大部委格子间里的小李、小张、小王、小赵、小钱挤上火车，陆陆续续回到家乡，名字又变成了李处、张处、王处、赵处……①

在社会经济、科技教育、文化政治、学术交流等环境的持续开放条件下，技术为网络语言的产生与发展提供了社会语境；体系松散、内容广杂的网络文化为网络语言的产生提供了大量的养分；主体和交往的虚拟平等使网民的语言交往内容往往突破规则的约束，为网络语言的发展提供了平台；政府对公民言论自由的尊重激发了语言多元表达的兴趣，网民间的兴趣爱好趋同使得语言创造成为可能。

二 新空间造就新语类

本著作根据网络语言的表现形态将汉语网络语言被划分为 11 大类，64 小类，几乎涵盖了当下所有网络语言的表现形态、结构形式、

---

① 百度贴吧·北京国安吧，这几天，上海写字楼里的 Linda、Mary、Vivian、George…，http://tieba.baidu.com/p/4337548965，2017 - 04 - 02。

符号表征以及意义蕴含。具体分类条目数见表3-5。

表3-5　　　　　　网络语言语料分类统计表

大类	小类	数量（条）	例证
表情符号类	键盘符号构成表情语言类	1466	笑 =：D
	网络自带动态表情符号	33	：-#＝茫然的表情
词义转换类	旧词新意	633	菲佣＝王菲的拥护者
	汉语词义歪解	58	食食物者为俊杰＝能做出好吃的人才是最厉害的
	反讽	9	轻舞肥羊＝源自痞子蔡的轻舞飞扬，用来嘲笑 MM
	数字借代词	3	818＝帮一把
	旧字新意	101	把＝追求
其他类	其他1	343	村炮＝不懂穿衣搭配
	其他2	20	海带泪＝哭的很厉害，眼泪就像海带一样
社会语用类	二字	653	空妈＝空姐奇缺，58至60岁空妈返聘上岗
	三字	893	抢香哥＝雍和宫外守候69小时，只为抢头柱香
	四字	693	没有之一＝突出"最"的含义，就是把后面的那个"之一"去掉，表示没有与之可以相比的事物
	五字	283	好媳妇标准＝共十条标准，网友调侃称臣妾做不到
	六字以上	194	一米线神翻译＝请在 a noodle 外等候，神翻译笑尿了
缩写类	汉语拼音字母缩写	196	HLL＝华丽丽
	英语字母缩写	765	BMW = big mouth woman 长舌妇
	数字＋汉语拼音缩写	6	3X = thanks 谢谢
外语词汇类	其他	34	欧吉桑＝日语，叔叔，泛指中年男性
	英语单词	148	flame mail＝过激邮件。指有意编写或散发的、带有冲动性内容的电子邮件或消息
	谐音缩略语	8	欧尼＝韩语音译"姐姐"

续表

大类	小类	数量（条）	例证
网络语法类	疑问代词代替疑问句	1	谁=你是谁
	副词+名词形式	10	很克林顿=很不诚实
	状语后置	7	你下先=你先下线吧
	助词换成动词	2	……的说=动词后置的一种用法，来自日文语法
	汉语动词+ing形式	10	打折ing=正在打折
	名词用作动词	10	旺你=给你打电话
谐音类	数字谐音	535	02825=你爱不爱我
	汉语谐音	482	神马都是浮云=任何东西都是虚无的
	汉语方言谐音	82	你造吗我宣你=你知道吗我喜欢你
	英语谐音直译汉语	145	Antizen=名词"蚁民"，九成属于"80后"；聚居于城乡结合部或近郊农村，形成独特的"聚居村"。是"弱小强者"，成为一个鲜为人知的庞大群体
修辞类	降用	8	拼杀=原意：拼命厮杀。现在指网购者在节日打折期间疯狂购买的现象
	飞白	21	好酒不见=好久不见
	易色	4	你真幽默=你真可笑
	比喻	236	前排兽=出没于各种课堂，最喜坐于课堂前排，体型硕大，可施术令学生不能接近而坐于后排
	夸饰	48	萌化了=超级可爱受不了
	反语	11	你不刷卡，难道刷脸呀？=形容脸皮厚，常蹭点小便宜的行为
	双关	45	焦妹=成为焦点女性人物
	仿词	51	养卡人=帮人垫付信用卡欠款而从中牟利的人
	通感	3	再牛的肖邦，也弹不出老子的悲伤=夸张自己的悲伤太多太浓
	曲解	5	偶像=呕吐的对象
	仿拟	126	男至穷则无妻，女至胖则无衣=仿拟"水至清则无鱼，人至察则无徒。"
	借代	24	粉红力=指当下充满朝气和憧憬，但还显稚嫩的90后青年人

第三章 网络无疆

续表

大类	小类	数量（条）	例证
语码混用类	符号与字母混用	8	://sign = 叹气
	汉字—数字符号、表情符号混用	9	你8147 = 你不要生气
	汉字与数字谐音混用	9	牛13 = 就是"牛B"的意思，将B分为两半，你会发现左边是1，右边是3
	汉字与英文单词混用	12	in 时尚 = 在流行
	英语与数字谐音混用	4	u2 = you too
	拼音与数字混用	5	5I5J = 我爱我家
	汉语—网络动态表情符号混用	2	(⊙_⊙)<~~啾~~(#^_^#) = 亲一个~发出~~啾~~的声音~~
	数字谐音与英语混用	12	l8 = late
	英一汉语码混用	131	we are 伐木累 = we are family
	汉字—汉语拼音混用	6	你NND = 你奶奶的
	英语字母与数字混用	44	N2N = 多对多。N在数学中表示多个，2(two)是英文"to"的谐音
	数字与汉字混用	16	4人民 = 为人民，4为 for.
	数字谐音（英文数字发音）与汉语混用	5	3H学生 = 三好学生
造新词类	拟声词	23	Hoho = 爽朗的笑声
	通假字	5	人参公鸡 = 人身攻击
	汉语拆字法	18	夭 = "天"(tiān)。骂人话"王八"
	类比词	97	躺枪 = 躺着中枪。自己什么也没做，没招惹别人却被别人言语攻击给打击了
	汉语语音连读	1	我伙呆 = 我和小伙伴们都被惊呆了
	儿化语	11	虚拉拉 = 累得半死
	汉语语气助词	3	切 = 语气词，表示蔑视。
	动漫术语	150	Cos = 角色扮演
	英文字母形容状态或构成体态语	24	885 = BBS

网民在网络空间中利用不同语言、不同形式、不同意蕴的方式创造了众多的语言形式，众人制造的"语言狂欢"不断冲击语言刺

激的巅峰,每个年度的网络热词、年度热词、年度流行语都与网民的语言生产息息相关。网民交流的盛景令人"鸡冻(激动)"不已,但是,网民已不再通过语言的感染力来彼此接触,他们不是通过"言传"来认识彼此,而是通过"会意"来相互结识。"会意"的文字"完全不理会语法、词法、句法,完全漠视既定的表意逻辑,恣意肢解词语,拼贴画面。这种超越线性语法逻辑的语言,在互联网上比比皆是。似乎有一种动向:这种新式语言,行走在'说'与'非说'边缘"。①

三 新语言的新居所

"在文本时代,无声的文本脱离了人的肉体,独立于个体的人而存在。"② 但在网络语言传播中,笛卡尔哲学的"我思故我在"被演绎成了"我刷故我在",网民极度渴望在虚拟空间中体现出一种强烈的、真实的存在感。原义为"擦拭,涂抹,清洗"的"刷"字,与网络时代的"刷"的意义大相径庭,"刷"体现了网络人急切的功利心和急切感。"刷"成为重复性的通过某种途径获得或发送信息的途径,"刷"的整个过程变得机械、枯燥、急切,使人们失去了等待的耐心。网络时代是一个全民刷屏的时代,每个人都是"刷一代"。"刷"成为网民的标准动作,"刷"也演化成了"国民 style,刷微博、刷微信、刷淘宝、刷外卖、刷网剧、刷直播,刷票房、刷流量、刷存在感——我刷故我在……人人都是低头族,开会刷、乘车刷、工作刷、休闲刷、朋友聚会刷、家庭聚餐刷。"③

网络语言不是语言的"天外来客",更不是语言的神来之笔,网

---

① 段永朝:《互联网:碎片化生存》,中信出版社2009年版,第152页。
② 同上书,第140页。
③ 搜狐公众平台,"刷刷刷",请接招—2016年度汉字、十大关键词、十大流行语来了!,http://mt.sohu.com/20161215/n475992866.shtml,2016-12-15。

第三章 网络无疆

络语言的"根"还是来自源远流长的自然语言。在虚拟的网络传播情形下,伴以阅读的掩卷思考、书写的美感喜悦等特质均随着指尖的敲击和屏幕上统一的字体而消失。对于机器与网民而言,语言与非语言符号"瞬息闪现,转眼间又无影无踪,并无一个'来自'和'去往'的地方"。[1] 虚拟世界并非虚幻世界,更非虚构世界,虚拟空间也是一种存在,网络语言的实质是虚拟空间的物理形式显现或表达。互联网的力量显示出:

> 互联网让"他者"的存在第一次以如此有力的方式出现:海量的"他者"。这是一种怪异的版图:传统语境下颇为自得的"主体",在浩瀚的互联网中遭遇到海量的"他者"。在海量的"他者"面前,过去优越的"主体",傲慢的"主体",有阶级、等级、财富阶层分割的"主体",矜持的王后、傲慢的王子、狡黠的船东、贪婪的守财奴、自负的教授……无一不显露出干涩、枯萎、微渺的一面。海量的"他者",通过海量的"语言"将孤独的"主体"淹没。[2]

人类语言正处于一场比印刷革命、电视革命、网络革命更为重要的语言革命的巨变中。技术革命催生了新的人际交往方式和信息传播方式,同时也塑造了新的语言、新的文化与新的语言群体,这个群体喧嚣尘上却孤独无比,热闹非凡却冷清凄切。互联网的发展促使网民数量激增。促成网络语言流行的根由众多,主要包括以下四个方面:

---

[1] 孙海峰:《网络读写的主体重构》,载吴予敏《传播与文化研究》,北京大学出版社2007年版,第90页。
[2] 段永朝:《互联网:碎片化生存》,中信出版社2009年版,第153页。

第一，自古以来，汉语就具有很强的包容性，具有吸收外来语汇的传统和特点。佛教的传入、西学东渐、五四运动以及改革开放都出现过吸收外来语词的高潮。在一个地球村的世界里，语言交往、思想撞击、文化激荡，我们面临着多国家、多民族、多语言、多文化之间更多的交流，吸收新词语，才会让汉语更加富有生机与活力。"多元"成为网络语言弥漫网络世界的共通法则。

第二，很多社会事件通过网络传播被关注，而由此催生出多个网络语汇。"桥粘粘"、"打老虎"、"我是打酱油的"、"且行且珍惜"、"元芳，你怎么看？"等，反映了网民对某个事件的高度关注，并产生质疑争议，因而催生语言的激变。事件本身被浓缩为一个或多个流行语。某些概括新闻事件、社会事件、网络事件的语汇可以广泛流行，是网民关注现实生活的产物。一旦发生牵涉公共利益的大事时，个人表达在传统媒体难以得到表达之际，虚拟空间马上就会成为人们比对现实、实现社会参与的替代空间和情绪宣泄口。

第三，网络语言的频发风靡也与中国网民结构有关，中国网民群体以青年人为绝对主力，他们是网络流行语最重要的生力军，他们既是生产者也是传播者。年轻群体感知敏锐，想象力创造力强，具有较强的表现欲和叛逆性。青年渴望身份认同，青年网民主动创造新奇反叛的流行语，追求凸显自我。以流行语的使用作为群体标签，跟风使用，网络新词语不断滥觞。

第四，网络提供了宽松自由的语言环境，技术门槛低和教育程度高加速了新词的产生和扩散。便利的点击、迅速的回复可以迅速而广泛地制造热点、传播流行语。网络强大的复制和扩散能力，使流行词从诞生到走红的时间大大缩短，几乎一天内便可完成。这是网络新技术带来的网络新词汇的变革，让网络空间的新语汇变得更加丰富。

第三章 网络无疆

四 新语言的增殖器

以手机终端为标志的移动互联网正在改变人们的工作习惯、生活习惯、传播习惯和人际交往习惯。网络时代的技术法则是"不怕做不到就怕想不到"。人们"所能想到的所有互联网形态都有了移动终端的表现形式。手机和其他移动终端，与用户正形成新的体验和生活方式，更人性化、更便捷……2011年的互联网，是依靠手机等移动终端连接起来的人的聚合"。① 随着网络的发展，"高品质、认同感、社会价值、弹幕交互、二次创作、碎片表达、草根阶层、互联网思维"等词语喷涌而出。

移动网络引发了人类生活与生产方式的变化，泛在学习、移动工作、办公自动化、移动购物、移动影音等迫使人们向技术投降，人们的日常生活开始在碎片化时间和场景化消费中度过，日常生活一旦缺少"手机陪伴"就成为一种内心的恐慌与心悸。手机成为幼儿的"电子保姆"，成年人的"电子伴侣"，空巢老人的"电子子女"。古腾堡（J. Gutenberg）开创的金属印刷革命带来了成本低廉的报纸、杂志和书籍；电视革命使大众通过影像获得资讯，体验身临其境的现场感；网络则让人们足不出户就联结到了外面的精彩世界；移动互联网的出现"再次改变了人的日常生活、交往方式和语言方式"。②

网络语言的出现表明语言技术、计算机技术、网络技术等不仅改变了网民话语表达的心理预期，而且改变了彼此交谈的话语方式。"语言技术不仅改造着、发展着人类的语言生理器官，也在改变着人

---

① 2011网络生活价值榜推荐委员会：《2011 网络生活价值榜》，《新周刊》2011 年第 11 期。
② 陈菲：《网络时代的"语言暴动"》，http：//cul.qq.com/a/20160117/004755.htm，2016－01－17。

类的语言习惯甚至是认知、思维习惯，促进着人类的进化。"① 这就说明，技术会对人的心理、行为、语言产生一个塑造的过程。在互联网这个流动的空间里，时间是永恒的，但是网络语言的人际交往始终有一个真实的参照对象，那就是自然语言中的日常对话。新媒体时代导致了众多新语言、新语象的爆发。在网络的环境氛围下，网民为了与网络社会保持良好的网际关系，语言就会追随他人发生改变。

（一）手机——挡不住的呼唤

媒体是传播交流信息的工具和载体。手机发展为媒体，经历了直板—翻盖—直板的外观变化，也经历了"有辫子"（天线）—"无辫子"的历程，更经历了模拟—数字的变化。模拟信号电话、发短信、手机无线上网（WAP）、移动通话、移动上网、手机网络化使手机媒体化方向日益明朗。3G手机使手机作为媒体之一迅速普及。4G手机则以超强大、快速的数据传输能力，提供网页浏览、信息发布、视频聊天、电子商务等多种信息服务，几乎全面赶上固定网络所具备的所有功能。4G手机所用的4G网络，意味着更多的参与方，更多的技术、行业、应用融合，不再局限于电信领域，还可以广泛应用于金融、医疗、教育、交通等行业，使通信终端的能力越发强大。"手机不仅是交流能力的净增长，而且是对网上传播的改进。"② 智能手机的出现打破了空间与时间的限制，移动网络实现了传播权力的彻底平等，每个人都可以在网上发声。移动网络时代迎来了普通网民的语言狂欢，过去主宰媒介的精英语言被淹没，来自网民的移动网络语言加速了网络语言的创新，一个热点事件或人物，随时就会以震爆的方式，将信息撒向整个网络。移动互联网推进了移动

---

① 李宇明：《语言技术对语言生活及社会发展的影响》，《中国社会科学》2017年第2期。
② ［美］保罗·莱文森：《手机：挡不住的呼唤》，何道宽译，中国人民大学出版社2004年版，第9页。

第三章　网络无疆

智能机的发展。手机的私密性、个性化、功能化以及碎片时间连贯性利用是改变网民认知的主要因素。可以这样说，"手机是人与社会关系的总和"。①

手机正以前所未有的广度和深度浸入社会生活。手机媒介以时间消灭空间的传播方式使人们立足于世的基本观念——时间观念和空间观念被改写。日常生活中的交往体现了人的社会关系本质的生活属性，不同媒介形态一直推动着社会交往形式的变迁，手机媒介的普及进一步促进交往形式的多元化。②

手机网络语言的贫民性特质具有填平社会等级差异的功能，以这种方式与年轻人聊天，马上会给对方一种亲近感，气氛立刻变得轻松活泼。这种聊天方式调节了在现实生活中固化的人际等级关系，既虚幻又真实。手机一族文字输入讲究录入速度和内容简略，因此，新汉语成语层出不穷："喜大普奔"、"十动然拒"、"然并卵"、"火钳刘明"、"男默女泪"、"人艰不拆"、"累觉不爱"、"细思极恐"等纷纷在网络上出现。

互联网让人类互相连接、让人与机器高效连接，让信息与信息快捷链接。手机的迷人之处就在于微型化的通讯终端使自由时间得以利用。认知盈余跟碎片化时间的概念类似，讲的不仅仅是描述下班后属于自己的时间，甚至可以说是按秒计算的，比如开会时拿出手机看一下微信那几秒，走在马路上等红绿灯刷下微博那几秒，当几万、几千万、几亿、甚至几十亿的几秒汇聚在一起后，量变就引

---

① 2011 网络生活价值榜推荐委员会：《2011 网络生活价值榜》，《新周刊》2011 年第11期。
② 王萍：《传播与生活》，华夏出版社 2008 年版，第26页。

起了质变。① 网民秀恩爱时的"偶们"、撒娇耍嗲时"酱紫"、无奈崩溃时烦人"我的内心几乎是崩溃的"、吐槽时的"怪我咯"、调侃时的"城会玩儿"、受到惊吓时的"吓死宝宝了"、友谊破裂时的"友谊的小船说翻就翻"、责怪他人时的"还能不能一起快乐地玩耍了"、表达信心时的"我才不去狗带（go die）"、还有自拍达人的"主要看气质"等，都表达了网民对现实生活的感悟，并以另类的方式表达出来。以至于有的大学在期末考试时也不忘挂出网络意蕴十足的横幅："手机暗号带小抄，友谊的小船说翻就翻"。

（二）移动：足不出户的运动

"有了说话的能力，再加上和远方人说话的自然而然的欲望——无论他们和我们是在何方都有想说话的欲望——我们必然走到手机这一步：边走边说的能力，无论我们在哪里行走，也无论和我们谈话的那个人是在哪里行走。"② 智能手机掌握在手机用户手里，几乎用尽了网民视、听、触一切感官。网民通过语音使用声觉、通过打字触屏使用触觉以及通过视觉拍摄、浏览照片及观看视频，可以说手机消除了所有以前使用媒体时受到的限制。以往人们通常坐着使用台式机或笔记本电脑登录互联网。但在手机时代里，大部分时间网民是站着使用，行走中使用甚至躺着使用信息终端。在上班间隙、差旅途中，在候车、候机、候船或等人时，移动网民可以查看邮件，处理公务或私事；在银行或医院排队挂号时，网民抑或会阅读机构发来的消息并予以回复；学生则会在上课间隙或课堂上查询答案或好友互动。移动用户不停地彼此分享信息成为移动网络粘度最高的行为方式。手机作为移动网络的核心支撑和一种新的信息平台，正

---

① 周凯：《什么是移动互联网》，https://www.zhihu.com/question/20284369，2012-06-08。
② [美] 保罗·莱文森：《手机：挡不住的呼唤》，何道宽译，中国人民大学出版社2004年版，第16页。

为愈来愈多的网民所利用和依赖。

原先单一的手机短信语言随着智能手机的发展、输入技术的进步、即时通讯的快捷，手机短信语言的生产能力得到了空前的提高和进步。短信语言丰富多彩，变化多样，运用各种手段，在有限的方寸天地充分发挥其最大的效用。在语言生活中，各种经典和各类新奇的表达形式借助手机载体得以广泛传播。手机短信具备的既经济实惠又方便快捷的传播特征，网民利用手机简明扼要的字符空间，通过高度压缩、丰富炫彩的语言表达形式，表达网民的生活理念和心情状态，有赞许、有鼓励、有鞭挞、有讽刺，也有语言暴力充斥其中。手机短信语言成为了民众语言生活中新的增长点。除了日常的信息交往，手机技术的进步也不断催生手机流行文化的发展，例如，手机流行语、流行词汇、流行短语、流行"段子"及流行的非语言符号或"表情包"。

手机短信语言可以即时反映鲜活的语言时代特征，也可以满足网民全方位、综合性、多视角的言语表达诉求。手机语言激发了网民的语言想象力、语言生产力和语言传播力，同时，它也延展了语言的消费空间，激发了网民的语言创新和创造能力，丰富了网络社会的语言生活。

本章小结

网络是机器的网络，更是人与人在网络相遇的时代表征。网络时代，既要发展机器思维和互联网大脑，更要塑造人的新思维方式和看待世界的方式，还要搭建机器与人类思维的互通管道。互联网更新了信息传播方式，改变了人与人的连接方式，颠覆了传统的商业模式，也造就了新的语言生产方式。技术在语言生产与传播中，从来没有如此活跃过。虽然互联网改变了人们的生活方式，但它却改变不了人性。① 网络成为人类须臾不可分离的超能"副脑"、超级存储器、超大语料库和资源库。

  互联网技术的飞速发展促生了多样态的网络服务。网民凭借网络技术，用网络语言与他人交往。网络语言的生产和传播，成为互联网人际沟通的重要渠道。语言是人类最低限度的存在，网络语言又因网络的存在而存在。网络成为当今世界人们传递信息的重要工具，它的开放性、自由性等特点为网络语言的产生奠定了良好的基础。网络技术赋予了网络语言一个无限延续和超越一切界限的意义的特权。在网络传播时代，语言的动态变化使原本不易察觉的语言存在变得活跃起来。网络语言的使用主体——此在与他人——共同存在于网络的虚拟空间中。网络语言反映了以网络这个虚拟世界为栖息地的网民群体的思想观念和价值取向，网络语言之所以能迅速在网民之中流行开来，正是因为在一些方面映射了网民的某种心理。网络语言不仅是自然语言的表征，也是社会文化的网络"指针"。从某种程度而言，"网络语言就像是社会文化的试纸，能够精准地检测出语言背后社会的'酸碱度'。如今，以网络语言为代表的'网络亚文化'已逐渐从边缘走向舞台中央，成为一种显性文化，进入并影响社会公共生活。"② 网络"热词"和网络流行语在虚拟空间里，反映了当下的网络文化。广大网民利用手机媒介的方寸屏幕和软、硬键盘创造了丰富的网络语言，既吸收了许多外来语，也挖掘出了许多原本"假寐"的汉字，赋予其其他含义，藉此充当网民之间的言语交流工具。

---

  ① 散文吧，中国互联网 20 年发展简史，https: //sanwen8. cn/p/2eagMhd. html，2016 - 10 - 31。
  ② 人民日报海外版，网络语言走红背后，http: //news. xinhuanet. com/tech/2016 - 06/20/c_ 129075283. htm，2016 - 06 - 20。

第四章

创造无限

——文字的想象与加工域

> 现代人热爱技术，如此热爱，以至于我们愿意变成它们。
> ——弗兰克·施尔玛赫（F. Schirrmacher）[①]

"技术导源于人类的'求知意志'，人文精神则源于'意志自由'。"[②] 网络时代的"虚拟现实将人类置于另类世界'之内'，从而把文字的想象性和电影或录像的想象性向前推进一步"。[③] 现代计算机技术的发展充分"说明了技术的符号特征。技术越发展，它的符号功能越强，技术始终和人类创造的符号体系联系在一起。技术的进步和符号的进步在一定程度上是同步的"。[④] 从16进位到10进位，再从10进位到2进位，从技术语言到生活语言，从自然语言到网络语言，无不体现出了人类技术创造的便利性和重要性。互联网技术的飞速进步，深深影响着人们的生活，网络语言的"爆炸"就是一

[①] [德]弗兰克·施尔玛赫：《网络致死》，邱袁炜译，龙门书局2011年版，第76页。
[②] 王萍：《传播与生活：中国当代社会手机文化研究》，华夏出版社2008年版，第96页。
[③] [美]马克·波斯特：《第二媒介时代》，范静哗译，南京大学出版社2005年版，第31页。
[④] 韩永进：《符号、结构与技术》，人民出版社2007年版，第207页。

个缩影。技术造就了计算机,计算机支撑了互联网,而网络催生了网络语言,社会的发展折射了技术的进步。"点赞"、"蛮拼的"、"任性"等生动形象的网络语言进入了自然语言,并被国家领导人和主流媒体采用。这反映出:网络语言丰富了汉语言文化,网络语言的出现与发展是技术进步的要求,也是社会进步的标志。计算机技术、语言处理技术、网络传播技术、复杂社会心理、社会发展矛盾等诸多因素使得语言的创新创造、加工生产以及传输传播达到了史无前例的地步。"印刷术直接配上电子马鞍之后,书写这匹快马就能够以宇宙最快的速度和曝光率奔驰了:历史上开天辟地第一回,一个词一旦写就,世界各地都可以立即读到它了。这不是毁灭文化,而是摧毁思想贵族。"① 在技术和语言共同拥趸的时代里,信息在流动,思想在碰撞,语言在交融,网络"个体存活的线条互相交错、互相碰撞、互相分割",② 网络大众"重新构建生活,重建世界:这是同一种意志"。③

第一节 网络语言是技术进步的结果

一 技术是一种符号

陈卫星认为技术是人类"借助工具,为人类目的给自然赋予形式的活动:就总的特征而言,技术是一种追求效果的行动,即任何技术行为都是有效行为"。④ 也可以如此表达:"技术是一种符号,

---

① [美]保罗·莱文森:《思想无羁》,何道宽译,南京大学出版社2003年版,第172页。
② [法]鲁尔·瓦纳格姆:《日常生活的革命》,张新木等译,南京大学出版社2008年版,第91页。
③ 同上。
④ 陈卫星:《传播的观念》,人民出版社2004年版,第231页。

第四章　创造无限

是一种结构，它是人类智慧最杰出的创造，它代表着秩序、组织、制度和人类社会庞大的生产建制。"① 技术不断改造社会，提高人类的生活与工作品质。计算机互联网改变了人们的社会生活样态，"这种新型的人类生态环境，把人们的社会关系和人与自然的主客体关系反映建立在数字的生产、储存、流动和控制之上"。② 因此，莱文森提出："印刷机生产的数以亿万计的书籍——承载着我们已经获得的知识 DNA 的细胞——既是书面的、机械传播的顶峰，又是更加便利而持久的文字信息配置，初步成型。到了 20 世纪末，电子就实现了便利而持久的文字信息配置。"③

对于汉语网络语言而言，这种配置更是达到了登峰造极的地步。网络语言作为一种符号体系，要实现便利而持久的文字信息配置，它必然也要遵循技术逻辑、网络逻辑、计算机逻辑和键盘逻辑。"词语反映一种建制。"④ 因为

> 技术正在改变着我们的思维方式、生活方式，改变着我们的娱乐、消费，改变着我们的一切。技术在我们的生活中发挥着无法估量的巨大作用，这是我们面对的一种现实，但技术巨大的作用发挥不是一件孤立的纯技术事件，它需要科学，需要文化，同样也需要强大的各种社会建制做基础，这也是我们面对的一种现实。⑤

---

① 韩永进：《符号、结构与技术》，人民出版社 2007 年版，第 1 页。
② 陈卫星：《传播的观念》，人民出版社 2004 年版，第 243—244 页。
③ [美] 保罗·莱文森：《思想无羁》，何道宽译，南京大学出版社 2003 年版，第 167 页。
④ [法] 克洛德·海然热：《语言人：论语言学对人文科学的贡献》，张祖建译，生活·读书·新知三联书店 1999 年版，第 117 页。
⑤ 韩永进：《符号、结构与技术》，人民出版社 2007 年版，第 1 页。

语言无羁：汉语言符号的网络再生与生成逻辑研究

莱文森断言："有了技术之后，人就变了，人就从进化的产物变成了进化和变革的生产者，就从现存世界的理解者变成了新世界的创造者。技术的故事实际上是三个主人公——进化、思想和技术——的故事。思想是进化的产物和结果，它如何产生技术并表现于技术之中，以便反过来驾驭进化——这也是技术的故事。"① 随着计算机技术、网络技术的普及，语言技术的进步，交往方式的改变，一个"语同音"、"书同言"的时代悄然来临，键盘主导的书写革命使人类的语言生活达到了一个前所未有的高度和混沌。"信息通信技术对语言生活的影响同样值得关注，如语言教育、语言服务、语言学习、语言调查、语言城市化等领域。"②

人类使用技术不断提高传播思想与信息的能力，究其实质，技术就是"人使用符号的能力结果"。③ 网络时代的人在真实与虚拟之间穿梭，也为网语符号的生产不断创造出新的生产工具和语言文字的想象与加工场域。计算机、网络、语言、传播的累积形成了知识爆炸的冲击，网络语言构筑的便利性和持久混合性引发了"语言蘑菇云"。无论愿意与否，人人都被裹挟其中，呼吸着由口语、文字、印刷、电子传播特性的混合物——网络语言的"空气"，在"熟悉的陌生"中，感受着网络的力量。网络语言在技术的鼓励下，四处蔓延，不断扩张其使用领域。技术造就的键盘成为网络语言表达的最便捷工具。当下传播装置涉及种种媒介，人类构建的各种范式规制着传播装置的选择、接受以及信息认知和展示。键盘与其伴随产物是当代传播秩序的核心组成部分，键盘与键盘产品关系、技术与技术逻辑关系贯穿于整个社会秩序与传播过程，那么，

---

① ［美］保罗·莱文森：《思想无羁》，何道宽译，南京大学出版社2003年版，第15页。
② 王广禄：《语言技术改变语言生活》，《中国社会科学报》2016年8月15日。
③ 韩永进：《符号、结构与技术》，人民出版社2007年版，第129页。

第四章　创造无限

  键盘也许会被界定为任何装置，其角色在一种社会环境中是按照逻辑计划被有目的地操纵的，为的是创造、解释、发送或接收有意义的符号信息。……键盘逻辑是指操作的规则、语法以及句法，通过它们重要的操作符号能被识别，照此行事并被传递。①

  "技术的发展在相当程度上改变了生态环境和社会环境，今天，科学和技术的问题已经渗透到我们的思想和社会空间，信息传播技术的发展促生了一个新的信息处理的环境。"② 2015 年以来，网民采用"汉字＋拼音"的混合表达，利用"取其形，用其音，弃其义"之法，造就了以下隐喻式的表达，乍观其形为正面意义，但看其后拼音，实为反义，例如：

  （1）烧（jian）烤（mian）交（yue）友（pao）
  （2）好（hai）心（ren）人（jing）
  （3）好（sha）人（bi）
  （4）压（hao）力（wu）山（ban）大（fa）

  网民的自发性是网络语言的重要来源，因为"自发性—自发性是个人创造性的存在方式"。③ 在网络信息处理环境中，网民被赋予了更多的语言文字处理权、信息加工权和言语表达权利，技术使得人人都在有意无意地为网络语言扩张而忙碌。"互联网络的传播平台

---

① ［美］大卫·阿什德：《传播生态学——控制的文化范式》，邵志择译，华夏出版社 2003 年版，第 42 页。
② 陈卫星：《传播的观念》，人民出版社 2004 年版，第 232 页。
③ ［法］鲁尔·瓦纳格姆：《日常生活的革命》，张新木等译，南京大学出版社 2008 年版，第 200 页。

语言无羁：汉语言符号的网络再生与生成逻辑研究

已经综合了传统自然语言和现代技术语言的功能优势，比如，图像界面的生动，图形语言的直观，数码符号的中性，文字表述的清晰，口语的机智灵活，音响的悦耳动听等等，都可以在网络空间中获得生机。计算机是控制论最重要的成果，它使传播的爆炸成为现实。"①海德格尔（M. Heidegger）强调技术能够揭示宇宙的基本运作机制。他把尼采和马克思的思想糅合起来，把技术当作是人的意志作用于世界的物质表现来探索。② 可见，技术常常是人通往世界的基本介质和渠道，"通过技术，我们体现和延伸自己的思想，把自己的思想注入客观世界，把我们的理论扩散到宇宙遥远的角落。在这个过程中，我们按照自己的设计来塑造世界"。③

二 技术：语言的增殖器

当下，语言技术的发展正改变着人们的语言生活，二者的互动方式也愈发活跃。"任何一种语言传统都有可能孕育出重大的创新，特别是在现代环境条件之下，创新得以更加迅速地传播。"④ 作为两种符号，技术与语言总是处于相互斗争、相互角力、相互促进的进程中。韩永进指出：

> 技术作为一种社会建制，它和语言建制有着密切的互动关系，语言的发展始终主导着技术的进步，这一点可从两个方面分析：（1）技术建制是从语言建制中发展出来的，语言始终是技术发展的基础；（2）技术语言的分化与设计，技术起源于人

---

① 陈卫星：《传播的观念》（修订版），人民出版社2008年版，第183—184页。
② [美]保罗·莱文森：《思想无羁》，何道宽译，南京大学出版社2003年版，第97页。
③ 同上书，第14页。
④ [英]尼古拉斯·奥斯特勒：《语言帝国：世界语言史》，章璐等译，上海人民出版社2009年版，前言，第3页。

第四章　创造无限

类的自然语言系统,通过对自然语言的使用和改造,技术正逐渐形成自己特殊的语言系统,技术发展既是对语言的使用,也是对语言的创造。①

作为一种社会实践方式,网络社会上出现了大量专业或业余的"网虫",他们通宵达旦通过网络进行工作和游戏,网络就是网虫们的新生活。网民创立的网络语言符号必然会受到键盘运作逻辑和时间消耗的限制,具备口语化的特点,但网络语言要通过指尖操控键盘进行人际交往,又无法挣脱书面语的固有特性。网络语言的表达方式由曾经的单一"线性结构"变成了发散的、四通八达的网状表达结构。"键盘的技术、技艺、逻辑和操作技巧正在取代口头和书写的传播。伴随着键盘新的运用的是新的互动方式。"② 书写工具被键盘所替代,单手书写被双手敲击所取代,低头写作被举头目视而替换,工具、肢体与动作的转换本身就蕴含了双手、双眼运动与大脑思考和反应的再协调过程。克里斯特尔指出:"键盘决定着生产性的语言能力,而显示屏决定着接受性的语言能力。"③ 网民将社会情境、自我心得和键盘识读结合起来生产出的语言符号,产生了别有意趣的隐喻意义,例如:

（5）别老看 AV,你也不看看键盘上,字母 A 和 V 后面分别是什么?

（6）我要做一个介于牛 A 和牛 C 之间的人。

---

① 韩永进:《符号、结构与技术》,人民出版社 2007 年版,第 442—443 页。
② [美] 大卫·阿什德:《传播生态学——控制的文化范式》,邵志择译,华夏出版社 2003 年版,第 44 页。
③ [英] 戴维·克里斯特尔:《语言与因特网》,郭桂春、刘全明译,上海科技教育出版社 2006 年版,第 16 页。

语言无羁：汉语言符号的网络再生与生成逻辑研究

网络语言与技术进步密不可分，二者互动需要或精密或粗糙的设计与磨合，因为"技术语言的设计需要满足空间和可操作两方面的设计目标，空间设计体现的是技术将物的属性纯化和强化在空间中，以有利于应用的特征，可操作设计体现技术的功利性和实用性特征，符合这两种设计的语言产生，才能有利于技术互动过程的形成"。① 此外，"技术是人与自然互动的基本形式，它离不开语言模式，语言的社会建制是形成技术建制的前提和条件，技术在语言的建制模式上形成了自己的建制模式……社会越进步，技术的语言变化会越迅速"。②

卡斯特（M. Castells）的看法是"适用的电子信息和通信技术的存在使网络社会能够依靠自己全面展开，以社会组织和交互的形式超越网络的历史局限性"。③ 网络语言的产生和发展必定以计算机技术（语言生产工具）、网络技术（语言传播工具）、录入技术（文字加工工具）为前提，是网民充分借用键盘及其符号体系输入与显示的结果。网民克服标点、字母、符号"有形无音的"缺憾，通过拼音、数字全拼、缩略、杂糅、拼贴、编造、合字等语言技术和语言再生方式，创造了一系列独特生动的表达符号，从此网民交往有了全新的交流方式与途径。

在网络语言符号大量出现的同时，众多网络非语言符号应运而生。"MM"、"GG"是网友间的嬉称，":)"、":P"、"^^"都表示"开心"。这些非语言符号生产简便，易于表达情感，生动有趣，既避免了歧义的产生，也增加了语言表达的温度。例如，有人说"你这么做不对"，再加上一个笑脸符号":)"，变成了"你这样做不对

---

① 韩永进：《符号、结构与技术》，人民出版社2007年版，第443页。
② 同上书，第444页。
③ ［美］曼纽尔·卡斯特：《网络社会的崛起》，夏铸九、王志弘译，社会科学文献出版社2006年版，第7页。

第四章 创造无限

:)"，听话人会认为说话者是善意的提醒，而不是一种责难，比较容易接受对方的意见和看法。

三 技术造就网络语言王国

网络时代，在技术与语言的博弈过程中，大量原本无法实现的语言不断被创造出来。寻常百姓也成为汉语言文字的生产者和创造者。

第一，随着汉字输入法的改进，汉字的偏旁部首也可以渐渐地出现在输入法的选择工具条和频幕上："艹"（音 cao），"亻"（音 dan）、"纟"（音 si）、"氵"（音 san）、"宀"（音 bao）等等。网民也在不断挖掘古字，如"兲"（tiān）、"槑"（méi）、"尖"（ni）、"囧"（jiǒng）、"烎"（yin）、"垚"（yáo）、"犇"（jiao）、"骉"（biao）、"怹"（tān）、"囫囵"（kū lüè）……这些本是汉语中的生僻字，却在网络上被赋予新的意义，意外红极一时。可见"技术的进步是主要的因素，使人们彼此之间建立连接的经济成本和技术门槛都已接近为零"。① 用语言技术拆解汉字，实现新的意义表达，成为网民乐此不疲的语言消遣。例如：

（7）「晶」对「品」说：「你家没装修呀」

「夫」对「天」说：「我总算盼到了出头之日！」

「熊」对「能」说：「咋穷成这样啦？四个熊掌全卖了！」

「丙」对「两」说：「你家啥时候多了一个人，结婚了？」

「兵」对「丘」说：「兄弟，踩上地雷了吧，两腿炸得都没了？」

「日」对「旦」说：「你什麽时候学会玩滑板了？」

「果」对「裸」说：「哥们儿，你穿上衣服还不如不穿！」

---

① 谢晓萍：《微信思维》，羊城晚报出版社 2014 年版，第 6 页。

「由」对「甲」说:「你什麼时候学会倒立了?」

「巾」对「币」说:「戴上博士帽就身价百倍了!」①

第二,网络生造字走红。汉语生造字并不是近几年才出现的。早在唐朝,朝臣宗秦客就造了"曌"(zhào)字,献给女皇武则天,意为"日月当空,普照天下"。目前,网络生造字从来源上看,主要可以分为三种:一种是用汉语中的生僻字字形表达网民人为造出的意义,例如"槑",本意是"梅花",但在网络上是一种表情符号,被用来形容人"呆头呆脑"的含义;第二种是用当代汉字进行人为的任意组构,例如,网民针对网络疯狂购物行为造出的"qióng"字,就是三个"买"字上下叠加,意味着网民不停地网络购物就会把钱花光,最后变得一无所有。

qióng

买
买买

图 4-1 "买"的生造字

第三种是网络独立的有音无形的生造字,例如源自成龙广告的的"duang"。网络新闻如此报道新一轮军改:"新一轮军改的节奏简直就是 duang,duang,duang!"甚至还有网民根据成龙的一声惊叹,造出了有音无形拟声字"duang"以及根据成龙名字的生造字②:

---

① 搞笑吧:《晶对品说:你们家都没有装修喔?》,http://www.hugao8.com/141580/,2016-09-01。

② 厦门广电网,古时有"曌"现有"Duāng"网络生造字你怎么看?,http://news.xmtv.cn/2015/03/23/ARTI1427078222781809.shtml,2015-03-23。

第四章　创造无限

duāng

成龙

图4-2　"duang"的生造字

卡西尔指出"人是符号的动物"①，这句话本身就揭示了人的核心特征是符号，人与其他动物相比，技术创造能力与加工能力要强大得多，这是因为人具有创造符号和使用符号的能力。网络生造字走红网络，引起了众网民的围观和效仿。某些商家看到了其中的商机，借势造字进行商业广告宣传来达到促销的目的。网络生造字是网民的发明创造以及网民追求"新、奇、特"的心理催生的。在软硬件技术的支撑下，网络生造字格外活跃，网友"造出"的合体字，有用偏旁部首合成的，也有用几个字合成的，还有用作画方式合成的，既表达了一种情绪、抒发了一种情感，也表现了一种强大的语言技术创造力，用网络字、词、语汇制作的摆件、装饰品、笔记本、文化体恤衫（见图4-3）。充斥大街小巷。网民创造的这些字不但有形，还有音，也有释义，做成 logo 在市场上销售。利用网络语言制作的各种文化制品络绎不绝，例如：

网民还利用键盘功能大量使用字符画，例如：＜。)#)))≦（鱼）。为了实现快速交际，错别字、词也不断加入到网络语言大家族中，如两个网友的对话：

（8）GG（哥哥）：你嚎！（你好！）

---

① ［德］恩斯特·卡西尔：《人论》，甘阳译，上海译文出版社2004年版，第37页。

A.不明真相　　　　B.情绪稳定　　　　C.脑残

图4-3　文化衫上的生造字

  MM（妹妹）：你嚎！你在哪里？

  GG：我在王八（网吧）里上网。你呢？

  MM：我也在王八（网吧）里。

  GG：你是哪里人？

  MM：我是鬼州（贵州）人。你呢？

  GG：我是山洞（山东）人。

  MM：你似（是）男似（是）女？

  GG：我当然是蓝森（男生）了。你肯定是吕森（女生）吧？①

  可见，网络社交中频繁出现错别字的核心原因是众多网民或用户急于表达造就了语言"巴别塔"。在一个讲究"速度是王道，内容是霸道"的虚拟空间里，很少有人挑剔他人的语言错误，只要彼此理解就够了。毕竟双手的表达没有口头表达的那么快、那么准确，网民对错别字的包容度要比现实社会高得多。

  词语的变化更是随着汉语谐音、方言词汇、汉语谐音外语单词、火星文、方言词汇、黑话、中外混合语形成了"符号乱炖"。一语双

---

①　百度贴吧，两个文盲的QQ聊天（不笑你拿刀砍我），http://tieba.baidu.com/p/1842138804，2012。

第四章 创造无限

关出现了空前的形式与意义隐晦，例如，在"腥（chun）风（qiang）血（she）雨（jian）"、"特（di）殊（yu）照（qi）顾（shi）"、交（kai）友（fang）这类词语中，汉语词往往为正面意义，汉语拼音则往往是贬义。网络全脑的"知识炸药（intellectual dynamite）"[①] 的冲击，其便利性和持久性混合进而产生了思想与语言的"爆燃"，爆燃的后果就是民间语文空前活跃。

在句子和语篇层面，网络语言符号的表现形式更为复杂。形式与意义的杂糅，令人目不暇接。例如：目前广泛流行于各大网络平台的"NO ZUO NO DIE（不作不会死），意为没事找事，结果自认倒霉。"还有完全按照汉语语序但以英文形式出现的句子，例如：

(9) "Say me fat, I eat your home rice la? I fat I confident, I fat I freedom, my mother don't care me, you BB what?"

说我胖，我吃你家米啦？我胖我自信，我胖我自由，我妈都不管我，你叨叨啥？[②]

在拥有众多方言的中国，网民开动智慧，利用方言发音特征，造出了许多令人捧腹的"网味"段子。例如，兰州方言对话：

(10) 一个兰州人进牛肉面馆喊到：老板来个尕（小）碗，面多些，汤多些，萝卜多些，蒜苗多些，辣子也多些！老板佛（说）到：你哥滴（的）个求（粗口，烦人），你他妈滴（的）就不能要个大碗吗？

[①] [美] 保罗·莱文森：《思想无羁》，何道宽译，南京大学出版社2003年版，第168页。
[②] 百度贴吧·文水吧，http://tieba.baidu.com/p/3609429567，2017-02-28。

此外，许多外资企业进入中国后，汉语+外语或外语+汉语式的加花语言更是成为一种企业语言文化或语言景观，以下就是这种加花语言的经典表达：

（11）我一直都不 understand 为撒（啥）有些人 talking 老是喜欢加上英语？难道这样 talk 会显得比较 international 一点？就不能好好用中文 express 自己的 feelings 吗？哦多 K，还有好多人宣（喜欢）加上韩语汗日语，这种人简直是八嘎呀路，不找（知道）他们怎么会这样，还要加桑（上）台湾腔，故意说台湾腔的我也是蛮不宣，这种人从来不 care。①

表 4-1 展示了 2012 年—2016 年的十大网络用语。每年的网络用语虽然在形式和内容上大相径庭，但它们基本上都表达了网民的内心情绪或社会情景，对某些社会现象或赞、或贬、或不置可否。这些网络用语体现了网民驾驭语言的高超本领，他们对汉语采用或浓缩、或简约、或意会、或隐喻等修辞加工方式，表达了丰富的社会意蕴。

表 4-1　　　　　　　　2012—2016 年度网络用语

年份	网络用语
2012	中国好声音体；元芳，你怎么看？高富帅、白富美；你幸福吗？《江南 Style》；躺着也中枪；屌丝；舌尖上的中国；最炫民族风；给跪了
2013	中国大妈；高端大气上档次；爸爸去哪儿；小伙伴们都惊呆了；待我长发及腰；喜大普奔；女汉子；土豪（金）；摊上大事了；涨姿势
2014	我也是醉了；有钱就是任性；蛮拼的；挖掘机技术哪家强；保证不打死你；萌萌哒；时间都去哪儿了；我读书少你别骗我；画面太美我不敢看；且行且珍惜②

---

① 新浪微博，冷笑话精选，http://www.weibo.com/1644395354/C65WSDYUY? type=comment#_rnd1491384107750，2015-05-26。

② 百度百科，2013 十大网络用语，http://baike.baidu.com，2017-03-01。

第四章 创造无限

续表

年份	网络用语
2015	重要的事情说三遍；世界那么大我想去看看；你们城里人真会玩；为国护盘；明明可以靠脸吃饭却偏偏靠才华；我想静静；吓死宝宝了；内心几乎是崩溃的；我妈是我妈；主要看气质①
2106	洪荒之力；友谊的小船；定个小目标；吃瓜群众；葛优躺；辣眼睛；全是套路；蓝瘦香菇；老司机；厉害了我的哥

年度网络流行语"代表了网民在网络语言使用上的鲜明特征，也反映了一年来网民对社会生活的关注与感悟，是认识社会、感悟社会、理解社会的一个窗口。"②尽管很难找到众多流行语的始作俑者，但网民一旦看到这些自己创造的流行词和网络用语，会倍感亲切。技术促进了交流，扩大了传播，也进一步实现了知识和信息的保存。这也说明了"技术革新中最关键的不仅是这种效率的增加，而是身份构建以及文化中更广泛而全面的变化"。③

第二节 网络语言爆炸的技术逻辑

网络语言的飞跃无法脱离技术。"技术是人提高获取能力的重要手段，技术必然体现人的符号能力，它在某种意义上是人使用符号的能力结果。"④技术变迁要保证充分、多样和便捷，技术"要挑战大脑中热闹、多维、瞬间互换的思想苗头，要和这个思想的源泉一

---

① 教育部、国家语委：《中国语言生活状况报告（2015）》，http：//www.cssn.cn/dzyx/dzyx_xyzs/201510/t20151015_2496617.shtml，2015-10-15。

② 教育部、国家语委：《中国语言生活状况报告（2016）》，http：//news.xinhuanet.com/politics/2016-05/31/c_129030561.htm，2016-05-31。

③ [美]马克·波斯特：《第二媒介时代》，范静哗译，南京大学出版社2005年版，第25页。

④ 韩永进：《符号、结构与技术》，人民出版社2007年版，第129页。

比高低"。① 网络语言的泛化既是技术飞跃的逻辑呈现,也是网民社会心理的内心表述的外化。在网络社会人际交往中,网民"越来越多地以类似数字复制品的形式出现,这一事实改变着人类的自我认知"。② 无数网民在"新语言革命"的驱使下,淡化了传统语言的严肃性和庄重性。坐在联结网络电脑前的语言操作主体,已经做好了面对纷繁语言形式的心理准备。在进行语言传播时,人脑和电脑始终存在一种自然智慧与人工智慧的角力。计算机读写界面的对面是活生生的人,这就意味着人脑通过操作电脑来传播自己的思想和看法。键盘逻辑使主体的语言感觉、语言生产与语言传播都发生了革命性的变化。

一 虚拟空间成就了语言"万花筒"

网络时代的多媒介构成了多媒体的表现形式,电子技术"对文字、声音和图像进行重新构型"。③ 所谓虚拟空间其实在新技术的刺激下业已化身为交往关系的场所。网络语言的构成形式多种多样,从字到词,从句到段,从语汇到语篇,从语法到文体,从汉语到外语、从语气到语义,从口语到书面语,从文字到表情,从静态到动态,从高雅到通俗,不一而足。总体而言,网络为网络语言传播、网民思想交流、网络人际互动提供了一个言论自由的平台,网民们可以充分发挥创造力和想象力。本著作将网络语言分为11大类,64小类,(参见表3-5)。以下列举几种类型:

(一)谐音型

谐音型网络语言包括数字型谐音和文字型谐音。第一,数字型

---

① [美]保罗·莱文森:《思想无羁》,何道宽译,南京大学出版社2003年版,第183页。
② [德]弗兰克·施尔马赫:《网络至死》,邱袁炜译,龙门书局2011年版,第87页。
③ [美]马克·波斯特:《第二媒介时代》,范静哗译,南京大学出版社2005年版,第26页。

第四章 创造无限

谐音通常根据阿拉伯数字的汉语发音谐音,以发音接近为原则,构成简单易记、输入便捷的字词。比如:"13有你,17前行"意味着"一生有你,一起前行","7456"等于"气死我了"。网民依靠汉字读音与数字读音相近,用谐音的方式实现快速表达以及具有密码式的表达效果。再如:"9494"表示"就是就是","8错"表示"不错",这类谐音不是通过普通话的数字读音来实现谐音目的,而是根据各地方言用谐音表达自己试图表达的内容和意义。在中国南方许多地区,[s]音和[sh]音是不分的,因此会出现以"4"[sì]谐音[shi]的现象。第二,汉字谐音输入便捷,同时具备调侃、幽默的意味。例如"斑竹"是"版主"的谐音表达;"油菜花"是"有才华"的谐音;"燃鹅"实为"然而"的谐音等。第三,直接将英语单词的发音照搬过来①,制造出了谐趣幽默的语义效果。

表4-2　　　　　　　谐音型网络词语对照表

正义	英语单词	汉语变义
经济	economy	依靠农民
雨伞	umbrella	俺不来了
地主	landlord	懒得劳动
雄心	ambition	俺必胜
强壮	strong	死壮
羡慕	admire	额的妈呀
脾气	temper	太泼
救护车	ambulance	俺不能死
营养品	nutrition	牛吹神
维修	maintenance	门特难使

(二) 转义型

在网络传播中,网民扩大了某些词语原本不具备的含义,但这

---

① 搜狐文化,事实证明英文来源于汉语,http://www.sohu.com/a/204906071_157506,2017-11-17。

些含义与词语的搭配又非常形象。例如"打铁"原本指一种原始的锻造工艺，在网络上说"打铁"，是指写有些分量的网络帖子。生活中的"爬梯子、爬楼"在微信微博中则是指向上翻页。网络热字"顶"是原来最新网络信息在最下面，而现在则用"踩"，因为最新信息在最上面，更符合网民的视觉习惯。

（三）象形型

网民充分利用输入法附带的各种表情、键盘上的各种符号加以不同的排列组合，创造出了许多形象生动的表达方式，或以形会意，或象形隐喻，其表意效果常常让人耳目一新。以汉字"笑"为例，"（。˙▽˙。）"表示苦笑，"：)"是最普通笑的表情，"😁"表示大笑等等。

（四）缩略型

英语缩略型一般是英语常用词或常用句的缩写。常见的英语缩略语有：4U（for you）为了你；CU（See you）再见；OIC（Oh, I see）哦，我明白了；Meryy Xmas（Merry Christmas）圣诞快乐。英语缩略词大致可分为两类：第一，用每个单词或词组的首字母来表示整句话，例如，BTW（By the way，顺便说）、CU（See you，再见）；另一种是用字母和单词之间相近的读音来缩略单词或词组，例如、OIC（O I see）、4U（for you）。

（五）独创型

2007年，网络上出现了网民独创的"火星文"。2013年又出现了"淋语"，是网民根据蔡依林独创的网络语言。例如：

（12）淋语（Linglish），是冥王星的官方语言，是宇宙天后淋淋（蔡依林）的专用语言，在地球上约有130亿人使用。学好淋语很重要，欢迎购买《淋语教学大纲》！让我们一起学习淋

第四章 创造无限

语吧！……（节录）①

A. 噜

a. 语气助词，一般意为"了"，常用于肯定句句末，用于陈述事实。例：天亮噜。

b. 固定短语"天了噜"，表示惊讶。例：天了噜，嘎老逼被吸噜。

B. 惹

a. 语气助词，带有傲娇语气，多数情况下可与"噜"换用，陈述某种事实。例：我可是直男惹。

b. 叹词，用于陈述句或疑问句句首，也可以单独使用，表示惊讶。例：惹？酵母代言的冰红茶这么好卖？

从例（12）我们可以看出，网络语言与自然语言有很大区别。网络语言主要具有以下鲜明特征：

第一，网络语言具有很高的娱乐性。网民上网的目的之一就是消遣或娱乐，而网民在互动中的独特语言形式增加了双方交际的乐趣，网络语言成为了一种语言游戏；第二，不规范性。网络语言中的古字、错字、别字、生僻字、自造字、偏旁字等千奇百怪的表达方式层出不穷，这种语言形式随意性太大，元语言难以或无法对其进行规范。这类语言藐视语法，随心所欲，而且有越来越随意、越来越试图冲破约束的倾向；第三，杂糅性。网络语言在不同程度上把不同的语言诸如普通话和方言、汉语和外语、成人言语和儿化语杂糅在一起使用，在形式上呈现出了克里奥尔语（Creole）的符号表征。例如："3Q, it's 打折 ing"等等。

---

① 豆瓣，淋语堂：淋语教学大纲，https://www.douban.com/note/292778597/，2013 - 08 - 04。

语言无羁：汉语言符号的网络再生与生成逻辑研究

网络语言像一个花色复杂的万花筒，映射出了形形色色的语言现象。但在庞大的网络语汇家族背后，是网民种种社会心理状态的表达和情绪宣泄。网络语言满足了网民自身在现代社会的一种身份确认、诉求乃至于娱乐、消遣的需求。网络语言几乎凝聚了网络文化所有的典型特质。网络语言日益展露出自身蕴含的力量，新媒体平台逐渐成为新语言与新思想汇聚的风暴中心，诱发风暴的核心因素往往就是新奇的网络语言。

二 微文化技术语境催化网络语言

语言主体"一方面要具备观念智能，能够做到将纯粹的符号加以排列；另一方面，处于有系统的转换过程的发送和接收双方还得具备创造性：当轮到接收者充当发送者时，他得把发送方面的全部功能承担起来"。① 各种网络通讯方式不断消解着人们的理性逻辑表达，思维方式愈加平面化和碎片化。网络技术造就的"微"化逻辑主导了网络生活乃至现实生活，"微博"、"微信"、"微话题"、"微对话"、"微段子"、"微视频"、"微小说"、"微生活"、"微社会"的快速使得网民没有时间去构思和创意完整连贯的话语表达。"有话快说"的"快"逻辑形成了气场强大的"微文化"。法国学者海然热（C. Hagege）说："语言完成演变过程，靠的是千千万万无权无势的平头百姓们通过日常运用，无声无息地营造与改变。"② 网络语言生活更是如此。首先，就某个社会事件，会有人作为发起者，提出议题；其次，有人接受该信息后，则作为信息推手，转发源信息；再次，较多网民会不断扩散源信息；第四，数以万计的网民参与到

---

① ［法］克洛德·海然热：《语言人：论语言学对人文科学的贡献》，张祖建译，生活·读书·新知三联书店1999年版，第128页。
② 同上书，第264页。

第四章 创造无限

传播活动中来①。

在虚拟世界里，与陌生人的网络互动，往往会突破现实社会中"我"、"你"、"他"原有的人际交往方式。网络熟人常常是网络生活中的匆匆过客，貌似熟络的网络交际双方更加模糊化。男性和女性、成人与儿童、成熟与幼稚、细腻与粗犷、坦荡与谎言、冷静与疯狂在线上与线下就会表现出完全不同的面孔与语言类型。网络符号生产与消费、接受与反对成为网络语言流行的最大动力，只要能够吸引他者眼球，后现代符号消费的网络语言就会汹涌而至。"我们生活在比特与连线的世界里，没有中心，没有威权，没有绝对的统治者。'玩弄碎片'是这个版本的互联网的本质，虚拟的实在并不比自然的实在更虚幻。"②

网络语言是一种典型的亚文化表达，而亚文化最突出的特点就在于其非中心性、非稳定性和群众的批判性。克拉克（J. Clarke）强调亚文化的拼贴者改写、颠覆和延伸了一些重要的话语形式的使用方式："物体和意义构成了一个符号，这样的符号被反复组合成有特征的话语形式。当拼贴者使用相同的符号体系，再次将不同形式中的表意物体定位于一套话语的不同位置中，或当这个物体被安置在另外一套不同的集合时，一种新的话语形式就形成了，同时传递出一种不同的信息"。③ 例如：

（13）虽然你身上喷了古龙水，但我还是能隐约闻到一股人渣味儿。

（14）不要和我比懒，我懒得和你比。

---

① 杜子健：《微力无边》，万卷出版公司2011年版。
② 段永朝：《互联网：碎片化生存》，中信出版社2009年版，封面。
③ ［美］迪克·赫伯迪格：《亚文化：风格的意义》，陆道夫、胡疆锋译，北京大学出版社2009年版，第129页。

(15) 鄙视我的人这么多，你算老几？

上述例证均是语言网络亚文化的典型反映。词语的变化是社会与时代变迁的风向标。通常它们来源于特定的新闻事件、网络事件或社会现象，网民通过一个个易于上口、生动别致的词语对某事件作出恰当的概括，反映出网民对某个事件的看法、态度和评判。

基于网络对网民快速交流的需求，网络语言诞生之初就面临着既非口语亦非书面语的"第三语言"的尴尬局面。网络语言成为艾科（U. Eco）心目中"符号的游击战"（semiotic guerilla warfare）。① 这种符号的"游击战"是因为网络语言"往往注意运用日常口语、习惯语或简代码，这是由于网上交流必须快捷和简便的缘故。这使得网络文本多少消退了神圣性而增添了日常性，削减了高雅性而增强了通俗性"。② 网络语言符号的繁荣让虚拟空间深度嵌入了网民的现实生活，在人际交往的言语嬉戏中，网络语言的主客体双方均获得了一种崭新的语言体验。

虚拟空间演变成了网民开展语言嬉戏的兴奋区。网上语言常常灵光闪烁，时而就会有神来之笔。网民犹如考古工作者，从茫茫字海中，挖掘出了"囧"、"兲"、"槑"、"砳"等生僻字。网民们在主观上也许把玩文字，显示自己的才华和创意，客观上激活了"假寐"的汉字，让具有潜能的汉字闪烁出了网络时代的时尚色彩。网络上，新词语轮番登场。一批网络词语渐渐隐退，被人遗忘；新一批网络热词又交替出现，反复引燃网民的语言传播热情，一如 2016 年富有

---

① ［美］迪克·赫伯迪格：《亚文化：风格的意义》，陆道夫、胡疆锋译，北京大学出版社 2009 年版，第 129 页。
② 王文宏：《网络文化多棱镜：奇异的赛博空间》，北京邮电大学出版社 2009 年版，第 11 页。

第四章 创造无限

地域色彩的"蓝瘦香菇"。① 这是因为网络词语背后的旧的议题消失了,新的议题又会出现,网络表达便紧随其后。每个网络词语都有其专指内涵。陶侃对此的看法是:"网络语言是对传统或正规语言的一种僭越、轻蔑或嘲弄,从内到外都散发出一种张狂的野味与桀骜不驯的'倔劲',因此,它自然不为'正派'语言体系所认可、接纳。但它依旧我行我素,自由自在地遨游于草莽、虚实之间,并受到许多"数字一代"年轻人的追捧。"②

网络技术的爆炸性变革,移动终端与手持阅读器的大量普及,网络越来越频密地与人类的物理社会相交织,网络既是新生活,也是"数字居民"生活中不可分割的一部分。网民书写与书面表达开始退化,但网络码字的技能却越来越炉火纯青。"读图时代"的泛滥,视觉空前发达,听觉则让位于视觉。伴随着数字化、信息化环境与工具成长起来的数字一代,追求或习惯于随时随地、随心所欲的网络交流方式,语言成为"指尖上的游戏"。传播工具、传播渠道的变化使得传播主体也偏离了原有的语言"航线",在崭新的言语生态中,网民自由徜徉,享受着语言生产与传播的快感。

自由表达的权力并不是传播权。人人都可以自由表达,但这种表达并不一定是有效果的。比如在微博或微信群里上,任何人可以传达任何想传达的内容。但是缺少他人关注,表达了也没有人转发、没有人关注。可见,传播权和内容并不是密不可分的统一体,获得传播权未必有实质的内容;有实质内容的不一定能传播出去。

---

① 2016年10月,广西一青年失恋后录视频:"蓝瘦,香菇"(难受,想哭),本来今颠(今天)高高兴兴,泥(你)为什莫(什么)要说这种话?蓝瘦,香菇在这里。第一翅(次)为一个女孩屎(子)这么香菇(想哭),蓝瘦(难受)。泥(你)为什莫(什么)要说射(说)种话,丢我一个人在这里。该青年开始被人认识,成为了一名火遍大江南北的网红。

② 陶侃:《僭越、冲撞与消融:网络语言无序化和规范化的博弈与思考——基于生活碎片化的视角》,《浙江传媒学院学报》2012年第6期。

三 网络"成语"凝结的世间百态

互联网技术的进步不断激发了网民创造网络语言的热情和想象力。"十动然拒、喜大普奔、累觉不爱、人艰不拆、不明觉厉"等网络新"成语"是网民自创的一种网络流行语。这类成语往往缩略常用语句,看着别扭,读着拗口,理解起来费劲,然而了解了其本意,又不得不为网民的语言智慧所赞叹。例如,"喜大普奔"就是取"喜闻乐见"、"大快人心"、"普天同庆"、"奔走相告"四个传统成语的第一个字联结而成;"人艰不拆"则是"人生已如此艰难,有些事就不要拆穿了"这句话的缩略。某男生为其心仪的女孩发出了一封用212天时间写就的16万字情书,但仍遭到女孩拒绝。这一事件中的"女孩十分感动,然后拒绝了他"被网友缩略为新词"十动然拒",红极一时,"十动然拒"就此成了常用的"网络成语"之一。[①]

某些网络成语以歌词或网络事件浓缩而成,这些网络成语表面上是温情脉脉的言语表达,实际上是网民以调侃的口吻表达了对一些社会现象的讽刺,例如:某大学生调侃考试的微博段子使网络"新成语"华丽亮相:

(16)看了课本"不明觉厉"(虽然不明白在说什么,但好像很厉害的样子),考试之中"累觉不爱"(很累,感觉自己不会再爱了),考完试后"细思恐极"(仔细想想,觉得恐怖至极)。成绩发布,通过的同学"喜大普奔"(喜闻乐见、大快人心、普天同庆、奔走相告),挂科的同志"说闹觉余"(其他人有说有笑有打有闹,感觉自己很多余)。对于询问成绩的人,我

---

① 360图书馆,十动然拒,http://www.360doc.com/content/12/1230/18/739691_257191120.shtml,2012-12-30。

第四章 创造无限

只想感慨一句:"人艰不拆"(人生已经如此的艰难,有些事情就不要拆穿了)!①

马若宏的看法是:网络成语是网民为表达某种特定意义,模仿成语形式,对网络语言进行的再创造。网络成语一般来自网络文艺作品、网络流行语和网络事件。网络成语具有言简意赅、语义隐晦和寓意凝练等特征。"网络成语满足了个性表达的需要,一出现便被高频使用。"② 网络成语在网络人际交流中最大的优势在于它在很大程度上提高了交流的效率。网络新成语反映了今天年轻一代所处的文化融合大环境以及他们对此的适应和反应,③ 彰显了青年网民的语言创造精神以及模仿风尚的能力。

语言原本就是流淌的水,不停流动、不断变化,主流奔向远方,支流补充干流。网络是一个能够让更多的人自由发言的平台,并且这些发言还要让更多的人看见和听见。这一动力实际上加速了语言的变化。网络使网络成语的"事件-凝练-造词-传播-淘汰"这个过程变得更加迅速。互联网是一个"不怕做不到就怕想不到"的"创意为王"的空间,在网络上,只要一个语汇够新、够有创意,能够吸引他人眼球,就会迅速火遍网络。而且众多网民"集体生产知识"的意识空前增强,"网络成语接龙"的语言戏仿也不断刺激青年网民生产网络成语。

车飞④分析认为,网络类成语的流行得益于语言内外部理据的共

---

① 华夏经纬网,网络成语"说闹觉余"等流行专家:离成语还很远,http://www.huaxia.com/zhwh/whxx/2013/12/3655267.html?ejnc5,2013-12-13。
② 马若宏:《网络成语——从"人艰不拆"说起》,《现代语文》(语言研究版)2014年第4期。
③ 互动百科,网络成语,http://www.baike.com/wiki/,2017-02-11。
④ 车飞:《汉语网络类成语的生成、流行机理与规范新探》,《北京邮电大学学报》(社会科学版)2015年第3期。

同推动：（1）网络类成语内部理据较符合汉语共同语理据特点；（2）经济、科技、网络文化、政治、学术等外部环境开放包容。较强的国家认同感和群体参与心理、突出的个性色彩和鲜明的平等意识和批判意识、求新求异心理、娱乐化的生活取向和减压心理、模仿从众心理以及简约心理助推网络类成语的流行。① 网络新成语"不仅常见于网络论坛和社交平台，甚至在生活中也成为年轻人口中的'流行语'，表现出了网络新成语与通用语逐渐交融的趋势"。②

　　网络"四字"成语走红网络后，陆续还出现了更为简练的"三字"成语，如"我伙呆"（我和小伙伴们都惊呆了）、"何弃疗"（为何放弃治疗）、"人干事"（这是人干的事吗）、"然并卵"（然而并没有什么卵用）、"请允悲"（请允许我悲伤一会儿）、"万火留"（万一火了呢，先留名）等等。一系列新词层出不穷，现在仍在不断更新之中。目前网络上有很多流行词，并且被网民广泛的运用到生活中来，如以下例子：

　　（17）三字体：何弃疗、草泥马、高富帅、白富美、涨姿势、高大上、请允悲、怪蜀黍、细软跑、接盘侠、女汉子、万火留、重口味、喜当爹、白细美、我伙呆、正能量、闹太套、碉堡了、杀马特、人干事、李菊福、来信砍、战五渣、爷五死、玻璃心、醒工砖、么么哒、查水表、给跪了、黑出翔、绿茶婊。

　　（18）四字体：毒德大学、买了个表、无图言屌、说闹觉余、药店碧莲、男默女泪、火钳刘明、专业挽尊、太监司马、飞蝗芜湖、啊痛悟蜡、兰州烧饼、你幸福吗、智商捉鸡、膝盖

---

① 车飞：《汉语网络类成语的生成、流行机理与规范新探》，《北京邮电大学学报》（社会科学版）2015 年第 3 期。

② 张晓满、李水、彭静：《网络新成语的发展现状研究》，《新闻世界》2015 年第 8 期。

第四章　创造无限

中箭、4B青年、不哭站撸、体亏屁思、社病我药、图种熊菊。

　　网络新词与古代对对联、猜灯谜、抖包袱一样，都是语言游戏功能的体现。网络新成语的出现满足了网民求新、求异、求快的心理需求。这些习语保持着传统成语的四字格式，但与传统经典成语又有着重要区别。网络新成语往往包含了讥讽和批判之意，从另一个侧面映射了当代社会的市井百态。广为流行的网络成语品味不那么高雅，但为了解青年网民提供了一个窥探孔，从成语中可以管窥青年网民的幽默感、亚文化和关注点。

第三节　技术+新语言　新生活

　　现代人类对生活的世界具有强烈的好奇心，网络加速了网民搜集、交换和控制信息的内心动力。毋庸置疑，网络语言目前已经成为汉语的一种新语象来到了我们面前，网络语言也成为外部世界认识汉语、了解汉语的驱动力。任何语言创新、文体变革、文字改进，都是以人们一时不习惯的变体代替已经耳熟能详的传统。在网络技术的驱动下，人类开始经历了前所未有的新场域、新语言和新生活。网络语言的整合性、变造性、动态性、模拟性等均表现出了网络技术介入人们语言生活后的后现代语言特征。

　　一　技术催生新语言

　　技术"随着时间而持续进步，牵动四周的事物跟着进化，语言也是其中之一。电子邮件、数码简讯、别具意义的缩写（LOL或Gank）、逗趣的颜文字、生动的表情符号，科技慢慢影响我们的生活,造就新时代的语言文化。"① "我们必须认识到,文字是语言游戏",② 而这种语言游戏依然离不开技术的支持与控制。

语言变化是语言发展的永恒动力,在互联网的催化下,语言变化更为激烈。现代人不仅可以通过电脑上网冲浪,也可以借助平板电脑,智能手机体验上网的乐趣。网民可以利用网络通讯工具在社交网站和聊天室内畅所欲言,分享彼此的语言习惯,开展语言互动,使用时尚的网络语汇,或者花点心思自创新语,诸如常用的"4U"(for you)、"狗带"(go die)、游戏的"秒杀"、"Creep"(怪物),或是吐槽发泄的"买表"与"河蟹"等。曾经红极一时的电子游戏语汇"打坦克"、"超级玛莉"、"魂斗罗"被"红警"、"英雄无敌"、"星际大战"、"新石器时代"、"传奇"和"魔兽"等网络游戏名称所取代。

网络初期的交流缺少情感的文字传递,为了弥补网络情感传递弱化的不足,表情符号(Emoji)异军突起,成为网络语言大家族的生力军,包含表情包、微视频、火星文和颜文字。有了人的参与,人类的技术延伸才能工作,技术的延伸让网络人际交流有了温度,交流双方有了虚拟的面对面的交流。这也说明,网络时代的文字并非仅仅是传统意义上的文字,它更符合德里达(J. Derrida)所说的:文字"不仅包括电影、舞蹈,而且包括绘画、音乐、雕塑等等'文字'"。③ 表情符号具备富有个性、生动好玩、输入方便、易于转换等特质,在年轻网民中受到热捧。因为表情符号比纯文字更能生动地表达个人情感,而且同时使用文字与表情符号,可以强化人际互动能力。当然,表情符号并非完全可以替代文字,表情符号有着巨大潜力,但它只能被摆放在从属地位,表情符号可以做表达的辅助工具

---

① 搜狐公众平台,科技是如何改变人类的语言,http://mt.sohu.com/20160223/n438230114.shtml,2016-02-23。
② [法]雅克·德里达:《论文字学》,汪堂家译,上海译文出版社2005年版,第69页。
③ 同上书,第11页。

第四章 创造无限

和情绪表达的手段,一如面对面交流中的肢体语言。表情符号可以弥补网络讯息的不足,增加人际交往的温度。

技术改变了人类,也改变了语言。无论是计算机语言、网络术语、缩写还是表情符号,技术都是语言变化的催化剂,技术帮助人和语言展现出各种独特的风貌。科技为语言注入了弹性与幽默,融入了无比的想像力;发挥了亲民特质,将语言升华为网络时代的流行文化。或许,我们正目睹一出无声的语言革命,其领衔主演正是我们所熟知的现代科技。电脑、键盘、网络、输入、扫描、显示屏、打印、发送等等的合谋使得语言正在以前所未有的速度自我更新。有时,"语言甚至摒弃了字母,一种基于科技的世界语正在出现"。[1]

不仅汉语发生了许多变化,其他民族的语言也同样在经历着网络语言的冲刷,冲刷语言的"莲蓬头"正是不断进步的技术及其成果。例如,英语中也出现了大量网络新词:"LOL"(laugh out loud (放声大笑)、"nomophobia"(没带手机恐惧症)、自拍"selfie"(自拍)、"臀部拍"(belfie)、"书柜拍"(shelfie)、"nelfie"(裸拍)。"overshare"(过度分享,即与网友分享个人的私密行为)、"photobomb"(抢镜)。短信、QQ、微博、微信等社交媒体成为极易出现新词的空间,因为自古以来应用最广、最简明扼要的大众书面交流方式变成了青年网民语言生产的"接力赛"。网民通过大量表情与肢体符号的应用,丰富了语言的表现力。"方便性与人的现象息息相关。"[2] 在网络语言表达中,病句、错别字、数字、数学符号、汉语拼音、汉字、外文字母彼此杂糅嫁接成为创造网络语言的基本手段。经过技术化后的语词不可避免地会打上技术的烙印。网络语言的基

---

[1] 环球网,2014大热年度新词:自拍、抢镜、集体自卫权,http://world.huanqiu.com/hot/2014-12/5322797.html,2014-12-31。

[2] [美]保罗·莱文森:《软利器:信息革命的自然历史与未来》,何道宽译,复旦大学出版社2011年版,第69页。

本来源与组成包括：

第一类，计算机技术语言，例如：C++、VB、JAVA、modem、硬件、软件、鼠标、登录、主机、锚点、插件、软盘登录、端口、固件、位图、文档文本、象素、二进制、公共域、坏扇区、通配符、域名系统等。这类语言主要源于计算机技术或计算机软硬件的发烧友，普通网民很少用到。

第二类，网络技术语言，例如：internet、e-mail、宽带、局域网、防火墙、浏览器、黑客、病毒、蠕虫等。随着网络技术的普及，网民越来越熟悉这类网络技术语言。

第三类，网民自创语言，例如："我伙呆"，"萌萌哒"、"绿茶婊"等。

第四类，网友网名，例如："love you 2"，"会以谁暗伤"，"faith"等。

第五类，互联网+语言，例如："云端"，"ofo共享单车"，"众筹"，"黑网"，"慕课"等。

网络的普及使互联网不再是专家们的技术沙龙，普通人也可以突破时间地域的限制，共享语言资源，进行全天候的交流。技术铸就的网络形成了一条跨种族、跨地区、跨国家的超时空多媒体信息交流的有效纽带。技术改变了语言，也改变了技术自身。

二　互联网+创造新生活

互联网"不仅是'技术性的'，而且还是准机器性的：构筑人类与机器之间的边界，让技术更吸引人类，技术转化成"用剩的设备"，而把人转化为'半机械人（cyborg）'，转化为与机器唇齿相依的人"。[①]

[①] [美] 马克·波斯特：《第二媒介时代》，范静哗译，南京大学出版社2005年版，第38页。

第四章　创造无限

每一次伟大的技术变革总会推动社会的进步，从而推动社会创造出辉煌的现代文明。计算机是人类感知经验分类的强大工具，也是人类知识生产的放大器，计算机与网络技术的共同协作，合力成为语言的增殖器与放大器。互联网把人、设备和服务紧密地联结在一起。技术推动语言发展，也需要语言作为技术的外壳来包装。网络是一种动态发展，是随着人和社会的需求而不断发展的。

人类创造的 WEB1.0 是以数据为核心的网，WEB2.0 则是以人为出发点的互联网。网络时代的新概念越来越多，诸如：互联网+、众筹、大数据、云端、ofo 共享单车、p2p、云计算、大数据、泛在学习、慕课、微课、翻转课堂、物联网、余额宝、二维码支付、在线理财、互联网银行、智慧城市、Living Lab（体验实验区）、Fab Lab（创客）、Prosumer（产消者）、Crowdsourcing（众包）、政务云+、滴滴打车、航空管家、墨迹天气、微信购票、健康云等新的相关词汇层出不穷，扑面而来。每一个概念都代表了一种新的学习方式、工作方式和生活方式。网络既是新生活，也是新生命，因为在虚拟世界里，人类感受到了一种全新的生活方式，因为技术在不断为人类创造新的生活模式。新的模式、新的产品不断需要新的语言概念来表达。

"互联网+"是一种新的社会与网络的综合形态，"人类充分发挥互联网在社会资源配置中的优化和集成作用，将互联网的创新成果深度融合于经济、社会各域之中，提升全社会的创新力和生产力，形成更广泛的以互联网为基础设施和实现工具的经济发展新形态。"[①] 网络催生了诸如 Uber、滴滴、快车、神州专车等打车、拼车和专车服务，这些服务利用移动网络，结合传统的交通方式，提高了人的

---

　　① 百度百科，互联网+，http://baike.baidu.com/link? url = 2UoW8GcElF85-w3GP4Te U1r4HpbXe45w7sQn8_ sE4ycAUsbnXHP-cgUlYfzn98n2SYlE9FwnMp6Ha_ gsdZVeSmFvbpvD8uCB 273egVRwZpq，2017-04-26。

出行率和车辆的使用率，推动了网络共享经济的发展。

互联网激励人们运动和锻炼。例如，"咕咚"运动软件，通过语音提示和数字标识，帮助运动者不停地游移于真实运动与虚拟赞扬之中。网络的放大功能，使得使用同一款运动软件的爱好者，借助地图地位，成就显示等功能向他人展示自己的运动量，通过相互比拼而获得内心的满足感。

互联网为人们提供医疗便利。通过网络诊疗，患者免除奔波之苦，可以进行远程检查和治疗；从移动佩戴装备监测自己的健康数据；在诊疗服务中，依靠移动医疗实现网上挂号、询诊、购买药品和支付相关费用，从而节约精力、时间和经济成本，还可以依托互联网与医生沟通。

跨文化传播之父霍尔（E. Hall）说："由于语言和技术这个关系紧密的对子的发展，知识的储存得以实现。"[①] 互联网 + 实现的云存储、云计算使得人类的信息存储能力实现了空前的进步。互联网成为人类历史上最庞大的、人人共享的取之不尽、用之不竭的资源库、信息库。其存储的海量信息被不断扩大的存储计算单位所证明，即从一开始的 KB，到后来的 MB、GB 和 TB。

互联网是一项革命性的技术。技术一直在塑造着人类的大脑，技术改变语言其实是在改变我们的思维方式。技术丰富了语言，也改变了人类的生活方式。"网络就是新生活"[②] 是指网络改变了语言，改变了人的思维，更是改变了人的生活模式。因此，莱文森特别指出："语言是一切信息技术的核心，是人类的本质属性，没有任何信息技术堪比语言的功能，更谈不上超越语言的功能。然而，这

---

① ［美］爱德华·霍尔：《无声的语言》，何道宽译，北京大学出版社 2010 年版，第 46 页。
② 该说法源自［美］戴维·H·罗斯曼《网络就是新生活》，郭启新、刘文华译，江苏人民出版社 1998 年版。

些信息技术虽然功能有限，却对我们的生存产生了深刻的影响。"[1]

"网络就是新生活"是以网络为保障的。语言空间不断被拓展，语言市场分外活跃，网民的语言资本占有越来越多，语言生产、传播、交流达到了前所未有的活跃。在网络时代，互联网是语言传播的最核心介质，虚拟空间渐渐演化成多文化、多语言、多民族的网络世界。充分发挥互联网在语言传播中的综合作用，对于增强汉语语言的国际影响力具有十分重要且深远的意义。汉语网络语言从字、词、句到段落和语篇的浸润，从汉语到外语的相互渗透，从语法到语态、语体的变化，从中规中矩表达到五花八门的言语表达样态，从单手、纸、笔的书写到双手敲击、键盘"书写"和显示屏的展示，从户中静坐的真实互动到虚拟远方的人际交往，都在呼唤要切实加强网络语言研究。

本章小结

现代计算机技术的发展很好地说明了技术的符号特征。技术越发展，技术的符号功能就越强，技术的进步和符号的进步在一定程度上是同步的，技术始终和人类创造的符号体系联系在一起。从技术语言到生活语言，从自然语言到网络语言，无不体现出技术的重要性和创造的重要性。互联网技术的飞速进步，深深影响着人们的生活，网络语言的"爆炸"就是一个缩影。互联网是网络语言的前提，网络语言从某种角度上折射了技术的进步。网络语言丰富了汉语言文化，网络语言的出现是技术社会进步的重要铭文，技术、社

---

[1] ［美］保罗·莱文森：《软利器：信息革命的自然历史与未来》，何道宽译，复旦大学出版社 2011 年版，第 2 页。

会、心理等核心因素使语言的创造与加工达到了空前的地步。生活在"第二人生"中的网民，怡然自得地创造着网络语言，重新构建语言生活、重建语言世界。计算机、网络、语言、传播与语言主体的"合谋"形成了知识爆炸的冲击波，构筑的便利性和持久性混合而产生了语言的"蘑菇云"。在网络环境下，技术革命与语言创新的角力互动，相互纠缠、彼此促进，网络语言才得以海量增加，迅速传播。网络语言的泛化既是技术的进步和飞跃，也是网民社会心理的逻辑再现。当下传播语境的限制激发青年网民采用改造、变造、创制等方式来冲破限制，继而实现语言传播和情绪宣泄的目的。网络语言符号的生成让虚拟空间与现实社会深深嵌套在一起，网民出没于二元社会，在话语的自由嬉戏中，语言表达的主客体获得一种全新体验。在网络上，只要一个语汇够新、够猛、够有创意，就很有可能火起来、热起来。众多网民"集体生产知识"的意识空前增强，"网络成语接龙"的语言戏仿也不断刺激青年网民生产网络成语。技术改变了语言，也为语言搭建了进一步发展的平台，"网络就是新生活"隐喻着网络既是生活环境，也是生活本身。人、技术、语言、网络四者的互动成为网络语言生命力至关重要的养分。

第五章

符号无垠

——网络时代符号的滥觞

> 说话人的思想的原初的、或内在的意向性被转换成语词、语句、记号、符号等等。这些语词、语句、记号和符号如果被有意义地说出来,它们就有了从说话人的思想中所派生出来的意向性。
>
> ——约翰·塞尔(J. R. Searle)[①]

"世界上大多数语言都有'词'这个字眼或跟它相近的用语。然而,把笼罩在语言上的云雾稍稍拨开一点,应该说惟一具备可操作性的单位是所谓'符号'。它是通过分析所能得到的最小单位,整个解剖工作的最后一环。"[②] 从历时的角度来看,流传了数千年的汉语文字,始终在发展和变化着。当下的网络语言成为充实汉语言文字的又一股新潮力量。从积极的角度来看,网络语言中蕴含着大量

[①] [美] 约翰·塞尔:《心灵、语言和社会:实在世界中的哲学》,李步楼译,上海译文出版社2006年版,第137页。

[②] [法] 克洛德·海然热:《语言人:论语言学对人文科学的贡献》,张祖建译,生活·读书·新知三联书店1999年版,第117页。

的民间语文智慧,一些良性的网络表达不仅充满幽默感,更与社会发展的脉动息息相关。网络语言反映了网络社会发展的潮流、记录了语言、文字、文化和社会变迁的历程,毫不夸张地说,网络语言已经成为虚拟社会与自然社会交织的一个总要纲目。随着互联网的迅猛发展和网民人数的剧增,作为网络进行传播的有效载体和思想符号,网络语言成为网民间相互交流沟通不可缺少的"通行证",否则网友一句"这你都不懂?你 out 了!"便会让人颜面尽失。在网络时代,"我们面对的世界在符号化,自己也在不断符号化。符号化是客观世界和心灵世界变化的基本特征,是人类不断提高自己各种能力的源泉。符号不仅改变着人类的生活方式,也改变着自然界的存在方式"。[①]

第一节 网络时代的符号爆炸

一 人是符号的动物

著名哲学家卡西尔将人与符号密切联系在一起。他认为人类的文化世界就是依据符号来创立的。卡西尔的著名论断是:"人是符号的动物。"[②] 他把人定义为符号的动物来取代把人定义为理性的动物。卡西尔认为信号是物理的存在,符号是人类的意义世界的一部分,只有人才发展了符号化的想象力和智慧。卡西尔认为人类符号系统的最大特点就是"普遍适用性",也就是说,符号既是普遍的也是多变的。人类可以用同样的语言表达同样的意义,也可以用不同的语言表达同样的意义。有时候在一种语言的范畴里,某种观念也可以

[①] 韩永进:《符号、结构与技术》,人民出版社 2007 年版,第 24 页。
[②] [德] 恩斯特·卡西尔:《人论》,甘阳译,上海译文出版社 2004 年版,第 37 页。

第五章 符号无垠

用完全不同的词语来表达。卡西尔认为"没有一套相当复杂的符号的体系，关系的思想就根本不可能出现，更不必谈其充分的发展"。①

符号学之父索绪尔提出："整体语言和文字是两个符号系统，文字系统具有表达整体语言系统的（惟一的）使命。看起来它们各自和相互的价值不用冒被埋没的风险，此仅仅是彼的仆从或影像。"②索绪尔解释其原因在于：

> 首先，语辞（话）的影像由文字定影，这作为永固之物给予我们强烈的印象。固定了这个影像。其次，较之于听觉印象，大多数人更偏好视觉印象。正是影像呈现为有血有肉之物，因为它是固定的，确实可感的。而言说显得是逮不住的，声响一停止，言说即消逝。第三个原因是，我们不仅要考虑文字的裎露的事实，而且得考虑构成所谓的书面语言的一切。第四个原因是，整体语言和正字法之间存在不一致的时候，除了语言学家之外，这不一致是很难弄清楚的。需要特定的知识。为了（方便地）决定取舍，从书写形式出发是必要的。③

语言作为一种系统，具有记录、传递信息以及表达思想来完成人类交际的功能。因此，余志鸿总结道："在我们社会生活中，似乎至今还没有发现比语言更具有广泛性的符号来组织社会、沟通思想、实现人际互动的符号"。④ 人类经过了漫长的进化历史阶段，持续进化的结果使得人类具有了超越于动物的能力，这种特别的能力驱使

---

① ［德］恩斯特·卡西尔：《人论》，甘阳译，上海译文出版社2004年版，第37—60页。
② ［瑞士］费尔迪南·德·索绪尔：《索绪尔第三次普通语言学教程》，涂友祥译，上海世纪出版集团2007年版，第46页。
③ 同上书，第46—47页。
④ 余志鸿：《传播符号学》，上海交通大学出版社2007年版，第28—31页。

人类从直接获取信息过渡到了间接获取的方式。变革的根本原因在于："人类利用自己的思维优势，创造一套独特的训练思维的符号体系，通过这套符号体系，人类具有动物所不具有的反思过去、预演未来的能力。"① 人既生活在一个物理世界中，也生活在一个符号空间中，语言、文化、神话、艺术、宗教、科学、技术等等是这个符号世界中的组成要素，它们构成了符号之网的经纬线，将人类时代的经验交织在一起，并以可表达的形式外化为符号表达。语言是人类使用的最有效的特殊符号系统，可以表达一种观念，从发展的角度看，这种符号系统以一种社会建制的形式存在，正因为如此，索绪尔提出"语言是一种社会制度，但是有几个特点使它与政治、法律制度不同"。② 韩永进解释说："人类的全部文化依赖于符号，正是人类具有了使用符号的能力，语言才得以产生……没有符号性交往活动，就没有文化，文化开端于符号，文化的继承、发展和流传也在于符号。"③

"网络语言是日常语言符号系统在互联网上所发生的变异，而网络语言符号多元化正是这种变异表现出来的"，④ 网络世界由无数符号构成，每个符号都是一个可能的炸点，高密度、高混合、易爆发的炸点使网络世界时刻处于纷扰繁杂的符号爆炸之中。符号大爆炸的冲击力量强力解构着自然语言的结构和秩序，不停给原本严密的语言体系撕开了一道道非规范的裂口，使语言、词汇、文字与情感变成符号碎片，充斥在无垠的网络中。

汪洋大海般的符号碎片，既丰富了语言体系，又割裂了语言的

---

① 韩永进：《符号、结构与技术》，人民出版社2007年版，第23页。
② ［瑞士］费尔迪南·德·索绪尔：《普通语言学教程》，高名凯，商务印书馆1980年版，第30页。
③ 韩永进：《符号、结构与技术》，人民出版社2007年版，第444—445页。
④ 何明升、白淑英等：《中国网络文化考察报告》，中国社会科学出版社2014年版，第208页。

第五章　符号无垠

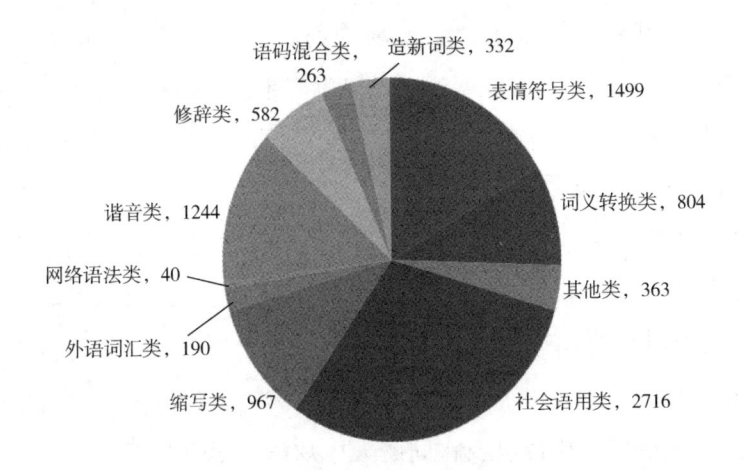

图5-1　网络语言大类语料条目数图示

系统性、完整性和内在联系性。时至网络高速发展的今天，网络词语的丰富性是任何自然语言都无法比拟的。网络新语汇几乎在瞬间就可以热遍全国甚至全球。网络词语更换的速率堪称词语爆炸。这种"爆炸"对于语言更新是必要的。网络语言符号的出现不是偶然的，它是网民的一种集体创造，可以丰富汉语的词汇与表达方式。

二　词语皮肤下深藏的代码

巴西诗人安德拉德在《花与恶心》中写道："在词语的皮肤下，有着暗号和代码。"① 那么在网络语言"细腻"抑或"粗糙"的皮肤下，有着怎样的暗号和代码呢？威廉斯（R. Williams）指出："技术发明本身比较说来很少具有社会意义：只有当它被挑选来进行生产投资时，只有当它为了特定的社会用途而被有意识地发展时——即当它从作为一种技术发明转向可以恰当地称为以得到的'技术'时——其普

---

① ［英］卡洛斯·德鲁孟德·德·安德拉德：《花与恶心：安德拉德诗选》，胡续冬译，译林出版社2018年版，第154页。

遍的意义才开始。"① 可见"技术演变的轨迹总是社会力量和社会利益的驱动的结果"。② 互联网给网民提供了张扬个性的广袤天地，随着社会事件、媒介事件或网络事件的出现，千奇百怪的新词语、新符号被创造出来："你妹"、"hold住"、"有木有"、"你懂的"、"肿么了"、"吐槽"、"屌丝"、"销售婊"、"学渣"、"学癌"等等。上述网络词语并非仅仅是为了简洁，而是"网民群落叛逆、张扬的群体特征使然"，③ 网络语言折射出网民的某种叛逆精神，使用网络语言在于刻意与传统文化的含蓄、传统语言的严谨相疏离。青年网民常以出格的言辞实现自我的精神愉悦以及在同龄人中炫耀其语言创造力。网民在虚拟空间里，想和说未必是一回事，说和做也不是一码事，心口不一，难辨真伪。言辞的出轨、行为的僭越是青年网民惯常采用的炫耀性的社会互动行为。网络语言传播力影响之大，使其不断渗透到传统媒体和日常生活的每一个角落。2016年春晚，在冯巩等主演的小品《老爸的秘密》中，网络语言比比皆是，例如："我就是我，不一样的烟火"、"颜值"、"暖男"、"长腿欧巴"、"主要看气质"、"吓死宝宝了"、"明明可以靠脸吃饭，偏偏要靠才华"、"坑爹"等等。

传播语境的限制也会让青年网民通过变造、改造语言或表达方式来穿越语境的限制，达到网言网语传播的目的。这是因为"文字显示声音，声音显示心灵的体验。心灵的体验显示心灵所关涉的事情"。④ 在某些语境下网民使用自造的类成语，诸如"卧槽泥马"、"马勒戈壁"来发泄不满或羞辱他人。网络上的"草泥马"最初于

---

① [英] 雷蒙德·威廉斯：《现代主义的政治：反对新国教派》，阎嘉译，商务印书馆2002年版，第172页。

② 陈卫星：《传播的观念》，人民出版社2004年版，第176页。

③ 王苹：《网络语言形成源流探析》，《深圳大学学报》（人文社会科学版）2007年第2期。

④ [德] 马丁·海德格尔：《在通向语言的途中》，孙周兴译，商务印书馆1997年版，第208页。

第五章 符号无垠

2009年初发布于百度百科①，之后在聊天室、论坛中广为流传，其形象取自羊驼，电脑键盘符号为：(·Y·)。作为一句脏话的谐音，其发音妇孺皆知，其文字形式指涉假想"动物"，谐音则会让他人心领神会。这种谐音造字（词）开启了一场全新的"集体戏仿"浪潮，而且这种戏仿还不断衍生。例如：

（1）在荒茫而美丽的马勒戈壁上。生活着一群顽强的草泥马。（因为草泥马是主要物种，所以马勒戈壁又叫草泥马戈壁）草泥马们克服了戈壁的艰苦环境，并顽强地生活下来。戈壁上缺少水缺少食物，草泥马能进食的只有一种草——卧草。然而卧草一般生长在人类的聚集点附近。所以草泥马一生都是与人类相依为伴的。②

还有网民生造出一个合体字以表示"草泥马"：草字头下，左边"马"字，右边"尼"字。见图5-2。

图5-2 "草泥马"造字图③

"草泥马"最初以虚构动物为能指，以脏话为所指，随着网民的

---

① 百度贴吧，十大神兽：草泥马、雅蠛蝶、达菲鸡、法克鱿、尾申鲸、吟稻雁、鹳狸猿、菊花蚕、吉跋猫、潜烈蟹，http://tieba.baidu.com/f?kz=774923573，2010-5-19。上述十个词语皆为汉语粗俗语的替代谐音表达。看字很奇怪，读出音来方解其意（作者说明）。

② 互动百科，马勒戈壁，http://www.hudong.com/wiki/%E9%A9%AC%E5%8B%92%E6%88%88%E5%A3%81，2013-11-07。

③ 徐静：《网友造"草泥马"新字》，《广州日报》2009年3月30日第A17版。

集体创作与传播，其能指形式不断扩大，所指也超脱单纯的辱骂，而被进一步赋予不满、发牢骚等意涵。网民利用自造字、音频或视频来展示内心的不快。陈卫星指出："信息的视觉化简化了信息传播的循环成本，影视文化的普及和互联网的问世，更使当今世界成为一个活生生的景观的世界，一个越来越视觉化的世界。"①

在给各种事实"加温"时，网民往往是激情大于理性，率性优于缜密，表达胜于思考。现代语言传播构成了新的生活体验，网民缺乏听解释的耐心，他们非常乐于事实的"加温"和"翻炒"。网民通过网络语言表达内心感受时，类似"草泥马"这样的语汇虽然典型但并不多见，网民通常不是直陈弊端，而是凭借相关事件中的典型词语间接反映观点与倾向。源自苹果手机广告的"Bigger than bigger"起初用来形容产品的价位、品位、等级在同类中胜出一筹，如网民在实际使用时谐音为"比逼格更逼格"，但在使用过程中该短语发生变异，多具讽刺意味。网民通过对汉语语音、字形、词汇、语法等方面进行无拘无束的变造，造词方式比传统方式灵活得多。有时甚至会故意用同音字实现表达，如 2010 年流行的"蒜你狠"、"苹什么"、"糖高宗"、"豆你玩"、"姜你军"、"辣翻天"、"煤超疯"、"油你涨"、"海豚族"、"菜奴"、"房奴"、"毕剩客"等等达到了语言娱乐的传播效果，也折射出了网民对于物价上涨的不满与思索，"隐喻式"批判与反讽尽显其中。可见，"符号越晦涩，符号自含的意义越丰富，解码过程的非连续性越高，感知系统参与挑选正确意义的程度就越高"。② 人类自身与传播符号密切结合，而互联网不仅是一种技术实现，网络更是通过构

---

① 陈卫星：《传播的观念》，人民出版社 2004 年版，第 167 页。
② 林文刚：《媒介环境学——思想沿革与多维视野》，何道宽译，北京大学出版社 2007 年版，第 140 页。

建立体多维的视角，影响着语言信息的流向以及受众人群，围绕语言信息生产、交换、竞争和流通等环节，淬炼出人机传播之间的相互参与性和互动性。

"符号的多变性，再加上受众能够根据自己的社会经验重新解读文本，使得在网络语言上出现了变异及重新组合，这极大地扩展了人类的交流空间。"① 究其根本，网络世界是一个由各种语言符号、非语言符号与思想意识交织在一起的超级"万花筒"。网络语言是网民在虚拟空间中开展的语言实践，社会发展越迅猛，语言表达就会不断被更新。网民使用的是一种网络简约化的"密码式"的交流方式，网络语言成为网络交流群体的特定语言表达和代码表征。

第二节 表意符号的演变历程

国内外学者近年来在网络语言的构成方式、传播模式、语用策略、隐喻、造词手段、网络语言特点、分类、定义等方面已经取得许多研究成果。然而，过往的研究更多地关注网络语言本体研究，忽略了网络语言与网民、网络语言与自然语言、网络语言与物理社会的互动关系，这三对关系间存在着一种天然联系：自然语言在网络媒介中被网络化产生了诸多变体，网民为了表述方便更是不断地将语言作为个体文化资本，不断投向网络语言市场，网络语言成为丰富自然语言的"加工场"。

---

① 何明升、白淑英等：《中国网络文化考察报告》，中国社会科学出版社 2014 年版，第 208 页。

语言无羁：汉语言符号的网络再生与生成逻辑研究

一　自然语言的演进

自然语言是"指一种自然地随文化演化的语言"，[①] 它"是语言哲学中的概念之一，是人类交流和思维的主要工具，是相对于人造语言（如计算机语言）而言的"。[②] 简言之，自然语言即人类生活中使用的日常用语。索绪尔曾这样表述"我们找不到任何语言抗拒发展的例子，过了一定时间，我们常可以看到它已经有了明显的转移"。[③] 索绪尔的论述让我们认识到自然语言永远不是一成不变的，而是不断发展变化的。

（一）汉字符号的表意性

表意性是汉字符号与生俱来的属性，也是汉字的根本属性。汉字的表意性，表现在形与义的密切联系上。汉字的形体结构能够直观地显示一定意义的属性，做到因形示意，意寓形中。汉字字符里有众多的表达意义的符号，如具备象形、指事、会意特征的汉字所使用的字符，与其所表征的词仅有意义上的联系，均具备表意的基本特征。如"凶"是陷阱里有叉，"刃"是刀上加一点，"歪"为不正，"孬"为不好，"岳"有山丘，"鸣"有口，"森"有木，"泪"有水等。此外，音义结合的形声字中有大量的独体字和象形部件，这些形符发挥了巨大的传承作用，使得汉字拥有表音功能，却没有弱化其表意功能。如"抱"用手，"樱"有木，"问"有口，"篮"有竹，"削"有刀，"烟"有火等。形声字是形符发展到成熟阶段的

[①] 百度百科，自然语言，https：//baike.baidu.com/item/%E8%87%AA%E7%84%B6%E8%AF%AD%E8%A8%80/4146019？fr=aladdin，2017-05-18。

[②] 隋然：《自然语言与逻辑语言：人脑与电脑》，《首都师范大学学报》（社会科学版）2006年增刊。

[③] ［瑞士］费尔迪南·德·索绪尔：《普通语言学教程》，高明凯译，商务印书馆1980年版，第45—49页。

第五章 符号无垠

产物，它独立地与音符互补，从而更好地服务于汉语。汉字始终坚持以形释义，集形义于一体的特点，充分印证了汉字是表意体系的文字系统。

汉语表达方式优先考虑的往往是语意配合，并非强调语法形式的正确与否。只要承载着关键信息的词语在意义上能够搭配成对，能够实现交际目标，如此几个词就可以便利地实现搭配组合，正所谓汉语中的"意合"。汉字的表意性非常强大，无论是形变、义变乃至讹变，也往往和理据保持密切联系，理据是推动汉字形体演变的一个关键因素。许多形义关系原本统一的汉字，旧的理据由于字形的变化而淡化了、丧失了，却往往在新的理据的作用下使形义关系得到回归，从而走向新的统一。①

（二）汉字符号的文化传承性

汉字的文化传承性与其表意功能密切相关。汉字中蕴涵的文化信息，是其他文字无法比拟的，汉语文字的延伸意义是一脉相承的。作为象形文字，汉字更便于受众形成"形—义"的直接联系。汉字的表意性是世界上单位字符信息量最大的文字，因此易于识别，便于联想，非常有利于传承中华民族的语言文化传统。汉字还是记录汉语言的一整套的、完备的视觉符号系统，它不仅记录语言，还具有自身的特殊性，汉字构造本身就可以被看做是语言和文化信息的载体。汉字更是一种充满时代色彩、地域特色以及社会特征的文化符号，正是汉字形体构造所具有的特殊价值体现了汉字与其他文字的不同民族文化特质。随着文字超越网络时空的广泛使用和外延不断扩大，文化信息符号愈发密集，汉字的文化蕴义比以往任何时候都丰富多彩。作为象形文字的汉字记录了汉语语言和文化的发展轨迹，也是传播汉语语言的符号系统，对人类高度文明的发展起到了

---

① 王立军：《汉字形体变异与构形理据的相互影响》，《语言研究》2004 年第 3 期。

极大的促进作用。

（三）汉字符号的系统性

唐兰先生说："每一个文字具有三个部分：一、字形；二、字义；三、字音。"① 网民把汉语中的生僻字挖掘出来，只取其"形"和"音"，改变其"意"，生成了新的意义。从文化心理来看，"中国人'以字为本'，在字中又是'以形为本'，把字形作为字的根本，而不是西方拼音文字'以音为本'……中国人把从视觉摄取来的'象'化作视觉符号，用来表示事物，在里面积淀着自己的思维"。② 另外，汉字可分为笔画、部件、成字三个层次。作为方块字，笔画是汉字书写的最小单位，根据笔画运笔方向的不同，笔画可分为横（一）、竖（丨）、撇（丿）、捺（㇏）、点（丶）、折（一）等几种。部件是介于笔画和成字之间的汉字基本结构单位，是由笔画组成的具有组配汉字功能的构字单位，它着眼于所有汉字的字形结构，而不单纯是以往"六书"中的会意形声，也并非仅指具有表音也表义的构字成分。汉字中的众多高频部件的构字生命力极为强大，一旦人们掌握了高频基本部件后，在识读新字的过程中，每当遇到重复字符时，就毋需将其拆散成零星的笔画，而是将其作为一个完整的符号，直接参与汉字的构成。这说明部件对系统的作用及其自身具备极强的符号色彩。把汉字分解为部件可以使通用汉字的基本构字单位大大减少，减轻了中文信息处理的困难，这也是五笔字型输入法所基于的基本思想。

部件由笔画构成，而不同的部件按照不同的方式构建成不同的汉字。"构字部件在横向和纵向两个坐标上以左右、上下、内外等方式组成二维的图形。"③ 根据内部构件的数量，现代汉字由独体字与

---

① 唐兰：《中国文字学》，世纪出版集团、上海古籍出版社 2005 年版，第 3 页。
② 姚淦铭：《汉字文化思维》，首都师范大学出版社 2008 年版，第 9—10 页。
③ 陈芳：《认识汉字符号的系统性》，《喀什师范学院学报》2000 年第 2 期。

第五章 符号无垠

合体字组成。独体字只有一个部件，例如"四"，而合体字有多个部件，例如"伐"。根据部件与部件的方位关系，汉字可分为左右结构、上下结构、半包围结构、全包围结构和品字形结构等。在许慎之前，就有仓颉依据六书造字的传说。东汉的文字学家许慎发展丰富了六书理论，并把六书用于实践，他在《说文解字》中，细致分析了汉字字形和考究了每个汉字的字源，确立了汉字研究的中华民族风格与民族特色。

二 汉字的演变与发展

为了满足语言简化和记录语言的需求，文字必须走向符号化、整体化，必须便于快速书写。历史上任何一种新的字体，都是经过长期演变逐渐形成的。汉字的字体经历了大篆、小篆、隶书、楷书、行书、草书等六个阶段的演变。

西周后期，汉字发展演变为大篆。大篆的发展使得汉字变得线条化，也更加规范化，字形结构趋向整齐，逐渐离开了图画的原形，奠定了方块字的基础。小篆是在大篆基础上经过去繁就简而产生的。隶书是一种笔划汉字，字体呈横扁方形。隶书在字形结构上发生了显著的变化，从而奠定了现在汉字字形结构的基础。楷书始于汉末，通行至今，长盛不衰。楷书形成后，中国文字已基本定型，并向着便于书写的符号化方向发展。行书是一种既可以让人快速书写，又易被识别的字体。汉字这六个阶段的演变过程是汉字字形与字体逐步规范化、稳定化的过程，而每一阶段的演变所经历的字体就是语言生态中的演变之物，经历了自然和社会的洗礼，完成了自身生存价值的优胜劣汰，达到了进化的目的。

新中国成立以来，我国陆续出台了一些汉字改革方案，中央人民政府教育部社会教育司于1950年编制了《常用简体字登记表》；于

1951年拟定了《第一批简体字表》，收字555个；1954年拟定了《汉字简化方案（草案）》；中华人民共和国文化部和中国文字改革委员会于1955年联合发布了《第一批异体字整理表》；1956年，国务院正式发布了《汉字简化方案》；中国文字改革委员会于1964年出版了《简化汉字总表》；文化部和中国文字改革委员会在1965年联合发布《印刷通用汉字字形表》；国家语委出台了《简化字总表》（1986）；国家语言文字工作委员会和国家教育委员会于1988年公布了《现代汉语常用字表》；国家于2001年实施了《中华人民共和国国家通用语言文字法》等，这些均为汉字演变史上的重大事件，赋予了汉字明确的规范。2013年6月5日，国务院发出关于公布《通用规范汉字表》的通知，国务院通过了教育部、国家语言文字工作委员会组织制定的《通用规范汉字表》，共收录汉字8105个。

  进入网络信息时代，汉字以新的姿态出现在我们面前。一个需要解决的问题就是汉字的国际化问题。"汉字要在不同的国家和地区实现统一编码，自由转换，解决国家使用的子集，以使我们的规范、标准既符合国际化的标准，又切合国内需要。"[①] 网络语言作为互联网时代一种新的特定的社会方言，快速地流行起来。网络语言的创新是以内容上的创新和形式上的重组为主，如9494——就是就是、酱紫——这样子、酿子——那样子等等。键盘作为这种语言的"书写"工具，也被充分利用起来，键盘符号的重新组合，产生了新的符号形式来表达全新的内容。网民形象地创造出了许多生动的表情图符，用于表达内心情感，甚至模拟日常生活情形，例如，"<)))))"表示一条鱼，"<@-@>"表示醉了等等。符号组合使网民情感实现了形象化和符号化，也使网络聊天具有了"互听互视"的即时交际效果，给网络生

[①] 王宁：《给汉字找一个现代化出路》，http://news.bnu.edu.cn/sdjt/xslt/19996.htm，2009-10-15。

第五章　符号无垠

活增添了真实感和乐趣，这也正好印证了索绪尔所说的"大多数人更偏好视觉印象"的论断。

　　网络语言创作的基础是一切可利用的语言材料，可以是古文、繁体字、简化字、外语，也可以是语音、词汇、语法甚至符号。毫无疑问，网络语言集简洁、形象和幽默为一体，成为现阶段的强势语言。网络传播便利，网络语言本身易于记忆理解。那么，针对网络语言的发展之势，除了网民，其他有关人群也对其产生了重大影响。网络语言为语言生态的多样性做了贡献，促进了生态语言中物种的多样性、丰富性和开放性。同时，网络空间为网民提供了自由、开放、优越的语言环境，并且网络使用的主体——网民本身具有的好奇、活泼、创新的特点促使其不断创造新潮语言。

　　随着科技的发展和信息交流，我们用汉字定义和描述某些事物的时候，往往会感到有些词不达意。比如KTV、IPOD、IPAD，至今没有统一的中文译名，只好使用英文名称，这就出现了带有字母或完全用字母表达的词。字母词形式多样，内容丰富多彩，包罗万象，字体创新方式活跃开放。同时，字母词本身集中西形态于一体，以中学为体，西学为用的理念，是对几千年来中国方块字的挑战。字母词是时代的产物，其存在具有必然性和合理性，而这种合理性是内外因素双重作用的结果。随着社会生活的深刻变化及国际交流的日趋频繁，社会文化正逐渐从单一的结构向多元化发展。这种变化反应出人们对字母词的包容态度，给予其在语言生态中发展的空间。与此同时，科技的进步、网络的普及应用促使网络为字母词的传播开启了良好的平台，近年来的外语热潮也推动了字母词的发展。媒体的传播导向也是字母词得以流行的重要原因。WTO、CCTV、AIDS、NBA、ATM等字母词从最初的被动接受到现在的耳熟能详，大众媒体参与起到了重要的推动作用。

三 书写介质的演变

纵观汉字演变的历程，其书写工具、方式和介质一直在简化。在汉字萌芽时期，结绳、契刻及图画为三种记事手段；在甲骨文和金文时代，刻刀是主要"书写"工具，骨器、铜器是文字的承载介质，铸刻是主要的书写方式；在篆书、隶书到楷书的演变过程中，毛笔等软体工具成为主要书写工具，简册、丝帛和纸张相继成为文字存储介质，软笔书法成为书写方式；在汉字发达时期，硬笔渐渐取代软笔成为书写工具，纸张成为文字书写和存储介质；键盘和扫描仪声音转写等电子工具成为书写工具，显示屏成为文字的主要呈现界面。

早期汉字笔画繁琐，具有极强的表意性，加之书写工具落后，导致书写效率低下，文字和语言的记录与传播遇到很大障碍。在周朝及战国时期，书写工具大大加快了书写速度，文字结构日趋简化，汉字"瘦身"使汉字本身摆脱了纯粹象形的图画原型。及至汉朝，造纸术降低了汉字的书写成本。语言和文化的传播仍然以手抄书为主。到了唐宋代，印刷术使语言文字的传播速度迅速飙升。

有趣的是，虽然汉语文字结构的日趋规范、简化和易于学习掌握，可是汉语的语法结构却从三言两语、之乎者也的言简意赅的文言文演变成了通俗易懂、言语冗长的白话文。影响汉字发展的最重要的因素是文字书写记录与信息传播载体的滥觞与巨变。在西方学界，有许多学者认为"从书写到印刷的意义绝非书写'机械化'这么简单，这种变化引起了文学风格概念的改变，并改变了词语和思想的精神交流"。[①] 可见传播媒介的变化会导致自然语言变化。语言文字的使用作为社会生活的一部分，其发展变化遵循了麦克卢汉的

---

① [美]约书亚·梅罗维茨：《消失的地域：电子媒介对社会行为的影响》，肖志军译，商务印书馆2002年版，第13—14页。

第五章 符号无垠

论断，即"新的媒介技术会导致社会生活发生新变化"①的媒介观。

网络语言是技术进步的产物，是一种特有文化的象征，与现实世界使用的传统语言表现出很大差异。随着科学技术的日新月异，文字传播的手段也日渐发生了变化。传播不仅仅靠传统的电视广播，同时也以即时通讯、微博、微信等移动互联网的形态呈现出来。这些形态使得文字传播的渠道发生了改变，而这些渠道为语言文字符号的传播提供了更多、更灵便的机会和场域。网络媒体造就了汉语言符号的网络再生语境。

第三节 象形符号的网络衍生

网络语言的概念诞生以及人机界面的出现，再一次从本质上改变了语言的存在形态。网络语言是人机界面良好交互的产物。虚拟空间依赖符号让人能理解它并使用它，人则凭借语言加工技术使现实世界高度符号化。在网络语言的传播体系里，为了实现语言符号最广泛的传递，网民充分利用汉语言符号的固有属性，结合非语言符号、仿拟符号以及符号复合体，扩大了能指与所指的疆域，同时，也大大扩充了语言符号的"意指"系统。网络语言"形成了传播的文本、信息和话语，也是构成'虚拟世界'的要素"。②如果理解了网络语言符号的内涵，也就掌握了通向虚拟空间的渠道。

---

① [加拿大]马歇尔·麦克卢汉：《理解媒介——论人的延伸》，何道宽译，商务印书馆2000年版，第33页。
② 吴风：《网络传播学——一种形而上的透视》，中国广播电视出版社2004年版，第153页。

语言无羁：汉语言符号的网络再生与生成逻辑研究

一 表意符号的非确定性

语言是人类须臾不可分离的交际工具，具有强大的生命力，其发展历程不会一成不变，那么语言符号的能指与所指也始终处于一个动态的环境中。符号能指的摆动需要借助所指将意义固定下来。网络时代的一个能指往往指向若干个所指，反之亦然。新所指与旧所指之间往往产生隐喻或引申关系。法国社会语言学家卡尔韦（L. Calvet）指出：

> 人们可以在一种语言里不断地发现同一所指具有几个不同的形式同时存在。……当两种不同的形式能够表达"同一事物"，也就是说，两个能指具有同一所指而它们之间的区别具有文体或社会等另外的功能时，就产生一个语言变数问题。[①]

所谓"变数"是造成能指与所指的不稳定性和不确定性的关键因素。例如："蜀黍"与植物无关，源自"叔叔"谐音，特指"有骚扰小女孩倾向的中年男子"。此外，新所指与旧所指之间的不稳定性和不确定性还有一种显现形式，即，新所指借用旧所指的语音，使旧能指与新所指构成一个具有新意蕴的符号。例如，在网络语言符号中"顶、踩、踢"等，借用了生活动作，但实质上与生活动作无关，它们专指网络空间的特殊意义。2016年的"蓝瘦香菇"与蓝色的干瘪的香菇无关，实则为"难受想哭"的方言音变。种类繁多、数不胜数的能指只有在网络传播的语境中才能确定其所指意义。网民间的符号交换升格为人际交往的"仪式"，符号能指的无穷扩张使

[①] ［法］路易-让·卡尔韦：《社会语言学》，曹德明译，商务印书馆2001年版，第67—68页。

第五章　符号无垠

符号所指失去了意义和深度，网络时代的"符号革命"蕴育了"能指的狂欢"和"所指的湮灭"。信息的"内容"退居至次要位置，表征自己正处于网络社会交际中的象征意义更为重要，"交往形式在这里凌驾于内容之上。"①

二　表意符号的非对称性

在语言内部，"一个符号的内容在很大程度上取决于其他符号的内容，尤其是那些同属一个语义场的符号的内容。一个所指只要稍有变动，就会引起相近的所指纷纷效法。"② 索绪尔明确指出："语言符号依据结合、联想而定，此联想由将两种截然不同的事物连接起来的心智所引致，但这两种事物都具精神性，且都居于主体内：听觉印象与概念相联结。听觉印象（不是物质的声响），而是声响的精神印记。"③ 2013 年，一道有趣的测试题引起了众多网友的好奇心和求知欲，例如：

（1）研表究明，汉字的序顺并不定一能影阅响读，比如当你看完这句话后，才发这现里的字全是都乱的。④

为什么文字顺序错了，人也能读懂？陈庆荣表示，当人眼看到"研表究明，汉字的序顺并不定一能影阅响读"这句话时，因内容是我们常见的内容，"眼睛粗略扫描后，潜意识便默认这句话是一

---

① 张柠：《文化的病症》，上海文艺出版社 2004 年版，第 53—54 页。
② ［法］克洛德·海然热：《语言人：论语言学对人文科学的贡献》，张祖建译，生活·读书·新知三联书店 1999 年版，第 123 页。
③ ［瑞士］费尔迪南·德·索绪尔：《索绪尔第三次普通语言学教程》，涂友祥译，上海世纪出版集团 2007 年版，第 84 页。
④ wushengyouya，研表究明，汉字序顺并不定一影阅响读．为什么会这样，http：//bbs. tianya. cn/post－333－396277－1. shtml，2013－12－19。

句简单句式,不用深加工,大脑的浅层意识会按照记忆中的顺序,自动对文字排序,以自认为正确的形式解读并记忆"。① 造成如此理解的原因在于"文字是书写记录语言的形式符号,是语言的视觉形式。"② 英语中也有类似乱序情况。剑桥大学的研究发现:即使将一个篇章中的英语单词的字母次序打乱,读者依然可以看懂。例如:

(2) Aoccdrnig to a rscheearch at Cmabrigde Uinervtisy, it deosn t mttaer in waht oredr the ltteers in a wrod are, the olny iprmoetnt tihng is taht the frist and lsat ltteer be at the rghit pclae. The rset can be a total mses and you can sitll raed it wouthit porbelm. Tihs is bcuseae the huamn mnid deos not raed ervey lteter by istlef, but the wrod as a wlohe. Amzanig!③

叶静认为"阅读是一种夹杂着多种认知行为的复杂性活动。在这一活动中,我们的现实刺激是阅读当时的视觉感官,而造成字序混乱也能顺利阅读的根本原因是由于认知中的过去经验起作用"。④ 在多年的语言实践中,人的大脑已形成了固定的符号搭配模式,视觉器官输入的语言符号传达到大脑后,被大脑依据固有的模式进行了重组。叶静的看法是:

---

① 新华网,趣味测试题网络走红,证实汉字顺序不一定影响阅读,http://news.xinhuanet.com/edu/2013 - 05/06/c_ 124665557.htm,2013 - 05 - 06。
② 叶静:《汉字的顺序不一定影响阅读》,《重庆文理学院学报》(社会科学版) 2014 年第 6 期。
③ 人人网,顾朗的日志,http://blog.renren.com/share/235903758/4979077319,2016 - 11 - 25。
④ 叶静:《汉字的顺序不一定影响阅读》,《重庆文理学院学报》(社会科学版) 2014 年第 6 期。

第五章　符号无垠

我们可以这样认为，在审视某种阅读行为时，必须认识到阅读过程并不是简单直接地从视觉信息转换成听觉信息，而是从视觉信息通过思维与抽象的概念加工编码过程，再转换为听觉信息的一个心理认知过程，这即是索绪尔提出所指和能指的结合过程。①

计算机"是给我们感知经验分类的强大工具，因此也是我们知识生产的放大器"。② 技术不仅带来了语言表达的便利，同时也带来了语言表达的困惑和麻烦。汉语拼音输入法的进步并没有为技术使用者突破"选择工具"带来不便。书写时代，"脑想手写字现"已被网络时代"脑想手敲眼选字现"所替代。有网友利用智能输入法的简拼法和自动联想功能输入"DT"，得到如下令人捧腹的结果：

（3）用智能输入法输入 DT，你打出来的是什么？
打出冬天的是热爱大自然的普通青年
打出地铁的是起早贪黑的苦逼上班族
打出地图的是转过街角就迷路的天然呆路痴
打出单挑的是拥有沙包大拳头的肌肉男
打出地摊的是经常忽悠女友的抠门男
打出答题的是书包比自己重的学生党
打出低碳的是追求绿色生活的环保主义者
打出炖汤的是食物至上的吃货③

---

① 叶静：《汉字的顺序不一定影响阅读》，《重庆文理学院学报》（社会科学版）2014 年第 6 期。
② ［美］保罗·莱文森：《思想无羁》，何道宽译，南京大学出版社 2003 年版，第 170 页。
③ Iphone6 吧，用智能输入法输入 DT，你打出来的是什么？，http://tieba.baidu.com/p/2735572526，2013 - 11 - 17。

语言无羁：汉语言符号的网络再生与生成逻辑研究

网民在键盘上忙碌着用双手敲击词语时，双手配合、双眼跟踪识别、大脑指挥、符号排列、意义构建等压力往往让网民身心疲惫，而且

> 键盘上最先显现出的往往不是他们所需要的字词，但为了节省时间，就大量选择同音字词替代，而且人们发现某些同音字词确实具有其本词所不具有的特殊表达效果，故随之被人们认可、接受，甚至通行起来。这是网络通假字产生的重要原因。①

鲍林杰（D. Bolinger）指出，如果"语言要发挥它的功效，那么，在语声和语义之间就至少有某种（理据）联想"②。在网络语言生产过程中，心理联想成为网民创造网络语汇的重要基础。语言作为一个划分层级的符号系统，每个层级的符号均由能指与所指二要素构成。初级能指与所指复合体成为上一级符号的能指进入新的符号构建过程，如此无尽循环，语言符号的层级系统得以建立。网络语言生产使用最频繁的手段与方式就是不断生成能指，抑或通过符号所指意义的演变实现意指过程。在符号传播过程中，"一个能指的形式可以有多个所指的意义，一个所指的意义也可以有多个能指的实体与之对应。"③ 符号的编码－解码－再编码－再解码的过程无限循环，语言符号就开始了新一轮的组合或聚合过程，如此产生新的符号结构与意义。

三 表意符号的多样性

互联网是"一个符号汇聚成的海洋，它更为人任意制造组合符号

---

① 王苹：《网络语言形成源流探析》，《深圳大学学报》（人文社会科学版）2007年第2期。
② ［美］Dwight Bolinger：《语言要略》，方立等译，外语教学与研究出版社1993年版。
③ 余志鸿：《符号——传播的游戏规则》，上海交通大学出版社2003年版，第75页。

第五章　符号无垠

提供了便捷和自由。……作为最新兴的大众媒介，在符号操作方面，网络拥有无可比拟的优势"。① 计算机、键盘、网络成为扰动各种语言符号变化的重要因素。索绪尔就曾经断言："语言根本无力抵抗那些随时促使所指和能指的关系发生转移的因素。这就是符号任意性的后果之一。"② 原本"看不懂"演变成了"晕"，"不满"则变身为"靠"，"特兴奋"则成了"至 high"，被蚊子咬了就叫"新蚊连啵"。可见，在语言生活中，"惟人类能够双管齐下，做到彻底的喻义和沟通；即运用按照协调的结构组织起来的、随时可以添加的符号，去传达和解读以高度复杂的互动性和对话性的社会关系为前提的信息"。③

网络时代的网民，将自己在现实生活中的经历，扮演到网络上，进行网络词语符号的生产与传播，例如：2016 年十大暖心、十大闹心热词、十大闹心表情榜单分别为：

（4）【十大受欢迎热词】你瘦了，wifi 已连接，么么哒，工资已到账，666，车票抢到了，你的快递到了，支付成功，周末不加班，10 万+；【十大闹心热词】你胖了，呵呵，正在缓冲，给我孩子投个票，哦，怎么还单身，404，在么，多喝水，你有房么；【十大闹心表情】假红包表情，冷漠脸，微笑，抠鼻，拜拜，流汗，捂脸哭，求发红包系列表情，翻白眼，呕吐。④

---

① 钟琛：《当代文学与媒介神话——消费文化语境中的"媒介文学事件"研究》，华夏出版社 2008 年版，第 111 页。
② ［瑞士］费尔迪南·德·索绪尔：《索绪尔第三次普通语言学教程》，涂友祥译，上海人民出版社 2007 年版，第 113—114 页。
③ ［法］克洛德·海然热：《语言人：论语言学对人文科学的贡献》，张祖建译，生活·读书·新知三联书店 1999 年版，第 130 页。
④ 2016 年十大暖心、闹心热词榜单，http://mt.sohu.com/business/d2017010612361３13_481803.shtml，2017-01-06。

网络语言以文字符号为主，与现实世界的近距离人际交往相比，显得比较冷漠和单调。在网络交际中，交际双方的"匿身"导致双方的互动变得比较冷淡。为了弥补这个缺憾，网民不断创制专属自己的表情符号，网站与输入法开发者依据网民需求，研发提供了大量充沛的表情符号资源，包括文字符号、键盘符号、特殊字符、数字符号、标点符号、字符画以及针对某个主题的表情包。网民利用丰富的符号资源，重新排列组合符号，创造出了无数的新能指，进而又为新能指赋予了新的所指。结果是一个能指往往可能有数个所指，一个所指也常常有数个能指，如，"纠结"这一能指可能代表"郁闷"、"难过"、"作难"、"发愁"、"犹豫"等多种所指意义。网民为了强调自己所表达内容的重要性时，努力使得一个所指的多个能指共同显现，构成了网络上具有"超级创意"的"超级符号"或"能指复合体。例如：

（5）昨天的考试考砸了！ 😠 nnd，郁闷！555，😭 ～～～W（￣_￣）W"。

表意符号能指与所指的多样性正是为了突破单一性而作出的努力，超级创意创造了"超级符号"，反之，超级符号也为超级创意提供了丰富的符号资源。

四　表意符号衍生的逻辑脉络

表意符号的衍生不会凭空而降，也不会天生如此，它是在语言主体、语言符号、非语言符号在网络技术、网络传播共同扰动下而出现的新的符号形式。网民在创造、使用、传播网络语言符号时，也并非是完全任意的行为，同样要遵从语言发展的有关逻辑。

第五章　符号无垠

（一）表意符号与表情符号的叠加

"传播就是个体使用象征符号，确定和解释环境意义的社会过程。"① 读图时代，正是视觉技术、文字处理技术与网民的创造力共同创造了网络语言的生命力与活力。在网络交往中，文字过于冷淡，图画缺少信息背景，网民的解决办法就是图文叠加，努力拉近抽象概念和具象表情的距离。图5-3就直观显示了网民以中国象棋对弈双方来自我标榜"帅"的意境。

图5-3　象棋"帅"图示

文字是一种无声的语言，图片有助于让文字"发声"，使表达的内容更加逼真形象。然而，"语言本身固有一定的缺陷，使文字的使用出现含糊纷乱。"② 表意符号的书面交际优势在网络人际交往中往往成为其短板，键盘输入制约，交流毫无生气促使人们交际时需要新的符号。因此，"☺"表示"你好"、"👧"代表"再见"、"😠"表达"不满"的时候，表情符号已逐渐取代一些表意符号，成为一种更加便于

---

① ［美］理查德·韦斯特、林恩·H.特纳：《传播理论导引：分析与应用》（第2版），刘海龙译，中国人民大学出版社2007年版，第7页。
② ［英］约翰·洛克：《论语言的滥用》，孙平华、韩宁译，中国出版传媒股份有限公司2014年版，第62页。

语言无羁:汉语言符号的网络再生与生成逻辑研究

交流的通行符号了。有的时候一个网络表情就表达了一种肯定的态度、一种否定的表述,亦或是一种模棱两可的含糊。1982年9月19日,美国卡耐基-梅隆大学的斯科特·法尔曼(S. Fahlman)在电子公告板,"首次输入了一串ASCII字符:':-)'表情,人类历史上第一张电子笑脸由此诞生"。① 林文刚对模拟性符号作了详尽说明:

> 模拟性符号以其形式表现脑子从肇印经验里抽象出来的客体各部分关系的结构。比如,大家熟悉的微笑的视觉符号,在脑子里唤起一张人脸,那不是因为真实的面孔由三个黑点和一条弧线构成,而是因为符号里点线的结构关系和五官的结构关系吻合,五官的结构关系来自于人脑对人脸的感知抽象。重要的是符号成分关系的总体结构,而不是单个的点线成分,总体结构才是有意义的。②

网络上的表情符号不断涌现,最初是面部的静态表情符号,紧随其后出现了肢体动态符号、文字加表情或文字加肢体符号。当下的搜狗输入法、腾讯输入法、微信表情包均成为生命力强大的表情符号来源。表情符号的使用经历了这样几个阶段:(1)键盘画。网民利用键盘仿拟成符号式的表情。表情符号由标点符号、字母、数字、省字符等组成;(2)静态图。表情符号注重面部表情,出现了动物、手势、身体姿态等表情,也有了图文组合的表情小图;(3)动态图。表情符号是动态的文字或动态文字加动态表情图案,它使网络交际变得活泼轻松,情绪传递更加顺畅;(4)小视频。网民将

---

① 历史上的今天,人类历史上第一张电脑笑脸就此诞生,https://sanwen8.cn/p/4010it7.html,2016-09-27

② [美]林文刚:《媒介环境学——思想沿革与多维视野》,何道宽译,北京大学出版社2007年版,第229页。

第五章　符号无垠

一些幽默的影视镜头通过特别剪辑，消除原音，加上网民根据具体情境设计的文字或配音，使得视频更有针对性和幽默感；（5）系列表情包。QQ 表情包、微信表情包、短信表情包已经成为网民的网络交际"伴侣"，开心了发一个表情"☺"、郁闷了发一个表情"☹"，"呵呵"一下也发个表情"😁"。可见，网络表情符号"最表层，最直接的功用便是作为文字的辅助手段表情达意，充当网络交流中'态势语'的角色"。[1] 余光武和秦云提出：

> 网络交际是一种处于虚拟场景的交际，这种虚拟的场景实质上就是对现实场景的一种模拟。同样，处于这种环境下的言语交际也是现实中的言语交际的一种映射，只不过，现实中的交际是'有声语言＋态势语言'，网络交际中则是与此相对应的"文字序列＋网络表情符号"。[2]

网民在聊天、发短信、发 QQ 信息、发微博或微信时，都喜欢加一个表情符号，目的就是利用表情符号来创设良好沟通的语境。"在面对面的交流中，我们可以通过微笑或调整语速、音高和音强等来表达我们的愉快心情，但在网络交际中，我们看到的大多是'冷冰冰'的文字，这种情况下，交流情境的创设更为重要。"[3] 网络传播通过即时通讯软件实现了信息的即时交流和反馈，这恰好满足了网络表情符号的即时性与同步性，网络表情符号产生的核心原因是计算机技术、互联网技术、输入法技术与语言技术的不断进步。读图时代，网络表情符号对人的面部表情和肢体动作做了特别的简化和夸张处理，

---

[1] 马珺：《网络表情符号的文化意义》，《科技传播》2015 年第 3 期。
[2] 余光武、秦云：《语言学视角下的网络表情符号初探》，《中国社会科学院研究生院学报》2011 年第 1 期。
[3] 同上。

充满娱乐性；网络表情符号可以随时随地传递双方的心理情感状况，达到快速交流的效果；网络表情符号的出现凝聚了网民自发的创造热潮，一代代的"网络表情包"更新换代满足了网民的交际需要。网民开发的思想越来越多，表达这些思想的新媒介也愈加丰富，于是，网民就极力抓住机会用新媒介来表达自己的思想。"

另外，随着微信功能的延展，最新版微信有一个特殊效果功能，如：特效、表情、符号、词语大全，比如输入"撒花"屏幕就会出现雪花效果，输入"生日快乐"会有很多蛋糕。会出现特殊效果的词有桃花、恭喜发财、春运、回家、年年有余、花开富贵、想你了、生日快乐、下雪了、圣诞快乐、嫁给我吧、感恩节快乐、么么哒、我爱你等。可见，人的大脑赋予机器智慧，电脑回馈给人类的则是快乐、快捷和便利。

(二) 表意符号的嫁接逻辑

网络语言是语言的一种"超级"产品，网络也不是永远无敌的"超级碗"，网络语言究其来源本质还是来自存在已久的自然语言符号。在网络传播形态下，千变万化的符号"瞬息闪现，转眼间又无影无踪，并无一个'来自'和'去往'的地方。"① 青年网民通常受过良好的计算机和外语教育，他们往往成为创制网络表意符号的生力军。青年网民往往通过汉语、英语或其他语言的谐音现象，加以联想翻译，创作出了许多令人捧腹的网络段子。例如：

(5) 南京青奥会的时候，发现《We Are the Champions》出场频率奇高！多么振奋人心的一首歌啊，直到发现有人把它翻译成了《我们都是昌平人》……昌平人就昌平人吧，介（这）

---

① 孙海峰：《网络读写的主体重构》，载吴予敏《传播与文化研究》，北京大学出版社2007年版，第90页。

第五章　符号无垠

个勉强尚能接受！但是谁能告诉我《We Found Love》变成了《潍坊的爱》是怎么回事？你让我大潍坊人民情何以堪？《Young Girls》变成了《秧歌》，《Open Heart》译成《开心》，告诉我你是怎么做到的，你一定已经掌握了翻译的精髓……①

这种类似"曲解"、"恶搞"的符号游戏在网络上比比皆是，网民采用"chinglish"（洋泾浜式英语）的手法，把大家通常习以为常的英语用谐音方式创造出了诙谐幽默的语言效果。例如，"师者，传door，show业，解who"等表达不一而足。

此外，网民还将古诗以另类的方式翻译成英语，如果我们不去追究语法句法的正确与否，这样的"搞怪"翻译反而会达到一种别样的语言效果。民间"神翻译"无处不在，他们充分把握汉语和英语语言的精髓，将汉语或英语翻译得具有出神入化的谐趣意味。网络上，我们经常看到民间语文高手在两种文字符号间的神奇表现，网友戏称"神技能"或"民间神翻"，例如：

(6) 忽悠：Fool You
单身狗：Damn Single
闻着臭 吃着香：Smell Smelly, Taste Tasty
狗不理 Go believe②

还有网民利用视觉奇观的手法，将26个字母和阿拉伯数字结合起来，以数学推导的方式，创造出一种人生态度，颇有人生哲学的

---

① 经典网，让人笑哭的神翻译！你会几个?，https：//www.ishuo.cn/doc/vcuvqqqf.html，2014－09－18。
② Kevin英语课堂公众号，趣译杂谈|那些"拍案叫绝"的翻译，你了解几个?，http：//www.yeeworld.com/article/info/aid/8098.html，2016－07－28。

韵味。例如：

（7）26个字母的人生哲学

如果26个英文字母 A B C D E F G H I J K L M N O P Q R S T U V W X Y Z 分别等于 1 2 3 4 5 6 7 8 9 10 11 12 13 14 15 16 17 18 19 20 21 22 23 24 25 26

那么

Knowledge（知识）K + N + O + W + L + E + D + G + E = 11 + 14 + 15 + 23 + 12 + 5 + 4 + 7 + 5 = 96%

Workhard（努力工作）W + O + R + K + H + A + R + D = 23 + 15 + 18 + 11 + 8 + 1 + 18 + 4 = 98%

也就是说知识和努力工作对我们人生的影响可以达到96%和98%

Luck（好运）L + U + C + K = 12 + 21 + 3 + 11 = 47%

Love（爱情）L + O + V + E = 12 + 15 + 22 + 5 = 54%

看来，这些我们通常认为重要的东西却并没起到最重要的作用。

那么，什么可以决定我们100%的人生呢？

是Money（金钱）吗？M + O + N + E + Y = 13 + 15 + 14 + 5 + 25 = 72%

看来也不是

是Leadership（领导能力）吗？L + E + A + D + E + R + S + H + I + P = 12 + 5 + 1 + 4 + 5 + 18 + 19 + 9 + 16 = 89%

还不是

金钱，权力也不能完全决定我们的生活。那是什么呢？

其实，真正能使我们生活圆满的东西就在我们自己身上！

第五章 符号无垠

ATTITUDE（心态）A + T + T + I + T + U + D + E = 1 + 20 + 20 + 9 + 20 + 21 + 4 + 5 = 100%

我们对待人生的态度才能够 100% 的影响我们的生活，或者说能够使我们的生活达到 100% 的圆满！[1]

这条信息的创作者是什么人不得而知，但可以肯定的是作者受过良好的计算机、数学和外语教育，具有良好的数学、外语技术和推理常识，他（她）能够熟练驾驭汉语、英语、数学三种符号并进行合理、积极的意义联想，得出的结论也富有人生哲理。

在移动互联的时代，开口说话成了一种高成本的人际沟通方式，网络人更乐于利用社交媒体上的打字方式跟他人交流。表意符号的生命力凭借网络再一次得到了空前的发挥。网民对语言的配置手段调用了大脑、双眼、双手，以往知识储备以及高超的语言创作力和水平。实现这种语言配置的逻辑前提便是网民拥有了可以自由支配的文字配置、话语场域和传播界面。2017 年春节，网民的拜年贺词经过特别加工，出现了具有职业特色或地域特色的贺词，直接针对不同受众群体，开展精准的分众传播，更加打动人心，传播效果更好。例如：

（8）医生祝福

新的一年祝大家椎骨、胸骨、颅骨、骶骨，骨骨生威；背肌、胸肌、颈肌、躯干肌，肌肌有力；消化系统、呼吸系统、循环系统等八大系统团结友爱；静脉、动脉六脉调和；体循环、肺循环、血液循环、体液循环，周周循环通畅；右心房、右心

---

[1] 读者文摘，是哪位高人琢磨出的这条微信，太牛了，http://www.de99.cn/news/12/11815.html，2015 – 03 – 04。

室、左心房、左心室,心心向荣;中枢神经系统、周围神经系统、躯体神经、内脏神经协调运作,神清气爽。①

另外,网民还往往采用符号意指嫁接的方式,对汉语的字词进行嫁接,原能指、所指不变,但是意指意义发生了变化,由此创作出了许多令人捧腹的网络段子。例如:

(9)"方便"的含义

吃饭时,一个人说去方便一下,老外不解,旁人告诉他"方便"就是"上厕所";敬酒时,另一个人对老外说,希望下次出国时能给予方便,老外纳闷不敢问。酒桌上,美女主持人提出,在她方便的时候会安排老外做专访。老外愕然:怎么能在你方便的时候?美女主持人说,那在你方便时,我请你吃饭。老外晕倒!醒来后,美女主持人又对他说,要不你我都方便时,一起坐坐?老外又一次晕倒,再没有醒来。②

上述例子充分反映了表意符号的博大精深、包容兼蓄以及蕴含广泛的能力。网民以谐趣方式网络传播表意符号及其意义,对于汉语的传播与普及具有积极的推动作用。网络成为大众话语对民间语言符号的解构与再符号化的空间,共娱共乐、恶搞他人、自我讥讽成为社会压力的释压阀。在网络传播场域里,表意符号的生命力得到了空前的彰显,网络的开放与限制、真实与虚拟使网民建构许多另类的网络语言符号,寻找新奇的语言表达,由此享受语言信息传

---

① 百度贴吧·南京医科大学吧,祝大家新春快乐, http://tieba.baidu.com/p/4957755807,2017-01-27。

② 百度贴吧,两个字搞晕老外, https://tieba.baidu.com/p/2955036027? red_tag=3160636245,2014-03-31。

第五章　符号无垠

播的愉悦与快感。

在网络社交时代，从读写话语权到触摸话语权之间的转换，正在触发我们时代新的审美交往上的平等。网络语言体现的是一种"语言的民主"。它是一种全新的人与物、说与做的方式。而从表达效果角度来说，网络语言的使用会迅速拉近说话双方的距离、增强时代感、体现与时俱进，同时很接地气。网络语言符号与普通语言符号相比，使用起来更加简便高效，交流双方并不需要使用很完整、很严肃的话语来表达观点，而是使用很活泼生动的键盘符号。海量符号的使用让交流更加立体化、多元化，更具时代感。网络语言的发展势头越来越猛，对于它的研究将会帮助人们进一步了解其发展的深层原因以及规律。

第四节　符号的博弈：自然语言与网络语言的角力

"人类语言既是符号系统，也是沟通手段。"[1] 网络语言及人机界面的产生，再一次革命性地改变了语言生态。网民利用各种"界面"来思考、辨识、生产网络语言。波斯特（M. Poster）提出："新技术安装了'界面'，即面面之间的面；这种面坚持认为我们应当记住我们有'不同的面'，我们言说时有多重侧面在场（present），而且不是以任何简单或直接的方式在场。界面对于因特网的成功已变得至关重要。"[2]

"人类运用语言进行社会博弈，自然社会博弈会对语言具有反作

---

[1] [法]克洛德·海然热：《语言人：论语言学对人文科学的贡献》，张祖建译，生活·读书·新知三联书店1999年版，第125页。

[2] [美]马克·波斯特：《第二媒介时代》，范静哗译，南京大学出版社2005年版，第38页。

用。社会博弈之于词义一般会使该词的词义扩展或缩减,或是形成固定的语言形式。"[1] 波兹曼(N. Postman)认为:"和语言一样,每一种媒介都为思考、表达思想和抒发情感提供了新的定位,从而创造出独特的话语符号。"[2] 在数字化生存语境下,符号生产工具、符号生产方式、符号传播方式,自然语言符号与网络语言符号的博弈,深刻地改变着书写形态、书写主体、书写内容,直至生产出新的语符聚合成的意义。

一 符号的博弈

(一)符号生产工具的博弈

早在公元前8000年,人们就使用刻有简单记号的小泥块来表示牲畜及其他货物的数量……大约在公元前40世纪末,书写技术向前迈出了重要一步。苏美尔人开始使用楔形文字,埃及人的象形文字也日益发达。楔形文字系统和象形文字系统把很多音形兼顾的字符结合到一起,不仅表形而且表音。公元前759年前后,希腊人首先发明了完整的拼音字母,人类语言才得以大幅简化。[3] 石片、布条、莎草纸、蜡板、皮革、甲骨、竹条、木条等等均成为文字的载体。纵观汉字书写的历史,书写工具、方式和介质一直在简化。[4] 计算机出现之后,人类的语言符号生产工具发生了质的变化,一个"语同音"、"键若笔"、"屏似纸"的时代悄然出现。文字显示界面从"实

---

[1] 张健、冯青:《论语言系统的词义博弈》,《四川理工学院学报》(社会科学版)2010年第8期。

[2] [美]尼尔·波兹曼:《娱乐至死》,章艳译,广西师范大学出版社2004年版,第12页。

[3] [美]尼古拉斯·卡尔:《浅薄——互联网如何毒化了我们的大脑》,刘纯毅译,中信出版社2010年版,第55—56页。

[4] 陆俭明:《纸笔远离主流书写方式"提笔忘字"现象渐趋频繁》,http://news.xinhuanet.com/society/2012-01/30/c_111468977_2.htm,2012-01-30。

第五章　符号无垠

体"进入了"虚拟"。书写工具变成了输入工具,单手写作化身为双手敲击。利用计算机和网络生产符号的一个重要特点就是以"键"为"舌"、以"手"为"口"。① 键盘"书写"带来了一次知觉的重大改变,视觉更多地替代了听觉成为符号生产的器官。眼睛既是文字录入的"扫描仪",更是录入文字时的"监视器",也是向大脑报告输入内容的"监察哨"。用户可以利用键盘输入文字,也可利用键盘上原有的键符,生产出大量的"键构符",例如,在键盘上敲击拟声词"呵呵"的拼音"[hē hē]",显示屏即可提供可选工具条,用户既可以看到文字"呵呵",也可以看到图案:"😊",甚至还可以得到字符画:O(∩_∩)O~。用户根据需要,自行选择即可。网络时代,"书写"被"敲击"所替代,"记忆"被"查询"所替代,"经验"则被"链接"所替代。"在人类技术史上还没有第二个这样的个案:人类与机器之间的交流简化成了一个动作——点击。"②

要快速生产符号,对语言生产工具的熟练应用不可少。利用键盘敲击拼音文字可以实现"即敲即得"的效果,但在汉语中就行不通了。让(G. Jean)说道:"中国文字的真正特质,表现在同音异字的现象,即同一个音能表示数种事物,至于到底表示何种事物,则需视这个音如何书写而定。"③ 正因为汉语中有大量同音字的存在,在进行键盘的拼音输入时,"一音对多字"情况非常普遍。计算机键盘无法实现"即敲即得"的效果,输入与呈现方式必然是"先敲后选方得",即根据拼音敲击键盘,显示屏出现选字(词)工具条,选择后才能得到需要的目标字(词),错别字(词)便成为符号意义变异的常见景观,因而就有了以下淘宝对话:

---

① 曹进:《网络语言传播导论》,清华大学出版社2012年版,第38页。
② [德]弗兰克·施尔马赫:《网络至死》,邱袁炜译,龙门书局2011年版,第15页。
③ [法]Georges Jean:《文字与书写:思想的符号》,曹振清、马振聘译,上海世纪出版集团2001年版,第48页。

(10) 淘宝对话

——老板，我选的这个诱惑吗？

——诱惑？

——有货吗？

——有

——有大妈吗？（大码）

——亲，客服最大的27岁！

《光明日报》的问卷调查显示"53.75%的人倾向于手写，46.25%的人倾向于电脑输入"，① 近半数的人喜欢键盘书写，说明键盘输入技术业已成为中国人的重要书写手段。符号生产工具的变化，不仅是工具本身的变化或进步，它们对符号生产主体、生产方式乃至思维方式均会产生重大影响。

（二）符号生产方式的博弈

键盘与界面的技术博弈与妥协带来了丰富的即时交流和互动方式，这种博弈既使电子"书写"可以迎合快节奏的现代网络生活，同时预示着符号生产方式的急剧变革。每一次书写工具、语言文字载体和传播媒介的巨变都会对书写行为产生重大影响。例如，从左至右、从右至左或从上至下的书写形式，每行开头要空格，每行之间要留白、字体选择、书写工具与文字载体选择等等。在传统书写中，人类的大脑拥有绝对的选择权和控制权，书写主体的心之所思便是写之结果，人类在下意识的"唰唰唰"书写声中就完成了从思想到文字的单向输出。书写工具与文字载体的轻微摩擦声，会带给书写者一种书写成就的精神愉悦。在手工书写时代，书写的基本方

---

① 产婉玲：《汉字手写能力未可乐观》，http://culture.gmw.cn/2010-11/22/content_1402718.htm，2010-11-22。

第五章 符号无垠

式表现为书写、修改、擦除、涂抹、誊抄乃至最终印刷。

但在网络时代,"键盘的技术、技艺、逻辑和操作技巧正在取代口头和书写的传播。伴随着键盘新的运用的是新的互动方式"。① 界面、键盘、鼠标、操控逻辑和操作技巧的合谋引发了新的书写方式。各种输入处理系统的飞速发展使得"符号书写"演化成了符号的"输敲"、"点击"、"扫描"或"口述屏现"的转写方式。不了解键位、不熟悉汉语拼音、不会盲打等因素,均成为网络语言符号生产与传播中的"噪音"。网络传播具有很高的即时性,网民在生产符号时,追求民间的"交际最大化",因而在输入时,既不会要求自己也不会要求对方每个字词都准确无误,结果是汉语语言符号在网络语境下具备了很好的可被再造性。随着移动网络进入我们的生活,"党一族"词语变得格外丰富,例如:

(11) 拍饭党

逢吃必拍、见饭就照!

宁可馋疯,也要先喂 iphone!

如果上菜后忘了先拍照

这顿饭简直就是白吃了一样。

自拍自恋党

甭管刮风下雨,还是生病了还是要挂了,自拍不能停。起床化妆后,上班吃饭中,旅游看书喝咖啡,洗澡后,上厕所……

晒娃党

朋友圈里几乎没有自己的照片

都是娃的照片

---

① [美]大卫·阿什德:《传播生态学——控制的文化范式》,邵志择译,华夏出版社2003年版,第44页。

语言无羁:汉语言符号的网络再生与生成逻辑研究

为什么?

因为娃比我好看!![1]

键符化的技术逻辑与书写语境引发了新的书写方式。符号的基本生产方式为敲击输入、抓屏,复制、粘贴、保存和删除,键盘上的功能键、数字键、字母键、控制键、方向键、空格键、退出键、代字键、Home 键、End 键,以及 Ctrl + C(复制)、Ctrl + V(粘贴),Ctrl + S(保存)等快捷键纷纷加入输入家族行列。技术进步促使网民使出浑身解数,努力营造自己的符号王国,在虚拟空间开展着主体缺席的民间语文竞赛。变体字、异体字、古体字、合体字、火星文、"××体"、"标题党"[2] 不断进入网民的交流与传播方式中。网民乃至网络媒体常常采用视觉奇观的方式制造"符号奇观",诱发受众的阅读兴趣,进而达到信息传播的目的。网络符号的"大生产"与法国文化批评家鲍德里亚(J. Baudrillard)提出的"激进的符号技术"高度契合:"社会的符号化过程产生了社会、文化、经验和主体性的新形式,整个社会进入一种符号再生产状态,人们通过对符号的制造和使用来表达自己,符号生产者们是在生产可以被消费者理解的符号,而不是在为了消费者而生产,从而被整合进整个差异体系之中。"[3]

人类操控机器的技艺与熟练程度、修改输入或选择失误,均造成了思维的延异。在键盘书写中,大脑既要思考内容,还要协调双手、双眼与键盘和显示器配合,在这个过程中,监控、查找、筛选、

---

[1] 你已被移出群聊,微信族必看的微信群和朋友圈从业者表情一览表,http://sanwen.net/a/cldkcbo.html,2016 - 07 - 10。

[2] "标题党"指在网络传播中利用夸张情色骇人怪异歪曲等各种极端耸人听闻的手法来制作帖文标题,以吸引受众眼球,诱惑受众点击的做法。

[3] 陈卫星:《传播的观念》(修订版),人民出版社 2008 年版,第 131 页。

第五章 符号无垠

纠错的步骤明显阻滞了思维与书写成果之间的有机联系，书写动作成为电子写作的首要任务。电子书写变成了一种机械动作和语言意识思维角力的非流畅性书写。

在多重界面逻辑赋予的信息交互下，显示屏编辑界面提供了花样繁多的菜单指令，提示用户选择，例如：字体变化、字号调整、字数统计、行距设置、查找替换、纸张选择、出处标注、简繁转换、页面调整、段落安排、色彩选择、版面调整、排版信息、打印指令等。网民则以键盘敲击、鼠标移动、语音录入等作为回应，指挥机器按照指令完成任务。借助键盘和显示屏，网民书写并创造了无数的皮尔士（C.S. Peirce）所称的"类象符号"（icon）。因此，"无论是从价值上来说，还是从意义上看，类象在形式上都越来越具体，越来越物质化，甚至进入虚拟的三维空间，成为一种可以被视听感官消费的固定对象。"①

网民在"数字化语言革命"的激励下，逐渐淡忘了传统语言的严密性和严肃性。网民在接收符号、生产符号与传播符号时，人脑与电脑始终处于博弈过程中。在后现代语言文化逻辑的驱使下，后现代社会心理、后现代语言表达以及后现代技术的便利使网民努力解构自然语言的规矩与刻板，消解自然语言的框架与规范，千奇百怪的新符号或表达方式由此被创造出来：

（12）图样图森破（too young, too simple）
（13）We are 伐木累（family）

网民常常以出格的言辞试图实现自我的精神愉悦或与他人的语言智慧较量。夸张的言辞、奇异的观念与新奇的表达是网民乐此不

---

① 陈卫星：《传播的观念》（修订版），人民出版社 2008 年版，第 114 页。

疲的、炫耀性的网络行为。网民会随时使用网络语言来反映自己的内心体验以及自己所关涉的事情。文字符号的结构理据开启了一场全民的文字"集体戏仿"热潮。例如，网络新"成语"：

（14）拍照消毒、厕所社交、长发及腰、不明觉厉①

在虚拟世界里，只要能够吸引足够的眼球或注意力，充满后现代符号消费的网络亚文化就会蠢蠢欲动。具有亚文化特质的网民改写和颠覆一些重要的话语形式，"物"与"意"构成了一个符号，这样的符号被反复组合成具有特别意味的话语形式。在拥有共同话语语境的前提下，"某些以成员个体共同具有发送和接收某种话语能力为特点的符号团体"② 就被建立了起来。"当拼贴者使用相同的符号体系，再次将不同形式中的表意物体定位于那一套话语的不同位置中，或当这个物体被安置在另外一套不同的集合中，一种新的话语形式就形成了，同时传递出一种不同的信息。"③ 例如：

（15）姚晨生个儿子叫小土豆，杨幂生个女孩叫小糯米，我就不禁想到，这要在兰州流行起来的话会是这样的场景：满大街听见娃他妈喊娃："搅饭、搅团赶紧回家吃饭，再不要和拉条子玩唠！酿皮子你妈喊你回家呢！浆水面你个哈怂，你又跟臊子面玩，看我不抽你！洋芋格子你见我们家韭菜盒子了

---

① 涨姿势：一分钟了解不明觉厉的网络热词，http://www.360doc.com/content/14/0830/06/17016779_405734098.shtml，20114-08-30。

② [法] A. J. 格雷马斯：《符号学与社会科学》，徐伟民译，百花文艺出版社 2009 年版，第 47 页。

③ [美] 迪克·赫伯迪格：《亚文化：风格的意义》，陆道夫、胡疆锋译，北京大学出版社 2009 年版，第 129 页。

第五章 符号无垠

么？见了，他和牛大、灰豆子还有扁豆子面到油饼子屋里玩起唠！"①

可见，任何语言游戏只能置于其所处的生活领域中去理解。不懂这种生活方式，也就不懂它所决定的语言游戏了。符号生产方式的变化既源于符号生产工具的进步与发展，也有主体生产符号方式造成的意义流变。网络生产主体既具有共性，也具有个性，共性在于他们共同使用一种自然语言——汉语；个性则表现在生产与加工符号时筑造的新奇隐喻，"施喻者通过隐喻表达着自己的情感、对事物的认识，更多地是在具体环境中对已有事物的一种重新描述。"②网络世界里，网络主体生产的符号越来越多，意义越来越杂，在传播过程中，大量的"熵"充斥在人际传播过程中，导致符号意义的不断增殖与流失。

（三）符号传播方式的博弈

网络传播与传统的大众传播不同，它集人类所有的传播方式于一体，网络传播既有"点对点"的个人传播，也有"点对面"、"面对面"等多重传播方式。网络既可以开展大众传播，也可以开展精准的人际传播、小群体传播和分众传播。网络传播包容了多种传播方式，多种传播方式也正是凭籍互联网的包容而相互渗透、转化和整合。

随着技术的飞速发展，博客、微博、微信等社交网络通过社会传播的方式，不断引发"潜在的全球旅鼠效应"。③ 电脑、手机、微

---

① 百度贴吧·兰州吧，姚晨生了个儿子叫小土豆，http://tieba.baidu.com/p/4637052371，2017-05-29。
② 王铭玉等：《现代语言符号学》，商务印书馆2013年版，第516页。
③ [德] 弗兰克·施尔马赫：《网络至死》，邱袁炜译，龙门书局2011年版，第161—162页。

语言无羁：汉语言符号的网络再生与生成逻辑研究

博、微信、电邮、短信到达的"滴滴"声形成的海量信息造成的时间压力，都在不停地催促网民既要创造性地"抄袭"，还要不断推陈出新。从形式逻辑的角度观察，"网络人"的符号传播活动的主要内容是传播符号的识别和转换。一旦这种符号被识别和转换了，就意味着网络语言的增殖有了坚实的技术支撑和符号扩张的可能性。

可见，只有构成社会秩序的社会符号才具有表示社会秩序传播特性的内涵，而且这些符号还可以进行改动，变化的符号使语言充满了变数和活力。网络传播的符号只有被键盘化、虚拟化和数字化后，网民才能识别、接受或认可它。"传播要服从一个语言和符码系统，就是被同一个文化背景中的人分享的意义系统。"[①] 国际互联网海纳百川的技术胸怀使种种符号"汇聚成海洋，它为人任意制造组合符号提供了便捷和自由。"[②] 网民大量应用自然语言里的规约性语言符号，同时要遵循网络语言群体共同遵守的规则，最终的目的是要"通力合作致力于创造一种最佳的透明交流手段"。[③] 自然语言中的"知道了"通过三个字的合音，在网络上演变成了"造"，"长知识"则变身为"涨姿势"。而且，网络语言符号和其他符号一样总是处于变化的过程中，不断会有传播新现象的符号产生进而受到规约，受到规约的网络符号成为语言符号家族的新成员，当然时过境迁、不合时宜的网络语言也会被网民淘汰掉。

网络传播的互动方式，既包括人机互动，也包括符号生产主体和消费主体的互动，符号的生产者与消费者通过网络平台，完成了

---

① 陈卫星：《传播的观念》（修订版），人民出版社2008年版，第44页。
② 钟琛：《当代文学与媒介神话——消费文化语境中的"媒介文学事件"研究》，华夏出版社2008年版，第111页。
③ ［法］吕特·阿莫西、安娜·埃尔舍博格·皮埃罗：《俗套与套语——语言、语用及社会的理论研究》，丁小会译，天津人民出版社2003年版，第112页。

第五章 符号无垠

多样化的共时交流。网民在网络交际中将自我发散到虚拟空间里，加剧了自我与内心、自我与网络、自我与他人的互动态势。网络人创造符号，也被符号所形塑，符号与人彼此制约。网民个体不断通过符号传播来证明自己的存在。"点击"、"链接"、"浏览"、"评论"既是网络人的生存手段，也是网民在虚拟空间的实际"存在"宣言。达到此种配置的逻辑前提是网民拥有可以随意生产符号、支配符号、建构话语场以及转换种种界面的自由控制权。

二 符号角力的结果：彼此渗透

"语言符号作为可辨别的实体，是由能指和所指之间的稳定的关系以及语言群体在边用边改中所达成的共识所创造的。"[1] 在虚拟世界中，传播主体的变化会导致一种不同于现实世界的传播模式正在形成且不断变化，而传播模式的变化又会导致传播规则的变更,[2]，最终在改造、整合与融合基础上，构建起了崭新的网络语言符号生产、消费与传播模式。

传播媒介的发展引发了多重传播界面的相互融合，这种融合既有技术层面的融合，更有媒介内容的融合。当下网络语言符号渗透到了人们生活的每个角落，春晚的相声、小品，处处可见网络语言的行踪，网络语言符号更是以"随风潜入夜"的方式渗透到了传统的平面媒体中，进一步丰富了人们的语言生活和语言生态。网语符号的生产与消费成为网民开展的语言或非语言"符号的游击战"。[3]同时，随着网络媒介对传统媒介的冲击，"文化基因"理论也不可避

---

[1] [法] 克洛德·海然热：《语言人：论语言学对人文科学的贡献》，张祖建译，生活·读书·新知三联书店1999年版，第126页。
[2] 杜骏飞：《网络传播概论》，福建人民出版社2008年版，第156页。
[3] [美] 迪克·赫伯迪格：《亚文化：风格的意义》，陆道夫、胡疆锋译，北京大学出版社2009年版，第129页。

免地关涉其中，并以其自身独特的方式"感染"并改变着传统媒体的版式结构、广告安排、版面内容等，给读者耳目一新之感。

网络语言符号流行轨迹通常由此而进：一是伴随网络事件产生的网络语汇在网上率先传播开来，先被传统媒体吸收引用，而后重回网络传播；二是由社会事件或热门话题而创造的社会流行语汇经由传统媒体传播开来，而后经网民的接力传递在网络上传播开来。网络语言符号经过这样一个双向回路的传播过程后，网民如果接受了网络信息符号，也会顺势生产信息符号，每个环节的完成都是以原有的符号为基础进行的直接搬用或加工改造，随着符号载体的反复变化，渐渐形成了庞大的网络语言符号群。目前的趋势是印刷媒介直接"搬演"网络语汇，这类网络语汇符号在形式上和规范的汉语符号相似，但是其生成方式更加灵活多样，意义多变。

在文化期刊《Vista 看天下》的"LIFESTYLE｜生活"栏目中，一个有趣的词就是"IN 生活"，两个页面的内容小标题均蕴含着网络语言符号的身影："囧世界"、"微言大义"、"达人"、"上上签——签名档里的绝妙好辞"、"段味——那些让人回味无穷的段子"。

其中"囧世界"主要刊登一些视觉奇观的图文。"微言大义"主要是摘录网友微博中的戏谑话语，展示了民间语文的谐趣：

（16）鲁提辖来到郑屠肉案前，先要了十斤精肉臊子，再要了十斤肥肉臊子，又要十斤软骨臊子。郑屠心下着恼，怨恨地说："你这磨人的小妖精！"[①]

"达人"则是对一些网民创意符号的展示；"上上签"则是网民

[①] 《生活》，《Vista 看天下》2014 年 6 月 18 日。

第五章 符号无垠

要么变换结构，要么采用"抖包袱"的手法，形成诙谐幽默的效果：

(17) 吸烟很简单：爷爷吸烟，爸爸也吸烟，轮到我不能断了香火①

"段味"则说明，网民使用流行"段子"的方式，以相声"抖包袱"的手法，反讽自己或他人。

(18) 三天前，我给手机开启了密码解锁保护功能，每当有人想要解锁然后输入错误密码时，手机都会自动拍下他的照片。目前总共拍到了26张我喝醉时的照片。②

网络语码混合符号在传统媒体中表现得也较为活跃，是传统媒体对富有表现力的网络语汇形式的直接搬用。语码混用反映了社会生活发展对语言的影响，也反映了当代社会国际语言交流的程度越来越高。"语码混用是一种有效的语用策略，具有文化差别、群体色彩、个性风格等修辞效果和价值。"③ 其形式与外语词汇相比，更加便于中国网民理解和交流；与传统汉字相比，则更显时尚、前卫，更能迎合青少年网民的文化口味，因此在报刊中广泛应用和传播。《三联生活周刊》同样也借用网络语符来表达时尚：

(19) 我连续七天经过S城的地王广场，那是一个人流量

---

① 《生活》，《Vista看天下》2014年6月18日。
② 同上。
③ 谢朝群、陈新仁：《语用三论：关联轮·顺应轮·模因论》，上海教育出版社2007年版，第164—165页。

多、周边店面多、wifi 信号也强的新兴车站。①

《博客天下周刊》在 2012 年第一期"改版致读者"中，也频频使用了语码混合符号：

（20）我们知道，你不会愿意自己被视为一个已经 out 了的人……我们不卖大路货……也不会做无主题、大杂烩的 about 新闻。②

《新周刊》关于"屌丝"的一组文章中，更是遍布网络符号，通过这样的方式，拉近与网民的距离。例如：

（21）他们退回到内部世界，自娱自乐，用种方式治愈自己：装宅，装萌，装小清新，然后就是自甘堕落地装屌丝。③

在网络传播日益强盛的语境下，多样化的网络语汇丰富了传统媒体语言，其即时性、灵活性、互动性、创新性、简略性时刻影响着传统媒体的语言使用。其原因在于"一方面现有的词汇系统缺少能准确表达网络概念的新词汇，另一方面参与市场竞争的传统媒体也必须照顾到读者求新求异的阅读心理，吸纳部分网络词汇成为新词也是顺理成章的事。"④ 网络语言渗透进传统媒体以来，"拓宽了传统媒体在语言选择上的自由度，使传统媒体进行语言表述时，在话语的选择上有了更大的空间。这主要表现在可选择更多的词汇更

---

① 瞄小鱼：《平穷在歌唱》，《三联生活周刊》2014 年第 16 期。
② 郭光东：《改版致读者——喜欢的更喜欢，不喜欢的从此喜欢》，《博客天下周刊》2012 年第 1 期。
③ 谭山山：《从躲避崇高到自甘下流——屌丝进化论》，《新周刊》2012 年 6 月 15 日。
④ 吴子慧：《网络语言对报刊语言的影响》，《浙江教育学院学报》2005 年第 6 期。

丰富地表达意思，被选择的词汇一般都具有高度的新鲜性"。① 语言的新奇是吸引网民眼球的重要方式。

网络语言符号"对传统媒体语言产生了巨大而深远的影响，一方面丰富了传统媒体语言，另一方面也破坏了传统媒体对语言的规范和示范性功能"。② 目前，"多种媒体的融合，促使媒体语言的融合。媒体的多样化，也促使语言方式的多样化"。③ 网络语符实现跨媒体传播是网络媒体与传统媒体自觉融合的表现，传统媒介语言需要网络语符表现出来的创新精神和新鲜活力，吸纳合理的成分以丰富媒介语言表达方式；同理，网络语符也需要从传统媒介语言那里吸收借鉴，以提高网络语符准确性、合理性。网络具有很强的融合性，是一个开放的符号系统，蕴含着无限的创新性。网络既是一个大众对汉语言文字符号的再解构与再符号化场域，也是一个自然语言符号与网络语言相互角力，彼此借力的符号生产场域。在网络虚拟空间里，符号的生产工具、生产方式、传播方式以及网络语符与自然语符的彼此渗透，使得表意符号的生命力得到了空前的发挥。

本章小结

互联网的兴起改变了语言文化生态，也给语言符号带来了新的变革。从历史上来看，已经流传了数千年的表意符号，始终在繁衍

---

① 王濂：《网络语言对传统媒体的影响》，http：//tech.qq.com/a/20050627/000133_1.htm，2005 - 06 - 27。

② 胡曼妮：《网络语言对传统媒体语言的影响及其规范》，《乐山师范学院学报》2007 年第 2 期。

③ 于根元：《网络语言冲击波》，载《应用语言学前沿问题》，中国经济出版社 2006 年版，第 206 页。

发展。新兴的网络语言成为充实表意符号的新生力量。随着互联网的迅猛发展和网民人数的剧增,作为网络进行传播的有效载体和思想符号,网络语言是网民之间相互沟通的重要"符号密码"。网络符号化了人、符号化了世界和语言。符号化是外部世界和内心世界变化的基本特征,也是人类不断提高自己语言能力的源头。虚拟空间成就了语言"惠马国"。变体多端的网络语言不走寻常路,"新、奇、异"、"多、变、杂"是网络语言符号的核心要素。网络语言具有创造性、便捷性、娱乐性、不规范性、主观性和杂糅性等特征。这些特征与网民群体的社会学特征是相吻合的。表意性是汉字符号与生俱来的属性,也是汉字的根本属性。汉字的文化传承性与其表意性密切相关。汉字中蕴涵的文化信息,是其他文字无法比拟的,其表意性使汉字超越时空的承载功能,成为世界上唯一能跨越时空的文字,其文字的延伸意义是一脉相承。汉字符号的系统性表现在形、义和音三方面。为了满足记录语言的需求,文字必须走向符号化、规整化,必须便于快速书写。历史上任何一种新的字体,都是经过长期演变逐渐形成的。汉字的字体经历了大篆、小篆、隶书、楷书、行书、草书等六个阶段的演变。网络语言的创新是以内容上的创新和形式上的重组为主。网民本身具有的好奇、活泼、创新的特点促使他们不断创造潮流语言。网络语言是技术进步的产物,是一种文化的象征,与现实世界使用的传统语言表现出很大差异。随着科学技术的日新月异,文字传播的手段也日渐发生了变化。网络传播不仅仅靠传统的电视广播,而是以微博、微信等手机互联网的形态呈现出来。这些形态使得文字传播的渠道发生了改变,而这些渠道为文字传播提供了更多的机会,更多的发展空间。网络造就了表意符号的网络再生语境。

网络具有很强的融合性,是一个开放的符号系统,蕴含着无限

第五章　符号无垠

的创新性。网络既是一个大众对汉语言文字符号的再解构与再符号化场域，也是一个自然语言符号与网络语言相互角力，彼此借力的符号生产场域。在网络虚拟空间里，符号的生产工具、生产方式、传播方式以及网络语符与自然语符的彼此渗透，使得表意符号的生命力得到了空前的发挥。表意符号衍生的的逻辑脉络主要遵循这样两个逻辑：表意符号与表情符号的叠加，表意符号的嫁接逻辑。表意符号的网络衍生逻辑主要体现在：表意符号能指与所指的不确定性、能指与所指的不对称性以及表意符号能指与所指的多样性。

第六章

模仿无涯

——网络语言的"发酵罐"

> 我们的语言让我们成为了文化的连续统一体,将我们同历史相连,并且将我们的想法传递给后世的语言使用者。
>
> ——尼古拉斯·奥斯特勒(N. Ostler)[1]

21世纪的世界,人类生活的方方面面都深深烙上了互联网的印记,受网络语言的影响也越来越深远。人类文化与语言的积淀不是一个自动或突变的过程,它总是在模仿前人成果的基础之上进行创新或创造。亚里士多德认为:"人与动物的区别,就在于人类善于模仿……人之高于较低级动物的优点之一,就在于人是世界上最善于摹仿的存在物,并且最初就是靠摹仿而进行学习的。"[2] 尽管语言无法被书写下来,但是仍然是我们保存过去的知识,并且将它们传播到下一代人所用到的最强有力的工具。"任何一种人类语言都是与其

---

[1] [英]尼古拉斯·奥斯特勒:《语言帝国:世界语言史》,章璐等译,上海人民出版社2009年版,前言,第3页。

[2] [古希腊]亚里士多德、[古罗马]贺拉斯:《诗学·诗艺》,郝久新译,九州出版社2007年版,第13页。

第六章　模仿无涯

所处的人类群体紧密相连，它给这个群体提供了一个交流网络，更提供了一种叙述及记忆群体历史的途径。"① 模因论将人类文化发展和传承类比于生物基因的复制、传播，甚至是变异。网络语言的发展变化体现了语言模因的选择过程。网络语言的流行、复制和传播是语言模因努力适应网络信息时代语言交流的结果。这说明"语言技术的每一寸进步，都能带来语言、语言交际变体及语言功能的发展变化"。②

第一节　模因论与网络语言传播

一　模仿即社会

《现代汉语词典》如此定义模仿："照某种现成的样子学着做。"③《MIT认知科学百科全书》的解释是："人类是地球上最有模仿力的生物。模仿在文化发展和人类将学习能力一代代传承下去过程中具有举足轻重的作用。"④ 燕良轼指出："人类恰恰因为会模仿而获得了许多认识的捷径……现代信息加工心理学、人工智能模仿了电子计算机，而计算机又反过来模仿人脑，如神经计算机、生物计算机的研究等。现在已经进入到人机相互模仿的时代。正是这种人机的相互模仿创造出人类的信息化时代。"⑤ 模仿是个人或群

---

① [英]尼古拉斯·奥斯特勒：《语言帝国：世界语言史》，章璐等译，上海人民出版社2009年版，前言，第1—2页。
② 李宇明：《语言技术对语言生活及社会发展的影响》，《中国社会科学》2017年第2期。
③ 中国社会科学院语言研究所词典编辑室：《现代汉语词典》，商务印书馆1996年版，第893页。
④ Wilson, Robert A. & Frank C. Kell, *The MIT Encyclopedia of The Cognitive Sciences*, Shanghai: Shanghai Foreign Language Education Press, 2000, 390.
⑤ 燕良轼：《模仿并超越模仿》，《中国社会科学报》2010年12月15日。

体受到社会刺激而形成的一种心理仿拟行为,也是一种普遍存在的公众心理。在达尔文看来,模仿是人的本能之一,也是人的社会化的主要手段。模仿动机主要有两个:其一是获得心理满足;其二是满足好奇心。卡西尔认为:"语言发生于对声音的模仿,艺术则源于对外在事物的模仿。模仿是人性的一个根本本能,一个不可约去的事实。"①

法国社会学家塔尔德(G. Tarde)提出"模仿即社会"。② 塔尔德关于模仿的核心理论是"逻辑模仿律"和"超逻辑模仿律"。"逻辑模仿律"的内涵是:第一,与传统越接近的发明越容易被模仿;第二,与先进技术越接近的发明越容易被模仿。逻辑模仿律的一个核心就是"逻辑决斗",语言的发展就是一个"逻辑决斗"的角力过程,即任何词语都倾向于取代另一个词语或语法形式。但是,在人类社会发展中,既有"逻辑决斗",也有"逻辑联合",因为"和新思想对应的新词语不断追加,所以语言是可以无限增长的"。③ 在论及超逻辑模仿时,塔尔德认为约定俗成、模仿的自觉性与非自觉性影响模仿,塔尔德反复强调语言模仿的重要性:"模仿的走向是从里到外的。如果没有这样的进步事先存在,语言诞生是难以想象的。"④ "超逻辑模仿律"说明模仿是一个由里向外的过程:第一,思想的模仿走在思想的表达之前;第二,模仿的目的走在模仿的表达之前。因此,模仿的走向由里至外,是"从模仿的对象走向模仿对象的抽象符号"。⑤

---

① [德]恩斯特·卡西尔:《人论》,甘阳译,上海译文出版社2004年版,第191页。
② [法]加布里埃尔·塔尔德、[美]埃尔希·克鲁斯·帕森斯:《模仿律》,何道宽译,中国人民大学出版社2008年版,第50页。
③ 同上书,第126页。
④ 同上书,第147页。
⑤ 同上书,第152页。

第六章 模仿无涯

模因论（memetics）是解释文化进化规律的新创理论。布赖森（J. Bryson）认为，使人成为模因物种的原因在于两种能力的结合："精确模仿的能力"为信息传播提供了丰富的基底；"第二次序表征能力"源于社会推理，为语言的语义合成性提供了计算能力。① 英国行为生态学家道金斯（R. Dawkins）把文化的传播单位定名为"觅母"，② 意为"模仿"或"记忆"，其传递模式类似基因（gene），这种"模因"的外在表现就是符号。1976 年，他在《自私的基因》（*The Selfish Gene*）一书中宣称，人与动物的区别就是"文化"传播，文化传播和遗传相类似，即"它能导致某种形式的进化"③。道金斯确信在生物进化中存在着基因复合体，那么文化进化的模因也应当存在着模因复合体。道金斯认为"模因通过模仿的方式进行自我复制"。④ 他相信制约模因生命力的核心因素是"长寿、生殖力和精确的复制能力"⑤。这意味着，（1）模因复制模式存在越久，复制的数量越大；（2）模因复制能力很强，传播的速度也很快；（3）语言模因具有很高的保真度，因而代代相传。⑥

道金斯的学生布莱克摩尔（S. Blackmore）的看法是：模仿是人类自然而然拥有的一种能力。模因就是"储存于大脑（或其他对象）之中、并通过模仿而被传递的、执行各种行为的指令"。⑦ 在

---

① Bryson, J. J., Embodiment versus memetics, *Mind & Society*, 2008（7）：89 - 90。
② 在道金斯《自私的基因》一书中，译者将"meme"译为"觅母"；在布莱克摩尔《谜米机器》中，译者将"meme"译为"谜米"。在本著作中，为了术语的统一，我们采用何自然先生的译法，将"meme"译为"模因"。
③ [英] 里查德·道金斯：《自私的基因》，卢允中、张岱云、陈复加、罗小舟译，吉林人民出版社 1998 年版，第 264 页。
④ 同上书，第 220 页。
⑤ 同上。
⑥ 周银新、唐德根：《语言模因与文化进化》，《菏泽学院学报》2008 年第 4 期。
⑦ [英] 苏珊·布莱克摩尔：《谜米机器》，高春申等译，吉林人民出版社 2001 年版，第 74 页。

《谜米机器》中,布莱克摩尔构想了"模因论"的理论架构:"由于人类拥有模仿能力,所以人类实际上就变成了模因的躯体化的'寄主',模因正是借用人类的躯体进行传播。"① 布莱克摩尔解释主要有两个因素决定模因的成败:"(1)人类作为模仿者和选择者的本性。人类既可以作为模因的复制机器而存在,也可以作为对模因起选择作用的环境因素而存在。……(2)模因自身的特性。模因在传播过程中所利用的策略,不同模因相互结合的方式,以及模因进化的一般过程等。"②

她肯定了"模因群"的存在——相互结合而能够同时被复制的一组模因。后来,"模因群"又被称作模因复合体(memeplexes)。③ 布莱克摩尔认为聊天是人类传播、复制模因的基本途径,以下三个因素使模因不断复制:(1)说话是传播模因的重要途径;(2)一些模因特别容易被人们谈论,具有"传播我"的效应;(3)支配说话的模因在整个模因库中不断地传播和扩展。④ 布莱克摩尔宣称互联网就是模因复制、拷贝、传播的一种"模因复制器"。"一旦模因诞生,它们就开始了趋向于更大的保真度、更高的多产性和更长的寿命的进化过程"。⑤

英国学者迪斯汀(K. Distin)在其著作《自私的模因——批判性的再评价》中提出,模因进化的原因是责任(responsibility)、创造性(creation)和意识(intentionality)。迪斯汀提出了"文化DNA"概念。迪斯汀关注的核心问题是模因的复制、变异

---

① [英]苏珊·布莱克摩尔:《谜米机器》,高春申等译,吉林人民出版社2001年版,第14页。
② 同上书,第28页。
③ 同上书,第34页。
④ 同上书,第145—150页。
⑤ 同上书,第369页。

第六章　模仿无涯

和选择。迪斯汀认为模因与基因一样会发生突变,因为文化范围巨大,差异丰富,就会出现模因之间的变异。模因的重组可以是新模因与人们熟知的模因之间的重组,也可以是两个或多个人所熟知的模因之间的重组,以产生新的变异体。[①] 她认为模因的成功选择包括模因环境、物质环境、基因环境、人类心理学与模因内容这五个因素。[②]

20世纪90年代后期,比利时学者海拉恩(F. Heylighen)也将文化进化视作类似生物进化,文化进化通过变异和选择基本原则而实现。模因是一种在个人记忆中保存的信息模式,它可以复制到其他人的记忆中去。海拉恩认为模因为了被复制,必须按照以下步骤成功地传递下去:(1)同化;(2)保持;(3)表达;(4)传播。

法国思想家塔尔德说过:"模仿的趋势从诞生之日起就获得了自由,以几何级数增长,越来越清楚而圆满地表达出来。……模仿就会像声波一样,在一个完美的弹性介质里刹那间传播开来。"[③] 网络就给网民提供了这样一个"弹性介质"。"人们只有适应新的语言模因,才有可能对其进行反复模仿。网络作为弹性介质,其'弹性'体现在:空间上可远可近,时间上可即时也可延时;词语可原义可变异,语法可传统可创新,文体可严谨可松散,言语可正规可怪诞;内容可多可少,群体可大可小,由此导致网络语汇模因与模因复合体异常活跃,充满了强大的传播生命力。"[④]

布莱克摩尔宣称互联网就是模因复制、拷贝、传播的一种"模

[①] 李果红:《Distin对模因论的新评定》,《浙江工业大学学报》(社会科学版)2007年第4期。

[②] Distin, K., *The Selfish Meme—A Critical Reassessment*, Cambridge: CUP, 2005: 67.

[③] [法]加布里埃尔·塔尔德、[美]特里·N.克拉克编:《传播与社会影响》,何道宽译,中国人民大学出版社2005年版,第151页。

[④] 曹进:《网络语言传播导论》,清华大学出版社2012年版,第165页。

因复制器"。所以电话、传真机、电视机、收音机、电脑以及调制解调器,还有图书、录音带、录像带和压缩光盘等"都是模因选择创造出来的。一旦模因诞生,它们就开始趋向于更大的保真度、更高的多产性和更长的寿命的进化过程"。① 1997 年,海拉恩提出网络是模因传播的重要载体。他认为"通过电子邮件,互联网为模因传播提供了全新的媒介"②。传播有效性的高速增长,直接影响了模因复制的活力。另外,他认为网络超越了地理和文化界限意味着一种新的发展导致"去中心化"倾向。在网络上,一种思想是在世界各地即时虚拟地出现,它不依赖发送方和接收方的时空距离。网络复制是一种虚拟复制。从网络作为邮件的载体到万维网作为交互链接的文件存储库,这种发展极大地改变了模因复制和传播的活力。网络文档的成功可以依据虚拟拷贝或指向它的链接来衡量:指针越多的文档使用越广泛,③ 模因传播的范围就越广。

Marwick 指出:"模因揭示了传播学者亨利·詹金斯所说的互联网的参与性文化,这种文化一直在流动。"④ Shifman 则将"互联网模因"界定为"基于网民的白话话语,通过互联网在人与人之间传播笑话,谣言,视频和网站等内容"。⑤ Shifman 断言:"虽然术语'模因'早在数字时代之前就被创造出来,但互联网的独特功能将模因的传播转变为无处不在且极为明显的常规。根据道金斯在《自私的基因》中的分析,成功传播的模因包含三个基本属性——长寿性,繁

---

① [英] 苏珊·布莱克摩尔:《模因机器》,高春申等译,吉林人民出版社 2001 年版,第 369 页。

② Heylighen, Francis. Evolution of Memes on the Network: from chain-letters to the global brain, http://pespmc1.vub.ac.be/Papers/Memesis.html, 1996.

③ Heylighen, Francis. Memes on the Net, http://pespmc1.vub.ac.be/MEMENET.html, 1997.

④ Marwick, Alice. Memes, *Contexts*, Vol. 12, No. 4, 2013, pp. 12 – 13.

⑤ Shifman, L., *Memes in digital culture*, Cambridge: The MIT Press, 2014, p. 2.

第六章 模仿无涯

殖力和复制保真度。所有这三点都被互联网增强了。"① Shifman 非常清晰地说明网络模因就是："（a）一组具有内容，形式和/或立场共同特征的数字内容单元。（b）这些单元是在彼此意识的情况下创建的。（c）许多用户通过因特网传播，模仿和/或转换这些单元。互联网模因是多参与者的创造性表达，通过这种表达方式传达和协商文化和政治身份。"②

2003 年，中国学者何自然提出了"语言模因论"。③ 他认为"语言不仅是模因，而且是一种最重要的模因，因为语言不仅促进和发展了语言文化，更促进了非语言文化的发展和进化"④。何自然特别指出："互联网上的语言感染现象屡见不鲜。所谓'网络语言'，其形成多亏了模因之力。……互联网的语言模因特色还不只是这种通过复制创造新词语，而且每一次的个人创新将通过仿制方式传递。模仿者们不仅借用别人的仿制成品，而且还仿制他人的创意。"⑤ 他认为语言模因的复制和传播包括：第一，基因型的"内容相同形式各异"（基因型的模因）；第二，表现型的"形式相同内容各异"（表现型的模因）。⑥ 何自然和冉永平认为语言模因从以下三个方面展现：其一，通过教育和知识的传授来促成模因的形成；其二，语言的运用促成模因的形成；其三，在交际和交流中可以促成模因。⑦ 他们认为语言模因的传播主要有两种方式：重复与类推。重复的情况包括直接引用别人的原话、用表示同一个意义但不同词形的方式来表

---

① Shifman, L., *Memes in digital culture*, Cambridge: The MIT Press, 2014, p.17.
② Ibid., p.177.
③ 何自然、何雪林：《模因论与社会语用》，《现代外语》2003 年第 2 期。
④ 何自然、陈新仁：《语言模因理论与应用》，暨南大学出版社 2014 年版，第 17 页。
⑤ 何自然、何雪林：《模因论与社会语用》，《现代外语》2003 年第 2 期。
⑥ 何自然：《语言中的模因》，《语言科学》2005 年第 6 期。
⑦ 何自然、冉永平：《新编语用学概论》，北京大学出版社 2009 年版，第 333—336 页。

达；类推的情况包括同音类推和同构类推。① 阿伦特（H. Arendt）说："在内部体验中，持续存在的、以及至少能把与现实有关的东西和我们不断消逝的内在情绪区分开来的唯一东西，就是持续重复。"② 正是重复，人类才能一代代将经验、知识保存流传下去。

总之，模因论中的"模仿"不像行为主义中的刺激反应论那样开展机械的"刺激—反应"，进行机械的模仿，而是有选择、有意识地指导思维活动。模因的复制与传播取决于自然选择，模因感染宿主，通过左右其思维模式，以语言等形式传播。

二 强势语言模因的形成及特点

模因有强势和弱势之分。道金斯认为强势模因具有三个基本特征：（1）高保真性，即所复制的模因越接近原来的模因，这个模因保留的就越久；（2）多产性，即模因复制传播的效率和其强弱程度成正比例；（3）长寿性，模因的存活时间决定了其强弱性。也就是说，如果一个模因能够被准确地复制，出现很多复制的版本，并且能够保证在相当长的一段时间持续存在，这样才能够算作是强势模因。何自然、陈新仁在《语言模因理论与应用》中明确提出：

> 根据模因保真性、多产性、长寿性等特性，按其传播力度可分为强势模因和弱势模因……语言模因也可以区分为强势语言模因和弱势语言模因……强势语言模因是指语言中那些具有高保真度、高复制率、存活时间长等特征的语言或话语单位……弱

---

① 何自然、冉永平：《新编语用学概论》，北京大学出版社2009年版，第338—340页。
② ［美］汉娜阿·伦特：《精神生活·思维》，姜志辉译，江苏教育出版社2006年版，第42—43页。

第六章 模仿无涯

势语言模因是指具有低保真度、低复制率、传播范围小、存留时间短等特征的语言模因。[①]

语言模因在复制过程中，保真程度越高，原有的模因形态的精华就可以得到更多的保留。"保真"并不意味着在传播复制的过程中不能对原型有丝毫改变，而是强调该模因在被活学活用的同时，宿主应将模因的本质和精髓传递出去。诸多广为人知的唐诗、宋词、元曲、名人名言、格言警句等之所以能够世代流传，就是它们具备了高保真特点。"多产"与模因复制的速度有关，模因复制的速度越快，接受的人就越多，原模因产生的变体就会越多，因此成为了强势模因。"长寿"特指一个模因存活的时间越长，就可以衍生出更多的模因后代。生活习俗、宗教信仰、文化规范等，正是因为有着"长寿"的特点，才能够历经几千年而不衰。例如：源于孟子的《生于忧患，死于安乐》，通过"模因"传播，在网络上就出现了众多版本：

（1）原文：故天将降大任于斯人也，必先苦其心志，劳其筋骨，饿其体肤，空乏其身，行拂乱其所为，所以动心忍性，曾益其所不能。

（2）网络版1：天将降大任于斯人也，必先关其手机，收其Pad，拔其网线。透其剧情，砸其手提，烧其漫画，格其硬盘，虐其CP。

（3）网络版2：天降大任于斯人也，必先断其Wi-Fi。拔其网线！砸其电脑，扔其平板，封其淘宝。停其流量，删其游戏，废其网卡，融其分文，洗其E盘，灭其硬盘。

[①] 何自然、陈新仁：《语言模因理论与应用》，暨南大学出版社2014年版，第23—27页。

(4) 网络版3：天将降大任于斯人也，必先掀其被窝。砸其电视//@八卦_我实在是太 CJ 了：清其硬盘//@nana 腐宅不吃辣：断其银两//@瓶纸 SaMa：碎其手办//@超高校 STK-最萌腹黑-：烧其漫画。①

网民通过套用孟子表达的格式，对"网虫"做了一系列的模因转写。特别是在"网络版3"中，网民更是采用了"接龙游戏"的方式，网络时代的《生于忧患，死于安乐》成为一个网络强势模因。可见，只有满足道金斯提出的强势模因的三个基本条件，才能够确保在模因生命周期的每一个阶段都可以幸存下来。在这样的过程中不间断地循环下去的模因才是成功的强势模因；相反，那些从一开始产生到最后死亡的整个过程中仅仅被复制过几次，甚至从一开始就销声匿迹，最终被淘汰的模因就是弱势模因。其实，"人类的历史就是如此：最脆弱的文化和语言不断被毁灭，继之以产生新的文化和语言的反向运动"。②那么，这种反向运动往往就成为语言模因生产和传播的重要动力。

三 网络语言的模因传播类型

为数众多的网络流行语之所以在网络上受到网民追捧，其重要原因就是网络语言模因迎合了大众的社会心理和从众心理，网络语言的新鲜奇异表达也满足了网民的言语表达需求，一旦发现灵动有趣的语言模因，网民就会竞相传播，进而模仿、复制并加以扩散。网络语言模因扩散的面越广，传播的范围越大，传播的频

---

① 四个例子均来自"百度知道"，https://zhidao.baidu.com/question/326936492273485405.html，2014-03-30。

② [法]克洛德·海然热：《语言人：论语言学对人文科学的贡献》，张祖建译，生活·读书·新知三联书店1999年版，第44页。

第六章　模仿无涯

率越高，被复制、模仿的次数就越多，形成强势语言模因的可能性就越大。

(一) 基因型的网络语言模因

基因型网络语言就是它将原本汉语、外语、成语、名言、歇后语、标语、口号、表情等照搬过来作为网络语言。这种类型的网络语言主要有两种表现形式："同义同形和同义异形两种。"①

同义同形语言模因不改动原文任何内容，直接引用原文。此类模因的复制和传递，犹如基因的直接复制遗传，"对信息内容不做改动而进行直接模仿传递。"② 这类模因通常紧追潮流或紧扣社会热门事件。比如：对长得比较帅的男士和长得比较漂亮的女生的称呼，从以前的"帅哥""美女"到现在的"男神""女神"，从过往的"优等生"到网络流行的"学霸"。可见，"成功的模因应当是那些依附于被记住的行为之上的模因，通过这种方式，人们更容易理解，记忆这些特定的网络语言符号，从而增加了网络语言的复制能力和传播能力，有利于增加网络语言的长寿性"。③

同义异形网络语言模因是指以不同的形式或者内容来传递同样的语言信息——"相同的基因型模因"④，当其被用于网络语言时，其所表达的意义不再是本身所具备的意义。华语乐坛组合"五月天"的一首歌《恋爱ing》刚一推出，"汉字+ing"模因就开始风靡网络，比如，吃饭ing，聊天ing，打折ing等等。其内涵意义随着语境的变化而改变，由于这都是我们日常生活中常见的词汇，因此会让网民有非常熟悉的感觉，不仅便于记忆，而且因其新鲜感和幽默感容易成为强势模因。

---

① 何自然：《语言中的模因》，《语言科学》2005年第12期。
② 同上。
③ 曹进、刘芳：《从模因论看网络语言词汇特点》，《南京邮电大学学报》2008年第1期。
④ 何自然：《语言中的模因》，《语言科学》2005年第12期。

同义异形模因还包括词类的活用，比如，"赞"本身是一个动词，但在以下的例子中被形容词化了，"减肥的同时可以享受动脑的成就感，是不是一件很赞的事呢"。"爽"在网络语言中是一个形容词，但在网络语境使用中，"爽"被当作动词了。例如，"我赞同你说的，我很不爽这部剧，你看那主角演的什么呀"。"八卦"本是一个名词，但在"我们也来八卦八卦这件事如何"这句话中，"八卦"被动词化了。非常规词汇或句序的表达在网络语言中很常见，它们形象又不失幽默娱乐，满足了网民的语言游戏创新诉求。

（二）表现型的网络语言模因

第二个类型的网络语言模因就是表现型模因。这类模因需要对原来的语言形式或意义做出相应的变动，从而使得其具有网民需要的、相近的表达方式，但各自内容不同，从而产生"语言形式结构未做变动，但内容意义发生变化的模因"。①倘若说基因型网络语言模因相当于生物学上基因信息的遗传复制的话，那么表现型网语模因就相当于基因的变异。②何自然将表现型模因分为两种：一种是同音异义传播，另外一种则是同构异义传播。③

首先，同音异义传播是指语言模因在保留原来的结构不变的情况下，用同音词或发音比较相近的词对原有的词进行谐音替代，尽量在保持原来读音相同的情况下，用另外一个词代替原文，使得语义更接近要表达的意思。④同音传播以语音的同音、近音、谐音为前提，保持模因的形式、音节、结构与原形式、音节或结构相似，但意义会发生完全变化。例如，"美女"是相貌漂亮的女生，而"霉女"是将"美女中的"美"字用其谐音字"霉"进行替换，从而产

---

① 何自然：《语言中的模因》，《语言科学》2005年第12期。
② 同上。
③ 同上。
④ 何自然、陈新仁：《语言模因理论与应用》，暨南大学出版社2014年版，第44页。

第六章　模仿无涯

生了与"美女"发音相同意思截然相反的"霉女";"粉丝"是根据英文单词"fans"的发音模仿而来,指歌迷、影迷等;"童鞋"一词由"同学"衍变而来,与后者相比前者更显俏皮活泼,使用时可以拉近人与人之间的社交距离。美发屋起名"发新社"、"头版头条"以及"人民发院"都是这个道理。英语也一样会采用双关语的方式来表达"一语双关"的模因,例如:

(5) Can February March?
　　No, but April May.[①]

例(5)巧妙地利用英语中的一词多义特点,把"March"和"May"的含义作了转换,产生了诙谐幽默的效果,此处"March"和"May"均脱离了"三月"和"五月"的原有含义。

第二,同构异义传播。语言模因的结构和形式不发生改变的情况下,加入新的词汇,或者调动一下某些词的位置,这就是"同构异义传播"。[②] 同构异义传播的模因既包括词语,也包括完整的句子、段落,乃至整个语篇。在网络语言中,网民往往别出心裁,以某个语篇结构为模因范式并对其加以改造,实现模因传播的目的。2010年7月"凡客诚品"邀请了韩寒和王珞丹出任形象代言人,众多代言广告出现在公交、地铁、机场、码头和网络空间等公共场所。该系列广告试图彰显该品牌的自我路线和个性形象。网络上出现了大批模仿"凡客体"的段子。

凡客是网络购物平台在网上、地铁中、公共交通运输工具中投

[①]　WEKNOWMEMES, Can February March? http://weknowmemes.com/2013/02/can-february-march/, 2013-02-18。

[②]　何自然、陈新仁:《语言模因理论与应用》,暨南大学出版社2014年版,第44页。

放的大量广告,公众对这些广告日渐熟悉,进而模仿凡客广告的表达文体。凡客"是中国快时尚'一哥',以衣为旗,以网为营"①,借助韩寒、王珞丹等明星一炮走红的"凡客体","凡客体"完成了模因同化和记忆的过程;随后黄晓明的"非演技派",李宇春"生于1984"吹响了"我世代",被网民争相模仿传播,"凡客体"的表达过程被推向高潮,"凡客体"的整个过程的传播载体从平面载体延伸至网络,再经由网络过渡到电视、报纸、杂志等多种纸媒或电子媒体,"微创新"的"病毒式"营销模式成功"侵入"了青年人的衣柜。"凡客体"作为语言模因必经的四个阶段就此宣告完成。

表6-1　　　　　　　　　"凡客体"例证对比表②

原版	网络模仿版
韩寒版: 爱网络,爱自由, 爱晚起,爱夜间大排档,爱赛车; 也爱59元的帆布鞋,我不是什么旗手, 不是谁的代言,我是韩寒, 我只代表我自己。 我和你一样,我是凡客。	魅族版: 做音乐,做数码, 做手机,做移动互联网, 做品牌,要做国产手机的No.1, 我不是什么巨头, 不是谁的山寨, 我是魅族,我只代表我自己。我与众不同。
王珞丹版: 我爱表演,不爱扮演; 我爱奋斗,也爱享受生活; 我爱漂亮衣服,更爱打折标签; 不是米莱,不是钱小样,不是大明星,我是王珞丹 我没什么特别,我很特别; 我和别人不一样,我和你一样,我是凡客	80后个人版: 爱工作,爱生活,爱晚睡, 爱早起听音乐,爱名牌, 也爱马路边的地摊货; 我不是成功人士, 不是谁的榜样,我是＊＊＊＊ 我只代表我自己。要和我一样, 我是JoyHi

模因传播延长了许多词语的寿命,也变造出了许多新的语汇。同时,模因传播给语言提供了更多养分和可能性。模因传播来源于社会生活,最终回归社会生活,网络语言的形象简明增强了汉语的

---

① 2011中国网络生活价值榜推荐委员会:《人联网:2011网络生活价值榜》,《新周刊》2011年第359期。

② 360百科,凡客体,https://baike.so.com/doc/4411782-4619024.html,2017-03-05。

第六章 模仿无涯

表达力。

四 网语强势模因复制与传播的机理

与其他所有的模因一样，网络语言模因并不是对一个现成模因的简单拼贴复制或结构的改变。何自然指出："语言作为用于交流的重要手段，若其中的词语、句段、篇章等不再为人所使用和模仿，那么这种语言必然走向灭亡。"① 一个网络语言模因倘若要变成一个强势模因要受到诸要素的制约：网络媒介传播的速度和涉及的人群，模因宿主在模因选择、模仿、复制、传播过程中的作用，网络语言模因自身质量的优劣。2017年春运期间的一条微博迅速蹿红网络，皆因其表达方式引起了众多网友的共鸣，有批评的、也有同情的，更多的是网民模仿该句式，吐槽一些机构或者企业的工作作风，脑洞大开的网友由此开始了模因变造竞赛，这个神奇的"今天对××失望心酸到了极点"体，迅速蹿红了整个互联网。例如：

（6）今天对高铁失望心酸到极点，赶到高铁站才发现我的票是昨天的！工作人员毫无人情可言，就丢一句自己想办法，退票改签都不行，我现在没有办法回去，回去的票全都买不到！这就是中国高铁！！！！@高铁见闻。

（7）今天对楼主失望心酸到极点，打开楼主的帖子才发现帖子只更新到24楼！楼主毫无人情可言，就丢一句：哪位有才的网友来模仿一个，死活不肯更新，我现在没有办法看帖，链接都点开了，只好自己编了这个段子！这就是这个帖子的楼主！！！！

（8）今天对A股失望心酸到极点，打开行情软件才发现我

---

① 何自然：《语言模因及其修辞效应》，《外语学刊》2008年第1期。

的股票昨天涨停的现在已经跌停！证券公司工作人员毫无人情可言，就丢一句自己想办法，挂单卖不掉就是卖不掉，我现在没有办法变现，几十万股票排队卖不掉！这就是中国 A 股！！！！

人与人、人与社会相互依存，在彼此作用中发挥发展人的自觉性、自主性、能动性和创造性。哲学家葛兰西（A. Gramsci）指出："人的个性本质就是个人的主体性……从这种意义上说一个生物有机体决定它的环境"①。人在社会活动中为了相互理解，需要传播各自的思想文化意识，那么语言就是"使人们能够在具有自我意识的社会中进行合作活动的媒介"②。在人类彼此合作、相互沟通的过程中，模仿就成为社会存在和人际交往的基本原则以及社会发展的重要根源。那么，"作为文化传播手段的模因，它所涉及的模仿主要是人类的一种认知活动"。③ 有模仿就必然会有选择。一些模因被网民优先选择，迅速且大量地得以复制、传播，成为强势模因，而另一些模因不被人重视，无法得到大量复制、传播，则成为弱势模因。作为人在社会实践中的语言、艺术或思想产品，模因必然与具体的某个或某些社会事件密切相关，新的社会实践活动、艺术活动或语言实践活动又不断促使新模因的产生与出现。总之，模因以模仿为基础，倘若一个模因得到了众多模因宿主的关注，竞相模仿使用，该模因就会成为一个强势模因，甚至成为一个"超级强势模因"。

---

① ［美］乔治·赫伯特·米德：《心灵、自我与社会》，霍桂桓译，华夏出版社 1999 年版，第 353 页。
② 同上书，第 279 页。
③ 陈琳霞：《模因论与大学英语写作教学》，《外语学刊》2008 年第 1 期。

第六章　模仿无涯

第二节　"老虎"
——强势模因的演绎进路

中华虎文化源远流长。虎自古以来就被用于象征军人的勇敢和坚强，多用"虎贲之师"等词语来表征一种不凡的气势。在中国的语言文学、艺术作品、民间传说以及神话民谣等各个领域中，老虎威风凛凛的形象无所不在，成为中华文化不可或缺的组成部分。当然，漫长的虎文化历史长卷也记载了"虎"恶的一面，如"狐假虎威""为虎作伥"，以及形容贪腐官员的"大老虎"。纵观中国虎文化的滥觞，虎文化语境不断变迁，虎词语层出不穷，虎的形象时好时坏，在言语传播的涤荡中，"虎"渐渐演变成了一个超级强势模因。

一　虎文化语境锻造强势模因

"语言模因的传播需要语境的触发……语言信息具有语用潜势，能被高频复制传播使用语言信息即成为语言模因。"[1] 在遍及中国的虎文化里，虎的传说、别称、艺术品、戏剧、年画、姓氏、事件、成语、谚语、俗语、隐喻、比拟、修辞等汇聚生成了虎文化语境。在此语境里，中国文化对虎还有一些别称，例如，特指贪官污吏的"封使君"。许慎在《说文解字》中称虎为"山兽之君"。《西游记》称虎为"寅将军"。好书者创造了独特的"虎爪书"字体，习武者创制了健身的"虎拳"，药师研制出了"麝香虎骨酒"。虎既是威严的象征，也是力量的象征。中国百姓用"虎背熊腰"形容一个人长得高大魁梧，需要用力时，则会使出"九牛二虎之力"。《水浒传》

---

[1] 何自然、陈新仁：《语言模因理论与应用》，暨南大学出版社2014年版，第47页。

里的武松,是家喻户晓的打虎英雄,被武松打死的"大虫"是一只华南虎。中国民间素有"纸老虎"、"笑面虎"、"母老虎"、"老虎尾巴摸不得"等词语。众多与虎有关的文化现象伴虎成长、随虎发展,形成了丰富的虎文化语境,该语境为"虎"成为一个强势模因做好了语境准备。

  一个强势模因的形成有一个从隐性到显性的渐进过程。这个过程是一个不断调整、变化或进化的过程。在此历程中,有的模因一经出现就易为模因宿主接受,有的则过一段时间可能被宿主抛弃,有的模因可能经过长时间"休眠"或"假寐"后再"苏醒"过来,再次为人们所关注。"老虎"模因在人们长期的生产劳动、日常生活以及文化概念中已经形成了包括成语、谚语、歇后语、俗语、隐喻在内的庞大的词语群,类似"龙腾虎跃、骑虎难下、二虎相斗,必有一伤、放虎归山、栽树养虎、虎大伤人、×老虎"等词语就成为表达不同时代、代表不同人物、或褒或贬等不同意义的携带者。

  何自然与陈新仁认为"语言模因的复制传播是需要被引发的"。[1]语言模因在经历了外界的一种或多种语境刺激后,从而启动了模仿、强化、复制、传播的历程。情景语境的触发是模因传递的重要条件之一。情景语境蕴含与情景关联的时间与空间、地点与处所,历史与现实、虚拟与真实,乃至事件发生时的具体情境。言语传播总是在特定的情景语境中展开,每当包含"虎"的情景出现时,就会触发宿主语用潜能,诱发模因宿主开始复制和传播"虎"模因。例如,近年来打假、反腐、虎伤人事件的情景语境会刹那间引起网民的广泛关注,这种关注、"凝视"或"倾听"便激活了模因宿主言语中处于语用潜能的"虎"词语,关联到具体事件时,就会以特定的形式加以复制、模仿和传播,不但巩固"虎"作为超级强势语言模因

---

[1] 何自然、陈新仁:《语言模因理论与应用》,暨南大学出版社2014年版,第47—50页。

第六章 模仿无涯

的地位。

其次，社会语境触发模因传递。"现实或虚拟的社会语境一旦被确立，就会有一些互动的认知图式被推断出来，形成语境化的社会。"① 社会的快速变革、"地球村"的形成、高新技术的普及、新媒体的发展、外来话语的冲击、思想观念的转变、社会事件的发酵、语言创新能力的释放、宿主的心理驱动、语言经济性原则的作用等诸多因素，共同形成强势模因大显神通的"语言温床"。与传统媒体相比，网络媒体的即时性、跨地域性、多媒体性、多模态性、人机互动性使原本传播缓慢的模因刹那间活跃起来。老虎成为强势模因是人们运用同音、象形、比拟、象征等方式，重新构建传统"虎"文化语境，采用"旧词赋新义"、"旧瓶装新酒"、"老鞋走新路"等手法，继而形成新颖或新奇的语言表达，形成流行的网络语言模因。"老虎"的形式、内容与意义的滥觞是一个渐强或渐弱的过程，要适应社会语境，为人们所接受，并使原有模因经过改造，意义得以演变，模因由此拓展出新的形式、价值与内涵。

二 语境：超级强势模因的成长逻辑

语言模因永远不会是一个孤立的语言存在，它的变化、发展、传播始终无法脱离社会语境、情景语境等制约因素。"语言模因具有自己的语境，每个语言模因总是流露或暗示自身在某个或某些语境中使用过的痕迹。"②

（一）造假的"周老虎"vs 贪腐的"周老虎"

随着社会文化的发展，"老虎"成为一个褒贬共具的常用语汇，既指向"具象"的"虎"，其形象与意义也指向"抽象"的"虎"。

---

① 何自然、陈新仁：《语言模因理论与应用》，暨南大学出版社2014年版，第49页。
② 谢朝群：《语言模因说略》，《现代外语》2007年第1期。

由假虎照演绎出的"周老虎"出现后,模因宿主的大脑中立刻就会产生种种"虎"的联想,并将"虎"概念与客观世界活生生的"虎"联系起来,这就形成了一个符号音、义结合的"俗套":"一种约定俗成的思想,这种思想在某种特定的文化中就与某个词语联系在一起。比如提起老虎,我们就想到条纹……俗套就是意义的一部分,与大众对相关词汇的通常观点相符合。"① 此处,阿莫西与皮埃罗所说的"俗套",其实就是一种语言模因的模仿。

表6－2　　　　　　　"周老虎"事件时间节点统计表

姓名	网名	时间	事件
周正龙	周老虎	2007年10月	用数码相机和胶片相机拍摄的华南虎照片
		2008年6月	政府宣布周正龙拍摄虎照造假,13位官员受到处分
		2008年11月	周正龙因诈骗和私藏枪支弹药罪,被判有期徒刑2年6个月,宣告缓刑三年
		2010年5月	周正龙被安康中院裁定取消缓刑,收监服刑。
		2012年4月	刑满出狱
		2015年2月	周正龙向义乌警方寄出一份针对义乌商人骆光临的刑事控告书,要求警方彻查骆光临"年画虎"来源,并追究其诽谤诬陷自己的刑事责任②

表6－2显示,每当媒体发布一次"周老虎"动态,就会加强"周老虎"作为一个强势语言模因的地位。一旦"周老虎"这个符号出现在媒体或公众视野中,网民就会立刻排除"周老虎"所具有的原有动物含义,从自己的知识库中挑选出与"周老虎"隐喻高度吻合的一组能指与所指,从而保证"周老虎"这一模因的正确理解和有效传播。原因在于"面对某个个人或某个群体时,那些与我们头脑中已有的相关信息相符合的特征会更容易被我们记住。如果我

---

① [法]吕特·阿莫西等:《俗套与套语——语言、语用及社会的理论研究》,丁小会译,天津人民出版社2003年版,第105—106页。
② 腾讯新闻,周正龙诉义乌"年画虎"厂家,http://view.inews.qq.com/a/NEW2015021600446503,2015－02－16。

第六章　模仿无涯

们的头脑中已有了一种有待印证的意象,在接收新信息时,我们就会倾向于在其中挑选能进行这种印证的信息"。①

模因解码者往往通过模因符号的能指与所指间的最佳关联性,以最小的努力获得最佳的语境效果,为某个模因寻找最适合的表达符号并挖掘出其相关的最贴近的意义。

社会生活制约着流行语的形成与传播,网络流行语模因也会折射出语汇发展和社会发展的清晰轨迹。一旦贪腐丑闻、社会不公等题材出现,众多网民就会以网络为信息发布工具,表达看法和意见。贪腐的"周老虎"与造假的"周老虎"不是一回事。其实,历朝历代都有令人讨厌的"周老虎"。这些骄横跋扈、鱼肉百姓的窃国大盗,往往编织出庞大的关系网,为所欲为。唐代诗人张籍就在《猛虎行》中对贪官污吏进行严厉批判:

(9)《猛虎行》:南山北山树冥冥,猛虎白日绕村行。向晚一身当道食,山中麋鹿尽无声。年年养子在空谷,雌雄上下不相逐。谷中近窟有山村,长向村家取黄犊。五陵年少不敢射,空来林下看行迹。②

在当代中国,"打虎拍蝇"是一个反腐热词,也是一个典型的强势模因。"打虎拍蝇"反映了"党中央在惩治腐败的大是大非问题上的原则立场和政策措施,既形象又深刻"。③巨贪周永康被称为

---

① [法]吕特·阿莫西等:《俗套与套语——语言、语用及社会的理论研究》,丁小会译,天津人民出版社2003年版,第54页。
② 悦读,唐诗里的"周老虎",http://hb.qq.com/zt/2014/jyyd/004.htm,2014-08-01。
③ 百度百科,打虎拍蝇,http://baike.baidu.com/link?url=18Huf4C4UU_ckutYssr-rz2Jv2Lt1pXlrz_VkKS5Zm-x0OV5GxQo2zYOxVRvMVyZE15niU6yADHB_O9q5A7__fqyT1w0rGHnw6APqtOZtrzJZRFwib_O4PvFDVnAlkpaQm,2017-02-10。

"周老虎"皆由其贪赃枉法的腐败本质而来。

（10）新浪专栏报道：周老虎被移送司法之后，官方会采取什么姿态回应公众的关注，是否同样会进行公审，也是外界关注的一个焦点。另外，与薄老虎和徐老虎相比，周老虎的罪名更重，情节更恶劣。①

因贪腐而受惩处的"周老虎"的事件被披露出来后，在社会上轰动一时，"虎"模因在社会上被热炒，进一步使网络时代的"老虎"成为一个"超级强势模因"的可能性大大增加。

（二）"打老虎"：一个超级强势模因的滥觞

老虎成为一个超级强势模因源于庞杂的文化背景、复杂的传播路径和"抽象"形象与"具象"形象的来回转换。老虎模因经历了"具象老虎——抽象老虎——具象老虎"的过程。时而"虎"是"虎"，时而"虎"是"人"，时而"人"又是"虎"。"打老虎"一词的热度攀升主要是在2014年至2015年间，也显示了"打老虎"作为语言模因的形成、模仿、保持、表达与传播的全部过程。从客观的角度看，"打老虎"词汇之所以成为网络强势模因有以下四个原因。第一，符合网络语言经济性原则。"打老虎"一词易于上口，这样的模因容易记忆，便于网民接受和传播；第二，从"武松打虎"的故事中，网民容易进行概念重复和类推活动；第三，满足了网民传播信息的需要。该模因事关千家万户，所以各类信息在网络上得以频繁地复制和传播；第四，反映宿主心理感受。"打老虎"更多地反映出宿主的心理感受与情感表达，也体现了群众对贪腐的痛恨。

---

① 锦麟观察，周老虎被开除党籍了，http://news.sina.com.cn/zl/zatan/2014-12-06/14322779.shtml，2014-12-06。

第六章 模仿无涯

从百度指数我们可以看出,"老虎"成为强势模因的演变路径。

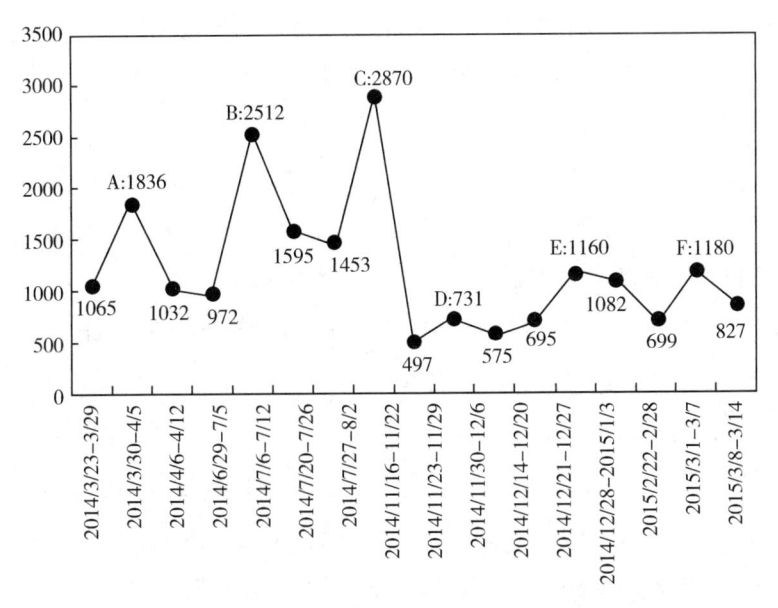

图6-1 "打老虎"百度指数搜索频次图(根据百度趋势绘制)

图6-1显示,在2年间"百度指数"的全部数据统计中,6次峰值均链接了"打老虎"的相关新闻。峰值A链接了"搜狐财经"2014年4月3日的新闻:"人大舆论研究所'打老虎'背后的舆情效应";峰值B链接了2014年7月3日"国内财经"和"人民网四川频道"的新闻:"'秘书五人组'三人已被双开 中央打老虎先拔牙"、"中央'打老虎':秘书五人组逐一被查处内情"、"盤點中紀委'打老虎'違紀通報時的措辭";峰值C链接了7月31日"金融界"新闻:"打老虎 救A股?"、"银河证券:打老虎后关注6类股基金:炒股看中纪委";峰值D则链接了11月27日"彩票网"新闻:"赛事前瞻:托卢卡打老虎出气分析";峰值E链接了12月24日"驱动之家"和"湘江评论"新闻:"车企打老虎 动荡才刚刚开始?";峰值F则链接了2015年3月日"网易财经"、"和讯网"的新闻:

203

"傅莹谈'打老虎苍蝇':反腐治标有效才能治本有道"、"李大钊之孙李宏塔力挺中央强力反腐:打老虎,不妨碍经济发展"。

百度"搜索指数"(百度指数,2016)显示,2014年4月3日,"打老虎"的百度搜索指数为1836,达到峰值A;7月3日,"打老虎"的百度搜索指数飙升至2512,达到第二个峰值B;7月31日,"打老虎"搜索指数达到最高峰值2870;随后,该词热度逐渐下滑,到了11月27日,出现第四次峰值D,"打老虎"的百度搜索指数为731,12月24日搜索指数又上升到1160,2015年3月4日,搜索指数又攀升到1180,达到峰值F。

可见网络搜索与网络新闻的合力有利于"打老虎"成为一个超级强势模因。原因有三:第一,模因是一种具有抽象性、类推性的"模式"。在漫长的语言史中,一些词语具有强大的生命力,围绕这些词语会逐渐聚集成一个词语群,词语群内部的词语又会相互浸润,彼此借鉴。例如,"虎"词语群具有一个共同成分"虎",用以做各种指称;第二,模因具有很高的能产度,具有半成品性、开放性、启发性和可复制性。任何人都可以利用语言的经济省力原则与类推机制,创造或变造出一个独特的新词语,抑或是挖掘一个旧词赋予其新意;第三,模因具有较强的理据性。社会和语言在不断发展,构成词语的语言成分同样处于一个不断丰富发展的过程之中,这些语言成分为新词语的创造提供了大量的基础材料。"在创造和理解新词语的过程中,面对新事物、新现象,人们往往要借助自己在以往认知活动中所积累的经验,自觉或不自觉地找寻新旧事物、新旧现象之间的异同,建构新旧事物、新旧现象之间的联系,以便获得新事物、新现象命名的依据,使他人能够比较容易地理解,也使新词语能够比较方便地传播"。[①] 陕西"周老虎"与贪腐"周老虎"有着

---

① 苏向红:《当代汉语词语模研究》,浙江大学出版社2010年版,第25页。

核心的不同，武松"打老虎"和中央"打老虎"也大相径庭，但是其中的类比手法和重复手段，一再强化了老虎作为超级强势模因的地位。

三 重复和类推：强势模因的生存机理

何自然和冉永平认为语言模因的传播主要有两种方式："重复和类推……重复的情况包括直接引用别人的原话、用表示同一个意义但不同词形的方式来表达；类推的情况包括同音类推（用音近字代替原有词语中的一个部分）和同构类推（对已有的语言结构进行模仿）。"[①] 创造新词语的重要方法之一就是类推，网络语言强势模因也同样遵循该原理。类推指"从不同的事物中发现共同的规律性的东西，并且对它们进行类型化、系列化、模式化的操作处理"[②]。可见，"类推是一种经济实用的创新思维方式……也是一种普遍存在的语言机制"[③]。一个模因的出现往往会给人耳目一新或眼前一亮的感觉，于是网民就会在求新求异心理的驱动下，自觉或不自觉地模仿别人的方法进行类推，这样便会产生一批包含共同成分、具有相同或相似结构和语义关系的网络新语汇，一个个模因也就因此而生。模因的形成过程就是人们彼此模仿并进行再创造的过程，模因形成并传播之后，其意义会进一步提示、引导人们模仿并不断地进行再创造。

（一）八达岭"老虎"强化"虎"模因

2016年7月23日，"北京八达岭野生动物园的东北虎园内发生一起老虎伤人事故，一位女游客中途下了私家车，被老虎拖走，其

[①] 何自然、冉永平：《新编语用学概论》，北京大学出版社2009年版，第333页。
[②] 苏向红：《当代汉语词语模研究》，浙江大学出版社2010年版，第1页。
[③] 同上书，第107—108页。

母下车去追,遭老虎撕咬"。① 事件发生后,一批以"虎"为模因的表达成管涌之势:有骇人听闻的传言,有自媒体对女游客的指责和批判,还有营销号人肉搜索该女游客,"更有真真假假的传闻,包括女游客的同行人员关系说、小三说、坏脾气说、男女争执悲剧说、感情不和说、游园不守规矩说、虎园管理不善说、游客园区责任说、医闹说都有"。②

八达岭老虎伤人事件后,与"虎"相关的段子、新闻、评论、网帖呈井喷之势,随着事件的发展,"虎"作为模因也不断地在具象和抽象间转换:

(11) 网络段子:"和老婆商量去旅游,老婆问去哪里,我说开车去八达岭野生动物园看老虎,老婆不吭声就睡了;一早起来发现老婆变了,洗脸水也放好了,早餐也做好了,说话声也小了,老公辛苦了,我会把我的臭脾气改一改,只要不去看老虎,啥都听你滴。"(百度贴吧,http://tieba.baidu.com/p/4710202785,2016-08-30)

(12) 网络段子:"两只老虎的检讨书:尊敬的领导,尊敬的公众:我们是野生动物园的虎大、虎二。上个周末,我们在野生动物园对三名不慎走出轿车的游客进行了攻击,导致了其中一死一伤,对广大游客造成了严重的身体和精神伤害,构成了重大生产事故,对动物园的经营秩序和名誉也造成了恶劣影响。在此,我们向大家致以诚挚的道歉!"(高会民,两只老虎的检讨书,http://www.sohu.com/a/108411995_162814,2016-07-31)

---

① 叶江湖律师:《八达岭野生动物园"老虎伤人"事件的法律责任问题分析》,http://blog.sina.com.cn/s/blog_c04acdee0102wfo6.html,2016-07-30。

② 曾于里:《你比咬人的老虎更可怕》,https://www.douban.com/note/572931562/,2016-07-28。

第六章 模仿无涯

(13) 网友评论：河东狮，绝对的河东狮。就算你和老公发生口角，也不至于忍无可忍在猛兽区下车找老公理论。其实，她满可以用她的狮吼与老虎一决雌雄的。只可惜还没等到她张口，老虎先张口了。（孙汗青老师，老虎是检验爱情的唯一标准，http://blog.sina.com.cn/s/blog_59cef52f0102wvt7.html，2016-07-26）

(14) 网友评论：不愧是野生动物园，保持动物野性做的不错，值得一去！母老虎遭遇真老虎，最后发现自己是纸老虎！低智商必须被淘汰，这智商活着也没意思！想当母老虎也要分地方！明知山有虎，偏向虎山行！近日该园猛兽区流量大增，均为中年男士携妻子和丈母娘亲密前往，并长时间停留（百度贴吧·托克托吧，动物的野性好恐怖，http://tieba.baidu.com/p/4695060678，2016-07-26）

(15) 游客质问动物园：为什么不把老虎喂饱？为什么不拔掉老虎的牙齿？为什么不用手铐脚镣锁住老虎？为什么不给老虎的嘴巴戴口罩？杀人偿命，为什么不把老虎枪毙掉？（经典网，https://www.ishuo.cn/，2016-07-26）

(16) 新闻报道："党报评老虎袭人：舆论别成另一只伤人'老虎'"。（腾讯新闻，http://news.qq.com/，2016-07-27）

图6-2"百度指数相关词分类统计"表明了受众对"老虎伤人事件"中的搜索频次和检索结果。通过图6-2，我们可以清楚看到"老虎"成为一个强势模因的演绎路径。

2016年夏天，与老虎相关的语汇全部汇聚在"八达岭老虎"身上，传言、段子、漫画均围绕"老虎"，发泄、愤怒、同情、羞辱等也离不开老虎，使得2016年夏天的"老虎热"不断升温。随着网友就事件的质疑、疑问,"老虎"这个模因也越炒越热。百度指数的"需求图谱"检索也说明"八达岭老虎"成为人们日常生活、工作中关注的一个重要语言模因。

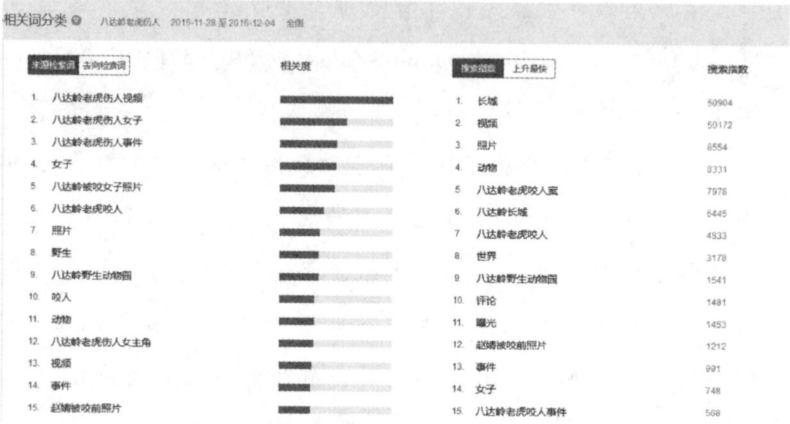

图6-2 "八达岭老虎伤人"百度指数相关词分类统计①

2016年10月,被虎咬女游客首次现身电视节目。在节目中,被嘉宾问到主要责任在谁,女游客回答在自己,自己的粗心大意造成了母亲死亡。但该女游客表示:"是我们的责任,我们承担。但不能因为我们的责任而说园方没责任。"② 一石激起千层浪,刚刚冷却下去的"虎"模因被再次热炒。

(17) 遭虎袭女子公开道歉:北京八达岭野生动物园的东北虎园内发生一起老虎伤人事故,32岁女游客中途下车,被老虎拖走,其母下车去追遭老虎撕咬,遭虎袭女子公开道歉,称不

---

① 百度指数,https://index.baidu.com/? tpl = demand&word = % B0% CB% B4% EF% C1% EB% C0% CF% BB% A2% C9% CB% C8% CB,2016 - 12 - 12。
② 凤凰网娱乐,"八达岭老虎咬人案"被咬女子现身荧屏 公开道歉,http://ent.ifeng.com/a/20161130/42767270_0.shtml,2016 - 11 - 30。

第六章　模仿无涯

会原谅自己！（网易河南，遭虎袭女子公开道歉　回顾八达岭动物园老虎咬人事件，http：//henan.163.com/16/1130/11/C747GECQ022701R8_4.html，2016-11-30）

热度渐降的"虎"模因，因媒体和当事人旧事重提，在新闻报道的触发和网民的热议声中，再次成为一个强势模因。

（二）宁波"老虎"助力"虎"模因

一波未平一波又起。2017年1月29日，"宁波雅戈尔动物园发生老虎伤人事件，致一人死亡"。① 被老虎咬死男子未购票，翻2道3米高围墙入园。相关媒体报道和网友看法见以下例子：

（18）新浪财经新闻：与北京老虎伤人事件相比，宁波老虎吃人事件，一个是女性，幸存；一个是男性，遇难。一个是下车落入虎爪，一个是逃票落入虎口。直接原因，都是没守规则。而宁波这位，最大的区别在于，把一条遵循自然法规的吃人老虎的命，给搭上了。（比北京老虎宁波老虎更伤人的是扯旗者，http：//finance.sina.com.cn/roll/2017-01-31/doc-ifxzyxxk0885847.shtml，2017-01-31）

（19）微口网网友：沉痛悼念被逃票游客害死的老虎！春晚上姜昆刚说完《新虎口遐想》，宁波雅戈尔野生动物园就发生了老虎吃人事件。这只老虎把闯入它地盘的人咬死了，但它也被击毙了！这只老虎是被这个不守规矩的人活活害死的！（阅尽天下沧桑，沉痛悼念被逃票游客害死的老虎！http：//www.vccoo.

---

① 凤凰资讯，据宁波东钱湖旅游度假区管委会最新微博声明表示，在1月29日，雅戈尔动物园发生老虎伤人事件，致一人死亡，http：//news.ifeng.com/a/20170131/50639315_0.shtml，2017-01-31。

com/v/eqvxi9，2017 - 01 - 31）

（20）网友评论：也太大胆了吧，当年武松同志见了吊睛白额大虫，尚且惊出一身冷汗呢！听说是逃票，从后山翻入……，结果就杯具了!! 现人已救出，活的!! 估计老虎不饿，和他玩游戏呢!! 😊（观察者网，http://www.guancha.cn/，2017 - 1 - 31）

有网民忙着在网络上互相传老虎伤人视频，编写段子表达对伤者同情、批判和讽刺，也有网民编写网络段子表示对老虎的同情和惋惜。"虎"模因的超级强势地位已基本不可撼动了。紧接着，网络上接连传出东北虎园"小老虎长胖了"、"动物园饲养员戏谑老虎"、"北京某野生动物园在老虎散养区不听劝阻下车"等等新闻，"虎"模因不断被重复，不断被类推，乃至用拟人化的手法，替老虎喊冤，将"虎"模因推向一个又一个的传播高潮。

海拉恩认为，信息对其传送者有用或者有价值时，更有可能被记住和传播。语言是社会交际的最重要工具，语言信息的产生源于社会的需要。一个新词一般先由个人创造，由于有实用性而得到更多人的认可，从而使这个新词的用法有了普遍的法则。"随着人们广泛的复制和传播，它就成了强势语言模因。"[1]

四 "老虎"成为超级强势模因的内部机理

伴随现代传播媒介日益多样化，网络因其信息来源广、扩散渠道多、传播内容杂等特点，成为网络海量模因流行的集散地。模因传播是一个复杂的人际互动和社会互动的微妙过程，该过程不仅是外部的社会作用之间的互动，更是个人社会心理因素之间的相互较

---

[1] Hhylighen, F., *What makes a meme successful? Selection criteria for cultural evolution*，http://pespmc1.vub.ac.be/Papers/MemeticsNamur.html, 1998.

第六章 模仿无涯

量。麦奎尔等指出传者和受众在一定的社会环境下,进行着互动的、双向的信息传播,整个传播过程是在复杂的社会因素和心理因素的共同影响下完成的。[1]

首先,从模因宿主的视角观察,汉语模因的快速发展与宿主有着密切的关系。模因宿主对模因的出现、选择和扩散起到一种加速或干预作用,对模因的运作和传播起到一种控制作用。在社会大发展的背景下,人们的语言观念已变得前所未有的开放,人们的语言创新能力也得到了空前的释放,这些都使得模因成为人们迅速、批量创造新词语的得力助手。模因充分体现出了模因宿主的语言模仿与创新能力。宿主以模因的原有语汇为基础,开展造词和传播;另一方面,语用主体还可以最大限度地发挥联想和想象,追求表词达意的语言奇观。语言创新能力对模因宿主提出的要求是:"第一,在语用主体的知识结构中必须具有优化配置的基础知识、专业知识和百科知识;第二,语用主体的知识结构必须处于一种开放和动态的状态,只有这样,才能够同中见异,推陈出新。"[2]

其次,网络媒体将当代汉语模因的传者、受众、反馈机制与舆论紧密联结起来。"多元、开放、合作、共享"的互联网精神,各种媒体尤其是网络的大规模辐射,造成了草根话语权的空前普及。在网络媒体作用下,任何阶层、组织和个人都可以参与网络舆论传播,并且随之出现了诸如虚拟社区、微博、微信群、QQ群、朋友圈等网络社交群,这些"圈"或"群"成为模因大生产的良好场域。在大众传播和网络传播不断扩大的今天,社会人群不断被媒体精准细分,被细分的各个人群和代言人可以很容易地在网络空间相识相遇,达

---

[1] [英]丹尼斯·麦奎尔、[瑞典]斯文·温德尔:《大众传播模式论》,祝建华译,上海译文出版社2008年版,第43—46页。

[2] 苏向红:《当代汉语词语模研究》,浙江大学出版社2010年版,第80页。

成目标共识,很快凝结成具有一致目标的行动力量。而凭借网络生存的新媒体更是自然而然地成为当代汉语模因得以高速生产和传播的有效载体,模因宿主对语言信息的反应、反馈又成为强势模因生成的有力推手,宿主具备的语言生产能动性推进了模因的传播。

再次,网民语用心理的驱动使模因得以自如创造、运用和传播。当代模因可以满足语用主体的求同、求新、求异心理。苏向红认为:"人类具有一种模仿他人行为的天然的冲动,这也是进化过程中的产物,是与生俱来的。"[①] 从模因自身的特点来看,模因的流行特点既满足了人类"喜新厌旧"的心理,也满足了"触类旁通"的语言尝试感,这种满足得以实现的基础是模因的原有基质与人类社会认知的适度匹配,从而形成了模因独有的语汇生成方式。

第四,当代模因的广泛运用体现了语用主体的求简心理。言语交际是人类特有的一种有目的、有意图的活动,它所要传递的是交际者的意图,是特定的信息。"求简"是人们在言语交际活动中,语用主体"付出尽可能小的努力去获得尽可能大的认知收益和信息收益"。[②] 语言作为社会变迁的反射物,一旦网络上出现具有某种特定意义的事件、现象、概念,网民的心理需求和语言表达就会产生不协调,解决这种冲突的手段就是发挥创造力,网民制造流行又经济的语汇,既满足自己的创造感,也可以拥有群体认同感。另一方面,在微文化和"快餐文化"的熏染下,网民愈发倾向简洁的表达形式。"老虎"作为一个双音节的短词,具有内涵丰富、信息量大、短小精悍的特点,得以在人们记忆中保留。一旦需要,人们就可以从记忆库中调取出来,进行新一轮的复制、扩散和传播。

第五,网络信息传播的快捷意味着语言模因生产与模仿、传播

---

① 苏向红:《当代汉语词语模研究》,浙江大学出版社 2010 年版,第 80 页。
② 同上书,第 84 页。

第六章 模仿无涯

与交换的概率更大，网民间的言语模仿愈加频繁，因而网络语言"模因库"的规模也不断壮大。网络成为模因保存、复制、模仿与传播的有力工具。网络空间中模因复制速度快、精准模仿比高、传播效率高。语境是模因生长与传播的重要摇篮，网络语境是强势模因传播的原动力，重复和类推则是强势模因的基本生存机理。"老虎"成为超级强势模因的内部动因在于模因宿主对模因的出现、选择和传播扩散起到一种干预作用和控制作用。

第三节 传播力：表情模因的生成与传播

互联网改变了人类生活，也改变了人们的语言表达。网络表情符号是人们在网络交流时经常使用的一种肖似符号，是网民交流的情感载体。"网络表情符号省去了人们大篇幅的话语，只用一个或几个简单的表情符号就可以很简洁明了地表达人们的想法和微妙感情变化，避免了枯燥、冗赘。"[①] 表情符号模因的"实用性、娱乐性、易用性及简便性"[②] 更为使用者所喜爱。

一 网络：模因孵化器

网络模因具有传播渠道便捷、网络语境灵便、模仿技术成熟、传播工具易用等优势，网络成为了网络模因生长的孵化器。网络模因传播内容的丰富性创造了成功模因的"模因环境、物质环境、基

[①] 李佳：《模因论视角下的网络表情符号流行分析》，《齐齐哈尔师范高等专科学校学报》2015年第2期。
[②] 叶韵芝、金兼斌：《表情符号在即时通讯中的采用研究》，杜骏飞、黄煜主编：《中国网络传播研究》，浙江大学出版社2008年版，第123—137页。

因环境、人类心理学、模因内容"五因素①语境。任何网民接触到网络语言,总是要有一个接受过程。网民先有了思想上的认识、接受和模仿,而后就会借助网络媒介模仿性地介入传播活动,进入一个从惊愕转向好奇——由好奇转向参与——从单一转向复杂——从机械使用到灵活变造的过程。塔尔德认为"模仿犹如声波会在一个完美的弹性介质里刹那间传播开来"。②网络恰好就给网民提供了这样一个完美的"弹性介质",网络作为弹性介质导致网络语言模因或模因复合体活跃异常,具有着强大的传播生命力。

表6-3　　　　　　网络语言使用频次汇总表

大类	N（条数）	合计 N 的（%）	极小值（使用频次最低词条使用次数）	极大值（使用频次最高词条使用次数）	均值（所有词条使用次数平均值）	合计（使用次数合计）	总和（%）
表情符号	1499	16.7	3	100000000	35860497.78	53754886164	29.7
社会语用	2716	30.2	8	100000000	28230825.17	28054921175	15.5
缩略	967	10.7	17	100000000	26734590.99	25852349496	14.2
谐音类	1244	13.8	2	100000000	20491790.78	25491787741	14.1
词义转换	804	8.9	7	100000000	8624594.51	17314173990	9.6
其他类	363	4.0	11	100000000	31899831.37	11579638775	6.4
语码混用	263	2.9	52	100000000	20608780.85	5420109364	3.0
造新词类	332	3.7	26	100000000	15659209.83	5198857663	2.8
外语词汇	190	2.1	14	100000000	23613670.02	4486597305	2.5
修辞类	582	6.5	15	100000000	5583616.7	3249664926	1.8
网络语法	40	0.4	1430	100000000	19702380.75	788095230	0.4
总计	9000	100.0	2	1100000000	237009788.75	181191081829	100.0

（说明：本表中的强势模因按照百度搜索使用频次总和的百分比排序）

在本著作的自建语料库中,表情符号模因数目居第二位,计

---

① Distin, K., *The Selfish Meme—A Critical Reassessment*, Cambridge：CUP, 2005：67.
② ［法］加布里埃尔·塔尔德、特里·N. 克拉克：《传播与社会影响》,何道宽译,中国人民大学出版社2005年版,第150—151页。

第六章 模仿无涯

1499条，百度检索使用次数高达53754886164次（百度搜索结果，2016年10月30日），占总语料使用总和的29.7%。数据显示，表情类网络语言使用频次很高，"由其生成的模因往往演变成强势模因，表情符号模因具有强大的生命力、感染力、模仿力和传播力"。[1]

二 表情符号模因的前生来世

(一) 表情符号的表征

《MIT认知科学百科全书》对模仿的解释是有关研究"揭示了新生婴儿具有模仿表情的固有能力"。[2] 可见，表情符号是人类交往的重要手段之一，英语语言也不例外。全球语言监测机构负责人保罗·裴亚克（P. Payack）指出："英语词汇以及字符正以令人惊异的速度增加。这些字符包括表意文字或象形文字，可被称为表情符号。"[3] 事实证明表情符号早已跨越了国境，成为国际通行的情感表达符号。网络传播主体的缺场"有可能削弱传播的直接性"，[4] 那么表情符号就成为适应网际在线交流模式出现的一种图像性符号。[5] 表情符号作为网络人际交流的一种重要方式，也成为了人际交往的重要模因家族成员。表情符号元素间的组合并没有固定的"语法"，往往具有童稚性、独创性和仿拟性。其独创性表现在对表情符号的自我创意方面，例如，用键盘符号创造的众多表情符号：

---

[1] 曹进、靳琰：《网络强势语言模因传播力的学理阐释》，《国际新闻界》2016年第2期。
[2] Wilson, R. A. & Frank C. K., *The MIT Encyclopedia of The Cognitive Sciences*, Shanghai: Shanghai Foreign Language Education Press, 2000：389.
[3] 沈姝华：《2014年度全球热词榜出炉心形符号居首》，http：//gb.cri.cn/42071/2014/12/30/7831s4823874.htm，2014-12-30。
[4] 彭兰：《网络中的人际传播》，《国际新闻界》2002年第3期。
[5] 赵爽英、尧望：《表情·情绪·情节：网络表情符号的发展与演变》，《新闻界》2013年第20期。

（21）标点符号：:）笑　:（哭　^_^ 微笑

（22）字母＋标点符号　:－D 吐舌头笑　:D 大笑 :－O 张嘴大笑

（23）标点符号＋插入符＋省字符（^_^）/~~ 掰掰 ~(ˇˇ)不以为然

为了满足网民的需求，输入法商家找到了几种更为便利的表情输入方法，例如：在键盘上输入表情符号":)"，该符号就会自动转换为一张笑脸😊。如果在键盘上输入汉字"笑"，工具选择栏上就会出现笑脸😁。

表情符号的童稚性表现在各类输入法和技术通信工具开发的表情包中。以微信表情包为例，除了人物表情包，还包括许多以动物形象开发的具有童稚情趣的表情包，诸如："家庭表情"、"群聊表情"、"欢乐兔"、"奶胖鸟"、"想念熊 life"、"兔斯基"、"莫尼"等等。

自从人类进入了文字时代后，人类语言就变得愈加抽象，网络表情模仿是网民为了表达新内容、展示新蕴意开展的文字具象化和表情化改造，这种改造沿用网民熟知的表情，努力使文字表达产生出带有更多情感表达的新意义。表情符号的恰当运用对于融洽气氛很有帮助。表情符号的仿拟性集中表现在面部表情和身体姿态中，网络交际主要包含静态表情、动态表情、文字加静态表情、文字加动态表情四种形式。例如：

（24）纯静态：

（25）纯动态：

第六章 模仿无涯

（26）文字加静态表情：

（27）文字加动态表情：

在口语符号系统中，人类的情感活动依赖于有声符号系统中受话人的听觉与视觉感官系统来感受。在网络传播中，语言符号无法将人全部的感觉和内心活动表达出来，为了弥补情感缺失，寻找文字符号之外的途径就成了一种必然。表情符号借助种种符号对所表达的内容起到加重语气、强调或融入情感的作用。表情符号是一种像似符号，主要是网民利用计算机键盘字母键、数字上下键、箭头键、编辑软件内置的插入符、省字符、静态/动态表情包、输入法的字符画以及网民自创的种种符号进行不同组合，甚至解构汉字偏旁部首实现表情传达。在网络与多媒体时代，网民利用界面、链接与交互技术实现了"文象关系替补性……借助于交互性符号手段，人们将听说和手眼等协同动作，采用多通道，以自然方式交互。这似乎又回到了史前的文象、象象交互的人类仪式时代，但这仅仅是一种仿拟"。[1]

（二）表情符号的特性

甘布尔认为由于受到人际交往、情感需要、面子保护以及技术和语境等多种因素的限制，非语言传播具有以下作用：补充或完成信息、否定信息、替代信息、强调信息以及调节信息。[2] 网络非语言传播符号具有以下具体功能：

首先，表情符号具有辅助解释性。从甘布尔的理论中我们可以

---

[1] 孟华：《文字论》，山东教育出版社2008年版，第78页。
[2] ［美］特里·K.甘布尔、迈克尔·甘布尔：《有效传播》（第七版），熊婷婷译，清华大学出版社2005年版，第116页。

217

推论出网络表情符号的基本功能。表情符号是非语言的信息符号，是辅助网络人际交往的特殊工具。表情符号是对语言符号的补充、解释和说明，通常和语言符号一道发挥交际作用。网民根据人生知识、感觉与经验对表情符号进行解读，个人解读构成了一种"解释场域",[①] 在这个场域里，表情符号与文字符号共同锚定意义。文字符号的抽象性需要借力表情符号，辅助说明文字符号表达的情感缺憾。第二，表情符号具有跨空间性。语言文字具有索绪尔所说的"地理差异性"，但是表情符号则有利于消除这种差异。表情符号成为虚拟空间"人缘最好"、最易理解、为人喜爱的符号。表情符号既依赖文字，又独立于文字本体，超越了语言界限，成为虚拟世界最流行的性感表现符号。第三，表情符号更具传意性。网络表情符号以情感符号、表情符号、肢体符号、背景符号帮助网民传情达意。这些精心构思创制出的符号营造出了虚拟的人际交往氛围，填补了网络人际传播中情感交流的裂隙，消解了交往主体不在场的冷漠感，增强了文字的传播效果，进而产生了类似"面对面"式的近距离传播效果，目的是让"不在场的主体成为虚拟在场，增强了网络人际传播中的真实性"。[②] 第四，表情符号具有易产性。计算机、键盘、输入法、鼠标、显示器、网络、网络技术共同构成了表情符号生产的便利语境和创作条件。网民自创表情符号是一种潮流，如果不会创作，也尽可模仿他人创作表情符号，抑或直接使用现成的表情符号。

　　网络人际交往、网络语境、技术语境、情感表达合力促使表情符号成为网络强势模因。易于加工、便于理解、容易使用也是这类模因受人追捧的社会缘由。

[①] 徐恒醇：《设计符号学》，清华大学出版社 2008 年版，第 48 页。
[②] 王顺玲：《网络语言的符号学阐释》，《外语电化教学》2008 年第 2 期。

第六章 模仿无涯

三 表情类强势模因传播力解析

(一) 表情符号模因：助力视觉的放大镜

视觉文化的特征表现为"图像化、情感化、游戏化、欲望化、数字化、模糊化、去中心、去权威"。① 在后现代的文化中，"视觉图像与言语文字之间的文本间冲突与互补开辟了人类思维和交往的新时代：图文时代"。② 电子表情符号是网络视觉时代的必然，而视觉符号之"便利之处就是唤起对方的直接心理感受"。③ 在网络多媒体语境的激励下，网民生产出了无数静态或动态表情符号，甚至网民或技术机构还生产出"文字+表情"的超级符号，这也说明"不同媒体符号的编码原则或符号化方式能够互相转化，彼此沟通"。④ 在网络读图时代，各种媒体纷纷以视觉奇观吸引受众的眼球：演播厅美轮美奂，演出服精美绝伦、主持人皆为帅哥美女，影视剧、综艺演出一概配上字幕解说，网络人的视觉越来越发达，而听觉则让位于视觉。更多的时候，与其说是"听"，不如说是"看"。

网络表情符号的出现是"聊天主体的亲近性、个性化表达要求的结果"。⑤ 网络聊天中表情符号的形象性优势容易产生视觉冲击力，容易引起受者注意力，被宿主关注是一个模因能否成功的基本条件。为了弥补网络交际中的缺憾，浩若繁星的笑脸符号已成为互联网交流的通用符号，人们的网络交往也迈入了制造表情符号来表情达意

---

① 曾庆香、张楠、王肖邦：《网络符号：视觉时代的交流》，《四川理工学院学报》（社会科学版）2008年第3期。
② 金元浦：《视觉图像文化机器问题域（代总序）》，于德山《中国图像叙述传播》，山东文艺出版社2008年版，第4—9页。
③ 曹进：《网络语言传播导论》，清华大学出版社2012年版，第135页。
④ 孟华：《文字论》，山东教育出版社2008年版，第52页。
⑤ 杨小卫、曾立英：《网络聊天语言中的网络符号研究》，《湖南大众传媒职业技术学院学报》2005年第5期。

的阶段。曹进、靳琰如此分析电子表情符号模因：

> 表情符号模因由于形象生动，意义简单，便于模仿，网民就会选择这些模因，进而保持并传播出去，加强了这类模因符号的传播力。它们便于模因宿主接受，实现了"同化"，便于记忆，实现了"保持"；利于表达心声，实现了"表达"功能；宿主随时都将其用于网络交际中，最终实现了"传播"。网络上广泛使用的表情符号与肢体符号，简化了人们交流的语言，也弥补了网民在网络交际中由于主体"缺场"的表情交流。[①]

人类交流无法仅仅依靠纯语言或纯文字开展，表情、姿态、音响等非语言形式构成的"表现性"符号在人类交往中具有极其重要的作用。在人类交往的历史长河中，"表现性符号"构成了"一种符号性空间，它那诉诸于视觉的组织结构是活生生的情感表现符号"。[②]那么，当文字无法独立承担虚拟世界的传播任务时，表现性符号立刻介入其中，部分地接替或补足语言符号的传播功能，为传播找到一个相对合适的符号。人类为某个概念找到一种适合的记号时，使用记号的能力"就会像杰克的豆茎一样飞快地成长起来，直到运用这种恰当的表现形式的能力发挥到最大限度为止"。[③] 在网民的生产与传播的接力赛中，表情符号作为强势模因的地位愈发巩固，受到广大网民的喜爱。事实表明"人的认知建立在'符号化'的基础上。网民创立种种非语言符号，就是借由视觉符号的发现、选择、组合和再生的研究和实践，实现内心情感的视觉表达，最终完成传播的目标"。[④]

---

① 曹进、靳琰：《网络强势语言模因传播力的学理阐释》，《国际新闻界》2016年第2期。
② [美] 朗格·苏珊：《艺术问题》，滕守尧译，南京出版社2006年版，第43页。
③ 同上书，第109页。
④ 曹进：《网络语言传播导论》，清华大学出版社2012年版，第133页。

（二）表情符号模因：消除隔膜的"电热毯"

网络表情符号是为了"适应网际在线交流模式出现的一种图像性符号"。[1] 表情符号是一种对现实人物表情的模仿，它"有形无音"，是一种可心领神会的、简单形象化了的符号，对网络人际交往具有补充说明的功能。因此，"从符号学理论出发，这种表情符号具备一般符号的特征，即替代性：用一种可替代物替代另一种可替代物，它们之间不存在诸如语言中任意结合、约定俗成及互相依存的特性"。[2] 表情符号可以调动视觉形象引起的各种感受，使受众体验文字话语中潜存的情感世界。[3] 网民觉得不便、不想或不宜用口头语或书面语表达思想情感之际，表情符号就以它创设的独特境语开始表情达意。[4] 表情符号模因的传播主要依赖于技术的进步，这些符号模拟人物的脸部表情和肢体动作，在枯燥的文字传播中，显现出一抹情感色彩，成为网络传播中间接含蓄的情感表达方式。例如：

图6-3　"我想见你"图示

"语言的替补物中最主要的是视觉媒介和具有'可视性'的符

---

[1] 赵爽英、尧望：《表情·情绪·情节：网络表情符号的发展与演变》，《新闻界》2013年第20期。

[2] 纪丽宏：《从语言符号论角度谈"网络语言"中的非语言符号》，《现代语文》2006年第7期。

[3] 黄春平：《论网络聊天中的脸谱符号》，《新闻大学》2004年第2期。

[4] 李峻：《态势语言地位论》，《求索》2001年第2期。

号。"① 一旦语言符号的抽象性开始影响传播时，非语言符号便开始"在场"，以补充和丰富网语符号表达的情感缺憾。表情符号是一种形象直观且简约生动的情感表达方式，个性鲜明，从某种意义上说比文字符号更富有表现张力。这种虚拟的表情符号或肢体符号能够有效地帮助人们传情达意。这些精心构思创制出的符号模因有利于营造出轻松幽默的网络人际交往氛围，可以为虚拟人际传播情感增温。网络表情符号"经历了从字符到图形、从静态到动态、从无声到有声的发展历程，成为一种新兴的网络艺术形式广泛存在于当前几乎所有的网络人际传播过程中"。② 众多的表情符号成为网络语言模因的重要来源。

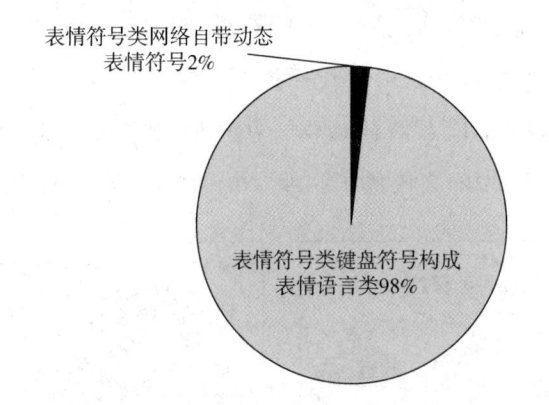

图 6-4 表情符号主要来源比例图

根据本著作的语料库统计，"表情符号"的来源主要分为两类：一是"键盘"符号构成表情语言模因；二是"网络自带"表情语言模因。第一类占比高达 98%，第二类仅占 2%。这说明网民在表情符号生产和传播方面具有很高的自产性。

然而，表情符号模因作为人际关系的"升温计"并非亘古不变。

---

① 孟华：《文字论》，山东教育出版社 2008 年版，第 49 页。
② 王芳：《网络表情符号的数字化程式创造及其审美接受》，硕士学位论文，哈尔滨工业大学，2010 年，第 1 页。

第六章 模仿无涯

物极必反同样适用于表情符号模因,例如,原本增加网络人际热度的笑脸"☺"曾受到网民的喜爱,成为网民交往中的强势模因,但是,"☺"表情符号的滥用又使其从强势模因转化成敷衍人际交往、令人厌恶的"弱势"模因。

(三)表情符号模因:人际交往的"维持剂"

表情包实质上是以社交为核心功能的文化创意产品。文字相对枯燥,难以准确地表达交流双方内部或外部情感,同样的语汇在不同的人看来可能会有不同的解读,对话过程中难免造成误解。在网络社交中,表情能更精准地表达情绪、更好地传递情感温度。有趣亲切的表情符号可以优化网民的聊天体验。好用实用的表情符号或表情包会让受众百玩不厌。"斗图"与"换图"成为网络社交中网民与他人建立联系的一种手段,可以拉近交往双方彼此的心理距离。此外,表情包还有宣泄内心情感的功效。在现代社会里,学习、生活、工作、就业、住房、婚姻等种种压力蜂拥而来,在自然语境中,每个人不得不表现出"正人君子,彬彬有礼"的样态,但是在寄生于虚拟空间中的微信通常是熟人的群,网民就可以利用这样的空间进行情感或情绪的宣泄。宣泄让他人了解了自己内心的情绪,也是拉近了与他人的情感距离。

> 表情包的形象或萌或贱或逗比或好玩,用起来很顺畅,让人心情愉悦本身就可以拉近双方距离了。加上如果对方愿意用好玩幽默的表情会让自己倾向于相信对方本人也会是一个随和容易亲近开得起玩笑的人,自然而然就拉近了心理距离,能更好地维持关系。平日里严肃的人如果用几个逗比或者萌贱的表情也会让人觉得好接触得多。[1]

---

[1] 不重名的 ID,微信表情商店产品分析,http://www.jianshu.com/p/6a57dd225b5f,2016-10-19。

表情符号模因是图像，能指与所指关系简单清晰，接受者容易理解，反复模仿、复制和传播也不会变形，具有较高的"保真度"。随着表情符号的推陈出新，网络人际交往面的扩大，新的表情符号模因不断加入网络表情模因家族，网民会自觉不自觉地频繁使用表情符号，实现了模因的"多产性"。网民持续使用表情符号模因，使得模因的"长久性"明显凸显出来。微信表情包提供的动态"李雷和韩梅梅"系列表情符号因其"表情+肢体动作+网络流行语+恶搞英语翻译"搞怪表达在青年网民中广泛传播，形成了系列强势模因复合体。

"李雷和韩梅梅是人民教育出版社20世纪90年代的初中英语教科书里的两个主要人物。"[①]"李雷和韩梅梅"作为课本角色，被学生群体和社会所接受，作为模因进入了同化阶段；被同化后的"李雷和韩梅梅"被保存在人的记忆中，进入了模因的第二个阶段；2005年，互联网上出现了集体回忆"李雷和韩梅梅"的相关内容，表现出了网民的怀旧情结；2008年，《南方周末》读者从社会学的高度对"李雷和韩梅梅"忆旧热潮再次高涨；2010年，话剧《李雷和韩梅梅》在北京朝阳文化馆正式上演；2011年，《李雷和韩梅梅》首次亮相中央电视台的首届网络春晚；2012年初，短片《李雷的2012》问世；2013年，《李雷和韩梅梅》被搬上电视荧屏，2017年，电影《李雷和韩梅梅》公开上映。一系列文化活动不断在为"李雷和韩梅梅"模因加温，进入了模因的第三个阶段；2016年以"李雷和韩梅梅"命名的表情包通过微信实现了广泛的传播，一如"贾君鹏，你妈喊你回家吃饭"怀旧式的语句点燃了众多网民的怀旧情结和儿少时的珍贵回忆。

"李雷"、"韩梅梅"这两个普普通通的名字，具有了网民的长期

---

① 百度百科，李雷和韩梅梅，http：//baike.baidu.com/，2016-11-21。

第六章 模仿无涯

图 6-5 微信表情包中的李雷和韩梅梅

记忆——长寿性，诸多文化产品围绕这两个人物进行——多产性，每一次的复制均未脱离"李雷"、"韩梅梅"——精确复制性，由此"李雷和韩梅梅"成为一个超级强势模因流行于社交媒体和网民交往中。

表情符号模因在网络人际交往中具有模仿便利、消除冷漠、易于推广等功能，容易变成强势模因，出现的网络通讯场域包括"新闻评论、微博发帖、各类贴吧，私人邮件、虚拟社区、网购评价、网络游戏、餐饮评论、微信/QQ交流、博客跟帖或转帖、手机短信等网络空间"。[①]

---

① 曹进、靳琰：《网络强势语言模因传播力的学理阐释》，《国际新闻界》2016 年第 2 期。

本章小结

人类的文化传承、语言传播、技术发展、社会进步无不是模仿、复制和传播的结果。某个或某些语汇如果试图要成为强势语言模因，就应具备三个特征：长寿性、多产性和精确复制性。复制能力强、传播范围广、存活时间长的模因就会转化为强势模因。集众多媒体优势于一身的互联网聊天活动，就成为模因复制、模仿、传播的一种超大型"模因复制器"。模因可以借用宿主模仿、复制和传播，也可以通过重组方式构成新的模因。模因要成功传递，媒介不可少，网络媒介成为模因传播的主要途径。多年来"老虎"既是一个社会流行词，也是一个网络热词，更是一个成功的、引人注意的强势模因，因为有了网络媒介，语言感染现象越来越频密，自然语言与网络以语言彼此交叉，相互合力，制造了一个个成功传播的强势模因。成功的模因通过基因型传播和表现型传播，使得模因模仿、复制和传播更加有力，它们穿透了一个个模因库，成为语言模因大家族的新成员。

网络模因与社会模因相比，更容易被受众模仿、复制和传播。网络作为弹性介质导致了网络语言模因与模因复合体活跃异常。科技简化语言符号，又使语言符号回归图像，网络传播创造了表露心情的网络象形符号。表情符号元素间的组合并没有固定的"语法"，往往具有独创性、童稚性和仿拟性。表情符号具有以下特性：辅助解释性、跨空间性、传意性以及易产性。表情符号是网络视觉时代的必然产物，表情符号模因成为助力视觉的放大镜、消除冷漠的电热毯、人际交往的粘合剂。

第六章　模仿无涯

就传播途径而言，网络传播模因是理解网络海量信息，特别是网络语言传递途径的根本。只要两台计算机同时接入互联网，信息便开始传播，网语模因就可以得到迅捷的复制、模仿和传播，正如平克（S. Pinker）所言，"透过句子，你脑海中的意念，穿越时空进入另一个人的脑海中，反之亦然"。[①] 把网络语言放在网络使用者和动态语境中考察，并对其制约因素进行分析，可以清晰地看到网络语用意义和话语结构的变化，并发现其中的发展逻辑。

[①] ［美］史迪芬·平克：《语言本能——探索人类语言进化的奥秘》，洪兰译，汕头大学出版社2004年版，中文版序第10页。

第七章

语言无羁

——网络影响思维与感知的逻辑路径

> 世界的特殊的、可感知的属性对应于我们五种感官的每一个感官。我们的世界是可见的,因为我们有视觉;我们的世界是可听到的,因为我们有听觉,我们的世界是可触知的,充满气味和味道,因为我们有触觉、嗅觉和味觉。
>
> ——汉娜·阿伦特（H. Arendt）[①]

互联网时代的本质特征就是互动、联结、网络。互联网思维本质上就是符合互联网时代本质特征的思维方式。互动的本质是民主而不是独占,联结的实质是开放而不是封闭,网络的本质是平等而不是层级。互联网的前进方向就是把整个世界变成一个任意互动、无限联结的网络体,使世界成为一个信息联通的地球村。网络媒介及其衍生品的发展持续改变着网民的思维方式,也影响着网民听、说、读、写的方式。互联网的普及与日臻完善为网民提供了自我表

[①] [美]汉娜·阿伦特:《精神生活·思维》,姜志辉译,江苏教育出版社2006年版,第56页。

第七章　语言无羁

现、接触信息的机会以及相互交流的便利，并由此引爆了一场语言和传播革命。随着计算机网络的进步与发展，网民的思维得到了空前释放，作为与思维共变的语言也摆脱了原有语言的羁绊，开始了言语的自由生产、任意组合和无羁传播。网络语言形态迥异的形式、隐喻意义丰富的表达以及思想的飘溢形成了"思想无羁"，而"思想无羁"又造就了言语表达方式的多维指向——"语言无羁"。在网络语言的海洋中，许多语汇、表达、段味、心情等等在现实世界里是无法找到对应概念或表达的，其实"任何一种语言都没有思维活动所需的现存词汇；所有的语言都需要从最初必然对应于感官经验或日常活动中其他经验的词汇那里借用思维活动所需的词汇"。[1]正如阿伦特所言："思维不仅仅需要有声的语言，而且也需要能显现的语言；思维需要这种语言来激活。"[2] 在计算机、网络、输入技术、媒介技术与网民的合力共振下，人类的思维空前活跃，语言的生产能力也空前提高，网络对人类的听说读写能力产生了巨大影响。

第一节　网络影响思维的逻辑轨迹[3]

美国学者波斯特认为"信息方式的出现，以及其电子媒介的交流系统，改变了我们思考主体的方式，也带来了改变社会形态的前景"[4]。波兹曼（N. Postman）在《娱乐至死》中提出的"媒介即隐

---

[1] ［美］汉娜·阿伦特：《精神生活·思维》，姜志辉译，江苏教育出版社2006年版，第111—112页。
[2] 同上书，第133页。
[3] 本节主要参照论文"语言无羁：网络影响人类思维逻辑之表征"（曹进、强琦，2014）中的相关内容改写。
[4] ［美］马克·波斯特：《第二媒介时代》，范静哗译，南京大学出版社2005年版，第61页。

喻"就是提醒人们要注意到不同媒介环境对思维方式的影响。① 卡尔（N. Carr）断言，传播媒介的革新会导致"大脑当中的神经回路面临着重新排列"。② 在网络传播时代，思维方式随着技术的发展进入了新的阶段，而作为思维镜像反映的语言在记录新时代语言特征的同时，既冲破了固有的思维藩篱、呈现了思维放射延展状态，也击破了元语言的规则。语言开始脱离既有规则，在语言主体的操作下，语言开始自由言说，自由发挥，变得既熟悉亲切而又陌生疏离，人类的思维方式不得不一再经历网络"洗礼"抑或进化，进而迎合信息技术的进步与语言变体的无限增殖。《新周刊》调查显示，"46.7%的人随时挂在手机QQ与飞信等即时通信软件上；45.8%的人经常用手机拍照，瞬时分享给好友；28.9%的人经常关注好友动态"，③ 人类的"半熟社会"不期然来到了我们身边。

半熟社会（很熟悉、很贴心、很相知、很意气相投、现实中不认识的人际关系）的兴起，是由于网络特别是移动互联网时代的来临，推动社会化网络大行其道，让人类有了更广泛、更多元的新型交流场所与新的交流仪式的结果。半熟不生的你我，触摸不同的生活，剥开每一个角落，解构了费孝通关于差序格局的论断，血缘、亲缘、地缘日益屈从于趣缘、业缘、聊缘、事件缘，所有这些新的"缘分"让价值观分流与重组，形成各种各样的小小群体，也在理论上挑战了格兰诺维特提出的强关系与弱关系理论。正是这种半熟关系，引领着"手机人"

---

① ［美］尼尔·波兹曼：《娱乐至死》，章艳译，广西师范大学出版社2004年版，第3页。
② ［美］尼古拉斯·卡尔：《浅薄：互联网如何毒化了我们的大脑》，刘纯毅译，中信出版社2010年版，第81页。
③ 中国网络生活价值榜推荐委员会：《人联网：2011网络生活价值榜》，《新周刊》2011年第359期。

第七章　语言无羁

向着一个没有大群、只有分化的小群的生活方式转化，也在小群的价值碰撞中形成权益的新价值——蜂群思维来了。①

蜂群思维具有四大特征：没有强制的中心控制、次级单位具有自治的特质、次级单位之间彼此高度连接、点对点间的影响通过网络形成非线性因果关系。② 网络蜂群思维的核心原因在于"我们用思想、语词和电子邮件构建了一个巨大的人工合成的'大脑'"。③ 这个合成"大脑"使网民出现了网络思维的差异性、同一性和互补性。

一　网络——人类思维的"搅拌器"

网络技术的迅猛发展彻底颠覆了传播形态。网络空间的虚拟与真实、封闭与开放、个性与集体的特点使思维随着网络技术的发展进入了人类的新纪元。网络作为一个"胃口"很好的超级"大炒锅"，俨然成为口语思维、书写思维、印刷思维和电子思维的超级思维搅拌器。网络媒介拥有完全不同的时空概念和物理属性，网民越来越习惯于无结构的观念与非理性思维方式。网络传播的交互性和平等性突破了时间和空间、宏观和微观、历史和现实、地位与等级的限制，网民把被感知的事物发展、变化的形式和过程，用键盘数字、汉语拼音、字符画、小动画等仿真化、模拟化、形象化、现实化的方式，逼真地展现出来。促使人的思维由抽象走向具象，由整体趋向碎片，由缜密走向浅薄，由严密论证转向喋喋不休。网民的视觉能力空前发达，形象思维能力得以提高。网络不仅构建起了赛

---

① 中国网络生活价值榜推荐委员会：《人联网：2011网络生活价值榜》，《新周刊》2011年第359期。
② Truelie，蜂群思维三个关键词：群体智慧、分布式、涌现，http：//www.jianshu.com/p/04bee55648ec，2015－04－14。
③ [德] 弗兰克·施尔玛赫：《网络致死》，邱袁炜译，龙门书局2011年版，第5页。

博空间,也创造出了"人脑—电脑"互联、"自然智能—机器智能"博弈,既协调统一又矛盾角力的"超级大脑"。语言、思维、网络语言、网络思维之间的互动关系如图 7-1 所示。

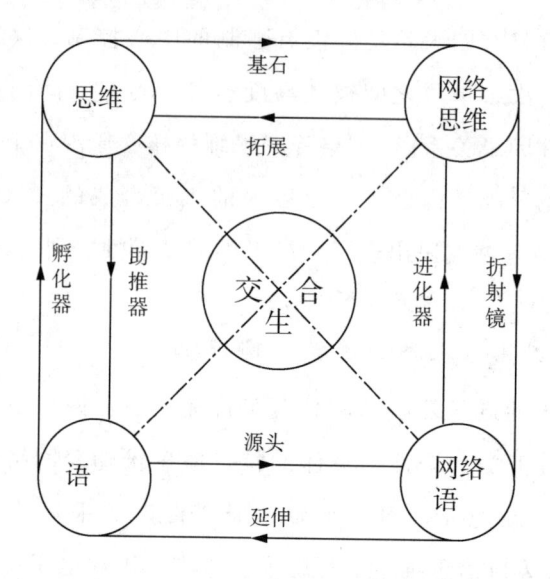

图 7-1 网络语言与网络思维的辩证关系①

互联网的好处显而易见,但它同时会给人类带来诸多困扰,诸如恶俗浅薄、网游成瘾、网络色情、网络谣言、语言暴力等等。如果我们换一种角度,则会看到网络对人类思维模式的另一种改写方式。读图时代的直观化诱导人们用"看"去了解世界,网民的思维特征则包括注意力分散,思维方式碎片化,理性思维能力不断下降。这是因为"计算机网络传播的图像性,使信息传播更接近视觉感受,图像大于概念,感觉优于意义,直接知识的快餐模式替代了间接知识的反复推敲"。②

---

① 曹进、强琦:《语言无羁:网络影响人类思维逻辑之表征》,《现代传播》2014 年第 11 期。

② 陈卫星:《传播的观念》,人民出版社 2004 年版,第 186 页。

第七章　语言无羁

网络传播对人类思维方式影响的核心在于网络使用主体如何控制自我欲望，将个人的欲望调适在一个合理的度内，调适发布信息蠢蠢欲动的欲望，实现自我人格完善和自我性格控制，不为一己私利并同时顾及网络承载客体的利益与声誉。网络技术在发展，网络空间也处于运动之中。网络对人类思维能力的影响不是单一的，而是多层面多视角的，多维视角下的网络应用能力使得人类能够趋利避害，逐渐开展自我完善，让网络最终成为一个人类的思想角力和彼此交流的有力工具。

（一）网络造就"时间陷落效应"

网络压缩了时间，也挤扁了空间。数字化复制和传播的简单特性使得"海量"信息反而缩小，受众反倒面临着"四处是水却无水喝"的信息"匮乏"境地，人类思维趋简成为一种流行化趋势。因此，美国思想家卡尔指出："互联网正在把我们变成高速数据处理机一样的机器人，失去了以前的大脑。"[1] 网民总在刷新——刷文字、刷图片、刷页面，"刷"各种自己期盼的东西，通过"刷"的动作来解决自己内心渴望找到"新奇异"的玩意儿。实际上人们刷新的核心是自己的思维方式。思维趋同、心不在焉、失去耐心在某种意义上都与信息"核爆炸"有关，起初表达感情温度的"呵呵"、"哦哦"、"嗯嗯"在当下都成了人际交流的敷衍语汇。网络信息之多使人类沉浸在信息化波涛中，信息冗余让人烦恼，信息缺失又使人焦虑。点与点链接的网络使人们逐步丧失了深刻阅读的能力和理性思考的能力，会话窗口和刷新行为将我们的思维割裂成宛如一地鸡毛的碎片。登录、链接、蜂鸣成为日常生活工作的慰藉；数据、流量、Wi-Fi成为网络日常生活的关键词，不能联网的恐慌或寂静的手机

---

[1]　[美]尼古拉斯·卡尔：《浅薄：互联网如何毒化了我们的大脑》，刘纯毅译，中信出版社2010年版，第15页。

233

经常使人焦虑不安。我们自认为是互联网的主人，但常常被网络所奴役，"没电"、"没 Wi–Fi"、"没信号"常常令人心悸，陷入被信息抛弃的惴惴不安中。错过信息的惊恐和信息消费的压力会将我们吞噬。网络时代，人服从于机器思维的权威统治。人类的思想会逐渐散逸，依附在电脑键盘上。

（二）多任务处理导致"网际迷航"

网络不断改变人类的阅读方式，人类逐渐变成简单的信息"解码器"，跳读、略读、速读成为新的阅读习惯。人类专注地进行深度阅读时所形成的理解力、分析力以及联想空间在很大程度上都流失掉了。网络的技术特征扭转了人的思维逻辑——口语逻辑与键盘逻辑联手衍生出的点击逻辑，使书写成为一种渐行渐远的学习或工作方式。网络时代的"速食"文化高于一切，"点击逻辑"下的发散性思考，培养出网民一心二用乃至多用的思维习惯，造成"多焦点"式的注意力涣散。在虚拟空间，网民同时打开几个网页、QQ 的"嘟嘟"、微信的"滴滴"、微博的"嗡嗡"、购物的"亲"成为网民虚拟在场的表征。所以，有网民抱怨：

（1）各种群、各种圈，还有邮箱、电话、短信、微信，手机一会就响一下，人一如木偶，被多个线条控制，联系途径越多，身上的线越多，剪不断，理还乱。

网民的习惯是在查阅、浏览、社交、购物、猎奇、围观等行为中同步跳跃，"网际迷航"成为网络新生活的常态。作为"刷新"命令的执行者，F5 键成为电脑键盘上寿命最短的功能键。快捷思维孕育出了"微"思维，二者联手促使人们双手翻飞，错别字、病句、加花语言、火星文、表情符号成了网络言语交流的"标配"。

第七章 语言无羁

（三）搜索引擎诱发"失忆症"

对于普通网民而言，在浩如烟海的网络信息流中寻找真正有用的信息并非易事。搜索引擎解决了网络资源整合或融合以及提高效率等问题。但是，对于搜索引擎的过度依赖使得不思考、不记忆成为普遍习惯，诱发了集体的"失忆症"。网络时代的"博闻强记"造成了三多三少："博闻"多了，"强记"少了；存储多了，记忆少了；浏览多了，思考少了。缓存、闪存、硬盘、移动硬盘、固态硬盘、软盘、光盘均成为帮助人类记忆和存储的得力工具。网络成为了人类记忆的"副脑"，对搜索引擎的依赖，人类渐渐失去了原本固有的积极思考、深入分析以及记忆的乐趣。网络的知识查询、检索和存储助长了人类大脑记忆的惰性。人类大脑貌似减少了记忆的负担，代价是大脑退化了。因而有了网民如下谐趣说法："你知道的百度知道，你不知道的百度知道，百度知道的你不知道。"所以，微信、微博等微言微语使网民的关注力更加散乱，生活更加碎片化。网络化的机器翻译更是让人陶醉。大脑的进化速度无法与信息和数据增殖的速度保持同步。"马伊琍体"、"淘宝体"、"凡客体"等"××体"的大热背后是思维趋同。随着电视剧《后宫·甄嬛传》的热播，观众们在观看电视剧的过程中，为人物不急不缓的语调，不惊不乍的口气所倾倒，在细细品味这古诗风韵之余，纷纷效仿电视剧中人物的台词和文风。"甄嬛体"在网络上迅速蔓延起来。网民接力构成了如下句式：短语+短句+但……，"说人话"！

（2）A：臣妾方才在《考前精练》上看到一道题，出法极是诡异，想着若是这题让你来做，必可增加句法熟练度，对你的英语必是极好的。

B：说人话！

A：这道题我不会做。

网民努力的最终结果便是罗兰·巴特早有定义的"现代神话"，而日常生活中的神话就在于它提供精神满足和心灵安慰，被放大的碌碌无为获得了神圣的价值，并成为日常生活的润滑剂。网络巨大的信息量反而让受众面临信息"匮乏"的境地，眼花缭乱的信息一再重复他人的内容，重复再重复，拷贝再拷贝，制作出无数的信息"蒸馏水"。复制+粘贴替代了个人记忆，海量信息成了英国诗人柯尔律治（S. Coleridge）在《古舟子咏》中所感叹的："到处是水，却无水可饮"的倒影。

（四）网络成为语言的"膨化剂"

在网络交往中，交往双方凭借各类网络通信工具，以"脸面遮掩，身体缺席，语言在场"的方式互动，熟悉的"陌生人"成为网络人际传播的常态。网民总处于网络空间遐想变奏曲中，追赶热门和热词使网民的思维方式产生了智力的"龙吸水"，进而利用联合创造、合并记忆、放大事实的指针把网民引向一个共同的思维层面。符号的生产与消费成为民间语文合力生产信息的思维膨化剂，网民的个人思维变成了开放互动、飘忽不定和具有共同目标的集体思维。虚拟的数字逻辑导致言语主体"身体缺场"，面对面交际不可或缺的眼神、体态、语调、语气、口吻、表情等非语言符号缺失，各类表情图符应运而生，微信"李雷和韩梅梅"表情包加上无厘头的搞笑翻译，成为思维简化而语言符号膨化的代表。例如：

(3) Where is your haha point?（你的笑点在哪里？）

(4) Here we go.（嘿，喂狗）

第七章 语言无羁

网络既造就了思维的断裂，也实现了个人思维与群体思维的微妙杂糅、逻辑思维与形象思维的即时拼接，桑斯坦的"众人生产知识"在网络上表现得淋漓尽致。个人意识、集体意识与意识"散光"的角力，丰富了语言形式，但不可否认也诱发了网络戾气，灾难消费心理又激发了网络围观、网络涂鸦以及网络语言暴力。这是第九章要着力探究讨论的问题。

二 语言与思维之辩证统一的关系

刘勰在《文心雕龙·原道篇》中提出"心生而言立，言立而文明，自然之道也"。① 可见，人只要有表达内心情感和传播思想文化意识的需要，自然会用语言来表达。思想总是要有所依托的，人的内心感受总是要借助于必要的形式表达出来，语言必然成为承载思想和情感交流的符号体系。思维通过语言进行编码，把所要表达的思想按照一定的语言符号组合规则通过对语词进行筛选、加工、整合，外化为符合人们表达习惯的语言符号形式，这种显性的话语形式就是思维活动在语言形式上的具体反映。语言的编码和解码活动直接受制于思维，离开思维就无法进行语言编码和解码。语言的形式和内容无不拘囿于思维框架，语言的运用过程也常常是思维的活动过程，据此，"创造语言的思维，创造了语言"，同样"语言又转过来创造了思维"②。人类为了表达、传播的需要，创造了语言，语言进而又持续影响思维的方式和习惯。

维果茨基（L. S. Vygotsky）认为，"词义是一种思维活动"。③ 语言的产生对思维的发展起着重要的作用，在思维发展的高级阶段，

---

① 龚鹏程：《文化符号学导论》，北京大学出版社 2005 年版，第 1 页。
② 同上书，第 18 页。
③ ［俄］列夫·维果茨基：《思维与语言》，李维译，北京大学出版社 2010 年版，第 6 页。

更是离不开语言的作用,"因为语言是一种具有概括性和间接性的符号系统,它不可能不对思维发展产生重要作用",[1] 在某种程度上,语言也是决定思维的关键角色。语言和思维之间一方面有各自的特点和各自的内部发展规律,另一方面又彼此相互影响、相互作用。

三 网络语言与思维的博弈

新的视野、感觉、思想和观念需要表达者创造性地运用语言,语言主体不能禁锢在特定的思维惯性中,或拘囿于单一的情感、思维方式中,原有的思维定式需要解放。网络的出现铸就了新的语言变体——网络语言,网民以后现代文化的操作方式,对语言进行了去中心创制,使语言边界不断延伸扩大,继而思维方式冲破了固有思维模式的藩篱,重构了思维的边界,使其呈现出形象与抽象、创新与趋同、逐简和趋繁、结构与解构等二元对立统一特征。

(一)形象思维与抽象思维共在

在文字产生之前,先民观物取象,图画和记号创立了原始文字的基本形状,逐渐进化的象形文字介入了人类的生活,由图像、记号到象形文字,体现了人类早期的形象思维。先民为了书写的方便,逐渐把"图画性很强的字符改为比较平直的线条,使字符的象形因子慢慢衰退、抽象表意因子逐渐增强"[2],象形文字最终转化为如今抽象的语言文字符号系统,词语和概念等"抽象化的表达方式和系统性、逻辑性的内容诉诸人们的认识、想象和理性思考"。[3]

---

[1] 肖少北、张文香:《语言与思维关系理论述评》,《海南师范学报》(人文社会科学版)2000年第3期。

[2] 吉益民:《网络变异语言现象的认知研究》,南京师范大学出版社2012年版,第100页。

[3] 樊葵:《媒介崇拜论——现代人与大众媒介的异态关系》,中国传媒大学出版社2008年版,第87页。

第七章　语言无羁

网络的出现使人类语言交流场域发生了相应的变更，真实的人创造了虚拟的空间。人们不仅拥有现实物理世界的交流场域，而且还拥有虚拟的网络语境。在虚拟世界中，由于身体的缺场，面对人类需要表达的眼神、体态、语调、表情等非语言符号，抽象的语言符号系统便显得无力而苍白。这时，人们必须去寻求语言符号以外的其他手段，于是一些具有形象色彩的表情符号应需而生，这些具有象似性的非语言符号与现实常规语言符号朝着具象简易化的发展方向，重新唤醒了人类原初的形象思维。随着各种输入法的不断升级，表情图库的不断扩大，视觉化的语言呈现在人们面前，"为了强调视觉魅力，文字版面越来越强调字体的变化、线条的修饰、色彩的点缀，更主要的是插图的大量增加和图片尺寸的不断扩大，通过图片以及图片组合所形成的视觉形象，来突出视觉的冲击力"。[1] 形象性、直观性、易懂性成为网络语言的典型特征。例如："急切网"提供的火星文大全:[2]

（5）录入：我是一个好学生。"急切"软件转换后的文字视觉效果：

急切网翻译后的超拽真笔字：莪媞一個恏學苼
急切网翻译后的霸气火星字：鋨諟亠嗰ぬ泶笙
急切网翻译后的怪异火星文：偶徥1.ㄗ恏泶甡

随着技术的发展，文字时代逐渐转向读图时代。然而，视觉化语言的生成及辨认并非是一种纯粹的感知过程，而是"理性引导

---

[1] 樊葵：《媒介崇拜论——现代人与大众媒介的异态关系》，中国传媒大学出版社2008年版，第91页。

[2] 急切网，火星文字体转换器在线转换，http://www.jiqie.com/5/30/，2017-07-27。

和渗入感性知觉;知觉中的思维因素和思维中的知觉因素是互补性成分",[1]即视觉化语言的组合,分解再聚合必然经过更深层次的逻辑推理过程,"看"不再是"纯粹感性地被动接受刺激的机械过程,而是与'语言'、'概念'等有着天生的伴生关系"[2],象形的、视觉化语言意义的获取不仅需要"看"的行为,更重要的是"慎审精思",即倚重于隐喻思维。由此可见,语言的视觉化、形象化在一定意义上是语言的再抽象化,形象思维过程必然有抽象思维的参与。网民为了获得某种新奇特殊的传播效果,大量运用隐喻、转喻、比拟、借代、反语、双关等修辞手段,打破正常的语言规范,尤其是自造的一些新奇隐喻,这种新奇隐喻的本体和喻体之间没有一定的约定,隐喻的建构具有很大的随意性,本体和喻体之间规约性的理解通道断裂,由此造成喻意的摆动。网民要想成功实现隐喻意义的感知以及理解,需要充分发挥主观想象力、感悟力,调用更高的心理认知机制。随着大量新奇隐喻在网络空间中的使用,人类抽象思维的深度和广度不断拓展延伸,进入高度抽象的阶段。

(二)创新思维与趋同思维并存

网络媒介时代信息传播的遮蔽性、传播形式的交互性,使得信息传播的主体与客体都获得了空前的自由。原有的自然语言自行瓦解,开始自由变构、发挥、表达、整合、拓新、注入新鲜血液。网络语言孕育于自然语言,又超越了自然语言,语言自身的不断创新使其疆域不断扩大,从而重新构建一个传播"客体"。网络媒介给予了大众更多语言传播的主动权,使大众作为主体参与语言改造、变造、创造的势态,正在不可逆转地向前推进,使人类所有的自然感

---

[1] [匈]伊芙·特皮洛:《世俗神话——电影的野性思维》,中国电影出版社1991年版,第59页。

[2] 丁莉丽:《视觉文化:语言文化的提升形态》,《湖南科技学院学报》2005年第4期。

第七章　语言无羁

官获得了历史性的解放，大众从"读者"向"作者"的地位提升，是"网上冲浪"向"制造波浪"的身份转变，是"被动地接受信息"向"主动创造信息"的主体嬗变。[①] 网民充分发挥其主观创造性，使用自然语言里原有的形式，或将那些潜在的、沉睡的、隐匿的语言挖掘出来，加以变造，或赋予其新的意义，或重新拼合，从而创造出在形式、内容和意义上更加丰富多样的语言，其中语言符号、非语言符号、数字符号糅为一体，错别字、病句、字符画、繁体字、异体字、汉语拼音混合杂陈，汉语、英语、日语、韩语等多语交织，普通话、方言、俚语、俗语彼此拼贴，充斥着形式与风格各异的语言形式，形成了一道奇特异样的语言风景。网络语言的出现表现了网民们的创新和创造能力，网络语言有别于自然语言的这些特点更进一步地激活了网民的创造性思维。

人类发展史乃创造史，但是被人类创造出来的互联网带领我们创造语言的同时，却又在破坏创造力。互联网技术的出现及其迅速发展使语言搜索和复制变得轻而易举，海量信息只要"在 Google 上百度一下"即可获得，而人们搜索所获得的信息在指尖的轻敲下就能实现复制和粘贴，复制和粘贴成为网络时代的便捷书写方式，"Ctrl + C 和 Ctrl + V"成为网络时代人们操作键盘的最熟悉最标准的两个动作。除了语言内容的大量复制之外，语言的形式也呈现出整齐划一的雷同状态，一些程式化、公式化的结构模式，如"航母 style"以及"元芳体"等一些"微"文体经过仿拟，在网民间无节制地被复制和传播，形形色色的复制版纷至沓来，使得形式相似的能指指向类似的所指，网络语"音"、语"调"、语"气"不断指向同一，网民过度的效仿消弭了语言之间的差异性和丰富性，符号的

[①] 李军：《传媒文化史——一部大众话语表达的变奏曲》，北京大学出版社 2012 年版，第 235 页。

意义不断流失,抹煞了语言的不同风格,从而制造了一个格式化般的语言符号世界,弥散和浸透到网络空间的每个角落。语言符号的大量复制伴随能指与所指的同构性、意义的趋同性,进而带来思维的同质性。例如:

(6) 百度贴吧淘宝体(节录)
亲 妹纸有货的哦 亲 可以直接拍哦 亲。
亲可以进去哦亲
说好的果照呢 亲!!!
亲 包邮么 亲(百度贴吧·海贼王吧,https://tieba.baidu.com/p/1207350140,2011-09-11)

例(6)表明了类似"淘宝体"等"××体"仿中有创的网络语言变体,既包含外化为网民思维的言语加工的动作,同时也内化为网民思维的特征。虚拟生存有意无意地改变了网民的思维结构程序,碎片化的信息在不断抢夺网民的关注力,结果"使网络趋同思维在多样化的发散过程中形成某种统一,化为一种对'当下'与'此在'的思维敏感和洞穿,进而人们的网络思维也随着网络化的交流而趋同并不可避免地朝着表层化、不确定的方向发展"。①

(三) 逐简思维和趋繁思维博弈

对速度须臾不离的追求,使得身处信息包围中的人们,在语言的使用和交流上,越来越崇尚简约、快捷,努力减少常规语言的冗余度,尽可能简化在键盘上的操作,争取做到一"键"到位,于是网络语言呈现出超经济性变异特征,其超经济性变异主要表现为缩

---

① 曹进、强琦:《语言无羁:网络影响人类思维逻辑之表征》,《现代传播》2014年第11期。

第七章 语言无羁

略式的结构表达。首先，网民用简短凝练的语词来代替冗长烦琐的词语或句子，即用部分来替代整体，从而使语言形式更加简洁、集中、精练。缩略语的出现与迅猛发展是人类避繁就简的认知心理使然，当人们埋没于大量的缩略语时，思维方式也不断持续简化。其次，结构性思维是一种程式化、固化的结构，其"本身已经成为一种特定的思想表达，或者说，相关生活经验、思想认识和情感态度就寓于这些程式化语言模块中"，①而这种语言"将功能趋同的表达对象纳入统一结构模框，以实现功能表达统一性和语言形式最简化"。②在这样的模式中，语言结构有其确定的内涵，无需通过分析语言的结构来获取对意义的理解，从而减轻网民在解码网络语汇中的认知负担。人们长期在这种简化语言的浸淫、打磨和侵蚀下，思维认识也会因此而不断简化。互联网发出的各种刺激性噪音，同时引发了有意识思维和无意识思维的短路，"既阻碍我们进行深入思考，也阻碍我们进行创造性思考"。③互联网带来语言简化的同时，又导致了语言的纷繁复杂：首先，能指与所指的纷繁杂陈。网络语言打破了常规语言的语法限制，表现出语言符号超常规的随意性和叠加性：古语与今语、汉语与外语、雅语与俗语、宏达话语和琐碎话语被随心所欲地整合在一起，组成了各式各样话语大拼盘。④网民对这些符号重新排列组合，创造出新的能指，进而为新能指赋予新所指，一个能指往往可能有数个所指，一个所指也可以有数个能指。网民在交流时，甚至会使一个所指的多个能指同时出现，形成"超

---

① 吉益民：《网络变异语言现象的认知研究》，南京师范大学出版社2012年版，第54页。
② 同上。
③ [美]尼古拉斯·卡尔：《浅薄——互联网如何毒化了我们的大脑》，刘纯毅译，中信出版社2010年版，第129页。
④ 吉益民：《网络变异语言现象的认知研究》，南京师范大学出版社2012年版，第280页。

级能指"或"能指复合体"。① 其次，编码和解码过程的繁缛。网民在行文中大量运用繁体字、生僻字、异体字、缩写、谐音以及各种符号的杂糅，如网民苦心构思创制出的拆字式的书写形式"走召"（超）、"两座山"（出）。还有某地刮大风，网民用拆字法造出了如下表达，例如：

（7）风太大！大至我讠兑白勺讠舌者阝㔾皮口欠昔文了。

还有就是"古字新用"，如"嬲"、"嘦"、"覅"以及变体等，每个词的创造都经过了繁复的大脑编码过程，浓缩着许多新的信息或寓意。自然语言的能指与所指已程式化、规约化，编码系统和解码系统之间已形成约定俗成的通道。例如：

（8）曌（jiào）夻（gū）深　兲（tiān）嫑（biáo）跑（只要功夫深，王八不要跑）

然而在网络语言中，由于编码的极大随意性，译码者因缺乏对方的经验而难解或误解其符码信号，要读懂其蕴含的意义，就必须尽可能按照编码者的编码规则去理解，由此增加了网民解码的难度与复杂度，② 但网民并没有因此而停止对这种语言的使用，其生命力反而更强。网络语言符号形式的纷繁复杂，编码的独具匠心和解码过程的大费周折，无不展现网络语言复杂的一面，网络语言集简约与繁复于一体，思维因此也迎合了这种混合的矛盾体。

---

① 曹进：《网络语言传播导论》，清华大学出版社2012年版，第128页。
② 储小昱：《网络语言与传统语言之比较》，《安庆师范学院学报》2003年第22期。

第七章　语言无羁

（四）结构思维和解构思维角力

随着思维的纵横跳跃，"指间舞动的符号带来了永恒的联想，使网民轻易地踏上符号创新抑或符号消解的征程"。① 结构主义符号学家认为，语言是一套约定俗成的符号系统，是长期以来人们为了更好地认识世界而创造出来的符号能指与所指的关系，语言的产生是任意的，可是能指与所指的关系一旦确定，其意指关系则变得相对稳定，所指是能指关涉的确定对象，二者之间维系着一一对应的透明关系②，语言符号的组合受到严格的排序和配置规则限制，"语音上有严密的声、韵、调之间的拼合规律，词语句法上有系统的组合规则，符号的聚合也因为汉民族共同的历史记忆和文化环境而具有相对的稳定性"。③ 语言研究的规定性、结构性、有序性和单一性塑造了人的结构思维，在这一思维方式中，事物系统的诸要素便具备了系统性、稳定性、确定性和秩序性。

德里达的解构主义割裂了能指与所指的原有关联，德里达认为"所有的形式包括语言都无法准确清晰地表意，且无特定或唯一的意义，语言不是一个一成不变的稳态结构，而是一个差异系统"。④ 当下网络语言最突出的特性表现为对自然语言的解构。汤玫英的分析是："网络语言具有能指的多样性与离散性、所指的当下性与模糊性、意指的群体性与任意性、组合的自由性与聚合的开放性等特点。"⑤ 由此，网络语言的解构特质铸就了网民的发散性思维，网上的一切文字都是不确定的、碎片化的和多义的。

---

① 曹进、强琦：《语言无羁：网络影响人类思维逻辑之表征》，《现代传播》2014年第11期。
② 吉益民：《网络变异语言现象的认知研究》，南京师范大学出版社2012年版，第264页。
③ 汤玫英：《网络语言新探》，河南人民出版社2010年版，第130页。
④ 吉益民：《网络变异语言现象的认知研究》，南京师范大学出版社2012年版，第264页。
⑤ 汤玫英：《网络语言新探》，河南人民出版社2010年版，第131页。

网民对自然语言的解构主要表现在形式和意义两个方面。形式方面表现在对语音、词汇、语义、语法的解构。语音方面主要是对字音的压缩、叠加和缩略，原本需要由两个、三个、甚至多个词表达的概念压缩为一个或两个词，原有语音的组合规则被扭曲、混合或缩合；词汇方面主要表现在对原有符号的随意改造与创造、随意搭配与结合，形成新的网络词汇，这种语言的混合搭配在原有的语言规则中是不存在的，也是不可能的；语义方面主要表现为旧词新义，即解构能指和所指背离原有的约定关系，解构"使能指产生错位或偏离，或者换用新的能指，要么将所指移位，旧的所指让位于新的所指，从而形成新的符号联结，对语言系统的整齐性、规则性形成对抗和解构"[①]。其次是对意义的解构，解构主义认为意义与其说是固定的、静止的、稳定的，不如说是移动的、弥散的，它是无数文字互为参照的"痕迹"，是一种"延异"，即意义是无限延宕，开放的[②]、恒变的、流动的。

(9) Without "HER", even "HERO" is "0".

一些在传统语言中高度规约化了的语言被赋予了新的意义，意义永远处于动态漂移的离散状态。解构不仅是一种破坏，更重要的是一种重新建构，在解构中结构，网民在拆解和分离传统语言系统音、形、义的同时建构了新的形式、新的内容、新的意义、新的语言系统，结构、解构、再结构的逻辑循环变造在为语言的发展提供不竭动力的同时，也使人们的思维在结构和解构中顺利变换。例如：

---

① 蒋成峰：《网络语言的解构特性》，《语言文字应用》2006年第12期。
② 吉益民：《网络变异语言现象的认知研究》，南京师范大学出版社2012年版，第264页。

第七章　语言无羁

（10）全国精短小说大赛唯一特等奖作品：《名片》

某人在参加聚会时递上名片，上面赫然标明身份：享受国务院特殊津贴

对方问：什么津贴？

答：低保[①]

在网络空间中，语言视觉形象的回归、形式与内容的推陈出新、模式化语言的繁衍与滥觞、语言形式简化与模式化语言意义的固定化、语言形式与内容的纷繁复杂、能指与所指的断裂与重构，导致语言在这种矛盾、多样化中发展变异，语言的变化使思维方式在传承固有思维方式的同时，具有抽象与形象、创新与趋同、趋简与趋繁、结构与解构等对立统一的时代特征。可见，网络语言并非塑造平面化、表层化、无深度的思维方式，人类思维并非朝着简单化的方向发展。实质上，网络语言的多样性激发思维方式向多元化、全方位发展。

第二节　语言无羁：网络影响听觉的路径[②]

网络语言尽管主要以文字符号或非文字符号方式呈现，但是因其必须满足网民即时、同步、快捷交流的需要而具有明显的口语化特征。因此，仅仅依靠视觉无法快速、顺利地解码网络语言符号的新创意义，语言主体必须还原口语文化对听觉的依赖，拓展语言感知的途径。这是因为"人生活在话语场里，听话与说话，构成了人

[①] 百度贴吧·兰西吧，全国精短小说大赛唯一特等奖作品，https://tieba.baidu.com/p/5148767215，2017-06-06。

[②] 本节主要参照论文"网络对语言听觉感知影响之深层解析"（曹进、曹玲，2015）中的相关内容改写。

生在世的一种主要'活着'方式"①,是人类参与话语活动的重要方式与途径。"听"既是人类进行语言输入的重要途径,也是依据格式塔完形进行语言解码的重要方式。

一 虚拟场域中的"听"

索绪尔指出,"声音和概念是构成语言符号能指和所指的双面心理实体,就像是一张纸的正反面,相互依存,不可分割"②。在面对面人际言语交往中,"当我们试图说出一个词语时,大脑首先会形成一个概念并产生与之对应的声音形象(sound image),然后向声觉感知器官——声带发出刺激,从而产生与这个声音形象对应的物理声波"③。通过空气颤动、物理声波传入听觉器官,听觉器官将声音反馈给大脑,大脑与存储在脑海中的声音形象和概念进行匹配,从而确定某个词语的正确意义。此时的"听"是一个听觉感知器官对物理声波的生理感知过程。(图 7-2)

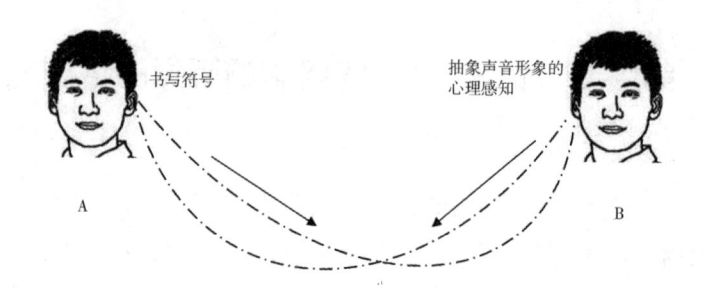

图 7-2 根据索绪尔 *Course in General Linguistics*(2001)绘制④

---

① 钱冠连:《语言:人类最后的家园》,商务印书馆 2005 年版,第 116 页。
② Saussure, F. de, *Course in General Linguistics*, Beijing: Foreign Language Teaching and Research Press, London: Gerald Duckworth & Co. Ltd, 2001: 66.
③ 曹进、曹玲:《网络对语言听觉感知影响之深层解析》,《现代传播》2015 年第 11 期。
④ Saussure, F. de, *Course in General Linguistics*, Beijing: Foreign Language Teaching and Research Press, London: Gerald Duckworth & Co. Ltd, 2001: 11.

第七章 语言无羁

在面对面的交流中，听力理解可以通过表情、手势等肢体语言予以补偿。但是，在网络语言传播过程中，"输入"成为语言符号和非语言符号呈现的主要动作，"说话人"实则是"输话人"，网民通过键盘、鼠标或触屏输入符号，"听"则演变成了听话人的视觉器官——眼睛对语言符号或非语言符号的感知以及大脑对语言声音的心理拼读或心理默诵，具象的听成为一个抽象的认知解读过程。一些网络语汇不经过朗读或默读，根本无法理解其真实意义。听话人通过视觉符号刺激，利用联想激活大脑中语言的声音，以"看"代"听"，虚拟的"听"与实际的"写"相结合，心理拼读并检索与之匹配的概念意义，最后获知网络语言的真实含义。网络逻辑使语言的"听"从声觉倚重视觉，从物理音响向视觉转变，从而改变了语言"听"的逻辑路径。图7-3说明网络环境下的"听"往往不是听觉器官对声波的物理获取，而是大脑依靠视觉判断"虚拟听"的结果和意义。

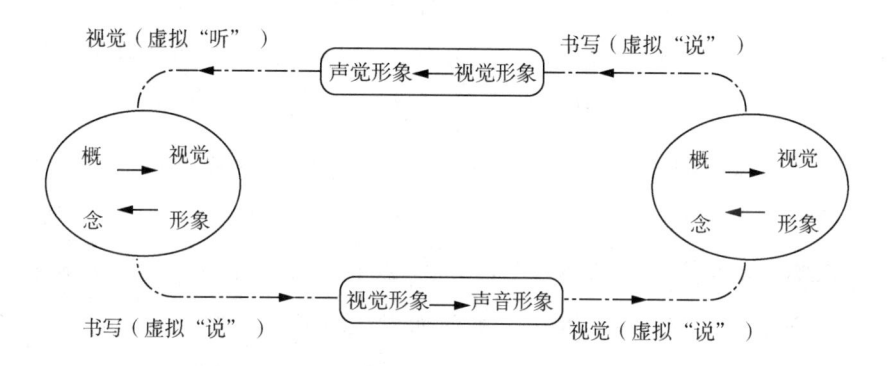

图 7-3　网络语境下的口语化书面交际过程①

网络人际交际中的诸多语气词或拟声词，就是仿拟了自然语言的声音符号，从而具备了类自然语言的活力。呈现在屏幕上的"嘿

---

① 曹进、曹玲：《网络对语言听觉感知影响之深层解析》，《现代传播》2015年第11期。

嘿"，"吼吼"、"哇哇"、"hoho"、"555"等传递的是视觉符号，只有在受话者的头脑中还原出这些词语的声音印记，进行默诵的"听"，方可感知这类词语传递的情感意蕴。这就如同我们默读一部小说，大脑需要对声音形象进行"回放"或再加工。在网络语境下，"语言'听'的方式从口耳对声波在具体物理空间中的传输和接收转变成了眼睛对视觉符号的捕捉以及大脑对抽象声音形象的心理感知和意象。"[1]

二 网络影响"听力"的逻辑

(一) 网络：人类的"顺风耳"

在日常生活中，人类的各种感官能力在信息传播中各司其职，分工协作。然而，技术手段的革新促生了新的媒介，并且以不同的方式分割和重构着各种感觉器官的表现形式，不断地重塑着人的感官能力，使人类身体所具有的传播潜能不断显现[2]。麦克卢汉的媒介延伸论再一次得到验证，即，媒介技术的每一次变革都是对感觉器官的延伸与"外化"，从而使人具有某种媒介偏向[3]。面对面的言语交流，通过印刷物等传统媒介进行语言交际时，人类主要采用"听觉负责声音"或"视觉掌控空间"的模式传递和接收信息。"听觉"可以鉴别口头交流中的声音和韵律；"视觉"则用来获取语言交流中的文字和图像。当媒介因技术革新而发生变化时，感知器官便会产生超出本能属性的感知能力，这时便出现了通感机制[4]，即感官之间

---

[1] 曹进、曹玲：《网络对语言听觉感知影响之深层解析》，《现代传播》2015年第11期。
[2] [丹麦] 克劳斯·布鲁恩·延森：《媒介融合——网络传播、大众传播和人际传播的三重维度》，刘君译，复旦大学出版社2012年版，第90页。
[3] [美] 林文刚：《媒介环境学——思想沿革与多维视野》，何道宽译，北京大学出版社2007年版，第132页。
[4] 同上书，第133页。

第七章 语言无羁

的自由互动和自愿替代,是大脑进行感知转换的一种特别机制。在这种机制操控下,"通感"主动把不同感官的感觉联结起来,通过联想等功能诱发感觉转移或移位,各个感官的感知比就会发生大小程度不等的迁移,某个器官的感知能力便会得以放大。

20世纪60年代,教育心理专家特瑞赤拉(D. G. Treychler)的实验表明,"普通人在吸收知识的过程中,听觉仅占11%,视觉的占比则高达83%。"① "我们新的电力技术以拥抱全球的方式使我们的感觉和神经延伸,它对语言的未来蕴含着巨大的意义"②,网络使人摆脱了人际交往的时空羁绊,把面对面交流的丰富元素不断融入到以技术为中心的人类传播中。虚拟环境中的网络语言还原了面对面交流的口语化特性:即时性、互动性以及对语境的依赖性。视觉器官延伸或补偿了听觉器官,由此产生了由"视觉"至"听觉"的综合感知。目前,网络媒介特殊性导致网络语言具有书写和口语的杂交特点,加之过多的"字幕"协助,更促使了人对视觉的依赖,听的能力却在悄然退化。

(二) 网络:人类的"助听器"

使用汉语语言文字是网络交际的重要手段之一。"表意汉字所具有的视觉符号性质是对其'听觉区别性弱'的一种补偿"③。孟华在《文字论》中所提出的"合治文字观"表明,"汉字是语言性和符号性的双重约定,即表音功能与视觉符号功能的统一体"④。具备同样发音和音节的"shíyóu"可以用"室友"、"石油"、"事由"、"诗

---

① Treychler, D. G. Are you missing the boat in training aid, *Film and Audio-visual Communication*, 1967: 14 – 16.
② [加拿大]马歇尔·麦克卢汉:《理解媒介——论人的延伸》,何道宽译,译林出版社2007年版,第116页。
③ 曹进、曹玲:《网络对语言听觉感知影响之深层解析》,《现代传播》2015年第11期。
④ 孟华:《文字论》,山东教育出版社2008年版,第45页。

友"、"食油"等不同的视觉文字符号表现出来。另外,汉字并非仅仅会记录语言信息,更重要的是,作为象形文字的汉字本身就具有用象形的方式直接表达概念。中国网民正是利用汉字的象形特征从生僻字中挖掘出了一些"假寐"的汉字并赋予其新意。例如,"溙"、"奀"、"骉"等网络字,原有"溙"的表音功能所传递的"溺水"、"奀"通假"天"、"骉"传递"叫"的意义消失了,通过视觉补偿所理解的是其形象化的表意内容,即"发水帖的水军"、"王八"和"喧嚣"之意。

另外,网民对各种网络符号混搭,将汉字、外语、数字、图片、表情包等通过各种组合,形成拟声、仿音或谐音表达,眼睛参与到"听"的活动中,将真实的"看"与虚拟的"听"有机结合起来,并且向听觉靠拢。原本"听说一体"的组合变成了"视听组合"。"视觉"有意无意地成为"听觉"的一部分,产生虚拟的听觉感知,才能正确解读网络用语所蕴含的意义。以下是阿拉伯数字构成的谐音式网络语言:

(11) 数字式网络语言
555:呜呜呜(哭声)
1798:一起走吧
76868:去溜哒溜哒

此时,双眼既是符号的接收器,同时也成了听觉加工的储备器,大脑信息来自视觉器官和听觉器官信息进行进一步解码,还原出所对应的声觉,重现当面交流时的声音感知。然后,大脑再对解码的视觉符号和听觉形象进行整合加工和重新编码,从而形成对网络语言的正确解读。呈现在电脑显示器上的"矮油"(哎呦)、"涨姿势"

第七章 语言无羁

(长知识)、"油菜花"(有才华)等谐音替代词在视觉上会引起歧义,只有视觉器官具备了通感能力,语言符号的声音形象才得以还原。语言符号与非语言符号信息的解码从一元智能活动变成了多元智能勾连的活动。

(三) 网络影响听力的路径

随着网络社会的飞速发展、文化语境和语言呈现手段的变化,同样的语言符号会产生不同的意义,不同的符号也可以组合出新的意义。活跃于互联网中的人们,通过键符变造出大量有别于自然语言的网络用语,并将其呈现于网络这个广阔的"舞台"之上,改变了人们对语言的常规理解路径。海然热说:

> 视觉和听觉是可以延后实现空间感知的官能,拥有发达的视觉和听觉正是人类的特征之一。它们跟触发瞬时感知的触觉不同。不妨这样说,远距离感知官能当中的听觉最终超过了视觉,导致人类语言行为里的发音能力和听力这两个专司接收和发送的官能胜过了视力。[①]

可见,使用发音和听声作为沟通渠道是具有普遍性的,这也反映出所有实现语言能力的官能的共同特点。从常识来看,各种感官的协调配合、分工合作的劳动强度是大致平衡的。然而,网络时代突出"看"的属性让"听"进入了弱势地位。例如,当我们看到"人生摆满了杯具"的书写形式并在心理形成"bēi jù"这个声音形象时,若按照符号能指与所指约定俗成的意义将其理解为"杯具——盛水的器皿"时,则无法正确解读整个句子的意义。同样,"洗具(xǐ jù)"

---

① [法]克洛德·海然热:《语言人:论语言学对人文科学的贡献》,张祖建译,生活·读书·新知三联书店1999年版,第10页。

也非"洗东西的器皿"。由此可见，网络语境中，语言符号的能指（声音）和所指（意义）的对应指向关系发生了改变，特别是语码混用、谐音、拟声、缩合和非语言符号等的大量使用，使得人们在解读语言的意义时，必须改变已有声音和意义的指向关系，从谐音变造的角度将"bēi jù"和"xǐ jù"的声音标记重新解析为"悲剧"和"喜剧"的新的所指意义，建立了新的理解路径。以"杯具"为模板，网民以语言接龙游戏的方式生产出了"洗具"（喜剧）、"茶具"（差距）和"餐具"（惨剧）等表达方式。

三 网络听觉的格式塔完形诠释

格式塔心理学家认为个体对物体的知觉具有完形趋向。格式塔心理学创始人惠特海默（M. Wertheimer）指出，"人类知觉是由内在有意义的格式塔组成的，并来源于经验和环境，知觉形式以接近性、相似性、闭合性、图形——背景、连续性等原则组织成了有意义的完形"[①]。

（一）语言符号第一原则

按照索绪尔的语言符号第一原则——任意性的制约，语言符号的能指和所指之间的关系具有社会契约性，这就保证了语言的音、形、义能够保持长期的稳定性，并在言语交流时代得以记忆、保存和传承。当人听到一个词语时，就会从已有的经验和环境去解读语言符号在头脑中形成的声音标记及其所对应的意义，这种意义相对是固定的。例如，当听到网络词语"tiān caí（天才）"，"kě ài（可爱）"，"dàn bái zhì（蛋白质）"等表达时，仍然会和我们所熟知的背景信息联系起来，进行常规的解读，而不去留意它们在网络中的不同

---

① 王鹏、潘光花、高峰强：《经验的完形——格式塔心理学》，山东教育出版社2009年版，第97页。

第七章　语言无羁

意义。这是因为"在不同的条件下,个体之所以感觉某个物体是相同的,是由于这个物体和其他物体之间的关系仍然保持一致,由于这种关系是相同的,脑活动场也是相同的,因此心理经验也是相同的"。[①] 在通常情况下,个体都会按照已有的经验保存和感知语言的声音和意义,并且和网络语境中的新创形式和意义进行完形匹配。

(二) 网络改变听力的格式塔完形

键盘与符号的勾连共同丰富了输入法技术,同时赋予了网络语言强大的生命力,文字、字母、阿拉伯数字、罗马数字、图形、火星文字等多种符号共同参与到网络语言的创造中来,产生了大量不同于自然语言的变体,当听觉在检索声音形象时,无法与人脑中已存储的信息形成正确匹配,获得正确意义并体会表达效果,从而造成意义解读失败。例如,当听到声音"dǎ jiàng yóu"时,按照原有知识和经验解读为"打酱油",即购买酱油这一具体行为,就会形成误解,在网络语境下"打酱油"源自一个网络事件,表示"不了解、不关心"之意。网络改变了人们对语言听力加工的格式塔完形,通常无法或不能通过常规感知去理解网络语言的蕴含意义。格式塔完形心理学理论认为,当外界刺激物在空间或时间上彼此接近时,容易被误解为是一个整体,即"感知的接近性原则"。网络语言中出现的许多根据偏旁部首的拆分字就借助了这一原则,使得语言个体在接收到信息时容易将其理解为一个整体。例如网民将"张"拆解为"弓 (gōng)"和"长 (cháng)"两个字,但是网民仍然会依据格式塔完形倾向形成"zhāng"的声音标记,通过感知的近似性表达"张"的整体意义。这说明,"'听'的认知受之影响而发生改变,原有的格式塔完形趋向被解构,受话者必须通过概念整合的方式对

---

① 王鹏、潘光花、高峰强:《经验的完形——格式塔心理学》,山东教育出版社2009年版,第97页。

输入的信息进行在线加工,创建新的认知域和解读空间,促使'听'进行深层次加工,构建起新的完形"。①

此外,某些网络语言由于受到方言的影响,或者对键盘操控不佳,或者快速输入导致错误的语言形式,就会产生与自然语言相近或相同的表音系统,但表意系统却大相径庭。例如,当人们听到"tóng xié"、"guǒjiàng"、"jiàng zǐ"和"xì"等网络用语的声音符号时,如果按照已有的完形结构在大脑中形成对应的"童鞋"、"果酱"、"酱紫"和"系"等意义符号时,说明没有正确解读这些语汇在网络中的真实含义。这些表达均由谐音变造而来,"童鞋"实为"同学","果酱"其实是"过奖","酱紫"是"这样子","系"则是汉语某些地区方言中的"是"。

对图形——背景原则的违背也会影响到个体对网络语言的听力认知和理解。如果以固有的背景知识则无法理解"青椒"、"恐龙"网络用语的真正含义。"青椒"是"青年教师"的变形简略形式,"恐龙"则用来形容相貌丑陋的女子。由此可见,网络正在悄然改变语言的符号原意,根据网络语境,赋予词语新的意蕴。网民对语言表音系统的完全或部分的改变,都使人们在听到这些语汇表达时的声音标记和格式塔完形感知状况发生了变化。若要正确解析这些网络语言,就必须解构已有的格式塔完形倾向,在新的语境中通过概念整合建构新的知觉形式。

网络介入语言生活为语言的创新和创造提供了崭新的试验场,也为人类的听觉器官带来了新的体验。网络使人类有了"顺风耳"。语言符号能指在听者头脑中形成的声音标记、与之所对应的所指意义,声音与意义之间的指向关系均发生了改变,"听"的逻辑路径也变化了。网民通过解构原有的格式塔完形并建构起了新的完形形态。

---

① 曹进、曹玲:《网络对语言听觉感知影响之深层解析》,《现代传播》2015年第11期。

第七章 语言无羁

第三节 网络影响口语交流的逻辑脉络[①]

一切言语都植根于口语之中。网络时代的口语文化是"虚拟的仿真会话，是一种感觉，一种言语—视觉—声觉构建的公共会话，以电影、广播、电视、电话和因特网等为载体发生的公共会话"[②]。因为"没有性别、年龄、社会地位等方面的可视特征，交谈便会通往人们平时可能会避免的方向。这些虚拟社群的参与者们表达起来往往没有什么抑制感，对话很快就活跃起来且有所进展"[③]。生活在网际空间中的网络人往返于现实与虚拟空间，面对面交流的"隐匿"使得符号表达更加多元、繁杂和隐秘，既有的人际交流规则被破坏，网络交往"规则"呈现出自创特征。

一 网络造就"超次生口语文化"

海然热提出，"人类最初多少具有代码性质的结结巴巴逐步改进，形成有规则的形态。凭借更为特殊的、用声音组合排列起来的符号来表达思想的天赋本领，人类指事喻物的能力得到了发展。形态的分门别类也随着这一本领的发展而逐步得到充实"[④]。他的看法是："口语跟文字不同，可以被看成最自然不过的东西，'从来'就

[①] 本节主要参照论文"语言无羁——网络影响言语交流的逻辑路径"（曹进、王翌霖，2014）中的相关内容改写。
[②] [美]林文刚：《媒介环境学——思想沿革与多维视野》，何道宽译，北京大学出版社2007年版，第271页。
[③] [美]马克·波斯特：《第二媒介时代》，范静哗译，南京大学出版社2005年版，第35页。
[④] [法]克洛德·海然热：《语言人：论语言学对人文科学的贡献》，张祖建译，生活·读书·新知三联书店1999年版，第9页。

是语言的组成部分"。① 翁（W. Ong）的看法是文字的出现使口语经由"原生口语文化"步入了"次生口语文化"②。

经过历史长河的锈蚀，口语经文字技术化加工后丢失了原生状态下"以言行事"的力量。语词技术磨平了口语表达粗糙的外表，口语由"原生的"嬗变为"次生的"，原先占据首位的口语变成了次要的或第二位的存在。网络依据数字化逻辑主导了虚拟表达空间，不断采用"语词的再技术化"手段，真实的物理空间被"虚化"和"模糊化"，无数符号演化成了语言主体在虚拟世界的替身，进而成就了跨越时空的交流。海然热认为"语言是世界的一种再现。话语通过把事物变成词语，豁免了事物的任何出现义务；与此同时，也取消了它所借以参照的时间与空间。语言对时空的占有仅凭在自身的时空内把两者说出来就能办到"。③

翁如此总结：在原生口语文化里，思维和表达呈现出以下九个特征：（1）附加的而不是附属的；（2）聚合的而不是分析的；（3）冗余的或"丰裕"的；（4）保守的或传统的；（5）贴近人生世界的；（6）带有对抗色彩的；（7）移情的和参与式的，而不是与认识对象疏离的；（8）衡稳状态的；（9）情景式的而不是抽象。④ 翁进一步指出"语言表达的电子变革进一步加深了语词嵌入空间的进程，这个进程始于文字，强化于印刷术，这是一方面；另一方面，电子变革又把人的意识提高到次生口语文化的新时代。"⑤ 在"次生

---

① ［法］克洛德·海然热：《语言人：论语言学对人文科学的贡献》，张祖建译，生活·读书·新知三联书店1999年版，第77页。
② ［美］沃尔特·翁：《口语文化与书面文化——语词的技术化》，何道宽译，北京大学出版社2008年版，第6、103页。
③ ［法］克洛德·海然热：《语言人：论语言学对人文科学的贡献》，张祖建译，生活·读书·新知三联书店1999年版，第180页。
④ ［美］翁尔特·翁：《口语文化与书面文化——语词的技术化》，何道宽译，北京大学出版社2008年版，第27—37页。
⑤ 同上书，第103页。

第七章 语言无羁

口语文化"中，文字媒介倚重时间，它更适合信息在时间上的纵向传递。次生口语文化和"原生口语文化一样，次生口语文化也产生强烈的群体感，因为听人说话的过程是聆听者形成群体的过程……但次生口语文化产生的群体比原生口语文化产生的群体大得多，甚至于难以估量——这就是麦克卢汉所谓的'地球村'"。①

网络对人类言语的"再技术化"实现，使言语交流在保留符号外壳的前提下挣脱了文字逻辑与意义的羁绊，呈现出以下特征：文字与口语混合，语言符号与非语言符号杂交，视觉与听觉的共谋。因而，网络时代的言语交流文化的实质是网民利用文字与非文字符号的一种特殊的口语文化，即"超次生口语文化"。曹进、王翌霖受到翁对"原生口语文化"与"次生口语文化"概念的启发，创造了"超次生口语文化"一词，突出口语受网络媒介改造后所具有的"超次生性"，即：

> 网络媒介调动一切符号实现对文字的再技术化，将规约的、受视觉束缚的网络"次生口语"改造为松散且灵动的口语。"超次生口语文化"强调符号参与的广泛度及参与方式的自由度，不同于"次生口语文化"中文字符号的组织化，"超次生口语文化"体现了高度的"杂、乱、散、匿"的特征，彰显了口语表达的随意性与民间语文的创造性。②

"超次生口语文化"突出口语的"超次生性（transecondary）"③，

---

① ［美］沃尔特·翁：《口语文化与书面文化——语词的技术化》，何道宽译，北京大学出版社2008年版，第104页。
② 曹进、王翌霖：《语言无羁——网络影响言语交流的逻辑路径》，《外语电化教学》2014年第5期。
③ 由 transcend（超越）与 secondary（次生的）缩合而成。

· 259 ·

这意味着所有符号都有可能成为口语表达的载体。在"超次生"口语文化中，网络的原本属性同时依赖时间和空间，被数字化的符号超越了自然时空的局限，人类利用技术将自然世界的可能存在都转化成了在虚拟空间流动的数字符号，虚拟空间的言语交流自然人"隐匿"，符号"出场"来替代人，表达人的思想和意义。由此建构了一个"口语+文字"混合符号世界，用最新的话语但最古老的话语方式实现人际交流。网络世界成为一口盛满菜蔬果肉的"东北乱炖"大锅，活跃在这口"大锅"里的"菜肴"共同纠缠、彼此影响，相互"串味"。

二 网络交流的逻辑路径

莱文森认为"在网上进入和变换文本都很容易，几乎瞬间就可以实现传送。这和纸上操作的艰难和缓慢形成鲜明的对比。这些特征合在一起，使网上传播成为像口语的媒介、杂交的媒介。这个媒介起源之后，我们的手指头就在键盘上行使走路和说话的功能了"。[①]网络媒介的发展使文字表达与口语表达的界限逐步消弭，"以写言说"的表达方式将人类言语交流做了全面延伸。网络媒介使幻化为文字的表达并没有完全失却口语化特征，在网络技术的支持与网络主体的创造性实践下，自然语言交流规则被打破，新的言语交流方式将说与写有机结合，发挥各自优势，以期在网络环境中更好的发声。"超次生口语文化"是网络媒介的文化、口语—文字纠缠的文化，更是网民社会心理文化的体现。"超次生口语文化"由网络言语交流特有的物理、语言及心理三因子共同培育。

---

① [美]保罗·莱文森：《数字麦克卢汉——信息化新纪元指南》，何道宽译，社会科学文献出版社2001年版，第44页。

第七章 语言无羁

（一）网络人际交流的心理路径

网民作为网络交流主体，在运用技术带来的便捷时也在不断发挥着自己的能动性，面对技术无法解决的问题，网络主体通过对自然语言交流规则有意无意的破坏，开拓出了网络言语交流的无限潜能。首先，网络言语交流的信息输出低速与网络即时互动的高要求间的矛盾，促使网络主体努力探索各种新的语言符号来简化输出过程，减轻输出负担。例如，包容错别字；尽量简约表达方式；创造合音词来简化表达，例如，表＝不要，票＝皮袄等，对经济快速的偏好还使得网络主体依赖联想输入法，"选优先不选正确"，速度优于正确率。

其次，自然语言的面对面交际常伴随着表情、体态、动作等副语言来辅助语言的表达，为了还原生动的副语言表达，网络主体创造各类视觉符号，或者利用汉字的表意特点"旧词赋新意"，根据象形文字的固有特征，取其象形之力，改变字词原本的用法或意义。例如，"囧"字替代了窘迫，更加形象。通过"线性输写"或立体叠加将副语言传递的信息转化为可视的符号或文字，在网络媒介中，"情感附着于语言"体现了网络言语交际的视觉特征。此外，网络技术使交流主体分离，交流过程脱离了自然语言交流的声音表现力，缺少语音语调的变化，为了还原听觉的直观性，网络主体会使用更多的语气词、叹词、拟声词、叠音词以及标点符号，来加大表现力度，这体现了网络言语交际的声觉特征。例如，以下网络语气词：

（12）表示兴奋的声音：吼吼，HoHo，后后，厚厚，咔咔，kaka，嘻嘻，xixi

其三，网络交流消弭了人的声音、语调、音高的特性，淡化了网络主体的个体性差异。因此，网络主体力求创造网络语言来展示自我，获取身份认同。怪异、新奇、吸引眼球是网民创作网络语言不懈的动力。一旦标新立异、追求速度成为表达目标时，对效率、准确等的考虑常常被忽视。当表现力、想象力和自我意识都能够在网络空间得以抒写时，"我言故我在"的生存快感便成为网络主体解构自然语言交流规则的原动力。例如：

（13）我口丩弓长弓虽。"口丩、弓长、弓虽"分别是"叫"、"张"、"强"字的偏旁拆分。

其四，网络空间赋予网络主体以充分展示自我，实现自我表达诉求的舞台。网络中"以写言说"的表达主体为了克服输写表达的单调性，不断创造新的表达方式：一方面，网络言说为还原视觉世界的生动，不断挖掘汉语文字的象形潜能，文字实现被拆解、重组后全新的网络言语表达，对文字的解读受制于全新的思维模式；另一方面，网络言说为还原声觉世界的生动，不断挖掘文字的语音特性，甚至将文字简化为字母、拼音等直观的语音表达，书写与解读的过程中伴随着发声，网络努力还原着人们在交流中对语音的关注，恢复口语表达的魅力。例如：

（14）A：我考试应该能 pass。
B：Zjpzjb（自己骗自己吧）。

相对于现实生活中的面对面交流，网络媒介的物理特征使交流必然受到限制。网络媒介的限制恰恰激发了人们在约束中的无限创造，当网络中只有符号可及时，摆脱选择焦虑和表达压力的人们更

第七章 语言无羁

乐于借助符号表达畅所欲言。网络的虚拟存在使语言个体在生活中的"标签"荡然无存,成为网络中的"无形无象之人"[①]。"语词缺失处,无人出场"[②],网民通过言语互动使自身的"隐匿"现身网络,无论用什么样的网名或代码,这些网名或代码之后都是活生生的人。网络空间的"言语使用"会造成言语社群,如自称"屌丝"的人群能够产生共鸣、获得认同并联结成网络中的表达共同体。言语表达赋予了语言主体群体归属感,心理距离因表达而拉近。

（二）网络人际交流的物理路径

林文刚认为"语言编码的世界观是通过说话来表达和强化的"[③]。作为言语表达形成的技术基础,网络媒介带来了极大的交际便利,然而交流的便利化又必然伴随新的制约。技术压缩时空将网络变为物理秩序紊乱的虚拟空间,网络言语交流凸显了两大物理特征:一是交流的虚拟化,二是交流的符号化。空间的虚拟化使交流无处不在,但须服从表达的技术规则,即放弃真实的面对面交流;另一方面,交流过程中能够直观接收到的内容皆为各类符号（即使音频、视频等可视听的交流,也是通过数字信号对现实的技术化还原,本质还是对符号的依赖）。因而,虚拟化、符号化与碎片化的表达促使人们改造符号形式,网民挖空心思挖掘符号的表达潜能,争夺符号资源,实现符号内容和意义表达的最大化。

开放的虚拟空间将各种符号汇聚起来,将承载信息的符号推送到受众面前。不断提速和增加带宽的网络媒介迫切希望信息的传输能够在瞬间完成,同时,"网络媒介更偏爱肆意流淌的'液态'符

[①] [美]保罗·莱文森:《数字麦克卢汉——信息化新纪元指南》,何道宽译,社会科学文献出版社2001年版,第82页。
[②] 钱冠连:《语言:人类最后的家园》,商务印书馆2005年版,第105页。
[③] [美]林文刚:《媒介环境学——思想沿革与多维视野》,何道宽译,北京大学出版社2007年版,第222页。

号，表达不再被凝固于某一媒介中待人们去发现，一如水银具有极强的流动性和渗透性，在网络空间中无边界的蔓延，意义也在符号的漂移互动中被解构"。[①] 在网络的"超次生口语文化"中，多元、多样、多类的符号表达甩掉了沉重的既有文字逻辑，口语化的轻盈多变的符号占据了上风。

自然语言交流原本的面对面互动性因技术对物理时空的超越而被破解，网络这一交流场域免除交谈双方的"在场"要求，化"面对面"为"屏对屏"。虽然这使得交流变得冰冷，但是交流双方都知道，交流双方仅隔着一块屏幕，而在"快餐式"的生活节奏中实现"面对面"需要过高的交流成本，很少有人愿意为此付出代价。因此，网络技术的这一破解迎合了时代的需求。技术和交流环境的要求使言语交流界面不断丰富，界面的个性化定制也成为自我的标识，形式大于内容，外延大于内涵。

网络媒介作为信息载体，能够将交流内容同步储存下来，这使得自然语言交流的无载体性被打破。得益于网络技术，网络主体可以免除口头交流"话语一出，便无影无踪"的困扰，并使得延时交流得以实现，大大提高了言语交流的效率。网络技术不仅使交流内容能够固定下来，还实现了信息的多模态呈现，除去文字，还包括声音、静态及动态图片、超链接等等。这些信息载体丰富了网络言语交流过程，化静态的言语交流为动态，技术化还原了自然语言交流的生动性。

（三）网络话语交流的语言路径

波兹曼指出，"电子媒介决定性地、不可逆转地改变了符号环境的性质。"[②] 网络上形式比内容重要，怎么说比说什么更重要。在

[①] 曹进、王翌霖：《语言无羁——网络影响言语交流的逻辑路径》，《外语电化教学》2014年第5期。

[②] ［美］尼尔·波兹曼：《娱乐至死》，何道宽译，广西师范大学出版社2011年版，第34页。

第七章　语言无羁

"超次生口语文化"中,"符号膨胀创生的言语奇观呈现了表达形式与内容间空前的互动"。① 在网络斑驳杂陈的空间里,语言主体的创造力被大量吸纳进活跃开放的表达空间,与网络一同建构了一个语言资本投资市场。网络人拥有制造和生产网络语言的权力,共同拥有、交换并消费语言资本。网络语言作为消费产品被频繁地交换和扩散,"语言大生产"不断加工出新的语言产品,网络热词的"蝴蝶效应"令人瞠目,种种符号经过再技术化的加工,刺激着网络语言不停地扩大再生产,也使得网络成为一个宝贵的巨型语料库。布尔迪厄(P. Bourdieu)特别指出:"语言构成了一种财富,所有人都可以同时使用,而不会使其储备有任何减少,……对所有人来说,自由参与到对这种财富的利用中来,这无疑中促进了它的保存。"② 当然网络语言作为一种消费品,仅仅保存下来还不够,更重要的是交换和消费。

言语表达形式的再技术化意味着言语表达方式的再造。一方面,网络语言经过口语化的改造,突出了语词的声觉特性,如"伐木累"是英文"family"的直接音译,成为符号能指的心理声音印记。网民将不同符号的形、义结合,在视觉空间中重新排列符号位置,以增强表达效果。此外,在句子层面上,网民将矛盾的表达串联起来,如"上Google百度一下"制造语义间强烈的反差来突出诙谐的表达效果,在符号解码过程中刺激读者的创作欲望,进而强化表达力度。

网络语言在注重语言表达形式与内容的互动中,往往忽略言语表达的语法准确性和词汇得体性。生造词、语句不通等问题在消费"暧昧"言语表达的同时,在网络语境中重构词语意义,语言形式、内容与意义脱离元规则的制辖,各种奇异表达不断涌现,例如,网

---

① 曹进、王翌霖:《语言无羁——网络影响言语交流的逻辑路径》,《外语电化教学》2014年第5期。

② [法]皮埃尔·布尔迪厄:《言语意味着什么》,褚思真、刘晖译,商务印书馆2005年版,第15页。

络语汇"啊痛悟蜡"、"李菊福"等表达在特定情境中被赋予了特定的意义。诸多尘封已久或"过时"表达不断被挖掘出来,如"土豪"、"地主"等,其特点是形式保留,意义变化。通过语言再生产而不断扩大的意义群激活了原已存在的表达,并使其增殖。曹进、王翌霖的看法是:"在网络空间中,语言资本的再生产过程反映了语言消费主体的消费偏好,不同消费偏好折射出表达主体各自的心理诉求,它是网络语言产出的深层动因。"[①]

网络赋予了人类全新的语言表达场域,每个发声者都成为网络传播的一个节点而非终点。网络主体在网络获取信息的同时,也在通过言语交流不断创造信息,网络媒介淡化了大众传媒时代的"守门人"概念,网络主体获得了言语表达的释放,而通过对技术的运用及技术的驱动,网络主体在表达的过程中不断破解自然语言交流规则,创造网络语境独有的"以写言说"的表达规则,语言的表达力得以延伸。网络主体的不断扩大及网络技术的不断进步以及网络生活与现实生活的不断融合,将带来人类语言发展的无羁向度。

第四节 网络阅读的逻辑魅力[②]

人类阅读的过程是一个"通过元语言行为对未知事物'赋予名称'的过程"。[③]阅读无法脱离双眼的视觉机制控制,因为"视觉机制是把其他感官的产物转变成符号代码的过程,这种代码只能够靠

[①] 曹进、王翌霖:《语言无羁——网络影响言语交流的逻辑路径》,《外语电化教学》2014年第5期。

[②] 本节主要参照论文"网络影响深度阅读的逻辑路径研究"(靳琰、郑媛,2015)中的相关内容改写。

[③] 王铭玉等:《现代语言符号学》,商务印书馆2013年版,第75页。

第七章 语言无羁

眼睛来解码。因此，阅读的过程是在脑子里把声音的编码还原为言语的过程，言语不过是精心修饰文字内容而已。与此相似，阅读的解码过程和贝克莱主教的视觉理论相似；用透视法在二维平面上描绘三维物体，是脑子里的解码过程。"① 施尔玛赫指出：

> 阅读不仅仅是一种技术性的活动，一种精神过程，从某种意义上来说，它也是人类对于大脑的指令和驯化。大脑研究者已经告诉我们人类看、听、闻等生理活动由大脑不同的区域分管，因此我们在阅读时，大脑的不同区域是处于一种分工合作的状态。②

此外，"传播媒介的形态变化，通常是由于可感知的需要、竞争和政治压力，以及社会和技术革新的复杂相互作用引起的"。③ 随着科技进步以及互联网媒介的高速发展，网络阅读应运而生。无论是网络新闻、网络小说、网络调查、网络学习还是网络购物，网络阅读实质上已经成为网络文化语境中的阅读活动，"它借助计算机、网络技术来获取包括文本在内的多媒体合成信息和知识，并完成意义建构的一种超文本阅读行为。"④

一 网络阅读的诱惑

用计算机阅读有两种情况：（1）在屏幕上或屏幕下阅读，以便

---

① [美] 林文刚：《媒介环境学——思想沿革与多维视野》，何道宽译，北京大学出版社2007年版，第139页。
② [德] 弗兰克施尔·玛赫：《网络至死：如何在喧嚣的互联网时代重获我们的创造力和思维力》，邱袁炜译，龙门书局2011年版，第24页。
③ [美] 罗杰·菲德勒：《媒介形态变化：认识新媒介》，明安香译，华夏出版社2000年版，第19页。
④ 刘元荣：《2000—2010年网络阅读研究评述》，《国书馆学研究》2011年第3期。

更好地用电脑;(2)更普遍的是阅读屏幕上的其他文本。① 电脑屏幕上流动的是文本,也有图标、形象和声音。"阅读永恒 载体创新"② 成为网络时代阅读的第一特征。人类迈入19世纪后,电缆、电报、电话、照相机、留声机、传真机、摄像机、复印机等光电技术以及电视、电影等现代媒体大量涌现,极大地拓展了人类信息传播和知识扩散渠道。"到20世纪90年代,电子文本实现了。凭借个人电脑和调制解调器,一切形式和应用的书面词都得以在网上传播。电子文本提供的话语模式使纸媒写作、出版和阅读便利的优势荡然无存了。"③ 传统的报纸、杂志、书籍、电影、电视、广播等刊载的文字、图片等内容,纷纷通过智能化的"电子印刷",搬演到了电脑屏幕、平板屏幕、手机屏幕、电子书屏幕上。科技的进步"逼迫"阅读载体不断更新。阅读内容的载体实现了从"纸"到"屏"的跨跃。

网络时代的阅读,包括了所有基于互联网或电子设备的文字、影像、图片等综合符号内容,阅读的内涵和外延同时得以延展,阅读内容处在不断的变化之中。网络阅读行为在开机那一刻就已经实现了人与机器的协商,抑或是人对机器的妥协,网络可以实现全民阅读,使越来越多的人卷入到网络阅读中来。网络时代的阅读不再简单地等同于阅读印刷文本,屏幕拓宽了读者的眼界与思维,信息以多模态方式呈现,而且在快速取代印刷文本。2014年,中国新闻出版研究院组织实施的全国国民第十一次阅读调查结果统计数据显示:④

---

① [美]保罗·莱文森:《软利器:信息革命的自然历史与未来》,何道宽译,复旦大学出版社2011年版,第139页。

② 李小甘:《阅读永恒载体创新——互联网时代的全民阅读》,http://www.bjqx.org.cn/qxweb/n247739c756.aspx,2016-05-04。

③ [美]保罗·莱文森:《软利器:信息革命的自然历史与未来》,何道宽译,复旦大学出版社2011年版,第63页。

④ 中国新闻出版研究院:《2014年第十一次全国国民阅读调查报告数》,http://www.199it.com/archives/224296.html,2014-05-12。

第七章　语言无羁

表 7 – 1　　　2012—2013 年我国成年国民图书阅读率及

数字化阅读方式接触率的变化趋势

年份	成年国民图书阅读率（%）	数字化阅读方式接触率（%）
2012	54.90	40.30
2013	57.80	50.10
涨幅	2.90	9.80

表 7 – 1 显示，与图书阅读率相比，我国成年国民数字化阅读方式呈大幅上涨趋势，涨幅也远高于图书阅读率。

表 7 – 2　　　　我国成年数字化阅读方式接触者年龄分布

年龄	18—29 周岁	30—39 周岁	40—49 周岁	50 周岁及以上
所占百分比（%）	45.10	29.10	18.40	7.40

表 7 – 2 显示，我国成年数字化阅读接触者中 92.6% 是 18—49 周岁人群，这说明网络的便捷性提升了网络阅读量。方便性与人的现象息息相关，因为"读者不再会因为书籍太重、携带不便而烦恼；也不再因为书籍中的内容有限、不便查阅而沮丧；更不会因受时间或空间的限制，无法获取要得到的知识而惋惜"。[1] 阅读不再是"精神贵族"的专利。"超文本和超媒介代表着文献传播领域中由数字语言的影响而带来的第一个意义重大的变革。这些概念现已被出版者频繁运用在散布于只读光盘和软驱上的电子图书，以及因万维网和在线计算机服务而发展起来的电子出版物上。"[2] 超级文本赋予了读者强大的力量。读者的选择越来越多，越来越广，参与阅读的积极性也愈加高涨。网络时代的受众完全可以做到"每人坐拥一家图书馆"，只要愿意，拥有"浮士德"般丰富知识不再是梦想，而是网络的真实写照。

---

[1] 靳琰、郑媛：《网络影响深度阅读的逻辑路径研究》，《现代传播》2015 年第 10 期。
[2] [美] 罗杰·菲德勒：《媒介形态变化：认识新媒介》，明安香译，华夏出版社 2000 年版，第 37 页。

语言无羁:汉语言符号的网络再生与生成逻辑研究

文字完成了从"媒介形式"到"媒介内容"的升级之后,其后果就是让语言文字释放出了前所未有的能量。网络时代的受众面临的问题是:不是你想不想读的问题,而是你不得不读。网民浸淫在信息的海洋中,阅读就是生命,是日常呼吸和生活。在网络媒介的新环境下,读者不再仅将书本中的静态文字作为汲取信息的单一来源。

网络的超文本形式使得人类首次将书写,口语和视听模式结合在一起,阅读材料也开始从抽象化的文字演变成文字、图像、声音、三维动画、色彩等多方面的结合。它们都成为满足读者阅读渴望,为读者提供知识的媒介。读者被一个具象的世界所包围。这种"超媒体"阅读使阅读和感受、体验结合在一起,大大提高了阅读的兴趣和效率。①

在互联网上观看视频会相应减少信息阅读时间,但结果"很可能是阅读量的净增加,这是因为上网以后,为满足图像激发的好奇心,我们就在网上阅读更多的文本……互联网上图像的增长将大大有助于阅读习惯的培养……新兴的信息浪潮把书籍的出版和阅读推向了一个新的高度"。②

二 网络:新的阅读模式

波斯特指出"虚拟现实是一个由电脑生成的'场所',参与者通过'防护镜''观看'这一场所,但该场所也回应着参与者的刺激"。③

---

① 靳琰、郑媛:《网络影响深度阅读的逻辑路径研究》,《现代传播》2015年第10期。
② [美]保罗·莱文森:《软利器:信息革命的自然历史与未来》,何道宽译,复旦大学出版社2011年版,第145—146页。
③ [美]马克·波斯特:《第二媒介时代》,范静哗译,南京大学出版社2005年版,第31页。

第七章　语言无羁

网络技术要么逼迫、要么诱惑人们与传统的阅读模式渐行渐远。原本静悄悄的读者从书后面走了出来，积极地参与到网络阅读的互动活动中来。他们相互评论赞赏或彼此批评抨击，交换思想，抑或生产全新的阅读内容吸引其他读者，读者即作者成为网络阅读者的基本表征。网络时代的读者一改单向被动接收阅读信息的地位，他们常常利用网络传播速度快、覆盖面广的特性开始泛在学习和阅读。加之信息生产工具的便利性，读者可以随时对阅读内容进行回应、修改和补充。网络接龙游戏就是由此而诞生的。例如：

（15）天涯社区接龙游戏

A：和老婆吵架了，想买条项链，给她个惊喜，求她原谅！但是我又不知道老婆戴多大的，于是就半夜起来用绳子量一下，没想到她醒了……！！！我不停的解释，好话说尽，终于又把老婆哄睡着。①

B：看着老婆的背影，突然觉得我太混球了，真对不起她。于是把昨晚没吃完的西瓜放在床头柜上，然后去厨房拿了把菜刀准备切给老婆吃，刚走到卧室门口时，没想到老婆又醒了……！！！②

可见，网络信息公之于世会迅速被读到它的人做出言语反馈。开放的网络平台为网民提供了平等的话语权，言论自由在受人追捧的氛围中更易实现。某个读者的反馈如果得到了其他读者的认可，其意义不仅在于传播了阅读内容，其重要性更在于由此会引发诸多

---

① 考古专用铲，段子接龙，谁来继续往下接？http://bbs.tianya.cn/post - 14 - 1070730 - 1.shtml，2016 - 01 - 09。

② 同上。

的思想聚会。网络媒介引领人们跨越了阅读鸿沟，更是改变了读者的阅读习惯，阅读的思维不再拘囿于传统的线性思维。网络阅读是一种双向或多向的阅读活动，构建了一个人人是读者、人人是作者的阅读语境。网络语境操控下的阅读模式模糊了读者与作者的身份，身份的模糊与融合为人们的言语生产和交流创造了更多的可能（图7-4）。

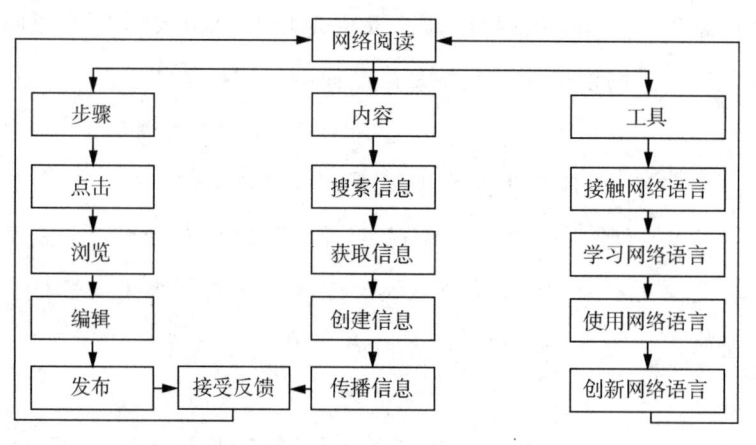

图7-4 网络影响下的阅读模式图

移动终端的普及造就了移动阅读和泛在阅读，网络技术的发展"将读者推入到一个'微阅读'和'碎片化'时期"。[①] 浸泡在虚拟空间中就等于自己置身于信息的海洋里。交互式阅读文本的非线性布局促使人类的思维和阅读方式开始转变。网络阅读凭借图、文、声、光、电等多模态的呈现方式冲击着传统的阅读模式，为读者呈现出了一个形象灵动并富有色彩变幻的世界。"网络语言既不同于书面文字、也不同于口头文字，作为一种程序输入呈现的语言，在书

---

① 靳琰、郑媛：《网络影响深度阅读的逻辑路径研究》，《现代传播》2015年第10期。

第七章 语言无羁

面和口头意义之外，延伸出视觉图像的赋意。"① 网络空间的本质是一个虚拟的空间，网民在这个空间里的栖身方式便是通过人机对话，将自然人身份演化成数字人，通过网络言语交际以及其他网民的认可，使自己的虚拟形象渐渐立体而丰富。互联网给人类带来了一种对个人认知的全新变革。

三 网络：阅读逻辑的迷失

网络读者喜欢搜索阅读、跳读或略读，然后读含有自己感兴趣的关键词的那段文字，信息是否吸引读者的眼球成为了争夺读者的关键。读图时代使得视觉文化迅速占据了阅读的主导地位。视觉文化既是感知的文化，更是人与外部世界开展联络的重要渠道，同时也表达了"人与世界是物质和精神的沟通"② 这一理念。在数字化语境下，以数字技术为核心的电子媒介左右着语言生产。网络时代以"以屏为纸"的界面承载了大量阅读信息，更加重视通过视觉感知符号，自然语言的想象力被电脑"界面"、数字语言的直观性所取代，"视觉霸权"③ 诱发了如下言语表达：

（16）今天是圆周率纪念日，为了纪念，在 3.14 当天，15 点 9 分 26 秒和 27 秒之间，吃一个 π…

前网络时代，读者习惯于"温故而知新"。网络时代的读者总是为"求新"而"刷新"。传统阅读是翻页，而"刷"、"点"、"戳"

---

① 人民网舆情监测室，人民网舆情监测室发布 2015 年网络语象报告，https：//mini.eastday.com/a/160326224519655 - 2.html，2016 - 03 - 26。
② 陈永国：《视觉文化研究读本》，北京大学出版社 2009 年版，第 1 页。
③ Tyler, S. A., The vision quest in the west, or what the mind's eye sees, *Journal of Anthropological Research*, 1984：106.

是网络阅读的标准动作。在"点击逻辑"和"链接逻辑"的引导下，网民养成了一心多用的思维习惯，阅读的"取景框"不断晃动，很难再聚焦于某个文本，"浮光掠影"和"走马观花"成为网络时代阅读的典型特征。读者淡化了问题意识，思维与阅读主体相互游离，呈现出读得多想得少的局面。

在网络阅读时，网民依赖色彩、声音、表情、图符、形状、线条、箭头等的指引去认识世界与他者。超链接的便利会让人魂不守舍，总期待下一个网页会有意想不到的阅读收获。反复跳转的"网络迷航"成为网络阅读的常态。单一的文本被网络的灵动图文、光电声像信息所替代。"检索"被"搜索"和"链接"取代了，占有阅读资源比阅读本身更令人着迷。在信息大爆炸时代，信息超负荷的结果就是，人类只能不停加重扫描和略读的负担，短时阅读强化了人类的阅读理解与反应能力和视觉处理的视屏，但伤害了人类以往固有的头脑深度思索和创造的能力。"快读"造就了浅薄，"凝视"形成了围观，"时尚"造就了恶俗，原本"阅读"与"思考"的亲密关系，被网络媒介彻底粉碎了。虚拟空间里漂浮着的"只有一种符号：彼此消费着的数字化碎片"。①

网络阅读除了浏览信息、获取资讯之外，更多的是读者在阅读自己，读者本人挑选阅读内容，网民选择的内容往往就是自己的阅读喜好。网络超文本给网民带来了直接的感官冲击和袭扰。面对新奇的信息，读者既要看资讯，还要排除弹窗干扰，更容易在价值取向上带有强烈的实用主义色彩。长期处于快速浮躁的阅读状态，人容易变得心浮气躁，思维能力减弱。当读者面对来自网络的大量信息时，注意力资源会相对不足。简言之，读得越多，忘得越快；浏览得越多，思维越混沌。网络阅读已经发展为数字化环境中的信息

---

① 段永朝：《互联网：碎片化生存》，中信出版社2009年版，第259页。

第七章　语言无羁

获取与加工,环形或网状式的阅读必然导致阅读注意力的涣散。

第五节　网络:解构书写逻辑[①]

"文字可以理解为一种在某种可保存的依托上留下显示话语的痕迹的技术。"[②] 哈洛维(D. Hraway)指出:"书写电子人的技术,20世纪末的蚀刻表面。电子人政治是争取语言的斗争,对抗完美交流的斗争,对抗完美转换所有意义的一种编码的斗争……。"[③] 作为人类的表达方式之一,书写总有胜过言说的优势。传统的书写技术,依据的是"写"的方式和内容,而"文字处理技术"出现以后,文字难以修改的性质发生了巨变。德里达的看法是"当今时代的一个重要特征,是它'悬置于两个书写时代之间',是一个线性书写和书籍都已穷途末路的时代。换言之,这是一个书写活动已进入后现代的时代"。[④] "在网络传播时代,语言的动态变化使原本不易察觉的语言隐性存在变成了显性存在。"[⑤] 在数字化环境下,新技术不断构筑新的媒介形态和通讯方式,所有符号系统都面临着来自新媒体的冲击,网民操作符号的方式不得不跟随其后发生变化。

一　网络书写的"电子笔"

在赛博空间里,人开始使用键盘、鼠标、扫描笔、手写笔等作

[①] 本节主要参照论文"语言无羁:网络影响书写的逻辑路径"(曹进、张娜,2013)中的相关内容改写。

[②] [法]克洛德·海然热:《语言人:论语言学对人文科学的贡献》,张祖建译,生活·读书·新知三联书店1999年版,第82页。

[③] [美]多娜·哈洛维:《电子人宣言:20世纪末的科学、技术和社会主义女性》,载陈永国:《视觉文化研究读本》,北京大学出版社2009年版,第414页。

[④] 黄少华:《论网络书写行为的后现代特性》,《自然辩证法研究》2004年第2期。

[⑤] 曹进:《网络语言传播导论》,清华大学出版社2012年版,第235页。

为书写工具。"文字处理技术缩短了创制文本的时间,刚刚问世就赋予书面词一种非凡的属性,使修改和校正文本像口语一样轻而易举。实际上,话说出口就不能收回,而数字处理的语词却很容易修正。"①

网络时代,书写者的钢笔、铅笔、圆珠笔被新的书写工具所替代,传统意义上的"笔"化身成了手指操控的键盘、鼠标、电子笔、手机和语音录入。传统的墨汁或墨水化身为 RGB 及其种种迷幻色彩;"纸张"摇身一变,成为显示屏上显示的 A3、A4、B5、B6、letter 的打印规格。"键盘、鼠标、扫描笔、移动电话及各种输入终端处理系统的日益进步和完善使得书写在网络时代变成了'输敲'、'点击'或者'口述屏现'的转写方式(乃至触觉、视觉和心理感应的输入方式)。"② 以"键"为"笔"的同时,就连"书写"动作也换掉了。汉字书写的灵巧动作简化为几种简单的操作:键盘上的"敲击"、鼠标上的"点击"、扫描笔的拖曳轨迹或手指在屏幕上的随意"划拉"。"电脑文字处理系统最终排除了表意文字带来的障碍,它通过提供电子速度的字模选择,使得人们能毫不费劲地在成千上万的表意符号中选择需要的字模。"③

网络时代的书写更多的是一种"眼球跟踪"写作。眼睛要忙着跟踪文稿、指挥手指和修改错误,符号"所指"屈服于"能指",貌似不经意的"屈服"导致了作者在书写过程中偏倚符号的色彩、怪诞排版和惊人标题。在传统书写中无法实现的特殊文字效果均可以通过键盘、鼠标与界面的合谋而实现。文字、图画、色彩、标点

---

① [美]保罗·莱文森:《软利器:信息革命的自然历史与未来》,何道宽译,复旦大学出版社 2011 年版,第 64 页。
② 曹进、张娜:《语言无羁:网络影响书写的逻辑路径》,《现代传播》2013 年第 9 期。
③ [美]保罗·莱文森:《软边缘:信息革命的历史与未来》,熊澄宇等译,清华大学出版社 2002 年版,第 23 页。

第七章 语言无羁

的堆砌使得静态文本充满了活力。"盲打"的速度要求往往造就了网络错别字、怪异表达和空洞内容。打字消弭了词语的原本亲切感，"文如其人"成为了历史的存在，个体意识凝聚成集体记忆并书写出来，简约 PPT 的语言风格愈发明显。

网络书写印证了伊尔茨（S. Hiltz）的预言："有可能通过使用一定的替代物来代替通过声音或非语言渠道来传递信息，即"书写的声音"。①网络时代，网络写作往往是让文字退场，在场留给声音。2010 年"光明网"做了一次调查，涉及汉字书写的现状、汉字书写危机的影响及应对措施等方面。问卷调查结果表明：（1）79.04% 的人经常用笔书写汉字，20.96% 的人则很少用笔书写汉字；（2）53.75% 的人更喜欢手写，46.25% 的人更喜欢电脑输入；（3）41.52% 的人经常提笔忘字，14.23% 的人经常写错别字。② 近一半的人更喜欢键盘书写说明"键盘书写"渐入人心。出现在网络语言场域中的符号，以像素的形式闪烁在荧光屏上，通过光缆、无线电波飞速地在网络时空流淌、复制、传输。网民利用计算机键盘进行思想编码，敲击和点击哒哒声成为人们进行网络"书写"的伴奏音。莱文森如此写道：

> 电脑屏上的文字不是屏幕＋文字，而是产生一种新的文字，或者说一种新的屏幕。上面的文字外表像书里的文字，但它们能游走许多地方，而且和书页上的文字相比，其传播速度不知要快多少倍，也不知道要容易多少倍。电脑屏像电视屏，带有电视屏无限更新的性质，但电脑屏通常显示文字而不是图像，

---

① Hiltz, Starr Roxanne, et al, *The Network Nation-Human Communication via Computer*, London: Addison-Wesley Publishing Company, Inc., 1978: 90.
② 王莉：《在网络时代如何看待汉字的书写》，《光明日报》2010 年 11 月 22 日第 01 版。

语言无羁:汉语言符号的网络再生与生成逻辑研究

尤为重要者,电脑屏上的文字是由观者创造的。①

电脑屏幕和人是网络书写和阅读的基本条件。人机界面是网络时代书写的一个重要概念。书写主体和客体通过人机界面进行交流。界面通过网络联接成为一个远视距的"信息传递与控制的作用空间"。②"白纸黑字"的单色文字表现透过屏幕显示出了彩色印刷的"神奇"效果。网络介入,更是能够让书写的文字到达遥远的彼岸。书写成为主体自己就可以做决定的出版行为,他人跟帖或评论等即时反馈又刺激书写人更加强烈的写作欲望。

二 书写与打字的博弈

在网络时代,"写字"与"打字"成为两种书写方式的博弈。汉字蕴含了深远的文化意蕴,书写过程本身也是体验中国传统文化的优美过程。书写是书写者始于脑、成于眼、动于手的结果。"当握笔在纸上书写的时候,随着手的运动带动笔的划动直接在纸上留下文字,文字成为自己的直接创造物,人与纸笔、文字之间零距离地亲密接触。"③ 书写的直接性节约了打字过程中的无限选择以及感官协调的疲惫感,大脑更容易集中起来思考书写内容。键盘技术、键盘逻辑和键盘操作技巧带来了新的书写行为方式的变革——电子书写。郑志勇如此评价电子书写:

  电子书写使原先书写者执笔在纸上或游走、或停顿、或擦抹、或涂改等等与人体细微的感官相连接的书写过程被稀释,

---

① [美]保罗·莱文森:《软利器:信息革命的自然历史与未来》,何道宽译,复旦大学出版社2011年版,第111页。
② 百度百科,人机界面,http://baike.baidu.com/view/192107.htm,2017-02-21。
③ 王文革:《写字与打字:书写方式的改变意味着什么?》,《博览群书》2013年第8期。

第七章　语言无羁

手、笔、纸、心诸端融合的体验因而被颠覆。笔端在纸上划过，或浓或淡的墨迹，或轻或重的笔与纸的接触，与自己的书写融为一体所有微妙的感觉，在电脑书写中已不复可寻。[1]

在虚拟空间里，书写符号只有被键盘化和符号化后，其他人才能接收和理解它。许多时候，"谈话的内容通过输入文本的方式完成，然后就只有敲击键盘的啪啪哒哒声伴着虚拟化身表演一出动作哑剧"。[2]"盲打"的写手在写作过程中往往变为"忙打"，作者既要看原稿、盯键盘，还要看显示器，更要选择恰当的字词，脑、眼、手的高度协调配合才能实现快速录入。原稿、键盘、屏幕、选（字）词造成了思维与写作之间的关联阻滞，机械敲击涣散了写作注意力，突出了写作的动作而非写作的内容。因此，作家海岩说："书写习惯往往能够左右作家的写作状态和思维方式。我在写作时，很容易进入忘我状态，运笔的动作都是下意识的。如果使用键盘，我首先要想的是文字拼音或五笔字型，接着，手指要去找相应的键位，很难形成连贯的思绪。"[3] 可见，"数字化生存语境下的书写行为也是对现代电子媒介技术装置下语符的输入、传递和展示方式的嬗变而作出的顺应性行为"。[4]

文字处理技术使得书写和修改变得极为容易，特别是具有联想功能的输入法大大简化了书写困难。网络书写行为实际上是"敲输"行为，"键盘"与"屏幕"并不像纸笔那样发生物理的摩擦性接触。

---

[1] 郑志勇：《网络社会学引论——一种文化研究的视角》，二十一世纪出版社 2009 年版，第 85 页。

[2] [美] 瓦格纳·詹姆斯·奥：《第二人生——来自网络新世界的笔记》，李东贤、李子南译，清华大学出版社 2009 年版，第 140 页。

[3] 海岩：《网络时代的汉字书写》，http://www.ledu365.com/a/shehui/45577.html，2015-02-20。

[4] 曹进、张娜：《语言无羁：网络影响书写的逻辑路径》，《现代传播》2013 年第 9 期。

敲击和双眼的凝视形成了书写和呈现工具的空间距离，屏幕上种种指令提示、字体选择、颜色挑选、版面缩放、字数计算、表格插入等选择造成了书写思维的延异。这种延异又会随着书写主体在密如蛛网的网络文本、色彩、动画中不断扩大。在键盘上打字一方面需要选择输入法，另一方面要费心去选择合适的文字。其便利之处在于文字的修改、誊抄和印刷。电脑打字比较人性化，具有省时省力的效果。边写边改，写完了检查修改丝毫不留痕迹。

黄少华提出"网络书写行为所凸现的这种人与电脑、人与网络、自然与科技之间的界限模糊甚至消失的情形……这是一个主客体及主体间边界模糊、虚拟与真实交织，具有后现代破碎、不确定及多重自我的混合主体"。① 屏幕意味着文字书写的介质发生了重大革命，界面逻辑使语言汇聚了图画、表情包、视频、文字、超文本等，呈现出万花筒般的新语言，网民求变求快、求新求异的心理，传统书写不断让位于电子书写。

三　书写主体之逻辑变革

网络传播技术把书写的权力赋予了有书写能力的人，开创了网络语言大生产运动，"说"和"写"的运动其实在网络上转化为了"敲击"行为。网民充分享受着"大众化"书写的快感和乐趣。"网络以草根化的、去中心化的、分散而非神圣的特征，消解着原有的话语'集权'，构建了数字时代新的书写主体。"② 在自由、开放、共享的数字化空间里，指尖语言化身为键盘语言，低门槛的网络语言书写刺激了网民自由创作与表达的欲望。网民在网络王国"语言博览会"中创造性地使用舒展任性的语言，在网络"言语广场上"

---

① 黄少华：《论网络书写行为的后现代特性》，《自然辩证法研究》2004年第2期。
② 曹进、张娜：《语言无羁：网络影响书写的逻辑路径》，《现代传播》2013年第9期。

第七章 语言无羁

自由地放飞着自己的心绪,竭尽所能展示着各自的言语行为。众多网民们"仿佛身在一个行为实验场,在这个快速聚合、无边无际的信息广场上,各种体验、情绪和思想相互交织,然后被流传、被放大,众人皆以信息输出者、接受者和媒介本身的多重身份,在虚拟世界与现实间漂移。经验被飞快复制,又迅速生灭"。①

网络的属性决定了书写的文本形式、文本内容、文本结构均是开放互动的,网络文本化身为后现代"文化模因库"中的共有文化资源,网民流连于气象万千的网络符号王国中,随时参与到文本的创造、解构与再创造活动之中。特别是超文本的文字结构更是铸造了一个新的、从未有过的"作者联盟":

> 互联网超文本的作者聚合通常是由彼此毫不知情的作者组成的。无疑,这一聚合不像传统文本里的合作者;在传统文本里,即使一位合作者已经去世,活着的作者也知道故人的成果。超文本作者的聚合也不像文选的编纂者;文选里的作者不了解彼此的文本,但编者却知道每位入选作者的作品……互联网整体上就像自然界本身,这是没有明显作者的一本书。②

网络往往将自我表达和群体表达融合起来。网民可以通过网页表达他们的思想,供他人浏览、倾听和互动;网民也能和他人一起工作产生联合表达,但在最终的语言产品中却无法确定任何个体的贡献。例如"贾君鹏,你妈喊你回家吃饭"无法找到原创作者一样。网络书写往往是个体写作,众人围观或集体欣赏或"拍砖"。网络书

---

① 苏娅:《微博式写作:一种大众化书写的快感货》,http://tech.qq.com/a/20110304/000073.htm,2011-03-04。
② [美]保罗·莱文森:《软利器:信息革命的自然历史与未来》,何道宽译,复旦大学出版社2011年版,第125—126页。

写者的互动通过人机互动实现了人与人的互动。网络书写的崭新互动方式赋予了网络书写前所未有的开放和平等的书写空间，在互动书写中，权威写作逐渐微弱化，众多网民拥有了更多的文字表达权，网络书写将书写主体抛撒到了广袤的虚拟世界中，为网络作者构建了一个全新的知识想象和创作空间。

网络的飞速发展、语言技术的快速进步、网民数量的快速增长、使用计算机技术的不断提高等等，这一切都使得网民在身体缺席网络虚拟语言体验中，借用表意文字的独到优势，利用计算机技术、网络技术、电子技术、语言技术以及信息技术，创造出新的语言变体——网络语言。网络时代，既有莱文森所言的"思想无羁"，更有"语言无羁"的丰富表征。随着技术进步，网络书写的活动也势必会更加频繁。网络时代，书写行为是个体书写的集体记忆，也是集体书写的个体表达。

本章小结

互联网的普及与日臻完善为网民提供了自我表现、接触信息的机会以及相互交流的便利，并由此引爆了一场语言革命。网络介入语言交流后，人类的信息势必要遵循心理、生理、物理和虚拟过程的统一协调。网络语境下的语言在传递信息和交流感情时以具有口语化特征的书面语形式来呈现。网络媒介淡化了大众传播时代的"守门人"角色，网络主体获得了言语表达的释放力，而通过对技术的运用及技术的驱动，网络主体在表达的过程中不断破解自然语言交流规则，创造网络语境独有的"以写言说"的表达规则，语言的表达力得以延伸，网民的不断增加及网络技术的不断进步以及网络

第七章 语言无羁

生活与现实生活的不断融合，将带来人类语言发展的无羁向度。

数字媒介的发展和传播技术的进步不断改造着网民的思维方式。网络语言迥异的表现形态与意义滥觞造成了"思想无羁"。与此同时，"思想无羁"又造就了言语表达的多维指向——"语言无羁"。在网络空间中，语言视觉形象的回归、形式与内容的推成出新、模式化语言的繁衍与滥觞、语言形式简化与模式化语言意义的固定化、语言形式与内容的纷繁复杂、能指与所指的断裂，导致语言在这种矛盾、多样化中发展变异，语言的变化使思维方式在传承固有思维方式的同时，具有抽象与形象、创新与趋同、趋简与趋繁、结构与解构等鲜明的时代特征。网络语言的多样性激发了思维方式向多元化、全方位发展，这种发展更是全方位地改变了人类听、说、读、写的基本方式。

第八章

微力无边

——微语微言的力量

语言使用的（相互）适应过程或语言表意功能过程的中心问题是，意义的动态生成过程。

——耶夫·维索尔伦（J. Verschueren）①

新媒体时代，微文化随着新技术扑面而来：微博、微信、微小说、微故事、微视频、微课、微生活构成了网络微文化的图景。"信息生产、传播与接受的'微'已然成为我们时代的主体文化样态之一。"② 微信是一种集文字、图片、声音、视频的"多模态"媒介，它带给人们网络交际的便利，也在很大程度上改变了人类的语言生产和使用方式。"微信是很可怕的，微信是很凶猛的，它开辟了新的沟通模式，一种前所未有的沟通方式"。③ 仅在 2016 年，风靡在网络中的"供给侧"、"洪荒之力"、"吃瓜群众"、"葛优躺"、"蓝瘦香

---

① ［比利时］耶夫·维索尔伦：《语用学诠释》，钱冠连、霍永寿译，清华大学出版社 2003 年版，第 171 页。
② 张文东：《微时代、微文化与微批评》，《光明日报》2015 年 12 月 20 日第 07 版。
③ 文章：《微信：第 11 种沟通方式》，http：//tech. xinmin. cn/2011/08/25/11837440. html，2011 - 08 - 25。

第八章 微力无边

菇"、"小船说翻就翻"、"一言不合就……"等热词就彰显了微信语言的力量。可见,"新媒体区别于传统媒体的最大不同就是个性化和互动性。用户在长期浏览、交流、互动中积累的大量社交属性数据,才是新媒体的核心资产"。①

第一节 微空间的微语言考察

第40次《中国互联网发展状况统计报告》显示,截至2017年6月,"即时通信用户规模达到6.92亿,较2016年底增长2535万,占网民总体的92.1%。其中手机即时通信用户6.68亿,较2016年底增长2981万,占手机网民的92.3%"。② 可见,即时通讯软件的出现符合互联网时代网民对交流的需求。一方面,它缩短了用户传播信息的时间;另一方面,它又扩大了用户的社交范围。国内QQ和微信是即时通讯软件的代表,两者都由腾讯公司开发,分别于1999年和2011年问世。但微信却后来者居上,比QQ更受欢迎——90%以上的智能手机用户使用微信,它成为了大部分人生活中不可或缺的交流工具,其人群覆盖下至幼童,上至八旬老人,在某种程度上改变了微信用户的生活方式。使用微信进行交流成为一种时尚,用户交流过程中使用的语言也逐渐变得个性鲜明。

一 微信言语关系的建立

在网络空间里,各种"微词语"四处蔓延。"微博"、"微信"、

---

① 中国报协网,媒介即是资讯 新媒体突破"成长的烦恼",http://zgbx.people.com.cn/n/2013/0521/c347610-21555259.html,2013-05-21。
② 中国互联网信息中心,第40次《中国互联网络发展状况统计报告》,http://cnnic.cn/hlwfzyj/hlwxzbg/hlwtjbg/201708/P020170807351923262153.pdf,2017-08-10。

"微小说"、"微访谈"、"微直播"、"微简历"、"微商"、"微电影"持续蹿红。各式"微语言"彻底让网民进入了"微生活"的嘉年华。随着微信的发展,与"微"相关的文化情境不断扩大:"微语录"、微聊、微段子层出不穷。有网友编写了戏谑的微信段子以说明微信对人们生活的影响,例如:

(1) 现在全国人民,都被微信绑架了,靠玩手机微信过日子,称过信生活……只收不发的叫"信冷淡";只发不收的叫"信骚扰";发不出去的叫"信功能障碍";看后哈哈大笑,基本已达到"信高潮";一会儿看一会儿又删的叫"信功能紊乱";用微信谈工作的叫"信工作者";一天发10条微信以上叫"信生活过度";看完不转的基本属于"信无能";如果不玩微信的叫"无信生活";老发诅咒、迷信内容的,叫"信生活错乱";老发有深度内容的叫"信专家";老发美食内容的叫"信饥渴";老发一分钱的红包叫"信变态";自己发红包自己抢叫"信自慰"。请自我对照,看看你属哪一种!调节好自己的信生活,祝大家信生活快乐。①

用户使用微信交流的过程在很大程度上模拟了面对面交流的模式。一旦开启交流,交流者就会很快融入到交际环境中,"你一言我一语"开始交流。与现实交流相似,不同的是语言输送是通过发送图片、视频、文字或语音的"加花"方式,从而丰富了交流的内容。刘敏指出:

---

① 百度贴吧·安远吧,现在全国人民都被微信绑架了,靠玩手机微信过日子,http://tieba.baidu.com/p/4792201948,2017-05-29。

第八章　微力无边

在微信传播中，无论是在公众平台上的对话机制，还是私人语境中的互动原则，文字语言的应用以"破碎"的形式充分展现了新媒体的碎片化传播第一特性，但文字传播过程中用户自愿地遵守"引导性符码"对碎片进行编码和组合，从而缝合出传者所望、受者所需的信息。[①]

微信不仅支持发送普通图片，也支持发送动态图。在聊天过程中，交流者双方可以分享手机图库里的照片，也可以发送表情包和动态图，以生动幽默的方式表达自己的情感。微信聊天中使用的文字一般都比较简短，但是表达力强。有些用户倾向于使用口语化的语言，也有用户倾向于使用方言，而不是标准普通话，比如：西北方言中"撒"（sa）表示问对方"什么"或"啥意思"，很多西北的微信用户就用"撒"而非"什么"。语音功能使信息传播更直接，比发送文字更加生动。因为通过语音发送消息，接受者可以感受到发送信息者的语音、语调等语言特征，比如，在向对方表达感谢时，如果仅仅用文字"谢谢你"来表达，对方会怀疑发送者是否有诚意。相反，发送语音可以较好地表达感情。在实际微信交流中，用户的交流往往不仅仅是纯粹的图片、视频、文字或语音等，而是这几种符号形式的综合表达。这种集各种方式为一体的交流更加生动、更具有表达力，同时也更加便捷。比如：用表情包就可以表达喜怒哀乐；发送相关的视频又会促进信息和知识的传播；周围环境不允许发语音时，就可以发送简短的文字形式，或将语音转为文字形式。

---

① 刘敏：《微信传播中文字语言应用的"破碎"和"缝合"》，http://media.people.com.cn/n1/2017/0711/c413305-29397436.html，2017-07-11。

二　微信语言的表征

（一）微信语言的表现

首先，微信语言颠覆了语言的传统形式。网络时代，网民"鸭梨山大"（压力山大），互联网信息碎片化特征愈发明显，70字的手机短信、风靡一时的140字的微博促使用户对于阅读长篇大论越来越没有耐心。同时，读图时代的图片社交和视频社交逻辑走上社交舞台，互联网用户进入了"文字疲惫期"，同样的内容，使用密密麻麻的长篇文字稿，肯定不如一组轻松、幽默的卡通画配少量文字的传播效果。绝大多数潜在网民通过微信界面获取品牌传播信息的应用场景，是手机屏幕，而非电脑屏幕。在有限的屏幕空间内，如果文字密集，很容易增加阅读者的视觉压力，从而产生焦躁甚至退出的想法。因而微信语言的突出表现形式就是由单一文字加表情符号、文字加卡通漫画、文字加自创的幽默图片等构成。儿童式的"看图说话"可以让阅读者产生阅读与分享欲望，从而带动更多传播受众进入传播链。

其次，表情已经成为了聊天中一个必不可少的元素，"能发图尽量别说话"业已成为微信社交的一个方向，表情包的包容性和传播性都优于文字，在一定程度上优于视频和单纯的图片，表情符号甚至已经演化成了一种社交文化。

图8-1　微信表情包示例

微信表情包是一款富有特色的微信表情插件，微信的"表情商

第八章 微力无边

店"收集了海量的个性、搞怪、可爱等类型的动态表情,它能给微信聊天带来更多乐趣。表情包是互联网时代走向纵深之后,网民所使用起来的一套表意系统。表情包的表意比文字更丰富、更直白。表情包可以为聊天的双方创造一种更好的交流氛围,产生一种戏谑的作用,从而达到拉近聊天者之间距离的效果,甚至可以用表情包打破尴尬和僵局。表情包相对于文字更简单,能够表达出更多的含义,读者也能够更简单地阅读和理解它。为了显示自己的创造力、幽默感,许多青年网民搜集、自创了众多表情,一旦进入表情包交流模式,就会立刻招引来"斗图"行为,在一定程度上弥补了在微信交流时的单调状况。

其三,微信昵称更贴近生活实际。微信昵称即网友的网名。"据英国广播公司报道,伦敦玛丽女王大学的研究学者通过分析80多个研究成果发现,提高网友约会率的关键是有一个吸引人的网名。"[①] 网民在微信中通常使用网名交流,但这似乎又会造成妨碍交流的障碍,因此在微信公众号、服务号、订阅号、朋友圈、微信群中,为了便于他人交流,群主通常要求网民注明自己的真实姓名。例如:

(2)同学们好!课程群建起来了,请注明真实姓名。格式为班级+真实姓名。

另外,微信网名的语言形式表征更为复杂,反映网民在起网名时的种种心理活动、文化水平、教育背景、网络技术等等。

1. 微信汉语网名

微信名的表征形式多种多样,微信用户使用汉语、英语、表情

---

① 人民网,英国研究:好网名促成好约会, http://world.people.com.cn/n/2015/0213/c1002-26564260.html,2015-02-13。

符号、数字甚至火星文或各种符号结合的方式为自己设计微信名，其中汉语昵称所占比例较大，微信用户利用生活经历、个人性格、流行语、地域特征、姓氏改造、工作特征等方式为自己设计微信汉语昵称。如有人会直接写"网司机"，就是网约车的代码；"买遍世界"则是网购代理或微商经常使用的微信名；再如怀旧网名"云崖暧"；流行语名人发言"小目标"；个性表达"傲骨凌霜"、"风淡云轻"；昵称"二宝"、"莲儿"、"佩佩"；属相"龙行天下"；自我解压"何必太累"、"来日方长"；地域表达"胡大狼嚎"；扮嫩"花轮的小丸子"、"巧儿爱丸子"；情感表达"回忆谁黯伤"、"简约挚爱"、"林夕小雨"；个人性格"蕙质兰心"、"静气斋主"、"铿锵玫瑰"、"空山新雨"、"墨一样渲染"、"闲云野鹤"；姓氏改造"江河石"；童心流露"橘子汽水"、"老师大事不好了，作业跑了"；藏区工作经历"康·罗布顿珠"；电视节目"妈妈咪呀"；季节说明"人间四月天"；感伤别离"山水不相逢"、"时光无声"；成长经历"杨家有女初长成"；汉语拼音缩写"lbin"、"miemie"、"MN"、"QTian"等。汉语网名背后往往隐藏了微信用户的内心世界，会给自己起诸如"英雄气概"、"小公举"、"大先生"等网名。

2. 微信外语网名

使用外语昵称的微信用户，除了外国人，通常就是在国内外资企业、合资企业工作，或在国外工作生活或求学的中国网民。一般用某国的语言给自己起微信名的用户，都对该国的语言比较熟悉。在外企和合资企业工作的微信用户，微信昵称往往就是其本人在公司或机构所用外文名。一些来自国外的教育培训机构，为了彰显自身有较高的国际化程度，许多员工也喜欢用英文名作为自己的微信昵称。此外，还有对外国文化比较感兴趣的微信用户会使用某一文化特征作为自己的微信名等。如，以名画"Mona Lisa"作为微信名；

大众名"Nancy"、"Olivia";谐音"Sure"(硕);动物"Panda";结合汉语姓氏"Raindrop";饮料名称"Pepsi";国外生活"Simon Liang"、"Susannah Liu"、"Tina Yin";性格特征表达"Smile"、"Summer"等。

3. 微信火星文网名

还有一些网民选择微信名时,采用各种符号的叠加形式,如火星文形式。"火星文"是一种流行于部分青年网民中的特殊网络语言,因其形式难于识读和难于理解而得名,成为青少年表达时尚的符号。"从符号学角度看,'火星文'将抽象的符号进行了类象化,它具有很强的语境依赖性,即'圈子'性。"[1] 部分青年网民使用"火星文"作为微信昵称的目的就是增加解读难度,跟随时代潮流。例如,"Aa ☀ H 桃"、"Aa ♡ G 瑞"、"Angela ~ 🐳"、"呼枝睿 👄"、"＜。)#)))≦萌萌哒＜。)#)))≦"等。

(二)微信语言的表现特点

微信的流行与"微语言"息息相关。"语言的发展与社会的发展密切相关,新社交媒体的产生,带来的不仅是传播方式的改变,也影响着人们的言语习惯。"[2] 在新媒体时代诞生的微信颠覆了传统的交流模式,同时也产生了全新的"微信语言"。微信语言的口语化、杂糅化、多样化和粗俗化等表征都印证了微信的传播特征。

1. 语言口语化

个人微信语言的呈现界面往往是手机终端,方寸移动之间要收、看信息并做出反馈,信息的编辑发送就会格外注意节省字词。微信语言相比其他网络语言更加简洁化、口语化。由于生活节奏的加快,

---

[1] 杨昊欣:《火星文使用偏好的符号学阐释》,《东南传播》2011 年第 2 期。
[2] 毛力群:《微信与微语言生活》,《社会科学战线》2014 年第 12 期。

网民对精练信息的需求越来越大，这一趋势恰好与语言的经济原则一致。"在移动互联网时代，小即美，少即多。"① 微信更适合网民通过智能手机浏览资讯、记录心情、与人交流、抒发情感等，如：

（3）A：出现了？

B：才开网

A：你好吗？

B：不好

A：？

B：工作，按部就班，感情，没合适的，学业，没进步

A：傲娇滴很，听说表现好

B：cankuicankui（惭愧惭愧）

2. 语言杂糅化

微社交媒介改变了传统媒介结构精致完整的表达方式，它采用更加口语化的多种符号形式创造出了富有个性的语言，既形象生动，也传递了轻松幽默的内容。"洪荒之力"、"且行且珍惜"、"add oil"（加油）都成为网友追捧的流行话语。随着 Web3.0 时代的来临，网络本身已经成为一个庞杂的"社交图谱"。大量的缩略语、表情符号、错别字、外语、方言、童言稚语夹杂在微信话语中。例如：

（4）A：丫头今天灰（飞）完了？

B：嘻嘻，嗯嗯（●'□'●）

A：牛（方言：你）很棒

B：哈哈哈☺，宝宝更优秀才行啊。您注意身体哦

---

① 谢晓萍：《微信思维》，羊城晚报出版社 2014 年版，第 2 页。

第八章　微力无边

A：你已经很优秀了，word（我的）娃。要奖励哦

B：嗷嗷，我们还有礼物？哇哦

A；你不在啊，/(ToT)/~~

B：下次回去看您，哈哈哈

A：早点睡，别玩手机啦。

3. 语言粗俗化

在微信交际中，个人言语风格往往走向粗俗化。由于在同学、家人、朋友等私人群里，微信用户的心情都比较放松，说话也不再顾忌会话合作原则，因此，微信成为网络粗俗语言的高发场域，类似"mlgb"、"婊砸"、"你妹的"、"撕逼"、"日了狗了"、"屌丝"等层出不穷。微信订阅号、公众号中的部分文章，为了吸引网民眼球，往往采用"标题党"模式给文章赋予一个标题，令人反感厌倦。网友"南周知道"如此叙述："在这个复制粘贴的时代，原创是我们的坚持；大部分故事都在卖鸡汤，而我们只为你定制有（chou）趣（feng）的内容。"① "南周知道"举了一些令人反感的"标题党"实例：

（5）《为啥超市总爱把套套和口香糖放在一起?》

《别撕潘金莲了，说说史上最帅最会演、迷倒梅艳芳的西门庆》

《好像，大家都病了呢》

"标题党"是"互联网上利用各种颇具创意的标题吸引网友眼

---

① 搜狐公众平台，一句话就把天聊死了是一种怎样的体验？ http://mt.sohu.com/20170318/n483785498.shtml，2017－02－18。

语言无羁:汉语言符号的网络再生与生成逻辑研究

球,以达到各种目的一小部分网站管理者和网民的总称。其主要行为简而言之即发帖的标题严重夸张,帖子内容通常与标题完全无关或联系不大"。① 网上有一张帖图的标题是"一个裸男和一群禽兽"。其实画面的内容只是一个光身子的小男孩和几只小绵羊,这幅图片被贴往众多网站,其中在搞笑图片网,该图的点击率达到了5200多次。② 互联网文章大多以题文超级链接的形式发布,文章是否被阅读,取决于标题的吸引力和冲击力。对于"标题党"而言,信息仅仅是手段,人为干预下的高度浓缩信息标题成为"标题党"的生产工具,只要能够吸引受众,"标题党"就随意组构、替换文字信息,这种行为不啻于一种精神施暴。刘梦瑶认为:

> 由于微信具有私密性等特点,以及公众号的粉丝量与商业利益直接联系,因此微信中的"标题党"现象比普通的网络传播中"标题党"现象更加突出。传统媒体的新闻呈现方式是"标题+内容"组合,常常是一一对应的。而微信中的新闻则不然,它是由微信公众平台推送给用户及用户在朋友圈中转发的。每一次的推送和转发只显示标题而不显示内容,也就是说标题和内容不在同一个空间上,用户对内容阅读与否完全取决于标题的吸引力。③

刘梦瑶总结了微信"标题党"基本手法:(1)套用"萌萌哒、

---

① 百度百科,标题党,https://baike.baidu.com/item/%E6%A0%87%E9%A2%98%E5%85%9A/685350? fr = Aladdin,2012 - 10 - 13。
② 黑龙江新闻网,(标题党)现象的成因与危害,http://www.hljnews.cn/fou_baoye/2009 - 01/21/content_ 59343. htm,2009 - 01 - 21。
③ 刘梦瑶:《关于微信"标题党"的现象和危害分析》,http://media.people.com.cn/n1/2016/0726/c406139 - 28585590. html,2016 - 07 - 26。

第八章 微力无边

滚粗、节操碎了一地"等网络热词;(2)使用耸人听闻的灵异之词;(3)使用"走光、露点、爆乳、劈腿"等情色庸俗之词;(4)利用道德亲情绑架之词。用亲情、属相、星座等大打亲情牌。①

4. 语言视图化

在网络人际互动中,网民偏爱图片、以图代文或图文混杂的趋势说明文字表达的内容还有一定缺陷。当文字表达抽象含混、缺少情感温度时,富有直观特征的图片就会出场,用以弥补交流时的面部表情或肢体动作。例如,微信不断更新"表情商店"里的动态表情,还在其新版本中增加了"彩蛋"效果,系统会伴随用户输入的特定关键词而自动产生"从天而降"的撒花效果,形象生动。2017年春节期间,在微信输入界面输入与"鸡年"相关的祝福语,界面就会出现"小鸡"的撒花效果;输入"生日快乐",会话窗口就会出现生日蛋糕图案等。

此外,由于微信朋友圈中的"消息具有时效性,而且其时效性通常很短,这也使图片的广泛使用有了现实的依据"。② 微信圈的"晒行为"成为了语言表达的有力助手,用来思考、反思、交际的语言被读图时代的"晒"所替代。王庆洋分析网民喜欢"晒"出于以下原因:(1)从众心理;(2)获得自我认同感心理;(3)自我表露心理;(4)自我欣赏心理。③ 王欢和关静雯将朋友圈中晒的内容分为三大类:个人琐事、情感独白以及社会信息分享。④ 他们认为,微信图文并茂的形式最大化了"晒"的效果。微信用户在微信朋友

---

① 刘梦瑶:《关于微信"标题党"的现象和危害分析》,http://media.people.com.cn/n1/2016/0726/c406139-28585590.html,2016-07-26。
② 王卉:《微信语言的表现形式及特点浅析》,《才智》2015年第29期。
③ 王庆洋:《微信朋友圈"晒"行为的心理分析》,《湖南大众传媒职业技术学院学报》2016年第3期。
④ 王欢、关静雯:《微信朋友圈"晒"现象研究》,《重庆邮电大学学报》(社会科学版)2016年第3期。

"晒"出美食、美景、汽车、无数、家庭布置等等,会让其他人产生身临其境的感觉,这不仅不会让受众感到枯燥,而且增加了内容的真实性和可靠性,从而赢得更高的关注度。① 但也有网民在网络上发表了对微信交际中网民表达生活琐事的不屑或不满②:

(6)微信是什么?

答:扯淡的工具。

上午:基本都是卖货的。

中午:各种晒,晒胸晒大腿,晒幸福,晒方向盘,晒飞机票,应有尽有。

傍晚:开始各种饭局,酒店,ktv,撸串烤肉啥滴!求陪同,求偶遇。

午夜:各种饿,各种吃,各种再也不吃宵夜了,各种明天开始戒酒。

凌晨:各种哭,各种失眠,各种感悟,各种胡言乱语。

总结:"微信"是腾讯开的精神病院。

只能微信!不能全信! 经典!

微信不再是一个简单的应用,微信开启了一种生活方式和新的人际关系。微信可以进行朋友间的沟通,满足个人的分享展示欲望,获取信息,参与娱乐活动,满足线下生活等等。微信的功能越多,越便捷,人对微信的依赖度就越高。然而,沟通便利,却也加剧信息泛滥;分享快乐,却也增添过度信息烦恼。用户爆炸性的增长带

---

① 王欢、关静雯:《微信朋友圈"晒"现象研究》,《重庆邮电大学学报》(社会科学版)2016 年第 3 期。

② 百度贴吧·大同吧,微信是什么? http://tieba.baidu.com/p/4521191556,2016 – 05 – 02。

第八章 微力无边

来的私密性减弱以及内容良莠不齐、有用信息减少等都让用户渐行渐远。随着微信用户规模的快速扩张，社会社交圈已经与虚拟"朋友圈"高度重合。

（三）微信语言的内容

究其本质，微信是以人际关系为基础的社交平台。关系是微信重要的人际联结点，微信"朋友圈"是一个半公开化平台，微信"好友"与"群组"是私人平台，而微信"公众号"、"订阅号"、"服务号"则是公开平台。微信聚集了多种传播模式：大众传播、人际传播、群体传播以及分众传播等。因此，微信语言的内容也是五花八门：语言与非语言符号结合，真相与谣言并存，信任与怀疑勾连，文字与图片集合，私密与暴露共享。马佳明将微信的内容传播简单地分为两种：一种是微信好友间的内容发布及微信群的内容讨论，另一种是微信公众号进行传送。[①] 微信语言内容基本涵盖了微信私人私信的信息或情感沟通，个人信息发布，包括个人餐饮、家庭子女、游记心得、感怀牢骚、攀比炫耀等内容。

"朋友圈"是微信推出的一种类社交网站的熟人圈子中的信息分享。每个人都有自己不同的圈子，包括生活、工作、学习、兴趣、购物等等不一而足，微信圈里的人和事构成了人们业余生活的全部内容，可以说，有了微信，"低头族"也堪称为一种圈子。口头表达不知言为何物，一切交流均依靠微信信息而获得精神愉悦和满足。微信的传播内容基本上可以分为两类：原创和转发。原创多用于个人间的私信，转发则大多来则来自互联网的种种信息。朋友圈的语言内容非常复杂，语言相对比较规范，但是在内容层面上，基本上都是转发的信息，原创的作品很少。朋友圈中的语言内容包括：（1）实用百科知识，保健养生大全；（2）各种微商、微店、网络代购推

---

① 马佳明：《微信平台传播内容分析》，《新西部》（理论版）2015年第5期。

销广告软文；（3）娱乐消遣信息；（4）形形色色的心灵鸡汤；（5）时事热点、幕后追踪与爆料；（6）教育、商业、科技等的动态信息；（7）拉票。

微信的问世改变了新社交媒介的格局。由于语音输出要比键盘输出更加快捷，因此微信的语音和视频交流方式更是将微信语言的内容推向了极致，简略、重复、噪音、废话、唠叨、纠缠、犹豫、话外话、话外音等语言特征综合体现了出来。微信的语音对讲功能发挥了语音功效，其对讲功能改变了网络聊天中文字符号的主导地位，既节约了网民的时间，也节约了金钱。此外，无论是接收还是发送信息，微信还具备了"长按语音信息"就可以将语音转换成文字的功能，解决了用户不便接听语音时或接听时干扰他人的窘况。

第二节 微信语言：人际关系的"催化剂"

微信"作为一个社交工具平台，社交基因是微信最强的、最基础的因素"。[①] 微信试图连接一切可以连接的人或事。微信自由连接时形成了人与人、人与机器、人与机构之间的无缝对接，移动互联网由此构建了网民的生存新生态和语言新部群。网民通过微信提供的功能诸如建群、发起群聊、收付款、雷达加朋友、面对面建群、扫一扫、联系人、公众号、摇一摇、附近的人、购物、游戏、小程序、钱包、收藏、相册、卡包、表情包等等，在"微世界"里构建了一个庞杂的人际关系网络，形成了一个巨型的语言"售卖场"。网民生活在有声的语音、无声的语言、动态的视频、简洁的符号和海量的信息中。他们既靠信息生存，也依靠信息活跃，更依赖语言交

---

① 谢晓萍：《微信思维》，羊城晚报出版社2014年版，第6页。

第八章 微力无边

际，从而构建起了自己的社会关系网络。

一　微信语言维护人际关系

　　语言是人际关系的主要体现，也是维系人际关系的重要纽带，它既是个体人际交往中的地位标志，也是整个人际关系的状况映射。由于微信等社交软件的兴起，网络交流更是成为人际互动一个重要组成部分。网络语言作为网络技术和网络时代最浓缩和最有代表性的产物，应用于日常语言中，丰富了日常词汇，方便表达。由于网络语言的生动性，当它应用于日常交流时，会在很大程度上加强说话人语言的灵活性和趣味性，也丰富了语言的感情色彩，减少了交流障碍。网络语言的广泛及深入应用会在特定人群中形成一个个特定的语言群体，我们不妨将其称作"微信方言"。在这个群体中，其内部成员之间会形成一种强烈认同感，该群体成员对一个旁人难以即刻明白的事情会迅速达成默契，可以在很大程度上加强亲密度，进而促进彼此进一步深入了解。

　　第一，微信是促进人际关系的"催化剂"。微信的出现是网络时代人际交往的一种进步，微信用户数量已经远远超过了QQ用户。随着生活的富裕和电子通讯工具操作的简单化，一些中老年人大多数都选择使用微信社交工具。随着无线网络的遍及，许多公共场所和家庭都被Wi-Fi所覆盖。因此，微信视频在各年龄段流行开来，用于家人、朋友、同事、恋人之间的交流，比打电话更加方便、亲切。微信视频也可以用于工作或者学习交流，此时聊天内容不再私密，而是聊些工作或学习上的安排以及学习和工作经验等。

　　第二，微信是巩固关系的"稳定剂"。人是处在一定的社会关系当中的。在我们的生活中经常有这样一种现象：即使刚开始关系特别好的朋友，也会因为长时间的不联系而变得疏远。随着网络的发展,人们身处异地也能通过微信视频聊天的功能进行面对面交流。人们每隔一段时间就可以在微信上视频聊天。如果人数较多的话,可以选择群视频聊天。当大家都闲下来的时候,可以利用微信群聊天,回忆以往的生活点滴。不管现实距离多远,微信总能把人们拉到最初、最近的那个距离。

第三,微信是沟通情感的"发酵粉"。"微信朋友圈"中有家人、亲戚、同学、同事等,大家互相组成多个规模不等的圈子。很多微信用户利用朋友圈转发新闻或者实用性很强的文章。部分微信用户会把和自己心情相关的文字或者图片发到朋友圈,以表达自己的观点、抒发自己的感情。网友在朋友圈发动态时主要有两种情况,一种是和亲朋好友出去游玩、聚餐和自己在某方面的成就等等。他们是想向好友分享自己的快乐并且获得好友在朋友圈的点赞量。另一种是当人们情绪低落、心情不好但又不知道向谁诉说时,往往会把自己的心情发到朋友圈以获得好友们的同情,同时自己的内心也会得到慰藉。

二 顺应论视角下的微言微语

维索尔伦认为"语言的使用是一个不断选择语言的过程,不管这种选择是有意识的还是无意识的,也不管它出于语言内部的原因还是出于语言外部的原因"[①]。语言选择应该考虑到语言结构具有层级性这一特征,语言使用者不仅应该选择表达什么,更应该注重语言使用策略。在选择语言时,说话人为了顺应特定的语境,有意识地选择语言形式,转换交际策略,因此这一过程是说话者发挥主观能动性的过程。顺应论可以有效地解释语言选择与不断变化的语境之间的关系。

---

① Verschueren, J., *Understanding Pragmatics*, Beijing: Foreign Language Teaching and Research Press. 2000: 55.

第八章 微力无边

维索尔伦提出，在语言选择过程中，语言的三个特性，即变异性（variability）、协商性（negotiability）和适应性（adaptability）决定了语言选择，互相联系，互为基础。① 语言的可变性"指语言具有一系列可供选择的可能性；商讨性指选择不是机械地或严格按照形式——功能关系进行，而是在高度灵活的原则与策略的基础上完成的；顺应性指能够让语言使用者从可供选择的选项中作出灵活的变通，从而满足交际需求"。② 选择过程并不是一个固定静止的过程，而是在一定的语言策略和原则的协商下，不断顺应选择的过程。因此，本节在顺应论视角下从以下三个方面解释微信语言的使用：（1）语境关系的动态性；（2）语言结构的顺应性；（3）顺应的动态性。

（一）微信语言的语境顺应

语境顺应意味着"人在使用语言的过程中，语言选择必须与语境相互顺应"③。维索尔伦把语境分为交际语境与语言语境。交际语境蕴含了语言使用主体、心理世界、社交世界、物理世界等因素。④ 种种语境关系只有在语言使用主体使用语言时方可被激活，因此语言使用主体在语境中扮演着主要角色。在实际的交流过程中，语言使用主体扮演的社交角色在交际过程中通过双方不断交流、不断进行语言选择方可体现出来。心理世界包括语言使用主体的认知和情感方面的因素，诸如交际双方/多方的情绪、意图、个性和愿望等。心理因素会影响说话者的"说"和听话者的"听"。比如：说话者伤心时说出的话会使听话者感受到对方的情绪。在微信聊天中，通过发送不同的图片，交流者便可以猜测或感受对方的情绪。此外，

---

① ［比利时］耶夫·维索尔伦：《语用学诠释》，钱冠连、霍永寿译，清华大学出版社2003年版，第69页。
② 何自然、冉永平：《新编语用学概论》，北京大学出版社2008年版，第292页。
③ 同上。
④ 同上。

物理世界中最重要的是时间和空间的指称，这两个因素主要体现在交流者如何使用不同的指示词描述不同的时间和空间位置。以上这几方面的因素都会影响语言使用者的语言选择。

语境顺应的另一方面是语言语境，它包括三方面的内容：（1）篇内衔接；（2）篇际关系或互文性；（3）线性关系。① 这三方面的顺应突出强调语言使用者在使用语言时应注意如何措辞以达到言语的衔接和连贯。使用者在交流过程中不断选择是由于他们所处的语境在不断变化。微信群本身就是一个虚拟的网上社交世界，不同性质的微信群从某种程度上影响着群成员的语言选择。在群聊中，每个群成员都会选择恰当的语言以符合自己所处群的规范。此外，处于同一微信群的用户的言语行为也受文化因素的影响。例如：以一名硕导和研究生的微信群在大年三十的聊天为例（该群共有22名成员，由一名导师和21名学生组成），分析在该语境下各个群成员是如何进行言语选择以符合当时的语境。

（7）A：祝师傅和各位同门新年快乐。[😊😊]

B：鸡年大吉 [🐔]

C：祝师傅和各位同盟春节快乐 [😄]

D：谢谢娃，新年愉快！[💀]

E：新春快乐 [🌸]，新的一年，祝老师和师兄师姐们身体健康，万事如意。

D：新春快乐，万事如意 [🐔]

A：谢谢师傅 [🐱]

E：谢谢老师！[🐱]

---

① 何自然、冉永平：《新编语用学概论》，北京大学出版社2008年版，第293页。

第八章 微力无边

首先，这段群聊言语富有微信聊天语言的特点，不仅用文字表达祝福，还生动地添加了其他表情图片和红包祝福。其次，群聊发生在大年三十，所以整个话题都围绕春节，各个成员都选择不同的祝福语来表达对导师及其他同学的祝福，如：新年快乐、鸡年大吉、新春快乐等。同时，在收到祝福后，各成员又选择不同的感谢语来表达感谢。此段群聊言语过程是一个动态变化的过程。当A开始话题后，B和C分别紧接着顺应该话题，表达自己对其他成员的祝福。当D（老师）表达了对C的感谢并祝福大家以后，新一轮的顺应又展开，E和D又祝福各成员。社交角色的不同影响各个群成员的语言选择。当D（老师）发红包表达对学生的祝福后，学生对导师表达了感谢。由此可见，交际语境和语言语境都不同程度地影响着语言使用者的言语选择。

（二）微信语言的结构顺应

顺应论研究语言使用的顺应过程，语言的层级性又决定了语用学研究注重语言的各个层面。在顺应论视角下，人们使用语言进行交际就是对语言的各个层面作出选择，包括语音结构、形态结构、句法结构等方面。从这个角度讲，顺应论为语言研究提供了一个较完整的理论框架。在该理论框架下，言语研究不再局限于某一特定方面，而是涉及到语言的各个层面，因此，语言顺应论较完整、全面地解释了言语行为。

微信的特点之一就是用户可以通过发送语音进行交流。接收语音后，收听者不仅能听到对方所说的"话"，也可以感受到说话者的语音、语调、语气，以此来帮助理解说话者所要表达的意义。比如，当某一群成员发出一段断断续续的话时，其他成员就可以对他所说的话做出相应的理解和回应。这种以语音语调辨别为基础的话语选择又会激发相应的语言选择。词汇和词组的选择也会影响顺应的进一步发展，即说话者使用不同的词汇或词组表达相同或相似的事物时会对听话人带来不同或相同的影响。

例如，在一个辅导班的"教师——家长"交流群里，负责老师发了一条消息"明天是年前补课的最后一天，希望各位家长督促孩子按时到校上课"。发话人（老师）得到了五位家长的回应，A和E家长的回应为"好的"，B、C和D家长的回应为"收到"。这两种回应都让老师知道，家长已经接收到微信消息并明白的意思，会按照老师所说的按时送孩子去学校。在表达相同的意思时，家长使用了不同的句法结构。但有时使用不同的句法结构表达相同意思时，也会影响听话人的理解。

（三）微信语言的动态顺应

维索尔伦指出：语言使用的顺应过程中，核心问题是意义的动态生成过程，这一过程的动态性体现在三个方面：时间维度，不同语境对语言选择的制约和语言线性结构的灵活变化。[①] 语言顺应的动态性由不断变化着的语境和说话人所使用的语言结构决定。一方面，可以说动态顺应给语境顺应和结构顺应提供了顺应场所；另一方面，这三者与顺应的意识程度合起来又构成一个有机的整体。所有语言使用都是在动态顺应中完成的。为了与不同的语境保持顺应，语言使用主体就得做出相应的语言选择。语境关系和语言选择的联系见图8-2。

图8-2说明动态顺应与语言使用者所处的语境息息相关，它也与交际双方所选择使用的语言结构关系密切。以上三个因素任何一方面的变化都会影响动态顺应。交际双方或多方对话题的兴趣与态度、选择说话的内容与方式等都会影响语言顺应的动态性。例如：在一个名为"研途友爱"的微信群里，有如下群聊消息：

---

① 李善淑：《从顺应论视角解读网络语言中的"××体"现象》，《安徽文学》2013年第6期。

第八章 微力无边

语境变化 → 语言选择
↓ ↑
新语境

图 8-2 语境关系和语言选择的联系图

（8）A：有没有谁会装电脑系统，能帮帮我吗？我的电脑不对劲，我不会弄。😭

B：去卖光盘的那里买个系统盘💿，然后跟着文字点。

C：英雄救🐼的时刻到了，会修🖥的赶紧了。

D：我当时给雯子装系统清空了所有资料。

E：话说你🖥什么问题？

A：我得重新做个系统，只格式化C盘，其他的不动。

F：我们宿舍的冬子同学可以试一下。

G：\(^o^)/赞成

H：我们宿舍的李晟也可以。

E：你住的地方太远了交给住得近的同学弄吧。另外，李晟是坑别信他。

I：谁说是坑？站出来😡。

H：虽然李晟是坑，你也别这么直接。

E：哈哈哈😄😄😄😄

E：拿一个系统盘在这上面打开系统，然后你要删除的盘就可以格式化了。

F：在pc里格式化C盘然后重装就好了，但是要用U盘做个启动盘。

当 A 引出话题，请求群中其他成员帮自己修电脑时，其他成员纷纷作出了回应。B 给出了自己的建议，C 有可能不会，所以呼吁群中其他同学帮忙，为了引出"会修电脑的赶紧了"，他说"英雄救美的时刻到了"。因为求助的同学是学文科的女生，C 这样说自有言外之意，也可能会有其他群成员注重理解前半部分，从而转移话题，也会进一步改变说话语境。D 的回答表明他自己不在行。E 所说的话改变了话题，但同时也改变了语言语境。他将 A 的"是否有人会修电脑"转变为"电脑哪里出问题了"。当 A 说了情况后，F、G 和 H 都做了回应，但 E 的回应又导致了语境变化。例（8）说明语言使用策略和语言选择都可以引起语境变化，可见语言顺应是处于不断的动态变化之中的。为了使自己的言语符合不断变化的语境，语言使用者必须及时选择恰当的言语表达自己的想法。最后，E 和 F 分别提出了维修建议，终止了该聊天。但是，其他群成员也可以再对这两个人的建议进行修改，产生新一轮的交流。

第三节　微信语言：人际关系的"稀释剂"

　　网络社会中的人际交往模糊了自然生活中的社会地位、职业、性别等差异，意味着个体间交往的平等，强化了主体的道德选择、自我评价的行为能力。但是它也带来了人与人之间情感的淡漠、非理性行为增加或人格异化加剧等负面问题。尤其是在语言交往中，原本增加人际关系粘性、充满温情友爱的语汇被滥用后，遭到了网民的厌恶和唾弃，最终少用或弃之不用，诸如"呵呵、哦、哦哦、嗯、嗯嗯、在吗、好吧"等词语，一旦这些语汇被滥用，不仅破坏了语言生态，也损害了人际关系。

第八章　微力无边

一　网络语境与微信语言

人类语言学家马林诺夫斯基（B. Malinowski）把语境分为文化语境（Context of culture）和情景语境（Context of situation）。① 弗思（J. R. Firth）扩展了马林诺夫斯基的"语境"概念，他认为"除了语言本身的上下文以及在语言出现的环境中人们所从事的活动之外，整个社会环境、文化、信仰、参与者的身份、经历、参与者之间的关系等，都是语境的一部分"。② 维索尔伦则认为"语言使用者在语言使用过程中选择语言必须与语境顺应；语境是在交际中动态生成的"。③ 雅柯布森（R. Jakobson）在构建言语交际行为模式时，也充分考虑了语境的重要性。他的看法是：如果发话人（addresser）要把信息（message）发送给受话人（addressee），使交际运行起来，被发送的信息还需要一个明确的语境（context）；其次，对话中需要有一套发话人和受话人之间完全或者至少是部分共有的代码（code）；发话人和受话人还要有接触（contact），接触是发话人和受话人之间的物理通道和心理联系，它使双方能够进入并且保持状态。④ 冉永平则对语境做了更为清晰和全面的解释："总的来说，语境可以是上下文的语言语境，也可以是现场的情景因素，还可以是背景信息等百科知识。"⑤ 本著作从语境的角度来考察微信语言，原因在于微信语言具有发展性、多变性、动态性和创造性的特征。大量的人际误会来源于交际双方对微信语境的认知不足，或者是双方

---

① 彭利元：《走出扶手椅，迈向田野——马林诺夫斯基语境论发展评析》，《外语与外语教学》2008 年第 9 期。
② 索振羽：《语用学教程》，北京大学出版社 2000 年版，第 18 页。
③ Verschueren, J., *Understanding Pragmatics*, London/New York：Arnold, 1999.
④ ［美］罗曼·雅柯布森：《雅柯布森文集》，钱军、王力译，湖南教育出版社 2001 年版，第 52 页。
⑤ 冉永平：《语用学：现象与分析》，北京大学出版社 2006 年版，第 15 页。

语境的模糊引起了交流双方的不快和尴尬。

（一）动态语境

最早提出"动态语境（dynamic context）"这个概念的是丹麦语用学家 Mey。Mey 将其"解释为交际过程中持续变化的场景，只有如此，交际才能不断地进行，话语才能被理解"。① 维索尔伦在《语用学诠释》中首先定位了"交际的动态性"，他认为"语言共性"必然围绕"时间维度"展开，因此，"如果说存在着一种无可争议的语言共性，那么这种共性只可能是这样一个事实：语言使用是在时间中发生的。"那么依此来看，"语言变化的过程，以及潜在于变异性本身中的永恒的动态性，都是以时间推进作为背景的"。② 维索尔伦在论述"动态性与语境"时，明确指出：

> 一个语言事件中最具有动态性的要素是知识和信念心态，这些知识和信念心态总是处在不停的流动过程中。甚至连表意的意图也可以在意义协商过程中逆动式地（retroactively）形成或再形成……不同的语言信道，口语与书面语，以不同的方式和交际的时间维度发生联系，并因此表明了不同种类的动态性。其效果尤其会表现在语篇布局谋篇层面上：即对连贯与衔接、离题（digression）等现象的制约。③

李捷等总结说："当代语用学对语境的研究有两个特点：广泛性和动态性。"④ 不同的语境会使同一个词语的意义不同甚至是相反，

---

① Brown, G. & Yule, G., *Discourse Analysis*, Cambridge University Press, 1983：28.
② ［比利时］耶夫·维索尔伦：《语用学诠释》，钱冠连、霍永寿译，清华大学出版社2003年版，第172—174页。
③ 同上书，第175页。
④ 李捷、何自然、霍永寿：《语用学十二讲》，华东师范大学出版社2010年版，第20页。

第八章 微力无边

在这个过程中，语境具有重要的意义调节作用。正因为处于网络语境，才会有网络话语的复杂多样性的存在。克里斯特尔在其《语言与因特网》中肯定了"一种语言是一个由情境因素决定的话言表达系统"。① 克里斯特尔所谓的"情境因素"（situational factors）就是网络语境。可见，"网络互动交际打破了传统交际的时间与空间限制，人们的人际交流进入了一个由简单到复杂、由单一到多样、由现实物理空间到虚拟网络空间的全新时代，值得各领域研究者们进一步研究"。② 因此，"无论是一般语言还是网络语言，想要构建并使他人准确理解它所表达的意义，都要重视对语境的考察"。③

（二）网络语境

网络语境特指网络这种情景中的语境，即包括网络终端交际的网民、电脑键盘、输入方式，也包括由众多的网民共同在协商中构建网络交流的网络语言，以及逐渐兴起的网络文化等。在网络语境中，网民的交流工具或借助于键盘，或借助于语音或者视频等，文字交流既依赖于书面语，也依赖于口语（依据交流的形式而定）。④ 因为我们"谈论的是在空间时间中的语言现象，而不是非空间、非时间的非物"。⑤ 网络的出现在很大程度上改变了人们的交际方式和语言使用的习惯。同时由于现代化和数字化媒体功能的强大，网络语境表现出了现实交际语境无法比拟的许多技术性的新特点。周明强总结了网络语境的五个典型特点：

---

① ［英］戴维·克里斯特尔：《语言与因特网》，郭贵春、刘全明译，上海科技教育出版社 2006 年版，第 7 页。
② 谢朝群等：《网络交际中不礼貌话语的建构模式及其语用机制》，外语教学与研究出版社 2015 年版，第 36 页。
③ 何明升等：《中国网络文化考察报告》，中国社会科学出版社 2014 年版，第 133 页。
④ 葛红：《语言哲学视域的网络语言语码转换原因研究》，《齐齐哈尔大学学报》（哲学社会科学版）2011 年第 5 期。
⑤ ［英］路德维希·维特根斯坦：《哲学研究》，陈嘉映译，世纪出版集团、上海人民出版社 2005 年版，第 54 页。

第一，网络语境具有多样性特征，包括交际主体的多样性、媒体文化的多样性、交互方式的多样性；第二，网络语境具有交际范围的全球性；第三，网络语境具备交际过程的自由性，包括交际时间的自由性、交际地点的自由性和交际内容的自由性；第四，网络语境具有交往情景的虚拟性；第五，网络语境还具备交际手段的技术性。[1]

网络语境既是一个虚拟的语境，又可以是一个实在的语境。其虚拟性表现在交际双方的场所具有虚拟性，交际对象也具有虚拟性。如果有了视频、音频手段的辅助，交际场景和交际对象又接近了现实交际语境。[2] 在这个虚拟空间里，网民往往使用"微语言"进行交际。网络语境在很大程度上增强了现代汉语的语言张力。微信作为网络语境的一种，它既是一种虚拟语境，也是一种功能语体，其简洁性、自由性、多变性和杂糅性给语言变革带来了新颖的表达方式。

二 网络语境下"呵呵"的意义扭曲

网络语言作为一种交流语言，在一定程度上加剧了人际交往的鸿沟，不仅没有为人际交往增加粘度，反而成了人际关系疏离的"稀释剂"，促使陌生人化社会的成型。原本可以给语言交流增加温度的"呵呵"，是笑的拟声词，但在互联网迅速发展特别是社交工具空前普及的情况下，文字"呵呵"和表达"呵呵"的图片大量充斥在网络上、显示器上或手机屏幕上。根据调查和网民反映，2013年人们最反感的网络热词包括"哦"、"呵呵"、"额"、"嗯"这四个词

---

[1] 周明强：《现代汉语实用语境学》，浙江大学出版社 2005 年版，第 306—309 页。
[2] 同上书，第 308—309 页。

第八章 微力无边

语。究其根本，是它们让话语的接受方感觉与自己对话的人缺乏诚意，有敷衍之嫌，潜台词是"我不想跟你聊了或者没空理你"。①

（一）由热变冷的"呵呵"

微信交际形成了一种独特的网络语境。在大量的使用中，随着语境的动态变化，"呵呵"可以表示敷衍、赞同、好笑、同情、无奈、悲哀等含义，它可以传情达意，可以是终止聊天的委婉表达，也可以是一种不便明说的内心表达。随着"呵呵"的大量使用和网络语境的动态变化，在好友聊天、微信群、朋友圈里，众多网民均表示对"呵呵"较反感，觉得自己是在被敷衍和嘲讽，要么就是被人嫌弃。网络大语境下，"呵呵"甚至衍生成了一种人身攻击的方式，但是用词之时，因语境、人际关系的不同而褒贬不一，闻者自有感知。

"百度百科"如此解释"呵呵"：网络初期，"呵呵"为"笑"的拟声词，无贬义，网民大量使用是为了避免文字交流的冷漠和生硬感。当下多为羞辱、嘲讽、看不起之意。正式谈话时最好避免使用"呵呵"，不然会让对方感到你不尊重、有意嘲讽对方之意。还有一种解释为，一个"呵"字是敷衍，两个是出冷汗。第三种就是"去年买了个表"（qnmlgb）② 的意思，"更多为无聊或刷屏，均为网络生产物"。③ 网络时代的拟声词既保留了原本"拟声"的功能，更具有了特别的网络个体"味道"。"百度知道"解释了拟声词"呵呵"所涵盖的意义："呵呵——使用面最广，相当于微笑。表达的意思是最难界定的。'呵呵'主要表达的是一般的笑，包含的意思不甚明确，特定情况下表达的是不好意思的、自嘲的笑，有时候甚至表

---

① 网易新闻，"哦"、"呵呵"谁伤了你，你又伤了谁？，http：//news.163.com/14/02 19/01/9LDK2KNU00014Q4P.html，2014-02-19。

② 网络粗口。

③ 百度百科，呵呵，http：//baike.baidu.com/item/%E5%91%B5%E5%91%B5/34431，2017-02-20。

311

达的是冷笑。"①

相关媒体调查表明,"网友投票将'呵呵'、'哦'、'额'评为最让人反感的词语。《人民日报》官方微博评论称,这几个词招人反感,实际上反映人们对冷漠敷衍的拒绝及对真诚沟通的渴望"。② 南成和雨生认为模棱两可的表达方式是汉语语言的一个特点。大致有下面四个原因:(1) 儒家文化下的中国人更习惯含蓄地表达自己的心意;(2) 中国人素来服从权威,因为中国式教育大多把听话作为好孩子的第一标准;(3) 现代社会全民缺乏安全感,人与人的交往增多了,距离却远了;(4) 网络的普及加重了人们的交流障碍。③ 网络语言交际文字居多,交际双方理解困难。在微信交流中"啥意思?""你说的啥意思?""?"、"🤔"(不解表情)等语句或符号大量使用,这说明在网络虚拟交往的条件下,人与人之间的误解增加了。那么,既然无法准确把握对方意图,"呵呵"、"哦"等模棱两可的语汇,就成了回应对方的最好选择。

2014年,网友评出年度最伤人聊天词汇,"呵呵"名列其中。网民表示:"有人为它黯然神伤,有人为它憋出内伤,更有人为它直接掀桌……谣言止于智者,聊天止于'呵呵'。"④ 可见原本单纯表示笑声的拟声词"呵呵"演变成了令人深恶痛绝的网络词汇。它从最初单纯的拟声词逐渐演化得"意味深长"。"百度知道"如此总结"呵呵"的多层含义,如:

---

① 百度知道,呵呵、哈哈、嘻嘻等有什么区别?,https://zhidao.baidu.com/question/12610761.html? fr = iks&word = % BA% C7% BA% C7% 2C% B9% FE% B9% FE% 2C% CE% FB% CE% FB% B5% C8% D3% D0% CA% B2% C3% B4% C7% F8% B1% F0% 3F&ie = gbk,2016 - 02 - 23。

② 南成,雨生,回答"呵呵"令人反感,http://news.ifeng.com/gundong/detail_2014_03/13/34724973_0.shtml,2014 - 03 - 13。

③ 南成,雨生,曝"呵呵"成最令人反感词汇,http://www.nfmedia.com/,2014 - 03 - 13。

④ 腾讯新闻,网友热议网聊最伤人词汇"呵呵"高票当选,http://news.qq.com/a/20140103/014856.htm,2014 - 01 - 03。

第八章　微力无边

（9）不想与对方聊天，呵呵 潜台词：你 TM 烦不烦？

社会阴暗面曝光，呵呵 潜台词：无话可说的愤怒；

女神拒绝矮穷戳，呵呵 潜台词：癞蛤蟆还想吃天鹅肉？①

除"呵呵"外，"哦，哦哦，嗯，嗯嗯，在吗，好吧"也成为网民厌倦的人际敷衍词语。"呵呵"之所以被网民认为是"最"伤人词汇，原因是感觉自己被敷衍、怠慢或轻视了，面子受到了伤害，由此激发起一种内心的、本能的心理抵触或厌倦。当然，某个词语过于频繁的使用，就会成为约翰·洛克（J. Locke）所说的语言的滥用："人们在进行交流时，往往也会故意用错或有所忽略，导致这些符号更不明白，更不清晰。"② 语言滥用的后果也就往往堕入了法国学者吕特·阿莫西所说的语言"俗套"。

（二）天涯社区关于"呵呵"的讨论与分析

邵丽娟总结了"呵呵"语义特征：（1）聊天过程中不知道该如何接话，因而无话可说时，用"呵呵"作为过渡，等着转换话题或结束聊天；（2）表示友好或者有礼貌，代替"吗"、"哦"等应答性词语；（3）不想理会对方，用"呵呵"来表示敷衍。③ 2014 年 5 月 10 日，众多网友参加了由"天涯社区"楼主"望东方既白"发起的讨论（节录）：

（10）"为什么还有这么多人喜欢用"呵呵"？呵呵呵呵呵

---

① 百度知道，呵呵的特殊含义，https://zhidao.baidu.com/question/2115220278633197427.html，2013-12-27。

② ［英］约翰·洛克：《论语言的滥用》，孙平华、韩宁译，中国出版传媒股份有限公司 2014 年版，第 62 页。

③ 邵丽娟：《呵呵，你真的笑了吗？》，《语文建设》2010 年第 3 期。

呵呵…"①

楼主："望东方既白"

"呵呵"在楼猪（主）眼里就等于"MLGB""大傻逼"之类的好吗，不然也是冷笑，敷衍，讽刺这种意思。本来还以为大家都很讨厌也不会用"呵呵"这个词，微博上神马的也是到处吐槽"呵呵"的，所以还以为现在已经没有神马人喜欢用"呵呵"了，不过却发现，还是有很多人喜欢用"呵呵"！今天男神回复我朋友圈的时候回了一条"呵呵，回来了吗？"楼猪瞬间烦了好吗！是不是楼猪太事儿逼了，喜欢用"呵呵"的人可不可以出来解释一下，你们用"呵呵"其实没有嘲讽的意思？【楼主对"呵呵"用法提问】②

作者：沐家夜子 时间：2014-05-10 14：58：30

傻逼恒久远，呵呵永流传【借用广告，戏谑"呵呵"】

作者：hekuly 时间：2014-05-10 15：01：06

呵呵【敷衍】

作者：xc1234567 时间：2014-05-10 15：07：21

我也搞不明白，呵呵。【敷衍】

楼主：望东方既白 时间：2014-05-10 15：07：55

啊啊啊啊！你们都是坏人！！！！！楼主真的一听呵呵就头皮发麻好吗！！！【楼主内心反感"呵呵"】

楼主：望东方既白 时间：2014-05-10 15：13：54

楼猪今下午收获了人生中最多的"呵呵"，楼上诸位，我给你们跪下了【楼主反感"呵呵"】

---

① 天涯社区，时至今日，为什么还有这么多人喜欢用"呵呵"？呵呵呵呵呵呵呵呵呵…，http://bbs.tianya.cn/post-funinfo-5363851-3.shtml，2014-05-10。

② "鱼尾括号"中的内容为作者分析。

第八章　微力无边

作者：Perlarious 时间：2014－05－10 17：40：41

楼主你想多了，有时候习惯用呵呵可能就是个语气词，"呵呵，你回来了"就跟"哎，你回来了"差不多，不要太纠结了啊【"呵呵"仅仅是个语气词】

作者：匕匕飞 时间：2014－05－10 17：54：18

只能说楼主语文不及格，任何词都要看对话语境的。拿呵呵来说，有时候是表示你很可爱、有点意思、同意、勉强应付、嘲笑、反对。。。具体看对话内容【意义由语境决定】

作者：大怪兽吃萝卜 时间：2014－05－10 17：56：29

除了冷笑 我实在想不出来 呵呵两字的用途【"呵呵"表示冷笑】

作者：宥溪4 时间：2014－05－10 17：58：15

自己常用"呵呵"的原因是不喜欢用"嘻嘻"觉的太嗲了，不想用"哈哈"觉得只有大笑的时候用，咯咯、噗嗤、呼呼等总是觉得字眼看起来不顺眼。只有"呵呵"最得我心，不觉得"呵呵"很像平常笑出来的声音吗？世上"呵呵"本无"MLGB"的含义，说的人多了、想的人多了就有这个含义了。【"呵呵"含义的演变】

作者：雪花飞舞FW 时间：2014－05－10 18：08：13

看语境吧，通常都是开心的笑，特殊语境也有讥笑的意思【语境决定意义】

作者：樂妍 时间：2014－05－11 01：12：39

我觉得楼主想多了吧，在我感觉呵呵就好像哈哈嘻嘻一样都是表现愉快的，我觉得是心态问题吧【"呵呵"没有歧义】

作者：0麻理惠0 时间：2014－05－11 01：12：55

讨厌呵呵俩字，简直比粗话还粗话…呵呵呵呵呵呵【"呵

呵"堪比粗话】

作者：苹果香蕉鸭梨桃 时间：2014－05－11 14：55：00

我说呵呵的时候多半是无奈…………【"呵呵"表示无奈】

在例（10）中，我们对天涯网友使用"呵呵"的情况做了真实记录，同时在每句话的鱼尾括弧中对网友使用"呵呵"的状况做了简单分析。以下是本著作根据"天涯社区"网友对"呵呵"的讨论，对"呵呵"的使用情况所做的进一步语用分析。

1. "呵呵"违背合作原则

在网络交际中，愿意聊天的人喜欢把话题说得更明确更具体，而不想聊天的人只打上"呵呵"两字，言外之意就是"不想再聊了"，违背了量的准则。"呵呵"所表达的语气范围跨度大，涉及态度、意义、表情等三个因素。言语交际的目的是交际双方互相传递准确信息，消除交际过程中不确定的信息噪音。让人不明就里的"呵呵"显然违背了质的准则，成了网友厌倦的聊天词语。聊天时的"呵呵"所给出的信息往往缺少关联性，违背了关联准则。此外，"呵呵"会造成网络交际的意义含混不清，产生歧义，正如"天涯社区"网友的讨论往往会离题，话轮往往会彼此纠缠，同时违背了方式准则。

2. 语境决定语义

在对"呵呵"的语义理解上，语境处于非常关键的地位。既然语境是人类在交际中运用语言和理解语言必须依赖的要素，那么它就必然包含语言的和非语言的因素。指称、时间、空间、环境、对象、前提等等都与语言的有效使用密切相关。在"天涯社区"网友的讨论中，网友不止一次提醒楼主，"语境"制约着"呵呵"的意义产生。例如："任何词都要看对话语境的"等。维索尔伦明确指

第八章 微力无边

出:"语境是由某种动态过程创造出来的,是由受话人和释话人之间的、与"客观外在"(或被认为是客观存在)的现实相联系的互动的动态过程创造出来的。"① 因此斯波伯(Sperber)与威尔逊(Wilson)提出:"动态的语境有助于获取事物认知的最佳关联,从而在交际过程中只需付出较少的努力就能推算出最大的认知效果。"②"呵呵"一词也并非那么不堪,只是在网友使用中,"呵呵"被放在了动态浮现的语境中,加之结合了个人情感因素,"呵呵"才有了如此多的定义和用法。

3. 声音体现语言

从"呵呵"在网络聊天中的语用功能来看,其主要作用是"标示句子的语气和感情倾向"。③ 交际双方通过言语或文字交流往往给人的感觉是"冷冰冰"的,为了增强语言温度,网民开始在言语交流时使用表情符号或者用拟声词,来代表自己的情感或肢体动作。网络交际双方需要使用辅助方式告知对方自己的语气、语调及心情等话语外的信息。语言中的拟声词是声音信息的基本载体,也是网民交际情感表达的基本手段。"'呵呵'承担着说者与听者进行互动的心理要求,使得双方的互动能够顺利地进行下去或者顺利地结束。"④

4. 敷衍和嘲讽的符号

出于会话的顺应原则和礼貌原则,通常交际双方均期待对彼此的话语做出反应。当听话人对所聊的内容不感兴趣或无话可说时,

---

① [比利时]耶夫·维索尔伦:《语用学诠释》,钱冠连、霍永寿译,清华大学出版社2003年版,第131页。

② Sperber, D. & D. Wilson, *Relevance: Communication and Cognition*, Oxford: Blackwell, 1995.

③ 孟宪斌:《浅谈"呵呵"的语义嬗变及使用心理》,《现代语文》(语言研究版)2015年第4期。

④ 汪奎:《网络会话中"呵呵"的功能研究》,硕士学位论文,华东师范大学,2012年,第52页。

则会采取消极敷衍的态度。"呵呵"在不同的语境有不同的含义,"呵呵"就成为了听话人回复的首选。如果发话人的"呵呵"之后不再有新的会话进行,那么"呵呵"则意味着发话人要结束对话的愿望,此时"呵呵"便成为一种结束聊天的话语标记。

人作为社会性动物,一旦遇到不解、困惑、麻烦、尴尬之际,用"呵呵"就可以表达发话人内心的无语和无奈。这种无奈通过一种隐晦且又明显的方式表达出来,既有讽刺意味,又有语义加强色彩。网民在交际过程中自己使用"呵呵"但又无法抵制别人使用"呵呵",由此可以看出"呵呵"背后隐藏的讽刺意味是人们不能接受,但在交际中,又善于施加给别人的一种选择。这说明"呵呵"的演变走了一条由"拟声的情感表达—敷衍应付—冷漠—模棱两可—招人反感—语言暴力"之路。

三 "嗯嗯"意义的语境复现

"IT之家"一则报道引出了另外一个值得研究的词语"嗯嗯"。网民在聊天时最常用的占据前三位的语气词分别是"嗯嗯"、"哈哈"与"呵呵","嗯嗯",这三个词已经成为最常用的文字聊天语气词。不同于"呵呵"给他人的冷漠感和疏离感,"嗯嗯"更加温柔、亲切。[①]"嗯嗯"在不同的语境下,传受双方会对"嗯嗯"的意义有不同的理解,根据具体语境,可用于一般应答,也可以表示敷衍或应付。

(一)天涯社区关于"嗯嗯"的讨论与分析

2014年9月7日,众多网友参加了"天涯社区"中"天涯论坛"里边"楼主 kjs008"发起的一场讨论:

---

① IT之家,"呵呵"已过时!"嗯嗯"成最受欢迎聊天语气词,http://www.ithome.com/html/it/198593.htm,2016-1-4。

第八章 微力无边

（11）"聊天的时候，看到回嗯嗯大家什么反应"。①

楼主：（kjs008 时间：2014-09-07 21：50：27）话说为什么要多加个嗯了，看到这两字我一般回个哦或者干脆就不回了。【表示反感】②

莯莯莯：（21：55：06）"嗯"有点爱答不理的感觉。"嗯嗯"表示对你说的话积极地回应。我这么理解【个人对"嗯"和"嗯嗯"的不同理解】

一曲饮歌：（21：56：24）要么是对方有事挺忙，要么找不到话题就嗯嗯。无论哪种我都很识相地不说话了。不过我自己不想说下去的时候也会用"嗯嗯"【应付，或者想终止对话】

雨夜阿飘：（22：02：30）因为只回一个嗯怕对方觉得太敷衍，打嗯嗯就说明我已经尽力多打字回复了【表示认真】

斑竹发病就不是人：（22：25：33）"嗯"有点爱答不理的感觉。"嗯嗯"表示对你说的话积极地回应。我这么理解的。是的 觉得嗯 有点呵呵的感觉 但 嗯嗯就是哈哈的感觉 要欢快点【对语气词和情感表达意义做了区分】

纠结的瓜瓜：（23：13：06）连嗯嗯都不行了？只回给别人一个嗯，有种冷淡敷衍的感觉吧！至少我是这么认为！而且我都是在对别人表示认同或者确定的时候会说两个嗯，这样显得对人重视一些吧！完全没有无话可说才发"嗯嗯"的情况啊。又不是"呵呵"。无法理解楼主的想法【谈自己对"嗯嗯"的看法】

不是柠檬是番茄：（11：38：13）"嗯"有点爱答不理的感觉。"嗯嗯"表示对你说的话积极地回应。我这么理解的。我挺

---

① 天涯社区，娱乐八卦聊天的时候，看到回嗯嗯大家什么反应，http：//bbs.tianya.cn/post-funinfo-5783630-1.shtml，2014-09-07。

② "鱼尾括号"中的内容为作者分析。

319

喜欢嗯这个词的，而不太喜欢恩，所以我觉得都挺积极的，嗯＝知道啦，嗯嗯＝知道啦＋猛点头好几下。【喜欢"嗯"和"嗯嗯"】

googlefinder：（11：38：41）看对方是谁：如果是女神自然感到可爱；如果是一般关系其实不大理会，可忽略不计，可聊下去可不聊下去；这是个看脸的时代【"嗯嗯"使用存在性别差异】

水中云影寒：（12：16：05）嗯嗯总比呵呵好啊！呵呵，呵呵，呵尼玛个头啊！【认为用"嗯嗯"比"呵呵"好】

hh290290：（12：20：04）前不久认识个妹子！聊天她无非就是！！！呵呵，嗯嗯，额，哦哦。。。。后来直接删除了！介绍她给我认识的亲友问起！我说她聊天就会嗯嗯啊啊哦哦呵呵！我个人聊天还是蛮会找话题的，可她说她天生性格就是这样的！无语【厌倦"嗯嗯"】

很是纠结只：（13：46：23）嗯嗯难道不是很努力的点头，很赞同很满意很讨好的意思？嗯，多冷淡！好像别人努力了半天，你就嗯一嗓子，像个老佛爷似的【"嗯嗯"表示热情，"嗯"表示居高临下】。

华龙网的调查表明，"在输入热度指数最高的 15 个语气词中，叠音词"嗯嗯、哈哈、呵呵"包揽了前 3 名。其中"嗯嗯"成为 2015 年中国人聊天时最喜欢的语气词，其热度指数高达 313.63 万"。[①] 语气词丰富了人类的表达方式，一个语气词能够让彼此感知到对方的情绪。华龙网的调查还显示"60 后和 70 后表示'嗯嗯'像卖萌，

[①] 华龙网，"嗯嗯"成为年度最受欢迎语气词，你爱呵呵还是嗯嗯哈哈，http：//cq.cqnews.net/cqztlm/2015 -12/30/content_ 36097029. htm，2015 -12 -30。

第八章 微力无边

几乎不用。80、90 后最爱说'嗯嗯',他们用'嗯嗯'回复几乎已成为一种习惯。00 后聊天更随心随欲,'嗯嗯'并非经常使用,他们认为用'嗯嗯'比'嗯'情感更强烈"。①

(二)"嗯嗯"在不同语境中意义不同

马林诺夫斯基(B. K. Malinowski)认为"在一种活的口头语言中,没有情景语境,话语就没有意义"。② 那么,在动态的情景语境中,语言意义的模糊性就得到了空前的呈现。此外,"由于与话语匹配的语境组合的多样性,孤立的话语几乎都具有很高程度的不确定性"。③ 因此"嗯嗯"的用法和意义在不断被网民所理解和创造。"天涯社区"的语料分析说明,"嗯"是种敷衍,给人不够礼貌、不够认真,而"嗯嗯"则给人一种相对肯定、热情或礼貌的感觉。

1. "嗯嗯"维护面子

在网络交往的过程中,展现热情往往取决于双方维持关系的动机。"嗯嗯"的字面意思为答应、赞同等。但为了维护双方的面子,交际者会在不方便打字、没有耐心继续会话或不想继续话题的情况下选择"嗯嗯"来结束或者转移话题。如在网络聊天中,双方实在无话可说了,最常见的结束信号词是"睡吧?",受话人会忙不迭地回答:"嗯嗯"。这种话轮应答其实是满足了礼貌原则,保护了对方的面子,也维系了人际关系。

2. "嗯嗯"含义更宽泛

"嗯嗯"受欢迎是因为其覆盖了丰富的情感含义,相比同样应答

---

① 华龙网,"嗯嗯"成为年度最受欢迎语气词,你爱呵呵还是嗯嗯哈哈,http://cq.cqnews.net/cqztlm/2015 - 12/30/content_ 36097029. htm,2015 - 12 - 30。

② Malinowski, B., *The problem of meaning in primitive languages*, Ogden in C. K. & l. A. Richards (Eds.), *The Meaning of Meaning of Meaning*, London: K. Paul, Trend, Trubner, Supplement to Ogden, C. K. and Richards, l. A, 1923: 307.

③ [比利时] 耶夫·维索尔伦:《语用学诠释》,钱冠连、霍永寿译,清华大学出版社 2003 年版,第 130 页。

含义的"嗯","嗯嗯"的情感色彩更加浓厚。在网络交流时,屏幕上出现的"嗯嗯"会给人一种似乎面对面微笑的熟络和热情传递。"嗯嗯"在不同的会话情境中,有可能表达对上级的服从,对朋友的信任,对父母的尊敬或者对不熟悉的人一种亲近感等含义。当然,如果学生面对老师批评或子女在面对父母教育时,经常使用"嗯嗯"也有可能代表不耐烦、厌倦或抗拒的心理。

3. 叠音词展示语言温度

叠音是指音节的重复,是一种很常见的语言形式,普遍存在于姓名、儿化语和网络语言的成人儿化语中。在网络语言中,为了表示年轻、好感、亲近、撒娇、卖萌等含义,网民经常使用"儿语化"的叠音表达,比如"嗯嗯"、"亲亲"、"宝宝"、"饭饭"、"么么哒"等。叠音通过激发成人的"婴儿格式塔图示",创造一种充满童趣的氛围,维持轻松自然的交流语境。在微信聊天时,"别人回一个字,和回两个字是千差万别的。尤其是回两个叠音字,会给你一种温暖的感觉,会觉得对方更加热情,更有安全感"。① 其实,在实际使用过程中,同是语气词,无论用哪个,只要用得恰到好处就是合适的用法。

四 "哦"的语义滥觞

"哦"是网络发展进化出的一种无语的表达方式,可以表达"知晓"、"失望"、"失落"、"不满"、"忙你的吧,别烦我了!"等多重含义。一般被理解为说话者想结束话轮,网民对"哦"的反感已经不亚于"呵呵"。同样,叠音词"哦哦"也要比"哦"更容易被人接受。"哦"从表示可爱、温馨的句末语气词演变成现在冷漠、敷衍的应答语,其中的意义发生了巨大的变化,如,"记得

---

① 陈武、魏华:《网聊中"嗯"和"嗯嗯"有啥区别?背后学问这么大》,http://help.3g.163.com/16/1004/18/C2I8AQFD00964J4O.html,2016-10-04。

第八章 微力无边

吃饭哦！"中，加上句末的"哦"字表示语气较柔软，使听者心情更加舒服；但是在"今天下午我碰到了我的一个朋友，好久没见过了……"，"哦！"在这样的对话中，应答语"哦"表明了明显的敷衍和冷漠。

（一）关于"哦"的网友讨论

2014年2月，一条题为《一个"哦"字引发的分手》微博引发了广大网友的热议。该微博讲述了网友@叶呆呆的故事：

（12）叶呆呆跟其男友是异地恋，两人爱得非常辛苦，平时很难见面，只能通过网聊和电话交流感情。去年十一黄金周时，叶呆呆想趁假期去看男友，结果她兴冲冲把这个消息通过网聊告诉男友时，对方却只淡淡地回了一声"哦"。顿时，满腔热情被当头一盆凉水浇灭，双方为此大吵一架后，她提出分手。尽管在男友一再认错下两人和好如初，但此后，"哦"成了他们之间聊天的禁词。①

在网络聊天用语中，"哦"这个字经常让人莫名其妙地愤怒。双方聊天时，当一方发了很长的信息给对方，对方却只回你一个"哦"字，会让对方感觉愤怒和郁闷，因为发信一方觉得自己是真诚的，而对方只不过在敷衍自己。所以，通常当对方发了很长一条信息来时，最好不说"哦"、"知道了"这类的词，因为这是对另一方的不尊重和看不起，最好是加入自己的评论。② 在知乎网上，有网友提问

---

① 网易新闻，"哦"、"呵呵"谁伤了你，你又伤了谁？http：//news.163.com/14/0219/01/9LDK2KNU00014Q4P.html，2014-02-19。
② 互动百科，网络用词，"哦"，http：//www.baike.com/wiki/%E5%93%A6。

"哦"通常用来表达什么意思?① 其他网友如此回答:

(13)"哦"通常用来表达什么意思?

missugiraffe:"哦"在表示"知道了"的同时,也有可能是无话可说了,用"哦"做个回应。【哦=敷衍】②

小早川广:1、得到了答案;2、有所感悟;3、就是随便应付一句。【"哦"具有多重含义】

[Paradox]:1、知道了2、知道了(含有些许情绪,要具体情况具体分析,比如:不想多说话,有点生气)3、好的(在某些情况下有些无奈或不乐意的味道)【多重含义】

小黄瓜:只能通过语境和当时发生的事情还有对话人的性格来判断。因为答主心思细腻,都会用"噢"代替"哦"。(:D)因为"哦"在一定程度上给人冷漠感。【通过语境或人的个性判断"哦"的真实意义】

知乎用户:表示知道了。表示"不过如此"【哦=知道、不过如此】

徐安诺:哦这个回答一般给我的感觉是敷衍表示自己不是太感兴趣希望结束这个交谈或者这个话题的意思。我是不太喜欢这个词拉(啦),感觉有点不尊重对方嗯。【敷衍】

李帅:什么事都不是绝对的。哦,可以表示不感兴趣;也可以表示感兴趣。比如你给人家讲一个故事,讲一句,那边不断回应,"哦","然后呢"【正反面意义均有】

丁军元:知道了。对一件平常信息的回应【普通应答】

---

① 知乎,在网络交谈中,"哦"通常用来表达什么意思,https://www.zhihu.com/question/19757470。

② "鱼尾括号"中的内容为作者分析。

第八章 微力无边

tiyee：这个"哦"，很容易让人感觉你一副事不关己，爱理不理的样子。【冷漠】

时光旅人：传说中的聊天三宝 哦 呵呵 去洗澡 都比较讨厌 还有"嗯"【反感】

李里：不喜欢别人发"哦"，讨厌程度仅次于"呵呵"，感觉发这些是对别人不太尊重，比如你说了很多之后对方就回复一个单音节，对方不表达意见，就再也不想对她倾诉更多了，有一个曾经的相亲对象就是类似这种，说完自己的看法，他只给了很官方的堪称废话的回答，给人一种老奸巨猾的感觉。【哦=不真诚】

Cold.ones：一看见"哦"这个字眼，心里就满满的不爽【讨厌】

莫黎：一般我会用介个（๑V๑）【用符号替代】

从网友的在线交流中，我们可以看到"哦"具有多重含义：简短的答应、表示惊奇、满意或羡慕、敷衍、疑问、保持冷静、表示不屑、开玩笑、解除尴尬亦或是维索尔伦所言，是"耍心眼"因素使然。"哦"也表示了"你先忙吧"的应付，也可以表示终止聊天，告诉你"没什么意思，我们不需要再聊下去"的讯号。

（二）"哦"的语境与语义考察

语气助词"哦"具有显著的语境特点，通常流行在网络、手机短信、微博、微信、幽默动漫、广告、娱乐及其他媒介上的青少年口语中。"哦"在网络语境的"淘宝体"中也频频出现。"淘宝体"是来自淘宝网的一种网络语体形式，常见于淘宝网上卖家与买家之间的交流，常出现"包邮哦"、"货到付款哦"等词语。淘宝商家使用语气助词"哦"试图拉近买卖双方距离，消弭陌生感。陈启萍的调查结果显示：

语气词"哦"在网络交际中的应用最为频繁,但其使用范围也在不断扩大,有约七成的受访者表示,他们在当面交谈、通电话、发短信时都会使用语气词"哦"。绝大部分受访者表示,一般情况下,当交际对象为关系亲密的同辈或晚辈时,才会使用语气词"哦"。语气词"哦"在不同句类中的使用并不平衡。调查发现,女性比男性更倾向在祈使句和感叹句中使用语气词"哦"。①

网络语境是一个不断变化的过程,语言也在随着语境的变化而产生意义合用法的变化。在自然语言条件下,口语中的"呵呵"、"嗯"、"嗯嗯"、"哦"、"哦哦"、"在吗"、"好吧"因其传播速度慢,联想条件不充分,并未像在网络条件下出现如此多的歧义或复杂用法,这是值得语言研究工作者高度关注的现象。

本章小结

"微信不仅仅是一个应用,它完全是一种全新的思维方式。"② 微信言语"更多地表现出反规则、碎片化、去中心的特点,嘲讽、质疑等成为新媒体中常见的风格,解构着现有的语法规则和话语结构"。③ 种种"微言微语"让网民进入"微生活"或"微语言文化"时代。高度口语化的微信语言颠覆了传统的语言形式,表情、动图、视频成为网络聊天中必不可少的杂合元素。微信昵称更加贴近生活实际,

---

① 陈启萍:《新生语气词"哦"的多维研究》,硕士学位论文,暨南大学,2011年,第24—25页。
② 谢晓萍:《微信思维》,羊城晚报出版社2014年版,第9页。
③ 李庆英:《网络对思维方式及思想发展的正负面影响——基于哲学、社会学、传播学、文化学的分析》,《北京日报》2012年4月23日。

第八章 微力无边

也使得微信语言家族多了一种元素。微信语言表现出了口语化、杂糅化、视图化和粗俗化的特征。微信语言主体在群体传播层面上基本上表现得温文尔雅,但在私聊时,往往会发布个人体验、喜怒哀乐等情绪表达和宣泄。

在网络传播中,微信语言成了维护人际关系的"催化剂"和破坏人际关系的"高压线"。首先,微信促进了人际社会交流、巩固了人际关系,沟通了彼此情感。微信语言通过遵守和破坏会话原则巩固微信中的人际关系。其次,微信语言损害了人际关系。动态语境衍生了繁杂多样的语言意义与用法,拟声词"呵呵"、"嘿嘿",语气助词"哦"、"哦哦"、"嗯"、"嗯嗯"已不是自然语言中的本来面目。正因为处于网络语境,才会有网络话语的复杂多样性的存在,可以说网络语境是网络话语之所以成为网络语气的一个不可忽视的原因。网络语境是一个不断变化的过程,语言也在随着语境的变化而产生意义和用法的变化。在自然语言条件下,口语中的"呵呵"、"嗯"、"嗯嗯"、"哦"、"哦哦"、"在吗"、"好吧"因其传播速度慢,联想条件不充分,并未像在网络条件下出现如此多的歧义或复杂用法。微信语言的破碎化、碎片化既是个体言语的表征,更是集体的言语相互弥补,"微信传播中的文字语言犹如符号社会中的拟像,既是一种日常的交流,也是一种文字的狂欢,符号消费中的满足程度成为文字语言的衡量标准。无论是文字异化的"破碎",抑或是审美风尚下新规则的"缝合",都将人们带入一个符号王国。"[①] 那么,问题是诸多语用原则被违背,网民还能继续保持较为良好的互动,这种现象值得开展专题研究。

[①] 刘敏:《微信传播中文字语言应用的"破碎"和"缝合"》,http://media.people.com.cn/n1/2017/0711/c413305-29397436.html,2017-07-11。

第九章

传播无囿

——时空压缩的语言变形

"至关重要的是在网络空间传承卓越的人类的善和道德价值，它们是实现人类繁荣的基础。网络空间的终极管理者是道德价值而不是工程师的代码。"

——理查德·斯皮内洛（R. Spinello）①

网络"作为一种新兴的'泛媒介'融合了人际传播、群体传播、组织传播和大众传播等传播形式，使得四种传播形式之间形成相互联系、相互影响的关系"。② 在一个传统文化与现代文化交织、线下与线上交流混合、文本与图像杂糅的时代，得益于网络发展的网络语言与网络表达，自身功能不断拓展，用语言自身的变化见证和记载了当下推陈出新的媒介技术革命，媒介技术的一次次革新和进步又使得语言向前发展和进一步完善，二者互相促进，既繁荣了语言文化，同时也扩大了语言的传播面。网络语言在网络传播，特别是

---

① ［美］理查·德斯皮内洛：《铁笼，还是乌托邦——网络空间的道德与法律》（第二版），李伦等译，北京大学出版社 2007 年版，第 44 页。
② 杜骏飞：《网络传播概论》，福建人民出版社 2008 年版，第 57 页。

第九章 传播无围

在网络人际传播和网络群体传播的引领下，奔向后网络社会人类言语交流的新时代。

第一节 网络传播:网络语言的原发地

"语言负载信息，信息表达思想。语言体现文化，文化体现着一种生存方式。"[①] 互联网平台引发的"语言革命"成为网络人媒介生活的"震荡线"，快速的电子颠簸不断地让网民感受到虚拟社会的飞速变化。"网络传播就是网民在互联网上发布信息与收集信息的传播活动。它是人类扩展自身活动空间的一种新的创造性活动。"[②]

技术发展其实就是人向自身的挑战与发展。"技术的演进和生活世界的开拓源于人性的开放性和未完成性，正是由于生活世界无止境地向前拓展和铺陈，人性的深度得以从潜在状况中显现出来。网际交往与虚拟生活使人们面对各种全新的选择，网络空间因之成为一个开放的人性试验室。"[③] 在该实验场域里，无边无际、快速聚合又消失的信息，汇聚了各种情绪、体验和思想，它们彼此相遇、相互交织，而后被接力流出放大。人人都是信息接收者、生产者和传播者，种种经验被快速复制，又快速消失。文字书写的技术与载体越来越多，语言表达的方式越来越丰富，情绪抒发的空间越来越大，"微文化"的重要载体"微博"和"微信"倒越来越像一个记事本或"手账"，零碎的思想很难再串起语言和文化的项链。

[①] 常晋芳:《网络哲学引论:网络时代人类存在方式的变革》，广东人民出版社2005年版，第300页。
[②] 申凡等:《网络传播心理学》，清华大学出版社2013年版，第1页。
[③] 段伟文:《网络空间的伦理反思》，江苏人民出版社2002年版，第4页。

语言无羁:汉语言符号的网络再生与生成逻辑研究

一 网络人际传播

(一) 网络人际传播的方式

收发短信、邮件、微博、微信以及网络聊天成为当代网络人的一种生活常态。网络也为个体的语言生产和自我表达打开了一扇新的窗户。网民们"奔波"在聊天室、论坛、微信、QQ等电子通讯场域,使用网络语言建立人际关系,网络语言不仅是网络人的交际工具,也演变成了人际传播的主动脉和神经网络,同样,网络也成为熟人联结同好,陌生人成为半陌生人或熟人的交际场域。网民在网络人际传播中使用网络语言的主要环境分别是:电子邮件、虚拟社区、微博、QQ和微信。

电子邮件其实就是用键盘"敲击"在电脑屏幕上的电子"信"。电子邮件不仅仅是个人或集体通信往来的工具,也是网络最初人际交往的"使者",是工作安排的"调度员",也是目前依然有效维护网络系统运转的"润滑剂"。电子邮件的基本文体特征是它脱离了传统写信的规矩,例如,右缩进、空格、空行、问候语、祝愿语等传统书信的规范体例不复存在。邮件主旨通常直奔主题,因为可以发附件,邮件主题内容更是简明到以几个字、词表达,这是因为"来自于交流的速度非常快,缺乏在大多数写作中所必需的仔细的计划和精巧的语篇构建",[1] 网络人际传播追求快捷性,日常的书写习惯很容易被邮件体简化。网络电子文本的特性,很难通过语言字面意义来感知发件人的性格、情绪、状态等,传播质量、传播效果与情感交流会受到影响。

网络社交工具的出现将网民的物理空间行为投射到了虚拟空间,结果就是网络媒介"轻而易举地实现了语言功能的扩张"。[2] 网络聊

---

[1] Crystal, D., *The Language Revolution*, Cambridge: Polity Press, 2004: 79.
[2] 吕霓、方春雅:《浅论语言、媒介、传播的共融与互动》,《陕西师范大学继续教育学报》2002年第3期。

第九章 传播无圄

天附带的网络特色非常浓厚。网络言语信息非言语暗示不足,无论聊天内容多么丰富,但互联网"还是让屏幕前的脸一动不动,个性特征模糊不清"。① 在虚拟空间里,网民的聊天内容通常缺乏鲜明的主旨性,众多网民聊天的目的要么是消磨时间,要么纯粹是"为聊天而聊天",网民间的结盟关系摇摆不定导致"几个小时过去人们也没有达成什么共识"。② 在网络人际传播中,聊天室是网络语言最集中、最密集出现的场域之一。在聊天室里,网民们通过聊天建立了一种虚拟的、有时也会是真实的但并不牢固的人际传播关系,同时也建立了一种人对网络的依附关系。聊天的虚拟场域成为媒介,它推波助澜地制造了思想跳跃、语意断裂,却又可能是机巧横生的新语言。

即时通讯空间的无限超级链接可以让网民随时进入到他者的生活和空间。这种即时的人际传播,进一步拉近了人们之间的距离。QQ 聊天是一种人际互动,但 QQ 的人际互动更多集中在个体关系上,而且它指的是"与最初就知道的或最终要知道的那些特定他人进行互动"。③ QQ 人际传播表现出了稳定的传播关系,因为 QQ 往往是在熟人、朋友、师生或家人间展开的,人际关系相对成熟稳定。雷跃捷和辛欣的看法是:"QQ 的功能和服务也在不断增加和完善,从开始时只能通过打字聊天发展到现在可以进行语音和视频聊天,从单纯的聊天工具发展成为提供新闻信息、电子邮件、个人空间、在线游戏等多种网络服务的综合性网络聊天工具。"④

网络聊天延伸了人的视觉和听觉,地球上任何人都可以实现即

---

① [法]埃里克·麦格雷:《传播理论史——一种社会学的视角》,刘芳译,中国传媒大学出版社 2009 年版,第 203 页。
② 彭兰:《网络中的人际传播》,《国际新闻界》2001 年第 3 期。
③ [美]詹姆斯·E. 凯茨等:《互联网使用的社会影响——上网、参与和互动》,郝芳等译,商务印书馆 2007 年版,第 16 页。
④ 雷跃捷、辛欣:《网络传播概论》,中国传媒大学出版社 2009 年版,第 77 页。

时通讯,唯一需要的就是通过有线或无线方式登录互联网并具备相应的终端。QQ聊天设置了多种功能,例如,用户上线的"滴滴声"、"打招呼"的咳嗽声、"在线隐身"功能、免打扰功能等。其中的"打招呼"功能,就是在对话框上方可以给对方发送抖动效果,这个功能可以提醒对方"有人找你",接收方如果不打算开始对话,保持"潜水"状态即可,从而有效避免交际双方的尴尬,网络聊天加速了信息传播效率,使不同风格的语言实现了充分的杂糅、交融,增强了语言的活力,产生了网络语言的新形式、新内容和新意义。

人际传播方式逐渐由电脑桌面时代走向了移动互联时代。随着智能手机、平板电脑的普及,3G和4G网络的覆盖,Wi-Fi布点的增加以及微信的强势来袭,网络人的沟通方式迎来了新的重大变革。第39次CNNIC报告数据显示,"79.6%的网民最常使用的APP是微信;其次为QQ,占比为60.0%"。微信的通讯功能多样,网民广泛使用文字、文字+表情、语音(原创、转发)、视频(原创、转发)、图片、实时对讲、语音转文字等方式来实现人际互通。

"微信群其实就是一个庞大的社交圈"。[①] 微信添加联系人的便捷功能更是为其吸引了庞大的用户群。用户通过搜索微信号、雷达加朋友、添加手机通讯录、添加微信号来添加联系人,也可以利用摇一摇、漂流瓶等方式添加陌生人,添加联系人的功能实现了多方面的互补。手机用户可以在微信朋友圈中发布文字、照片、视频、链接、音频等,也可以通过隐私设置实现屏蔽、筛选和分组,用"点赞"、"评论"功能实现人际互动与交流。此外,微信设置了"拉黑"或"删除"功能。因其功能强大,微信被网民称为"第11种沟通方式":

---

① 老壹:《微信群:国际级实战派微营销专家带你玩转微信群》,中央编译出版社2016年版,第2页。

第九章 传播无围

  微信的传播是点对点和点对面的结合，选择和好友微信，这种沟通是点对点的；开启"查找附近的人"，周围的人都可以通过微信找到你，并和你打招呼，这种沟通是点对面的……微信的亲密等级是最高的……微信亲密等级高还体现在 SNS 特质上，微信和 QQ 好友、腾讯微博、手机通讯录是完全打通的。①

  在人际传播飞速发展的网络时代，微信不仅体现了强大的人际社交功能，也体现了通过不同功能源源不断地实现了语言生产加工、扩散传播、维护人际关系的语言与社会功能。

（二）网络语言人际传播的特征

  网络人际传播是以文字交流为主的传播，具有广泛性、偶然性、遮蔽性和多重性。② 网络时代的人们更多地生活在"彼此的后院"，③ 人类交往的宽度、深度和广度均超过了以往任何时候。人与人的相遇愈发简单，彼此影响愈加频密，网络语言成为网民实现人际交往的超级"润滑剂"。网络人际传播消解了传统人际传播"面对面"的特征，遮蔽了语音，也隐藏了表情，主体的缺席使人际传播成为虚拟的言语互动。网络通过"时间差的消失发展了个人的创造性，允许所有的表达方式在网络中扩散"。④ 网络语言的出现与发展是随着技术发展而发展、随着自然语言发展而发展的一个动态过程，随着层出不穷的社会事件、网络事件、媒介事件、新闻事件的不断涌现、人际传播的扩大与变形，传播主体的积极参与，这些词语"还

---

 ① ITBear：微信：第 11 种沟通方式，http://tech.xinmin.cn/2011/08/25/11837440.html，2011-08-25。
 ② 彭兰：《网络传播概论》，中国人民大学出版社 2001 年版，第 269—272 页。
 ③ ［英］安东尼·吉登斯：《社会学》（第 4 版），赵旭东等译，北京大学出版社 2003 年版，第 42 页。
 ④ 陈卫星：《网络传播的社会张力》，载陈卫星《网络传播与社会发展》，北京广播学院出版社 2001 年版，第 37 页。

会自动升级，进行自我更新"。① 随着网络媒介影响的扩大，网络人际传播也表现出了以下新特征：第一，信息传播速度不断加快；第二，随着新媒体技术和社交软件的进步，人人都是传播者的概念在网络上得到了充分的验证；第三，网络为人际传播提供了言论多样化的平台以及信息自由传播的机会。② 第四，交流主体与他人的兴趣、态度、价值、背景或人格因素上的匹配程度形成了人际交往的相似性。③

随着网络功能呈现样态的多样化，网络语言的表现也更加多样。时空限制消弭、语言接触成本降低、个人语言资本增加、人际交往空间扩大等因素，都使得网络语言不断蔓延。网络人际传播既消除了人的隔膜，消除了社会等级，也间接鼓励了网民在使用语言时更为直接大胆，甚至更加露骨。聊天室、微信、虚拟社区是出现"语言暴力"较多的地方，网民使用非常粗俗甚至侮辱性的语言，相互攻击。"一个文本的作者有时还不只是一个甚至几个，而是几十个甚至千百人的隐身的接力传递。"④ 网络人际传播模式在不断变化的同时带动了语言的发展。和谐的网络人际传播可以促进新型人际关系，会逐渐形成新的电子化友谊。不和谐的网络人际互动则会"减少在物质世界里与其他人互动的时间。……人际接触减少了，人际关系受到损害"。⑤

在网络传播条件下，人反而逐渐成了电脑的一种外设。网络语

---

① 欧阳友权：《网络文学发展史——汉语网络文学调查纪实》，中国广播电视出版社2008年版，第126页。

② 陈卫星：《传播的观念》（修订版），人民出版社2008年版，第190—191页。

③ [美] 埃里奥特·阿伦森等：《社会心理学》（第五版，中文第二版），侯玉波等译，中国轻工业出版社2007年版，第273—274页。

④ 杜骏飞：《互联网：新闻价值系统的偏倚与统合》，载陈卫星《网络传播与社会发展》，北京广播学院出版社2001年版，第52页。

⑤ [英] 安东尼·吉登斯：《社会学》（第4版），赵旭东等译，北京大学出版社2003年版，第450页。

第九章　传播无围

言通过人际传播不断得以放大。网络语言构建了网络社会人际传播的新场域:"语言被从口头、从边缘、从被禁止和遗忘在书面之外的地方解放出来,语言可以不得体,语言不仅是为了说得对,还可以为了说得爽——不好好说话不仅是可以的,也是必须的,声音战胜书面,释放被压抑的生命和社会能量。"[①]

二　网络群体传播

随着时代的演进,越来越多的群体传播借助媒介环境而实现,这种环境是"通过电话线、光缆、电视信号、互联网、或其他发送信息的信道而构建的,互动不是面对面的……群体不再是面对面的群体"。[②]

(一)　网络群体传播的方式

网络中实现群体传播的方式主要包括:即时通讯中的"群"或"圈"、聊天室、论坛以及虚拟社区等。即时通讯可以根据不同需要、不同目的建立"QQ 群"、"MSN 群"、"微信群"、"朋友圈"。群的建立,搭建了我们的议事空间。其实,网络上的"群"或"圈"就是某种群体关系的体现,包括社会关系、组织关系、亲缘关系、朋友关系等,以及网民根据兴趣、爱好、专业、特长、癖好等所划分的一个个社交群体,网民依据自己的兴趣、爱好、态度、秉性、民族、文化与学历背景自由组合群体。网络群体大致可以划分成:(1)物理世界存在的群体,该群体以网络做媒介维系和发展成员间的关系,开展群体交往;(2)通过网络形成新的群体。[③] 目前,微信群、

[①] 李敬泽:《1976 年后的短篇小说,脉络辨——中国新文学大系 1976—2000·短篇小说卷,导言》,《新华文摘》2009 年第 22 期。

[②] Beebe, S., et al, *Communication in Small Groups-Principles and Practices*, Beijing: Peking University Press, 2008, p.4.

[③] 彭兰:《网络传播概论》,中国人民大学出版社 2001 年版,第 279 页。

朋友圈、QQ群、论坛、虚拟社区是网络群体传播最为活跃的场域。社会事件、网络事件、媒介事件成为网络语言的素材源,即时交流成为网络语言的"现场加工基地",论坛或新闻跟帖是网络言论交流的"大集市",那么虚拟社区就成为兜售网络语言的"超级大卖场"。由于网民在某个网络场域就某个具体问题展开讨论,更加具备群体传播的特征。当然,随着群体成员兴趣、态度、身份的转换,其社交圈子也在不断相互穿插,讨论话题也在不断变化,传播中的"噪音"远胜于现实传播。群体身份构筑的"共谋关系"通常就成为"众人生产知识或语言"的群体共谋行为。网络的突出贡献莫过于朋友圈了。陌生人先加了好友,看看朋友圈的记录,就会大致了解一个人的生活习惯和秉性;原本熟知的朋友,几年不见面仍能保持热络的情感联系。一如网友所言:"朋友圈之于女人,就是一场开不完的写真发布会;朋友圈之于男人,那就是与其思想、资本、阶层对话的高峰论坛。"[1]

论坛给网民提供了一个电子言论场域,任何用户都可以在上面发布信息或提出看法。论坛根据不同的主题分为许多版块,论坛板块的划分本身就体现了群体性。网络上的电子论坛为网民个性张扬、情感抒发提供了足够的言论空间,兼听则明有了参考和坐标,网络群体传播也存在着偏听则暗的倾向。人类赖以传播信息的载体——语言更加丰富多彩,"悠久绚丽的中国语言之苑便绽出'顶花带刺'的网络语言新枝"。[2] 网民群体以网络为传播和交往平台形成了松散的人际结构圈。在这些群体圈中,群体传播便有了其特定的语言交流方式,如果不理解、不接受、不使用圈中大家耳熟能详的网络语言,

---

[1] 佚名:《朋友圈社交指南》,《云端》2017年第4期。
[2] 吕霓、方春雅:《浅论语言、媒介、传播的共融与互动》,《陕西师范大学继续教育学报》2002年第3期。

第九章 传播无围

某用户就很有可能遭受冷遇,因为不是"自己人"而被其他用户"踢"出圈外。网络语言表达的方式方法成为"入圈"的特别通行证。

哈格尔(J. Hagel)和阿姆斯特朗(A. Armstrong)将虚拟社区分为四类:兴趣社区、关系社区、幻想社区和交易社区。[①] 在虚拟社区中,人们的互动随着社区的细分,群体传播的细分特征愈加明显,其表征就是"一个真实虚拟的文化,围绕着相互影响、日益加强的视听宇宙被建构起来,渗透到每一处精神表征和沟通传播中,以电子超文本整合文化的丰富性。"[②] 可见,"群体成员的影响力很大程度上取决于他的文字表现力以及文字对其他成员的影响力"。[③] 虚拟社区是一个全通道型的交流网络,群体传播具有不确定性,群体的人数始终在动态变化。网络群体会话的核心是具有共同的兴趣爱好的网民聚集到一起,就某个主题发帖、开展讨论甚至辩论。而且,网民在此场域中,会高度崇拜那些拥有众多网络语言资本的"楼主",并以"抢沙发"、"抢板凳"、"Orz"、"华丽丽45度仰视"等网络语言来表达对"楼主"的钦佩。在虚拟群体传播中使用的、不断补充发展的网络语言显示了强大的生命力。网络群体传播借助网络语言满足了交流的需要,维系了群体关系。网民在言语交换中形成了互动关系,结为虚拟群体或群体联盟,实现了有效的网络电子群体传播。

微信作为广受欢迎的社会交往媒介,其突出特点便是"熟人型"的群体传播。在微信中,"非常活跃的是群,各种各样的群,可以说微信是有序的群体传播。"[④] 用户可以通过语音聊天和一群人用语音

---

① [美]约翰·哈格尔三世、阿瑟·阿姆斯特朗:《网络利益:通过虚拟社会扩大市场》,王国瑞译,新华出版社1998年版,第19页。
② [美]曼纽尔·卡斯特:《千年终结》,夏铸九、黄慧琦等译,社会科学文献出版社2009年版,第1页。
③ 彭兰:《网络传播概论》,中国人民大学出版社2001年版,第282页。
④ 刘宏:《微信的三大传播功能》,http://qnjr.dzwww.com/tyzg/201404/t20140418_10072982.htm,2014-04-18。

对讲,使用朋友圈跟朋友们分享生活点滴,"晒晒"自己的生活、工作和家庭,扫扫二维码就可以使用群聊功能,可以生成相对稳固的群,也可以建立临时的"工作群"、"学习群"、"研讨群"、"作业群",甚至"拉票群"。微信"群"功能为网络群体传播提供了研究素材便利和实证研究基础。微信群体传播的内容具有高度的相关性,传播的内容通常与群体内部的所有成员利益都有着间接或直接的关系。群成员通过文字表达、语音聊天、评论分享、晒图斗图、意见反馈、收发红包等方式参与到了网络群体互动中。

(二)网络语言的群体传播特征

在网络语言的生产与消费过程中,群体传播具有举足轻重的作用。群体的语言生产聚合能力成为网络语言的"搅拌机"。标准语、方言、符号、色彩、音频、视频全部被搅拌在一起在群体间传播。网络语言群体传播特征充分印证:群体传播中网络语言的特征与大众传播学的受众特征具有高度相似性:即网络语言具备"多"、"杂"、"散"、"匿"的特征。

首先是"多"。网络传播诞生后,汉语网络语言始终受到技术型态发展、网民求新求快心理的双重影响,更受到多个人群、多元文化、多种语言、多种传播模式发展的多重影响,导致网络语言来源繁杂,特点纷呈。网民依靠网络群体的传播及其来源复杂的网络语言,得以了解和认知远方的"他者"是如何生活、工作的;其次是"杂"。网民成分复杂——年龄不一、性别不同、行业各异、地域跨度大;网民使用的日常语言有很大区别:有使用外语的,也有使用汉语的,有使用普通话的,也有使用方言的,网络语言呈现出"杂乱纷呈"的局面;为了追求交流的便捷,网民充分利用键盘、文字输入技术、表情包,使网语的来源愈加复杂。在群体交流中,群体性压力迫使网民不可能像日常生活一样字斟句酌、深思熟虑再发表

第九章 传播无围

看法,因此,什么方便用什么、什么顺手用什么成为使用网络语言的普遍规则;第三是"散"。由于网民不同的教育背景、不同的认知水平,受不同社会文化影响,网络语言呈现"散"态。网语的散还表现在通过改造、创新、变异、仿拟、隐喻、换喻等手法的使用,使得网络语言构成十分散杂;第四是"匿"。其一是人们无法知晓某些网语"来自何方",很多情况下,网民并不知道某条网络语汇是由谁创造或率先使用的,它只是在网民群体间被采纳后,成为圈子里约定俗成的表达,为人们熟知使用而已;其二是,只见其形,不解其意,造成大量的语言歧义或冗余,以及群体交往的阻滞和不畅。

第二节 网络语言暴力传播动因

中国互联网络信息中心(CNNIC)数据显示,网络新闻、社交媒体成诸多社会热点事件爆发、发酵源头。"我们看待世界的角度决定了我们看到的世界的样子;而我们的行为选择则决定着我们将在这个世界获得什么样的回应。"[①] 网络成为新媒体后,最大的特点是给寻常百姓"赋权",受众的话语权得到了空前的提升。但正因如此,一些人滥用网络赋予的便利条件,将网络变成了造谣滋事、人身攻击、发布淫秽黄色信息以及危害社会安全的工具。语言暴力对人的伤害不亚于弥漫于空气中的雾霾。语言"雾霾"[②] 不仅污染语言生态,而且间接或直接地危害了社会生态,影响了社会稳定。"哒哒"作响的键盘,如果使用不当,会成为人类彼此伤害的利器。工

[①] 谢晓萍:《微信思维》,羊城晚报出版社2014年版,第3页。
[②] 陈鹏飞:《低俗语是语言生态的雾霾》,http://www.qstheory.cn/tjyd/2015-11/24/c_1117236800.htm,2015-11-24。

语言无羁：汉语言符号的网络再生与生成逻辑研究

具本"无罪"，但是如果用工具生产、转发、转载对他人的诽谤或攻击性语言，便会给当事人的身心造成巨大甚至难以愈合的伤害，就可以归为"网络语言暴力"范畴。网络聚合的语言暴力发酵到一定时候，就很有可能演变成现实社会中的暴力行为。

一 网络语言暴力

C. P. Zalaquett 和 S. J. Chatters 将"网络语言暴力"定义为："网络语言暴力即个人或群体反复通过电子或数字媒介传播具有敌意信息的行为，目的是伤害他人或使他人不适，是通过在线环境的一种语言暴力行为。受害者是通过电子手段经历了羞辱或威胁。缺少监控和隐身成为网络语言暴力易发的主要原因。"[1] 网络犹如一把双刃剑，"人人都是评论员"既赋予了网民公正评价、理性批判的权力，但是网络空间虚拟性也诱发了网络吐槽、网络涂鸦、网络詈骂语、网络羞辱、网络恶搞、网络谣言、人肉搜索等网络语言暴力等现象。有话不好好说成为部分青年网民操纵语言的手段，他们采用显性或隐性的攻击性语言污染了语言生态，造成了新的语言危机。青年网民群体文化水平高、外语基础好、熟悉计算机与网络技术，接受新事物快，接触媒体多、传播效率高，但是他们又具有年轻易冲动，具有正义感但又缺乏对事实真相探索的耐心，喜欢新事物但又容易被人蒙蔽等特征，在所谓伸张正义之际，往往成为网络语言暴力的主要推手群体之一。

（一）国内外网络语言暴力研究回顾

1. 国外最新研究

国外学者主要从以下若干方面开展网络语言暴力研究。第一，关于网络语言暴力的定义研究。由于国外学者对网络语言暴力的理

---

[1] Zalaquett, C. P. & Chatters, S. J., Cyberbullying in college: frequency, characteristics and practical im-plications, *SAGE Open* January-March, 2014, pp. 1 – 8.

第九章 传播无围

解角度不同，不同学者用不同的词汇来表达这一含义，如"cyber-violence"、"cyberbullying"、"cyber terrorism"、"cyber abuse"等。加拿大学者 Belsey 最早提出 cyberbullying 一词，他将 cyberbullying 定义为"个人或人群在运用网络信息传播工具如手机、E-mail、SMS、web 网站或其他网上个人投票网站故意、频繁地实施意在中伤其他人的不良行为"。[1] 第二，关于网络语言暴力的应对策略研究。加拿大学者 Cassidy，Faucher，Jackson 研究了网络语言暴力与传统暴力之间的差别、不同性别间实施网络语言暴力的程度、青少年网络语言暴力事件对受害者、犯罪者、学校、家庭以及公众造成的影响，受害者、学校以及家庭的应对策略以及有效和无效的解决方案。[2] 第三，关于网络语言暴力的个体研究。学者们选取不同国家的大学生群体作为研究对象，对大学生群体中存在的网络欺凌和网络欺骗行为进行了更为具体深入的研究。Zhou 等人的研究选取中国中部地区的 1438 名高中生作为研究对象，调查了网络语言暴力的流行特征和冒险因素。研究结果显示，被试中有 34.84% 的学生对别人实施过语言暴力，56.88% 的学生遭受过别人的语言暴力；此外，性别差异也会造成使用网络暴力行为的差异，不论是网络语言暴力的犯罪者还是受害者，男性学生更容易参与到网络语言暴力事件中。[3] 葡萄牙学者 Coelho 等借助 Olweus 欺凌/欺骗问卷对 1,039 名葡萄牙中学生的网络欺凌和欺骗行为进行了研究。研究结果发现，不同性别和年级

---

[1] Belsey, B., What is cyberbullying?, http://www.cyberbullying.ca, 2004.

[2] Cassidy, W., Faucher, C. & Jackson, M., Cyberbullying among youth: a comprehensive review of current international research and its implications and application to policy and practice, *School Psychology International*, 2013, Vol. 34 (6): 575–612.

[3] Zhou, Z. K., et al, Cyberbullying and its risk factors among Chinese high school students, *School Psychology International*, 2013, Vol. 34 (6): 630–647.

的中学生所存在的网络欺凌和欺骗现象有所差异。[1] 第四，关于网络语言暴力的影响因素研究。Elçi 与 Seçkin[2] 的研究表明："网络语言暴力攻击不仅会引起恐惧和愤怒，还会引起巨大的羞辱感。"

2. 国内最新研究

国内学者主要从以下几个层面开展网络语言暴力研究。第一，对网络语言暴力进行定义研究。彭兰[3]、苏艳春与王春霞[4]等学者的研究表明，大学生网络语言暴力的表现形式包括粗暴谩骂、散播谣言、网络恶搞、滥用人肉搜索等方式，对当事人的现实生活产生直接影响的行为。第二，对网络暴力进行性质界定。郑永晓，汤俏等根据网络语言暴力的侵权范围，将网络语言暴力分为"网上暴力"和"网下暴力"[5]。郭爱涛从是否存在主观恶意攻击动机角度，将大学生的网络暴力行为分为自觉暴力行为和不自觉暴力行为。[6] 第三，网络语言暴力成因研究。王刚认为网络的隐身性、高自由度和群功能是产生网络暴力的温床。[7] 相喜伟与王秋菊等认为社会压力、心理失衡、紧张焦虑、困惑不满等负面情绪不断积累，加剧了网民的极化效应，从而产生网络语言暴力。[8] 第四，关于网络语言暴力应对策

---

[1] Coelho, V. A., Sousa, V., Marchante, M., Bras, P. & Romao, A. M., Bullying and cyberbullying in portugal: validation of a questionnaire and analysis of prevalence, *School Psychology International*, 2016, Vol. 37 (3): 223 - 239.

[2] Elçi, A. & Seçkin, Z., Cyberbullying awareness for mitigating consequences in higher education, *Journal of Interpersonal Violence*, 2016: 1 - 15.

[3] 彭兰：《如何认识网络舆论中的暴力现象》，《中国社会科学报》2009 年 8 月 25 日。

[4] 苏艳春、蔡小梅、陈大青：《大学生网络语言暴力行为调查分析——以楚雄师范学院为例》，《东南传播》2016 年第 9 期。

[5] 郑永晓、汤俏：《"网络暴力"喧嚣背后的政治与文化——兼论近年来网络文化的监管与疏导》，《西北师大学报》（社会科学版）2009 年第 6 期。

[6] 郭爱涛：《大学生网络暴力行为分析》，《扬州大学学报》（高教研究版）2012 年第 1 期。

[7] 王刚：《从"铜须事件"看网络暴力的成因》，《传媒观察》2007 年第 1 期。

[8] 相喜伟、王秋菊：《网络舆论传播中群体极化的成因与对策》，《新闻界》2009 年第 5 期。

第九章 传播无围

略的研究。汪晓东等对网络实名制、禁止"人肉搜索"、加强网站的监管责任等方面进行了探讨。① 第五,关于网络语言暴力使用主体的研究。周安将网络语言暴力的制造者作为研究重点,将其分为网络暴民、伪舆论的造势者、网络大V、网络语言暴力的二传手以及网络无良媒体。② 戴玉磊从阴影原型的爆发、自卑感的驱使、社会无意识的释放、自我在群体中的沦丧、从众心理以及"广场狂欢式"的场效应等方面解读了网络语言暴力使用者的心理机制。③ 第六,关于网络语言暴力的语言本体研究。山述兰、张力分析了网络语言暴力的语法和语义特征,并从语言学视域下分析网络语言暴力的成因,在此基础上提出了减少网络语言暴力的对策。④。

(二) 网络语言暴力表征

经过多年发展,网络虚拟空间俨然成为桑斯坦(C. R. Sunstein)所言的"众人生产知识"的沃土,民间语文得到了空前的发展,展示了语言的灵动、丰富与多产。与此同时,语言又被人为地加以破坏。标题党、谣言党、段子手、网络大V、喷子、键盘侠、水军借助网络涂鸦、网络詈骂语、人肉搜索、吐槽、无厘头宣泄、网络恶搞等手段,制造了大量语言"雾霾",污染了语言生态和社会生态,甚至由网络语言暴力引发了现实社会的行为暴力。语言"雾霾"来源众多,主要包括:

1. 直接谩骂。网民要么用网络语言,要么直接将现实社会的谩骂语搬用到网络空间。如,"脑残"、"猪"、"恶心"等直接的显性

---

① 汪晓东:《徐州立法禁止"人肉搜索"?》,《人民日报》2009年1月20日。
② 周安:《网络语言暴力的角色定位对策研究》,《长江大学学报》(社会科学版)2014年第6期。
③ 戴玉磊:《浅析网络语言暴力的心理机制》,《开封大学学报》2009年第3期。
④ 山述兰、张力:《网络"语言暴力"的形成与文化特征分析》,《中华文化论坛》2014年第5期。

攻击语言；

2. 源自自然社会的脏话粗口，因过于难听或受到过滤限制，网民改用谐音字词进行同音同义异形传播，或，如"卧槽泥马"、"窝草"、"握草""烧饼"等间接隐性攻击语言。网民甚至改用汉语拼音缩写联想方式进行异形同义传播，诸如"mlgb"（马勒戈壁）、"tmd"（他妈的）；

3. 隐喻式的粗口表达，如"我去年买了个表"（我去你马勒戈壁）、"猫了个咪的"、"小表砸"（小婊子）、"他喵的"（他妈的）、"踏马的"（他妈的）等；

4. 网民利用汉字输入法打出汉字的偏旁部首，用拟音的方式实现脏话的网络传播，如，"艹"、"俺艹"、"我中艸茻芔"等；

5. 将外语中的脏话用汉语音译的方式来辱骂他人，诸如"法克"（fuck）、"碧池"（bitch）、"谢特"（shit）、"单门"（damn）等；

6. 网民自创的自黑或自贬词语，如"屌丝"、"苦逼"、"学婊""学渣"等；

7. 网民利用拆字手段，利用汉字的偏旁部首，"解析"所谓的"最色"汉字，如"晕"、"晃"等，为不良信息传播洞开了方便之门；

8. 网民依照视觉仿像或拟音原则寻找"假寐"的古字，保留其形，根据偏旁部首，赋予其"新意"，如"夭"实为"王八"，"槑"，意味"呆头呆脑"；

9. 2016年出现新的脏话变体，读汉字为正常义，读汉字后的汉语拼音则往往带有侮辱等不良含义，如"交（yue）友（pao）"、"打（chui）广（niu）告（bi）"等；

10. "标题党"、"键盘党"用夸张、歪曲等手段加工制作耸人听闻的、与实际内容并不相符甚至截然相反的标题，以吸引受众的关注，如《一个"真正的荡妇"》实为一个小姑娘在荡秋千；

第九章 传播无围

11. 新闻跟帖评论。目前，新闻跟帖评论也成为网络语言暴力的重灾区。例如，2017年3月2日，UC手机新闻一则开车提醒："五个自动档使用常识 学会就是老司机"，网民跟帖出现了诸如"这逼（指编辑）我都怀疑没开过车"，"说的这些都是瞎逼逼"，"放屁"等等。

12. 网络淫秽色情信息。某些聊天室的隐秘功能转向了网络直播，即色情视频聊天，以"打赏"为名，牟取经济利益。还有一些所谓"成人"网站，所聊话题和展示的人体图片也极为肮脏恶俗。

目前，众多网民在转发、转载或分享他人信息时缺少核实信息内容的耐心，结果自身也往往成为谣言的传播者。转发虽然没有直接使用暴力语言，但是却用他人之言有意无意加剧了对他人的伤害。

二 "人肉搜索"的是与非

"如果你爱他，把他放到人肉引擎上去，你很快就会知道他的一切；如果你恨他，把他放到人肉引擎上去，因为那里是地狱……人肉搜索引擎其实就是在一个社区里面提出一个问题，由人工参与解答而非搜索引擎通过机器自动算法获得结果的搜索机制。"[1] 在热门网络事件中，"人肉搜索"一方面加速还原了事件真相，维护了社会的公平正义；另一方面，人肉搜索的滥用造成了对当事人的精神伤害。一旦网络事件、媒介事件或社会事件出现，就有网民会动用人肉搜索工具参与到舆论发布中来，当事人的出生年月、手机号码、车牌号、所在单位、所在学校，甚至是家人的私人信息都会被公开披露在网上。不仅当事人会经历网民的恶语攻击，其家人也可能会面临巨大的舆论压力或现实暴力。在一定程度上，网络暴力事件中

---

[1] 和讯科技，互联网十大著名"人肉搜索"事件，http://tech.hexun.com/2008-09-01/108505420.html, 2008-09-01。

的许多悲剧都是由人肉搜索引发的。

表 9-1　　2007 年—2018 年主要人肉搜索事件统计表

年份	事件	描述
2007 年	死亡博客	北京一女子在"死亡博客"中将死因归咎于丈夫的不忠,并在博客贴出其丈夫和第三者的照片。随后有网站将该女子丈夫的住址、工作单位等信息全部披露。部分网民到其丈夫和其父母住处骚扰。①
2008 年	天价头事件	两名 14 岁女生在"保罗国际"店里剪发后,被要价 1.2 万元。4 月 1 日,全国各大媒体对此跟进报道。网友启动"人肉搜索",公布出保罗国际的注册信息,固定电话和手机号码,以及汽车牌照等,进而发展为到店门口聚集并打出标语等。②
2009 年	晕机女	一名 90 后女孩在豆瓣网上发了一篇《诶!真该买个私人飞机》日志,被网友称为"晕机女"。其博客、校内 ID 等信息均被公布,不少网民留下攻击性语言。③
2013 年	花季少女投河	一高中生到某服装店购物。购物时的监控截图被该服装店店主发到微博上,称图中女孩是小偷。该学生所在学校、家庭住址均被曝光,当事人跳河身亡。④
2015 年	成都女别车事件	一次车辆变道引发了两车不理智行为,女司机被暴力殴打,男司机则被刑拘。警方公布完整车载视频后,剧情发生了反转,女司机的形象从受害者瞬间逆转为"路霸",又被网友"人肉"出违章记录、身份信息甚至开房记录。⑤
2015 年	上饶女子踢人事件	江西上饶某单位门口,一辆宝马车与一辆奔驰车发生剐蹭,双方因口角大打出手。争执期间,一女子一脚踹翻对方一名小女孩,引起了社会公众的广泛关注,其个人信息被人肉搜索后,发布在网络上。⑥

---

① 搜狐新闻,"死亡博客"事件续　丈夫称被意外改变人生,http://news.sohu.com/20080417/n256348240.shtml,2008-04-17。

② 腾讯网,郑州天价头案一审宣判　理发店老板被判 1 年半,http://news.qq.com/a/20090402/000761.htm,2009-04-02。

③ 西部网,晕机女是谁?,http://news.cnwest.com/content/2009-04/29/content_2009795.htm,2009-04-29。

④ 中国新闻网,不堪网友"人肉搜索"少女投河身亡,http://finance.chinanews.com/life/2013/12-15/5620270.shtml,2013-12-15。

⑤ 时尚女性,成都被打女司机照片遭人肉　成都打人男司机背景真实身份照片曝光,http://www.ibayue.com/hotnews/201505085353_3.html,2015-05-08。

⑥ 腾讯新闻,奔驰宝马剐蹭引群斗　银行女员工被指踹翻小女孩,http://news.qq.com/a/20150917/057914.htm,2015-09-17。

第九章 传播无围

续表

年份	事件	描述
2018年	摔狗女	1月11日，成都女孩小吴柯基犬死亡事件被媒体披露后，瞬间引发社会关注。即便何某道歉后，事情也未停歇，反而越演越烈，一场"网络报复"开始进行：先是何某及丈夫的四个住址被曝出；紧接着何某的借贷纠纷、夫妻双方工作单位、社保资料、车牌号码，甚至怀孕期间在医院建档的资料都被挖了出来；更为激烈的是，何某家门口被扔垃圾、喷油漆，何某的照片甚至被PS为灵堂照片。据知情人透露，因到当事女子何某家所在的小区讨要说法，一位来自北京的女士被行政拘留6日。①

有序守法的网络空间，才能保证真正的网络言论自由，任何自由都是有条件的自由，没有绝对的自由。发表违法的言论，就应该接受法律的惩处。2014年8月21日，最高人民法院面向社会公布了《最高人民法院关于审理利用信息网络侵害人身权益民事纠纷案件适用法律若干问题的规定》，从2014年10月10日起施行。根据《规定》内容："网络用户或者网络服务提供者利用网络公开自然人基因信息、病历资料、健康检查资料、犯罪记录、家庭住址、私人活动等个人隐私和其他个人信息，造成他人损害，被侵权人请求其承担侵权责任的，法院应予支持。"② 在当下互联网上，基于个人目的的"人肉搜索"行为时有出现，被侵权人的个人信息很可能被公布在网络上，这给许多被侵权人造成了极大的工作困扰和精神损害。最高人民法院颁布的《规定》从法律层面上对"人肉搜索"行为进行了约束和规范。

三 网络语言暴力动因

网络语言暴力的出现和蔓延不是一个孤立的现象，而是多重因

---

① 腾讯新闻，成都摔狗女被"人肉"家门口遭摆花圈，律师：网络暴力涉嫌违法，https://news.qq.com/a/20180118/030593.htm，2018001-18。
② 最高人民法院，最高人民法院关于审理利用信息网络侵害人身权益民事纠纷案件适用法律若干问题的规定，http://www.court.gov.cn/zixun-xiangqing-6777.html，2014-10-21。

素的合力使然。网络既可以是传递脉脉温情的场所,也可以是发泄情绪的垃圾场。一方面,一些网民了解的信息量无法把某个事情分析明白时,就会通过语言暴力来宣泄情绪。另一方面,网民在现实生活中遇到挫折和压力时,挫折感与压力感产生的怨气会促使部分网民在网上对他人施以语言暴力。

(一) 隐身语境助长语言暴力

网络语境的"隐身"助长了不良言语行为的传播,网络语言暴力产生了无数的网络语言暴民。栖息在微博、新闻评论、贴吧、QQ群、微信朋友圈的网络"喷子"喜欢成群结伙、暗箭伤人,使用破坏性和恶性的暴力语言攻击他人,引导舆论引起大面积不良反应。其特点是攻击速度快,负面影响大,成为语言"雾霾"的快速传播者。在虚拟世界里,符号主体转发链接的便利导致了言语操作的不负责任,任何一个文本、声音、图像、文字、标题、摘要都有可能遭到有意无意的歪曲。在网络公共空间里,网络"雾霾"充斥在BBS、贴吧、论坛、虚拟社区,甚至也出现在官方网站或门户网站的新闻评论和跟帖中。灌水、拍砖、恶搞、贬低、歪曲、造谣、滥骂、羞辱等网络言语行为层出不穷。某些网络大 V 或所谓的"意见领袖"以"维护正义"为由,以实现公平正义为策略,发布负面帖文,披露他人隐私,生编硬造故事,恶意抹黑中伤,召集网民围观,挑动民众的不满情绪。① 这些行为严重触犯了最高人民法院颁布的《规定》精神,蓄意破坏网络环境的少数人应受到法律的追责和严惩。

(二) 负面信息与心理宣泄

在网络平台上,志同道合、兴趣相投的青年人对社会问题的看法往往趋同,他们会彼此进行沟通讨论,到最后他们在自我肯定想

---

① 人民论坛,网络语言暴力形成原因透析,http://www.rmlt.com.cn/2015/0128/370019.shtml, 2015 - 01 - 28。

第九章 传播无圄

法的基础上，在情绪上变得更加偏激。青年网民面对不平之事喜欢打抱不平，具有较强的社会责任感和正义感。但又因为青年网民涉世浅，社会经验少，心理发育不够成熟，往往有可能把网络当作泄愤的出口；因为思想不成熟、分辨能力弱，不易分辨某些网络资讯的真伪，在一定程度上会成为炒作信息的"二传手"。各种压力促使网民将粗俗语言表达当作压力的释压阀。面临学业、就业、住房、攀比、竞争、婚姻等压力，青年人往往将网络涂鸦、吐槽、詈骂语作为宣泄自己压力的管道与出口。

（三）群体极化妨碍理性观点表达

桑斯坦认为群体极化是"团体成员一开始即有某些偏向，在商议后，人们朝偏向的方向继续移动，最后形成极端的观点。在网络和新的传播技术的领域里，志同道合的团体会彼此进行沟通讨论，到最后他们的想法和原先一样，只是形式上变得更极端"。[1] 网民的群体身份认同心理极易使互不相干的网民彼此支持、相互呼应，"群体盲思"暴露无遗："一个非常有凝聚力的群体很可能使反对者承受了压力去遵照多数人的意见；一种全体一致和正确性的错觉或假象；一种对外群的消极刻板印象。"[2] 法国社会心理学家勒庞（G. Le Bon）如此解释该现象："聚集成群的人，他们的感情和思想全都采取同一个方向，他们自觉的个性消失了，形成了一种集体心理。"[3] 有了这种群体心理，群体就会形成"群体盲思"。在这种动力的支撑下，群体中的个体就会抛弃恐惧，陷入群体的狂热。孤立的个体

---

[1] [美] 凯斯·桑斯坦：《网络共和国——网络社会中的民主问题》，黄维明译，上海人民出版社2003年版，第47页。

[2] [英] 鲁珀特·布朗：《群体过程》（第二版），胡鑫、庆小飞译，中国轻工业出版社2007年版，第139页。

[3] [法] 古斯·塔夫勒庞：《乌合之众——大众心理研究》，冯克利译，广西师范大学出版社2007年版，第45页。

"可能是个有教养的个人,但在群体中他却变成了野蛮人——即一个行为受本能支配的动物,他表现得身不由己,残暴而狂热"。① 狂热的结果就有可能对他人或社会造成伤害。

(四) 色情信息牟取非法利益

菲利波(J. Pilippo)认为"色情网站造就了一种新的网络生财之道"。② 经济利益作祟与部分网民的不健康心理使色情信息传播屡禁不止。由于网络传播的独特性,色情网站通过各种伪装,如弹窗、链接、频繁变换网址方法等实现淫秽色情信息传播途径的多样化,淫秽视频图片与挑逗性语言成为某些人或网站牟取非法利益的主要工具。某些商业网站为博取大众眼球,以"娱乐至死"为手段,以赚取利益为目标,随意使用一些恶俗语作标题的现象屡见不鲜。网站追逐的"点击率"会带来丰厚的广告利润回报。"标题党"和"键盘党"用耸人听闻的标题渲染一些正常事件,游走于法律法规的边缘,在标题中隐喻出"色、性、鬼、暴力、战争、混乱、恐惧"等。有以"乱伦、窥探"为卖点的"标题党",以"煽动虚假事实"为卖点的"标题党",还有以"血腥、耸人听闻"为卖点的"标题党"。"标题党"大量采用怪异标点符号、图文不符、文不符实等手法,制造噱头,赚取点击量。例如:

(1) "一个裸男和一群禽兽":一张图片,一个光屁股小孩和一群羊而已。

(2) "一骚娘们整容三次均失败,最后被乱棍打死":三打白骨精

---

① [法]古斯塔夫·勒庞:《乌合之众——大众心理研究》,冯克利译,广西师范大学出版社2007年版,第49—52页。
② [英]乔安·黛·菲利波:《网络色情》,载戴维·冈特利特《网络研究——数字化时代媒介研究的重新定向》,彭兰等译,新华出版社2004年版,第215页。

第九章　传播无围

（3）"一猛男不顾劝告，酒后乱性与猛兽肉搏"：武松打虎

根据《南方都市报》报道，地下色播圈里有其自己的"游戏"规则，而且"产生了一系列'暗语'。露骨的'色情表演'行话叫做'开车'或者'福利'，通过别人刷礼物而获取观看色情表演机会称为'坐车'……"① 面对这种情况，政府相关部门应发现一起，打击一起，坚决依法严厉打击网上淫秽色情信息，无论什么网站，只要传播淫秽色情信息，只要对扫黄打非履行主体责任不力，都应受到严惩，方可遏制地下"暗网"色情信息传播蔓延的势头。

（五）暴力语言渗入日常语言

《中国校园欺凌调查报告》指出，"语言欺凌是校园欺凌的主要形式。按照校园欺凌的方式进行分类，语言欺凌行为发生率明显高于关系、身体以及网络欺凌行为，占23.3%"。② 网上惯用语势必影响日常生活用语，很多青年网民会把这种不好的习惯移植到日常生活中。本著作设计了针对"网络詈骂语"的访谈，旨在了解青年网民使用"网络詈骂语"状况。本次访谈的对象均为某大学研究生。本著作就常见的35条谐音式"网络詈骂语"使用情况采访了20名研究生，男女生各10名。男生平均年龄为23.8岁；女生平均年龄为25.3岁。被访对象表示或多或少都用过"粗口"式网络语言。访谈内容共10个问题，包括网络语言构成的詈骂语意义、詈骂语来源、是否使用、使用场合、希望获得的效果等。10种詈骂语具体如下：（1）照搬日常詈骂语，例如：奶奶的；（2）原义变字詈骂语，例如：尼玛；（3）创造詈骂语新词，例如：屌

---

① 中国青年网，"老司机快上车！"成暗语　卖家通过网盘卖色情视频，http://minsheng.youth.cn/mszxgch/201704/t20170417_9503580.htm，2017-04-17。
② 重庆时报，语言欺凌是校园欺凌主要形式，http://www.cqtimes.cn/news/article/id/1861648/nowCat/51.html，2017-05-21。

爆了；（4）汉语拼音首字母缩写詈骂语，例如：MD；（5）谐音替代詈骂语，例如：大烧饼；（6）近音同义詈骂语，例如：我擦；（7）英语+汉语拼音詈骂语，例如：you can you up, no can no BB；（8）同音联想詈骂语，例如：我去年买了个表；（9）部首偏旁詈骂语，例如：艹；（10）汉语拼音+阿拉伯数字詈骂语，例如：s13等。

表9-2 网络詈骂语使用状况调查表

人数题序	听过（人）	占比（%）	知道（人）	占比（%）	使用（人）	占比（%）	使用效果	使用对象	否定态度（人）	占比（%）
1	18	90	18	90	14	70	骂人、发泄、玩笑、回避、活跃气氛、体现时尚	关系密切的同龄人	15	75
2	19	95	19	95	12	60	拉近距离、调侃	熟人、朋友、同学	15	75
3	19	95	9	45	10	50	发泄、调侃、发泄愤怒	令人气愤的人或事	16	80
4	20	100	10	50	8	40	中止不愉快的谈话、达到幽默效果、开玩笑	令人生气的人/事，或者熟悉的朋友	14	70
5	20	100	18	90	14	70	开玩笑、显时尚	对看不惯的人或事	13	65
6	20	100	20	100	8	40	言简意赅、玩笑逗乐	关系好的熟人	15	75
7	20	100	10	50	9	45	表达情感、开玩笑	同龄朋友、关系亲密的人	13	65
8	20	100	10	50	11	55	表示无语、发泄、调侃、纯属娱乐	与亲密的同龄人逗趣	13	65
9	17	85	8	40	2	10	开玩笑	朋友	12	60
10	20	100	17	85	11	55	感慨、诧异、开心赞叹、气氛轻松	朋友、熟人、同学	14	70

访谈结果表明85%以上的受试均听说过访谈所提及的网络詈骂语，并且大部分受试表示知道此类语言的意思，然而在涉及是否使用此类语言时，数据有了明显的下降。其中只有10%的受试表示偶尔使用"我去年买了个表"、"把到妹"等网络语言。受试使

第九章　传播无囲

用此类网络语言的主要目的除了表示愤怒、发泄情绪外，还有以交际为目的方面，如开心赞叹、开玩笑、表示感慨等。适用对象也以同学、好朋友、熟人等关系较为密切的人群为主。受试表示，在网络上使用詈骂语的比例要远高于日常生活。最后，访谈结果表明60%以上的学生对此类网络语言持否定态度。人民网舆情监测室应用"微指数"也显示，"一些詈言在网络传播中，其侮辱性、谩骂性的表述淡化，反而被用在亲情、友情以及爱情关系中，有了亲昵的含义。例如'心机婊'在一些特定语境中表现为对女性情商高的评价。"[1] 人民网舆情监测室应用"微指数"进行的数据抽样显示：

> 在新浪微博上，19—24岁的年轻女性成为使用网络低俗语言的主流。由于微博的用户群中，76%拥有高等学历，结合网络低俗语言使用者19—24岁人群的特性，可以推断网络低俗语言使用者的主体人群为在校大专/本科学生群体。[2]

可见，部分网民将自己面对的现实压力、对生活不满转变为恶意中伤的暴虐语言释放。低俗的谩骂表达了网友对某个社会现象的不满，但如此"语言暴力"表达无法与建设性的批评和意见平起平坐。任意诋毁、肆意谩骂、羞辱他人无助于解决问题，反而会助长社会戾气和制造社会上人与人的对立。网络语言的出现是自然语言活力的体现，但滥用网络语言、甚至使用语言暴力却会造成交往冲突、语言意义流失，社会伦理道德价值的无序化。

---

[1] 人民网：《网络语言迭新不断，年轻女性偏好低俗网语》，http://yuqing.people.com.cn/2016/0325/C210107-2822636.html，2016-03-25。

[2] 同上。

四 网络语言暴力的危害

（一）损毁他人声誉

网络语言暴力往往会针对某个事件，每个事件必然要牵涉某个或某些人，网络语言暴力的随意传播会在不同程度上侵害他人的身心健康和社会声誉。网络语言暴力对他人造成的损害，有些控制在网络上，但在更多情况下，其危害会直接延伸到现实社会生活中。柯曾-布朗（Curzon-Brown）论述了网络语言暴力对他人的严重伤害：

> 即使是旧时代的暴君也没有如此迅速而全面地毁灭人的声誉的方法，不管他们是一时兴起还是满怀恶意，它可以让人们像玩冲锋枪一样，在此发泄愤怒，发表不怀好意的、杀气腾腾的评论。他们只管开枪乱扫，然后就一走了之，决不会回头看一眼，决不会管受害者，而那些网络中的受害者将永远倒在血泊中。[①]

网络语言暴力可以转化为线下加害行为，导致加害后果，造成他人名誉权、隐私权、肖像权、姓名权等民事权益受损，使受害人心理受压、精神受困以及健康受损，从而影响和扰乱受害人的学习、工作和生活秩序，甚至导致受害人自杀等严重后果。猎奇好事、消费灾难、幸灾乐祸等心理动机驱使部分网民目睹他人痛苦，自己得到心理释放与满足。网络语言暴力并非是个人语言的"独唱"，往往是通过网络语言实现了语言暴力的"广场舞"，缺乏理性的语言暴力

[①] ［英］丹尼尔·柯曾-布朗：《互联网的阴暗面》，载特冈特利特·戴维《网络研究——数字化时代媒介研究的重新定向》，彭兰等译，新华出版社2004年版，第162—163页。

刺激了一些人的怪异嗜好，同时也严重伤害了另外一些人。

（二）污染语言生态

唐普勋（N. Thompson）尖锐地指出："语言可以用来攻击和破坏，可以小看、破坏和压迫他人。它可以用来解决问题，也可以制造问题，煽动仇恨，制造巨大的痛苦和悲伤。"[1] 网民表现了双重性格，现实生活温文尔雅，网络生活恶言相向。如果"网上"不良言语行为无法得到有效遏制，就会蔓延至"网下"的言语行为中去，最终污染语言的网络传播生态。网络语言暴力是导致言语传播行为失范的重要"扰序"因素，挑战着网络生态环境的正常发展秩序。网络个人行为的脱序必然会导致网络言语失范行为引发的"网上"社会脱序，甚至诱发"网下"社会正常秩序的迷乱和颠倒。部分网民"为看到暴乱而兴奋不已，而不考虑这'暴力场面'将付出何等代价和谁将对此负责"[2] 倘若不及时治理语言暴力，就很容易诱发"多数人的暴政。"[3] 这种多数人的暴政的初始形态恰恰是借语言之言，行言语之效，造成部分网民在语言狂热之后的癫狂，从而瓦解正常的语言生态。

（三）影响社会稳定

网络语言暴力的成本很低，动动手指编辑或转发信息即可，但是语言暴力承载的负面信息所产生的影响却是巨大的。在网络空间隐身的遮盖下，滥用人肉搜索、无中生有的诽谤和离奇荒诞的造谣攻击，不断侵蚀着网上语言生态和社会秩序，不断冲击着显性的道德和法律的底线。这些谣言不仅侵害了当事人、单位、机构的名誉，

---

[1] Thompson, N., *Communication and Language—A Handbook of The Theory and Practice*, New York: Palgrave Macmillan, 2003, p. 61.

[2] ［法］米歇尔·德·塞尔托：《多元文化素养》，李树芬译，天津人民出版社2003年版，第2页。

[3] 刘立红：《"人肉搜索"导致网络暴力之成因分析》，《东南传播》2009年第1期。

更是损害了网络信息的公信力,甚至有可能成为触发某些社会事件、影响社会稳定的重要因素。网络语言暴力事件不但会侵犯当事人的名誉权、隐私权,也会引发社会的恐慌情绪。虚拟社会与现实社会是两个并存且有交叉的空间,是网络人必不可少的生活和工作空间。由网络语言暴力造成的声誉损害和权益损害,即便是发生在"虚拟空间"里,其实也是现实的"暴力行为延伸"。在一个虚拟与现实空间交织的社会里,网络语言暴力必然会向现实社会蔓延,这无疑会阻碍和谐网络社会的构建。2012年著名的"微博'约架':从网络语言暴力到现实的拳头"① 就体现了网络语言暴力向现实社会延伸的倾向。相关研究表明"欺凌就是欺凌——不管它发生在哪里,遭受过网络欺凌的青少年表示,他们感到悲伤、愤怒、失望和抑郁,一些青少年产生了自杀的想法。"②

第三节　网络语言暴力矫治策略

令人厌倦的网络"PM2.5"会割裂民族文化传承。无理经济勒索、精神讹诈、自恃"正义"等都会诱发"闹事族"进行网络语言暴力活动。赤裸裸的暴力欲望表达从形式到内容都有悖于传统语言文化的价值追求,低俗语成为了笼罩在人类精神家园上空的雾霾。自然界的雾霾伤身,而语言"雾霾"则伤的是人心。雾霾横行会让人类自觉反思其成因,探索其治理之方;语言生态系统也不例外,当低俗语泛滥于人类的语言生活中时,我们同样应加以重视并予以

---

① 中青在线,微博"约架":从网络语言暴力到现实的拳头,http://zqb.cyol.com/html/2012-07/23/nw.D110000zgqnb_20120723_1-03.htm,2012-07-23。
② [美] 贾斯汀·W.帕钦、萨米尔·辛├佳:《语言暴力大揭秘:跟网络欺凌说"不"》,刘清山译,黑龙江出版集团、黑龙江教育出版社2017年版,第9页。

第九章 传播无困

治理，以维护人类语言家园安宁、清朗与和谐。消除语言"雾霾"、建设健康的语言生态、还语言一片"净空"，需要法律、纪律、他律制度，更需要所有人的自省、自制和自律。要净化网络环境，解决网络语言暴力现象，须多管齐下，从文化、法制、道德、技术管理等多方面着手，对网络语言暴力现象进行治理。

一 加强立法，加大监管力度

（一）现有的法规制度

我国目前尚无规制网络语言暴力的专门法律规定，但已经出台了一些管理网络信息服务、维护网络安全的法律规范，司法解释涉及到了对网络语言暴力的治理或约束（表9-3）。

表9-3　　　　网络信息安全相关规定统计表

时间	发布机构	法规名称
2000年9月26日	中华人民共和国国务院	《互联网信息服务管理办法》（国务院令第292号）
2000年12月28日	全国人大常委会	《全国人大常委会关于维护互联网安全的决定》
2004年9月	最高人民法院、最高人民检察院	《关于办理利用互联网、移动通讯终端、声讯台制作、复制、出版、贩卖、传播淫秽电子信息刑事案件具体应用法律若干问题的解释》
2005年8月30日	全国人民代表大会常务委员会	《中华人民共和国治安管理处罚法》（主席令第三十八号）（节选）
2009年4月13日	中华人民共和国工业和信息化部	《互联网网络安全信息通报实施办法》
2009年12月29日	中华人民共和国工业和信息化部	《通信网络安全防护管理办法》
2010年2月4日	最高人民法院、最高人民检察院	《关于办理利用互联网、移动通讯终端、声讯台制作、复制、出版、贩卖、传播淫秽电子信息刑事案件具体应用法律若干问题的解释（二）》
2011年1月8日	国家互联网信息办公室	《互联网信息服务管理办法》（修订）
2013年9月9日	最高人民法院、最高人民检察院	《关于办理利用信息网络实施诽谤等刑事案件适用法律若干问题的解释》

续表

时间	发布机构	法规名称
2014年6月23日	最高人民法院	《关于审理利用信息网络侵害人身权益民事纠纷案件适用法律若干问题的规定》
2014年8月21日	最高人民法院	《最高人民法院关于审理利用信息网络侵害人身权益民事纠纷案件适用法律若干问题的规定》
2015年2月4日	中华人民共和国国家互联网信息化办公室	《互联网用户账号名称管理规定》
2015年6月30日	中国互联网络信息中心	《关于进一步加强对网上未成年人犯罪和欺凌事件报道管理的通知》
2016年6月25日	中华人民共和国国国家互联网信息化办公室	《互联网信息搜索服务管理规定》
2016年7月4日	国家工商行政管理总局	《互联网广告管理暂行办法》
2016年9月20日	国家新闻出版广电总局	《关于加强网络视听节目直播服务管理有关问题的通知》
2016年2月6日	中华人民共和国工业和信息化部	互联网上网服务营业场所管理条例（修订）
2016年11月4日	中华人民共和国国家互联网信息化办公室	《互联网直播服务管理规定》
2016年11月8日	十二届全国人大常委会第二十四次会议	《中华人民共和国网络安全法》
2017年08月01日	中共中央宣传部、中共中央组织部、中央网信办联合印发	《关于规范党员干部网络行为的意见》的通知（中宣发〔2017〕20号）
2017年08月25日	国家互联网信息办公室	《互联网跟帖评论服务管理规定》
2017年09月07日	国家互联网信息办公室	《互联网群组信息服务管理规定》

《互联网信息服务管理办法》的"第十五条"规定：互联网信息服务提供者不得制作、复制、发布、传播含有下列内容的信息：（1）反对宪法所确定的基本原则的；（2）危害国家安全，泄露国家秘密，颠覆国家政权，破坏国家统一的；（3）损害国家荣誉和利益的；（4）煽动民族仇恨、民族歧视，破坏民族团结的；（5）破坏国家宗教政策，宣扬邪教和封建迷信的；（6）散布谣言，扰乱社会秩

第九章 传播无圄

序,破坏社会稳定的;(7)散布淫秽、色情、赌博、暴力、凶杀、恐怖或者教唆犯罪的;(8)侮辱或者诽谤他人,侵害他人合法权益的;(9)含有法律、行政法规禁止的其他内容的。①

《最高人民法院关于审理利用信息网络侵害人身权益民事纠纷案件适用法律若干问题的规定》明确说明:(1)网络用户或网络效力供应者运用网络揭穿自然人基因信息、病历资料、健康检查资料、违法记载、家庭住址、私家活动等自个隐私和其他自个信息,构成他人损害,被侵权人央求其承担侵权责任的,法院应予支持。(2)《规定》初次明晰了运用自媒体等转发网络信息举动的过失及程度断定问题。(3)《规定》还触及了不合法删帖、网络水军等互联网灰色工业的责任承担问题。(4)发帖者侵权网站"连坐"。②

上述法律规范明确了四类责任主体:互联网上网服务营业场所、网络服务提供人、网络消费用户与群组负责人。但是,相关规定的具体性、明晰性、一致性存在不足,在网络语言暴力行为追责中难以确定责任主体,相应责任体系也不完备。同时,上述法律规范都没有直接以"网络语言暴力"来表述或定性,而是采用"散布谣言"、"侮辱诽谤他人"、"危害社会公德或者民族优秀文化传统"、"泄露隐私"、"宣扬迷信邪教"等用语。网络语言暴力行为可否纳入上述禁止性行为,还需根据实际情况,通过法律条款予以甄别和认定。

(二)政策与整顿行动

2016年4月,文化部宣布对国内各大型网络直播平台的违法违规内容进行查处,并首次对网络主播认证和内容备案提出了具体要

---

① 中华人民共和国国务院令,互联网信息服务管理办法,http://www.gov.cn/fwxx/bw/gjgbdydszj/content_ 2263004. htm, 2000 – 09 – 25。
② 找人网,最高法院禁止人肉搜索称其侵犯隐私权,http://www.renrouwang.cn/news/19. html, 2014 – 10 – 14。

求。此后,《关于加强网络视听节目直播服务管理有关问题的通知》和《互联网直播服务管理规定》陆续出台,为行业进一步健康发展奠定了政策基础。① 网信办、公安部等相关部门联合启动"剑网2016"专项行动,集中整治网络文学盗版侵权行为,并建立黑白名单制度。11月,国家网信办发布《互联网直播服务管理规定》,随着网络新闻内容展现形式不断发展,政府监管力度也随之提升。游戏和真人秀类直播内容的监管力度在2016年不断加大,相关政策与整顿行动陆续实施,对行业高速发展过程中产生的乱象进行了有效打击。

"网络语言暴力"并非是网络的"独生子",还要整体考虑网络戾气的现实源头问题:动辄出口伤人、或者向低龄群体蔓延的施暴行为的深层社会原因。暴力思维会影响人们在其他社会交往中的表现,乃至对整个语言体系和生态产生巨大威胁。因此,2016年《教育部等九部门关于防治中小学生欺凌和暴力的指导意见》出台,从源头上预防学生欺凌和暴力行为发生。莱斯格(L. Lessig)认为"在现实空间中规范人类行为有四种约束:法律、规范、市场和代码……法律是由政府制定的、通过具有溯及力的法律制裁而实施的规则和命令;社会规范是社区非正式的民意表达;市场则是通过商品和服务的价格调节行为;代码会产生一种物理限制"。②

二 应对网络语言暴力的策略

(一)立法立规处置网络语言暴力

相关部门应会同专家从法律上界定"网络语言暴力"的形式、性质、内涵,厘清网络语言暴力的范围,将网络语言暴力纳入刚性

---

① 中国互联网络信息中心,第39次《中国互联网络发展状况统计报告》,http://www.cnnic.net.cn/hlwfzyj/hlwxzbg/,2017-02-06。

② [美]理查德·斯皮内洛:《铁笼,还是乌托邦——网络空间的道德与法律》(第二版),李伦等译,北京大学出版社2007年版,第2—3页。

第九章 传播无围

的法律约束。根据网络运营中的不同环节、不同主体、不同过错程度，完善法律责任体系，明确和细化不同的责任承担方式和责任后果，由此构建规制网络语言暴力的严密责任体系。网络社会与现实社会会相互作用、彼此交融，这就需要在为治理网络语言暴力立法时综合考虑"线上"和"线下"两个因素，从而避免法律条款的彼此冲突和政策"打架"问题，而且还应考虑治理网络语言暴力的相关规定与现行法律体系保持良好的接续性或兼容性的问题。另外，网络传播的法规制定肯定会触及较为敏感的言论自由，立法时应充分考虑"既要建构约定又要保留说话者的自由权"。①戴（A. Day）认为网络规制是网络发展的历史必然。②桑斯坦对网络言论矫治的态度是：

> 基于正确的理解，言论自由原则不是绝对的，而政府为了确保传播市场的功能——服务民主自治和其他重要的社会价值——所采取的必要行动，也不能以"言论自由"来加以妨碍。不管最应该解决的棘手问题是什么，政府是可以去管制计算机病毒、非法盗版和教唆犯罪的。③

对互联网中的诽谤、中伤、人身攻击、谣言等网络言语暴力行为，应当在法规中予以明确并加以制裁。目前网络语言暴力泛滥的原因之一是语言暴力主体付出的成本太低。网络自由并非是没有丝

---

① [法]米哈伊尔·苏波特尼克：《言语行为哲学——语言的精神衬托与日常性》，史忠义译，天津人民出版社2003年版，第66页。
② Day, L. A., *Ethics in Media Communications-Cases and Controversies*, Beijing: Peking University Press, 2004, p. 441.
③ [美]凯斯·桑斯坦：《网络共和——网络社会中的民主问题》，黄维明译，上海人民出版社2003年版，第101页。

毫约束的自由,因此巴伦提出"滥用自由是引发对因特网进行更严格控制这一论点的致因"。① 在实际操作层面上,应加大对网络的监察力度,对那些明显恶意攻击、诽谤他人证据确凿的"暴力语言"行为予以惩处,不断加大语言暴力使用者的付出成本,在法律层面上使其"不敢为",在使用主体层面上"不愿为",在网络环境层面上使其"不能为"。更为具体的手段是可以考虑谢天长提出的建议:(1) 明确和细化通讯运营商的责任。采用"间接实名制";(2) 明确和细化网络服务提供者的责任;(3) 明确和细化网络用户的责任。②

2017 年 7 月 20 日,新华社发布《新华社新闻信息报道中的禁用词和慎用词(2016 年 7 月修订)》。在 2015 年 11 月发布的《新华社在新闻报道中的禁用词(第一批)》45 条禁用词、规范用语基础上,这版新增 57 条内容。新闻媒体和网站应当禁用的不文明用语有 38 个,例如"装逼、草泥马、特么的、撕逼、玛拉戈壁、爆菊、JB、呆逼、本屌、齐 B 短裙、法克鱿、丢你老母等"。③ 这条短短的新闻已经表示了国家对语言污染零容忍和维护健康语言生态的坚决态度。

(二) 技术控制网络语言暴力

社会和道德方面通常很难跟上技术革命的迅猛发展。技术是联结网络与传播主体的中介,采用技术方法来屏蔽不良信息,是阻断网络语言暴力信息传播和蔓延的有效手段之一。对于网络语言暴力,可以采取过滤的方式,允许网络信息接受者用过滤的方法来屏蔽危

---

① [美] 斯坦利·J. 巴伦:《大众传播概论——媒介认知与文化》(第三版),刘鸿英译,McGraw Hill,中国人民大学出版社 2005 年版,第 369 页。
② 谢天长. 网络语言暴力治理的法律对策, http://news.sina.com.cn/o/2016-12-22/doc-ifxytyzp5441324.shtml, 2016-12-22。
③ 界面新闻,新华社新增一批禁用词 共 57 条内容, http://www.jiemian.com/article/1486458.html, 2017-07-20。

第九章 传播无围

害性的言论。国际伦理与信息技术协会主席斯皮内洛（R. Spinello）斯皮内洛指出："无论在政府手里还是在个人手里，代码都是一种强大的规范力，因为它具有可塑性和隐匿性，具有潜移默化地规制和塑造人们行为的灵活性。"①

色情言论、恐吓威胁、造谣生事以及垃圾邮件均可以依据相关法律和代码来处理，这些言论可以"通过负责的过滤装置而得到令人满意的限制，这种过滤装置不会错误地屏蔽掉合法的政治言论"。②与此同时，网上各大论坛、BBS、博客、聊天室、即时通讯、办公自动化系统中的坛主、楼主、群主、博主和管理人员也应下大力气清除那些涉及"暴力语言"的言论，净化网络语言环境。管理部门必须对那些存在严重问题、社会影响恶劣、唯利是图的网站，进行有效的惩处和管理。对网络把关人和网站经营者进行网络技术、道德伦理培训，提高其监管水平和监管责任意识，以保证网站的规范经营和良性运行。另外，逐步推行"网络实名制"。网络实名制也是遏制网络语言暴力的有效手段之一。实名制上网并不会破坏网络的虚拟性，不会对合法上网造成不良影响，但对那些捕风捉影、散布谣言、发布不良信息、制造网络语言暴力的人员具有一定的限制和警示作用。对造成严重社会后果的不良信息发布者，可以采取与"终身禁驾"一样的"终身禁网"惩戒。

（三）营造良好语言生态环境

以文化建设为导向，营造良好健康的网络舆论环境，要努力发挥先进文化的教育作用、正确舆论的引导作用，营造良好健康的网络舆论环境，建设良好的网络文化环境驱逐网络语言暴力。习近平

---

① ［美］理查德·斯皮内洛：《铁笼，还是乌托邦——网络空间的道德与法律》（第二版），李伦等译，北京大学出版社2007年版，第48—49页。

② 同上书，第66页。

语言无羁：汉语言符号的网络再生与生成逻辑研究

总书记强调：

> 我们要本着对社会负责、对人民负责的态度，依法加强网络空间治理，加强网络内容建设，做强网上正面宣传，培育积极健康、向上向善的网络文化，用社会主义核心价值观和人类优秀文明成果滋养人心、滋养社会，做到正能量充沛、主旋律高昂，为广大网民特别是青少年营造一个风清气正的网络空间。①

互联网作为每个人的虚拟居所，也是每个人意识的映射，它的良好环境需要众人共同维护。良好的网络环境和正确的网络舆论引导是遏制网络语言暴力的重要方法，具有"润物无声"的效果。"要组建相应的'意见领袖'队伍，把握好发言时机、发言方式，科学设置议题、选择信息、引导受众。'网络把关人'要对网络上的虚假信息和极端言论进行监控，及时发布权威信息，把网络舆论引导到正确的方向。"② 建设文明的网络环境需要网民共同守护好网络"精神家园"，从自己做起，严格遵守"网络七条底线"，不制造网络语言暴力、不使用网络语言暴力，更不做网络语言暴力的二传手。作为网民，在获取网络信息时，应先冷静地分析信息的真实性，再作出评论、转发与否的决定。做到不信谣、不发谣、不传谣，不扭曲夸大事实、不散布危害国家的各种不良信息，客观理性上网。唯有此，网络才能逐渐晴朗起来，这既是对他人、对社会的尊重也是对自己的保护。

---

① 习近平：《网络空间是亿万民众共同的精神家园》，http://www.cac.gov.cn/2016-04/20/c_1118679396.htm，2016-04-20。
② 山述兰、张力：《网络"语言暴力"的形成与文化特征分析》，《中华文化论坛》2014年第5期。

（四）道德规范约束网络语言暴力

开展和普及网络思想道德教育，以道德建设为根本。帮助网民特别是青年网民从思想上认识到网络语言暴力的危害，通过社会监督和宣传教育，推行网络媒体的职业道德规范，提高网民的文化素质和网络媒介素养。"互联网的巨大功能可能被滥用，导致侵害私有财产，蔑视传统道德的行为。"[1] 斯皮内洛指出："基本的伦理原则是元规范（metanorms），因为他们具有普遍有效性。伦理规范是（或应当是）关于内在于人性的智性、人类的善和实现人类善的行为的规范。"[2] 道德在网络传播中的地位应当是虚拟空间的终极管理者，它可以也应当为个人行为划出红线。通过对主体的伦理道德约束，有助于强化网络用户的主体责任意识和行为自律意识，在源头上减少网络语言暴力发生的可能性。否则，法律再强大、规范再细致、代码再科学、手段再多样，如果网络主体——网民置若罔闻，网络环境依然会混沌一片。

加强网民的媒介素养教育对治理网络语言暴力具有重要理论与实践意义。因为，媒介素养可以提高"受众对各种媒介信息的解读批判能力以及使用媒介信息为个人的生活、社会发展所应用的能力"。[3] 如此以来，"随着人们素质的提高和全社会的共同努力，网络语言暴力现象必定会得到有效治理，网络环境也必定会更加健康文明。"[4]

---

[1] ［美］理查德·斯皮内洛：《铁笼，还是乌托邦——网络空间的道德与法律》（第二版），李伦等译，北京大学出版社 2007 年版，序言，第 x—xi。

[2] 同上书，第 4 页。

[3] 冯恩大：《媒介素养教育与大学文化建设》，载蔡帼芬《媒介素养》，中国传媒大学出版社 2005 年版，第 50 页。

[4] 光明网，网络语言暴力现象的防范与治理，http：//epaper.gmw.cn/gmrb/html/2013 - 08/26，2013 - 08 - 26。

第四节　网络媒介素养教育

1992 年，美国媒体素养研究中心对"媒介素养"给出如下定义："媒介素养是指在人们面对不同媒体中各种信息时所表现出的信息选择能力、质疑能力、理解能力、评估能力、创造和生产能力以及思辨的反应能力。"[①] 20 世纪 60 年代以后，许多学者对媒介素养教育的观点发生转变，即由抗拒转变为培养辨别能力。到了 20 世纪 70—80 年代，许多国家都将媒介素养教育纳入学校课程内，并陆续发展出各种教学模式，开发出了相关课程与教材。

一　国外最新媒介素养教育状况

Alvarez 等以 12 名瑞典学生为被试，实施了"Collboard"（协作委员会）的新媒介素养教育发展措施，其中包括建构主义理解、分布式认知以及跨媒介浏览能力等。结果发现"Collboard"在中学生媒介素养教育课程中发挥着重要的作用。[②] Karadeniz 与 Can 调查了阅读习惯和媒介素养之间的关系，此外，专业、年级、使用社交媒体的习惯以及学业平均绩点与媒介素养和阅读习惯均有相关性。[③] Clark 以新闻学专业的大学生为例，研究对其开展的以媒体活动和公

[①] Thoman, Elizabeth, *Skills and Strategies for Media Education*, http://www.medialit.org/reading_room/pdf/CMLskillsandstrat.pdf.

[②] Alvarez, C., et al, Fostering new media literacies in the classroom through collaborative problem solving supported by digital pens and interactive whiteboards, *Computers & Education*, 2013, Vol. 63: 368–379.

[③] Karadeniz, A. & Can, R., A research on book reading habits and media literacy of students at the faculty of education, *Social and Behavioral Sciences*, 2015, Vol. 174: 4058–4067.

第九章　传播无围

众新闻为资源的批判性媒介素养教育课程[1]；Fleming 以斯托尼布鲁克大学实施的现代新闻教育和媒介素养教育的课程为例，分析其在大学生媒介素养形成的过程中起到的实践作用和理论支撑作用[2]；Georgescu 和 Popescul 分析了罗马尼亚大学中的社会媒介进化过程中显现出的挑战和机会，并为更好地理解媒介素养教育的益处提供了框架[3]；Park，Kim 和 Na 选取韩国青少年进行访谈，对网络个人主义、数字媒介素养及青少年对自身的社会资本理解程度之间的联系进行了研究。[4] 土耳其的 Koc and Barut[5]，新加坡的 Lee 等学者以新媒介素养量表（NMLS）作为工具，对新媒介时代的大学生和青少年所具备的媒介素养进行了研究[6]。Maksl 等通过对被试大学生的调查发现，接受过新闻素养课程的学生相对于未接受过的学生，新闻媒介素养水平、对时事的了解程度、对消费新闻的动机明显更高。[7]

二　国内媒介素养教育研究

国内学者从 20 世纪 90 年代开始陆续开展媒介素养和媒介素养教育。彭兰指出社会化媒体时代的媒介素养体现在："媒介使用素

---

[1] Clark, L. S., Cultivating the media activist: how critical media literacy and critical service learning can reform journalism education, *Journalism*, 2013, Vol. 14 (7): 885 - 903.

[2] Fleming, J., Media literacy, News literacy, or News appreciation? A case study of the news literacy program at stony brook university, *Journalism & Mass Communication Educator*, 2014, Vol. 69 (2): 146 - 165.

[3] Georgescu, M. & Popescul, D., Social media literacy in Romanian universities—are we ready yet?, *Economics and Finance*, 2014, Vol. 15: 437 - 444.

[4] Park, S., et al, Online activities, digital media literacy, and networked individualism of Korean youth, *Youth & Society*, 2015, Vol. 47 (6): 829 - 849.

[5] Koc, M. & Barut, E., Development and validation of new media literacy scale (NMLS) for university students, *Computers in Human Behavior*, 2016, Vol. 63: 834 - 843.

[6] Lee, L., et al, Understanding new media literacy: the development of a measuring instrument, *Computers & Education*, 2015, Vol. 85: 84 - 93.

[7] Maksl, A., et al, The usefulness of a news media literacy measure in evaluating a news literacy curriculum, *Journalism & Mass Communication Educator*, 2016, pp. 1 - 14.

养、信息消费素养、信息生产素养、社会交往素养、社会协作素养和社会参与素养"[1]；卢峰探讨了媒介素养的内涵在过程和能力两方面的提升，并构建了"媒介素养之塔"，他将媒介素养"由低到高分为媒介安全素养、媒介交互素养、媒介学习素养和媒介文化素养四个层次"[2]；李鸿凯等学者认为建构、完善大学生媒介素养教育的体系是开展媒介素养教育的重要课题，并从目标体系、课程体系、评估体系三个方面提出了建构并提升大学生媒介素养的具体对策；[3] 王宁认为鉴于大学生欠缺对网络信息渠道的了解，因此应该从创设广阔良好的社会培育环境，发挥高校在大学生网络媒介素养培育中的主导作用以及促进大学生网络媒介素养的自我提升等方面加强对大学生网络媒介素养的培育[4]。禹哲认为应该从强化个人定位、注重目标的有效性；提升个人信息力、汲取有用信息；优化知识结构、控制意义生成；反思自身观念、指导实践行为以及坚守底线意识、承担社会责任五个方面有效提升大学生媒介素养。[5] 景威栋、李丽选取甘肃中医药大学生为被试，对其生活中的媒介消费情况，最常接触的媒介种类，接触媒介的动机，对媒介的解读、利用及批判能力，对媒介和媒介素养的认知状况等进行了调查，结果显示对中医药院校大学生开展媒介素养的教育学习必不可少[6]。王菁、姚媛对大学生网络媒介素养教育的内涵、发展现状和实践方法等做了综合梳理，

---

[1] 彭兰：《社会化媒体时代的三种媒介素养及其关系》，《上海师范大学学报》（哲学社会科学版）2013年第3期。

[2] 卢峰：《媒介素养之塔：新媒体技术影响下的媒介素养构成》，《国际新闻界》2015年第4期。

[3] 李鸿凯：《大学生媒介素养教育体系建构研究》，《西昌学院学报》（社会会科学版）2016年第4期。

[4] 王宁：《大学生新媒介素养培养策略研究》，《新闻研究导刊》2016年第24期。

[5] 禹哲：《批判性思维下的大学生媒介素养提升策略》，《传媒观察》2016年第12期。

[6] 景威栋、李丽：《新媒体时代中医药院校大学生媒介素养现状调查与分析——以甘肃中医药大学为例》，《甘肃中医药大学学报货》2016年第6期。

第九章 传播无围

分析了影响大学生媒介接触和使用的因素，以及大学生媒介素养教育的规律性，提出了改善大学生媒介素养现状的具体策略①。李玉纯提出提升高校教师媒介素养的策略：加强教师媒介素养培训，加强媒介素养专家队伍培养，增强教师提升媒介素养的自觉性，提升教师的媒介素养教育意识。②李舒欣与赵宇翔分析了数字移民的特征，并通过扎根理论和问卷调查法，从动机、情感、能力特征等层面归纳数字移民的媒介素养能力，并提出相应的优化策略③。

三　开展全方位的媒介素养教育

总体来说，国内的媒介素养教育的研究和实践还较薄弱，尚未形成较为成熟的体系，理论研究不够深入全面，教育实践缺乏可操作的具体方法与手段。此外，社会对语言暴力的危害性认识不足，除了一些学者的零星呼吁之外，在传统德育模式的主导下，学校很少进行专业的网络媒介素养教育。相比传统校园暴力，教师或学校管理人员对网络语言暴力的危害认知度不高，鲜有学校针对在校学生制定网络行为规范。此外，有关方面也忽略了网民是媒介素养教育的一个重要群体，那就是对信息传播者开展媒介素养教育。单晓红提出："媒介素养教育包括对受众的教育和对传播者的教育，其中，对传播者的媒介素养教育尤其显得重要。因为，传播者的价值取向最终会影响到接受者的价值判断，会决定社会主流价值观念的标准和走向，为提高社会的整体媒介素养的水准，加强传播者的媒

---

① 王菁、姚媛：《大学生网络媒介素养教育研究的回顾与反思》，《天津市教科院学报》2016年第6期。
② 李玉纯：《电子科技大学教师媒介素养现状调查与对策研究》，硕士学位论文，电子科技大学，2013年，第43页。
③ 李舒欣、赵宇翔：《新媒体环境下数字移民的媒介素养探索：基于智能手机应用的扎根分析》，《图书情报工作》2016年第17期。

介素养便成为题中之意和当务之急。"① 一些新闻媒体的从业人员的职业道德沦丧令人担忧，这些问题集中体现在三个方面：一是缺乏明确的媒介职业理想；二是缺乏媒介职业责任感；三是丧失了媒介职业道德底线。② 部分媒体从业者为了商业利益，竭力制造视觉奇观来吸引受众，这也恰恰是美国学者贝尔（D. Bell）所批判的：

> 现代生活中有两个特别方面必须强调视觉因素。首先，现代世界是个都市世界。大城市的生活和它限定的刺激及社交方式，为人们看与想看（而不是读或想读）事物提供了优先机会。其次，当代风尚的本质是渴求行动（和冥思相反），寻求新奇，欲求感官刺激。③

陈卫星进一步解释："信息的视觉化简化了信息传播的循环成本，影视文化的普及和互联网络的问世，更使当今世界成为一个活生生的景观的世界，一个越来越视觉化的世界。"④《娱乐至死》出版时，互联网还没有表现出其颠覆性潜力。如果我们把波兹曼根据电视推出的有关结论放在当今网络环境下会更加令人不安。网络时代的视觉化、感官化、游戏化的信息传播模式正日益影响甚至颠覆着大众的认知方式，最重大的变化就是从深刻逻辑的文字阅读走向了直观刺激的视觉传播。传媒产品的生产者们绞尽脑汁通过生产更强烈的视觉刺激来"吸睛"，网络的虚拟导致了部分受众生活在虚拟世界的幻境中，进而放任自己的语言，放纵自己的行为。

---

① 单晓红：《媒介素养引论》，浙江大学出版社2007年版，第221页。
② 同上书，第223页。
③ ［美］丹尼尔·贝尔：《资本主义文化矛盾》，严蓓雯译，江苏人民出版社2007年版，第109页。
④ 陈卫星：《传播的观念》（修订版），人民出版社2008年版，第167页。

第九章 传播无囿

因此，开展媒介素养教育，首要问题是帮助网民特别是青年网民树立起四个意识，即："语言意识"、"信息意识"、"网络意识"与"安全意识"，培养网民对媒介信息的认知、反馈、取舍、质疑、批判的能力，生产、制作与理性传播信息的能力，节制肆意使用言论自由的欲望，不断提高媒介认知能力。按照巴伦的看法，媒介认知能力应该包括：

（1）在内容理解上作出努力、给予注意力和筛除噪音；（2）理解和尊重媒介信息具有的力量；（3）对内容作出回答和行动时，具有把情感上和理智上反应区分开来的能力；（4）提高对媒介内容更高企盼的眼光；（5）具有区分类别的能力；（6）质疑与批判媒介信息的能力以及掌握不同媒介语言及其产生的效果。①

网络媒介素养教育要帮助网民客观辨别信息内涵，理性鉴别与法律、优秀传统文化和道德规范格格不入的内容，识别反人类、扭曲人性的语言糟粕，自觉做好信息"把关人"，逐渐减少信源污染、信息滥用、妨碍他人的传播行为，使整个网络传播发展环境日趋洁净、稳定和有序。

其次，开展媒介素养教育的工作之一是编写媒介素养教材。媒介素养教育应该与媒体互动起来，利用媒体强大的资源优势，提供媒介素养教育所需要的各种优质和稀有资料。编写富有道德性、科学性、生活性、艺术性的青少年媒介素养教育教材，构建青少年媒介素养课程制度，提升青少年对网络信息的主观识别能力，引导和

---

① ［美］斯坦利·J.巴伦：《大众传播概论——媒介认知与文化》（第三版），刘鸿英译，McGraw Hill，中国人民大学出版社2005年版，第61—65页。

· 371 ·

教育青少年网民理性面对网络信息，对一些来源不明的信息，不偏听偏信，多一些质疑精神，不盲信，不传播，自觉维护健康的网络信息环境。

第三，将网络媒介素养教育融入学科课程。政府、社会、学校、家庭通力合作，将网络安全、媒介素养教育列入大、中、小学必修课程；将网络媒介素养教育渗透在语文、数学、计算机、外语以及综合实践等课程当中。帮助学生牢固树立社会主义核心价值观，参与制作充满正能量的微视频、微电影、微课、微故事、微作文等媒介产品，培养青年网民获取信息、鉴别信息、创造信息和传播信息的能力。教师引导学生对媒介产品进行分析与反思，提升学生的媒介素养水平。

第四，开展网络媒介素养教育专题活动。2016年7月27日，中共中央办公厅、国务院办公厅发布了《国家信息化发展战略纲要》，首次提出将网络安全和媒介素养教育纳入到全民教育的重要内容中。[①] 作为"互联网+"时代下的国家信息战略的重要内容，媒介素养教育正迎来一个全面发展的契机。建立专门的网络媒介素养教育活动场所，开展网络媒介素养教育专题活动，充分利用网络传播便利和特点，开发优秀的网络教育产品或游戏，把线上线下教育、家庭教育与学校教育同步结合起来，用正反面案例使青少年网民学会遵纪上网、懂法上网。

第五，将媒介素养教育的内容纳入教师培训计划，提高教师队伍的指导能力。各级教育行政部门应加强与媒体、媒体管理机构的互动与合作，加大、中、小学教师媒介素养教育的力度，积极坚持组织开展各类培训工作。邀请专业或业界人士对媒介素养教师进行

---

① 中共中央办公厅 国务院办公厅，国家信息化发展战略纲要，http://www.gov.cn/gongbao/content/2016/content_ 5100032. htm，2016 - 07 - 27。

第九章 传播无囿

专题培训与开设专题讲座、论坛或工作坊。媒介素养教师在生活、工作与教学实践中要自觉认识不同媒介的特点，合理利用媒介、批判地接受媒介信息、不断利用媒介资源提高自身媒介素养，借助各种媒介引进新信息、新观点和新问题，指导学生筛选、过滤媒介信息，教育学生健康上网、合法传播。

本章小结

  网络是网络语言的原发地，网络传播则是网络语言的驱动力。网络是一种综合性的"泛媒介"，融合了人际传播、群体传播、组织传播和大众传播等传播形式。互联网平台引发的"语言革命"成为人们媒介生活的"震荡线"，不断地让网民感受到虚拟社会的飞速变化。网络技术和网络传播是网络语言革命的动力机制。

  发邮件、发微博、发微信、聊天成为当代网络人际交往的生活常态。网络人际传播追求快捷，日常的书写习惯很容易被电子邮件简化。在网络人际传播中，聊天室是网络语言最集中、最密集出现的场域之一。即时通讯延伸了人的视觉和听觉，加速了信息传播效率，使不同风格的语言实现了充分的杂糅、交融，增强了语言的活力，产生了网络语言的新形式、新内容和新意义。人际传播方式也逐渐由台式机时代走向智能手机的移动互联时代。微信成为了人类交往的第十一种沟通方式。

  随着时代的演进，越来越多的群体传播借助媒介环境而实现。网络中实现群体传播的方式主要包括：即时通讯中的"群"或"圈"、聊天室、论坛以及虚拟社区等。网络群体大致可以划分成：物理世界存在的群体、通过网络形成新的群体以及网络群体的线下延伸。群体身份构筑的"共谋关系"通常就成为"众人生产知识或语言"的群体语言共谋行为。论坛网民利用网络语言，利用语言与非语言符号构筑了网络群体传播的基础关系。虚拟社区是一个全通道型的交流网络，群体传播具有不确定性，群体的人数始终动态变化。群体传播借助网络语言满足了交流的需要，使群体关系得以维系。网民在言语交流中形成了互动关系，结为虚拟群体，实现群体传播。在网络语言的生产与消费过程中，群体传播具有突出的作用。群体的语言生产能力使其成为网络语言的"搅拌机"。

网络成为新媒体后，最大的特点是话语"赋权"，"人人都是出版商"使受众的话语权得到了空前的提升。一些人滥用网络赋予的便利条件，将网络变成了造谣滋事、人身攻击，危害社会安全的工具。网络语言暴力就是个人或群体反复通过电子或数字媒介传播具有敌意信息的行为，目的是伤害他人或使他人不适。近年来，国内外学术界纷纷关注网络语言暴力问题。网络语言暴力不分国界，它已成为一个世界性的、亟待解决的问题。未经核实信息就直接转发、转载或分享使网民自身往往成为谣言的传播者。在恶搞流行的网络环境中，恶搞无疑也成为了网络语言暴力的一种重要表征。基于种种目的的"人肉搜索"时有出现，这给被侵权人造成了极大精神困扰和压力。网络语言暴力的主要动因在于网络语境助长了语言暴力；社会负面信息和心理不成熟共同驱动了网络语言暴力频发；群体极化阻碍了理性观点的表达；网站为追求利润，无底线地娱乐化、游戏化、暴力化；日常语言趋向暴力化。

语言是文化的重要内容，也是文化传承的重要载体。彬彬有礼是语言进步的表现，也是人类交际文化的核心。粗俗的网络语言"雾霾"割裂了民族语言肌肤，成为笼罩在人们精神家园上空的雾霾。要维护人类的语言家园、消除语言"雾霾"、建设健康的语言生

第九章 传播无圄

态、还语言一片"净空",需要所有人的自省、自制和自律。要净化网络语言生态,实现网络传播价值的最优化和最大化,就需要从道德、法制、文化、管理、技术、媒介素养等方面多管齐下,严肃对待网络语言暴力现象,下大力气防范和治理网络语言暴力现象。

要维护健康的网络环境,就要培养网民对媒介信息的认知、反馈、取舍、质疑、批判的能力,生产、制作与理性传播信息的能力,节制肆意使用言论自由的欲望,不断提高媒介认知能力。充分利用媒介资源,编写富有科学性、生活性、艺术性的青少年媒介素养教育教材。政府、社会、学校、家庭通力合作,将网络安全、媒介素养教育列入大、中、小学必修课程。把线上线下教育、家庭教育与学校教育同步结合起来,开展灵活、多样、有效的网络安全以及媒介素养教育主题活动。

第十章

结　论

> 网络对于 21 世纪的社会或者人类群体来说并不是特有的，网络构成了各种各样的基本生活模式。
>
> ——曼纽尔·卡斯特（M. Castells）[1]

本著作根据六年来的观察和研究，梳理出了这样一个研究的脉络和路径：网络无疆（互联网的兴起与发展）、创造无限（技术进步促进了语言传播介质、形式与内容格外活跃与丰富）、符号无垠（借助网络，语言符号与非语言符号进入了一个全新的生成空间，实现了语言符号与非语言符号的无缝融合以及意指的无限扩大）、模仿无涯（众多网络语言并非凭空想象出来，而是借助社会模仿之力，扩大了符号传播的范围）、语言无羁（网络对人的思维以至于听说读写能力产生了颠覆性的影响，符号加工手段变得异常丰富）、微力无边（微文化给现实人带来了新的文化刺激、社会交往刺激，但是又让现

---

[1] ［美］卡斯特·曼纽尔：《网络社会——跨文化的视角》，周凯译，社会科学文献出版社 2009 年版，第 4 页。

第十章 结论

实人无所适从,"微依赖"成为人的生活常态,"微"语言让人喜欢让人厌)、传播无囿(网络语言传播主要集中在人际传播和群体传播,借助网络工具,网络语言暴力成为当下互联网迫在眉睫、亟待解决的问题)。作为一个"超级媒介",互联网对人们如何有效识别有害信息,理性接收信息和表达信息展示了一种空前的压力。人人都是语言的生产者和传播者,语言生活从来没有像现在这么丰富,也从来没有这么混乱过。网络不仅改变了语言,也改变了语言生态,更是改变了语言使用主体的语言生产、加工、消费和传播行为。

第一节 研究发现

研究汉语网络语言的意义和乐趣在于汉语作为表意文字与西方拼音文字有着表意形式的不同,西方拼音文字是单维的,汉语象形文字是二维的,而网络语言则是多维的。单一的理论与方法很难揭开网络语言的神秘面纱,故本著作结合语言学、语用学、符号学、模因论、传播学、哲学等学科的理论与方法,采用定性与定量的方法对汉语网络语言的网络再生和生成逻辑开展了多维视野的考察。

一 互联网:联通了世界和语言

互联网技术的飞速发展促生了多样态的网络服务,搜索引擎、电子邮件、BBS、虚拟社区、聊天室、论坛、购物、游戏、ICQ、QQ、博客、飞信、微博、微信。网民凭借网络技术,用网络语言与他人交往,网络语言的生产、模仿和传播,成为互联网人际沟通的重要渠道。语言是人类最低的存在,网络语言又因网络的存在而存在。网络成为当今世界人们传递信息的重要工具,它的开放性、自由性这些特点为网络语言的产生奠定了良好的基础。网络技术赋予了网络语言一个无限延续和超越一切界限的意义。在网络传播时代，语言的动态变化使原本不易察觉的语言存在变得活跃起来。网络语言的使用主体——"此在"与他人——"共在"共同存在于网络的虚拟空间中。网络语言反映了以网络这个虚拟世界为栖息地的网民群体的思想观念和价值取向，网络语言之所以能迅速在网民之中流行开来，正是因为在方方面面映射了网民的某种心理。网络语言不仅是自然语言的表达变体，它也是社会文化的网络"指针"。虚拟空间的网络"热词"和网络流行语反映了当下形形色色的网络文化，不断有网民加入到网络语言的"语言大生产"中来，"民间语文"既流行于网络之间，也流行于传统媒体，充当网民人际交流的重要工具。

二 技术：网络语言的"魔术师"

现代计算机技术的发展很好地说明了技术的符号特征。技术越发展，符号功能就越强大，技术始终和人类创造的符号系统紧密相连。技术与符号的进步在一定程度上是同步的，是一种彼此关联、相互促进的关系。从技术语言到生活语言，从自然语言到网络语言，无不体现出创造的重要性。互联网技术的飞速进步，深刻地影响着人们的生活，网络语言的"爆炸"就是技术进步的一个缩影。网络语言既是技术的产物，也是技术的催化剂。技术、社会心理等核心因素使得语言的创造与加工达到了令人瞠目的地步。在网络语言活跃的时代里，人们生活在"第二人生"中，重新构建生活与重建语言世界。随着计算机技术和网络技术的普及、语言技术的进步以及交往方式的改变，一个"语同音"的时代介入了百姓生活，键盘主导的书写革命与人际"交往革命"也在悄然发生，熟人社会的交际

第十章 结论

圈轰然倒塌。计算机、网络、语言、传播之累积形成的知识爆炸的冲击波,构筑的便利性和持久性混合在一起产生了语言的"蘑菇云"。任何一种语言传统都有可能孕育出重大的技术创新和媒介变革,特别是在现代网络环境之下,语言创新更加迅速地传播与回馈。技术变迁要保证充分、多样和便捷性,技术"要挑战大脑中热闹、多维、瞬间互换的思想苗头,要和这个思想的源泉一比高低。"[1] 网络语言的泛化既是技术的进步和飞跃,也是网民社会心理的逻辑再现。网民用"点击"把握技术,用"浏览"观察世界,用"复制"来保存现实和历史,用"敲击"来书写和记录人生。"微文化"和"微逻辑"成就了虚拟世界语言生活的跌宕起伏。在虚拟空间里,人与人的相遇,偶然性大于必然性。网络语言符号的迅猛生产与传播使得虚拟空间与自然社会深度嵌套在一起,网民则穿梭于生活与语言两个世界里。在话语生产、交流互动游戏中,社会交往的主客体均获得了一种全新的语言体验。广大网民勤于思考,善于联想,貌似文字游戏的网络语言在客观上激活了文字发展的潜能,让古老的汉字闪耀出了时尚色彩、技术与智慧的光芒。每个时代都会出现自己的语言,互联网是一个"不怕做不到就怕想不到"的"创意为王"的空间,在网络上,只要一个词组够新、够有创意,就很有可能火。众多网民"集体生产知识"的意识空前增强,"网络成语接龙"的语言戏仿也不断刺激青年网民生产出网络新语言。新时代、新技术、新现象都需要由新鲜的语言表达与之对应。任何语言创新、文体变革、符号新生,都是从语言主体的不习惯、暂时排斥到最终接受这样一个过程,面对新的语言现象,冷静观察、客观待之,认真研究方为上策,而不是断然拒绝或排斥。网络语言在孕育"网络脑"和"网络思维"的同时,也隐喻着一场语言学实践与理论的革

---

[1] [美]莱文森:《思想无羁》,何道宽译,南京大学出版社2003年版,第183页。

命以及"听、说、读、写"的现代技术变革。

三 符号：网络语言的"调味品"

网络语言因其天生具有的网络特质和现实虚拟性，从一面世就呈现出一种自然语言所不具备的特殊性和多元性。网络时代符号的汇聚"大爆炸"引起了文化的连锁反应。互联网的兴起改变了文化生态，也给语言文字带来了新的变革，这是无法阻挡的文化潮流。随着互联网的迅猛发展和网民人数的剧增，作为网络进行传播的有效载体和思想符号，网络语言成为网民间相互交流沟通不可缺少的"情感粘合剂"。在变幻万千的网络时代，虚拟空间成就了语言的"惠马国"。变体多端的网络语言不走寻常路，"新、奇、异"，"多、变、杂"是网络语言符号的核心要素。网络语言具有创造性、便捷性、娱乐性、主观性、杂糅性和不规范性等特征。这些特征与网民群体的社会学特征相吻合。网络语言是科技进步的表现，也是计算机网络的衍生品，它使语言变化成为时代的映射，它与现代人的生存方式和思维状态密切相关。表意性是汉字符号与生俱来的属性，也是汉字的根本属性。汉字的文化传承性与其表意性密切相关。汉字中蕴涵的文化信息，是其他文字无法比拟的，其表意性使汉字超越时空的承载功能，成为世界上唯一能跨越时空的文字，其文字的延伸意义是一脉相承的。汉字符号的系统性表现在形、义和音三方面。从整个汉字发展史来考察汉字的符号性和约定性，主要在于形体的符号化是汉字发展的一个重要规律。为了满足记录语言的需求，文字必须走向符号化、规整化，必须便于快速书写。网络语言的创新是以内容上的创新和形式上的重组为主。网民本身具有的好奇、活泼、创新的特点促使他们不断创造新潮语言。网络语言是技术进步的产物，是网络文化的象征，与现实世界使用的传统语言表现出

第十章 结 论

了很大差异。网络传播不仅仅靠传统的电视广播,而是以微博、微信等手机互联网的形态呈现出来。新的形态使文字传播的渠道发生了改变,而新的渠道为文字传播提供了更多的机会和更多的发展空间。新媒体造就了汉语言符号的网络再生语境。自然语言被网络再造后表现出了后现代性突出、任意性与规约性并存、凸显语言私人性、私密语言的前移性等特点。表意符号的网络生成逻辑主要体现在:网语符号能指与所指对立统一性、能指与所指的确定与非确定性、能指与所指的扰乱与能产性、能指与所指的不对称性、网语符号的任意性与规约性、网语符号的单一性与多样性等多样化的角力共存。网语生成的逻辑脉络遵循着网络语言争夺视听觉优先地位。工具便捷造就了语言的"万花筒",网民社会心理搭建了语言展示的"大舞台",也成为炫耀语言产品的"大卖场"。此外,网络语言还遵循嫁接逻辑。在一个虚拟的传播场域里,作为表意符号而传播的汉语的生命力得到了空前挥洒和绽放。网络的开放与限制、真实与虚拟、规范与失范使网民渴望更多的传播自由,达到彰显个性、宣扬自我和表达另类的目的。创新心理驱动促使网民利用表意符号来建构与众不同的网络语言符号,从而获得传播的愉悦与快感。

四 模因:网络语言的"复印机"

人类的文化传承、语言传播、技术发展、社会进步无不是模仿、复制和传播的结果。某个或某些语汇如果试图要成为强势语言模因,就应具备三个特征:长寿性、多产性和精确复制性。复制力强、传播范围广、保留时间长的模因会被保存进文化"模因库",成为强势模因。聊天是模因传播的有效的途径之一,那么集众多媒体优势于一身的互联网社交和聊天行为,就更是成为模因复制、拷贝、传播的超大型"模因复制器"。模因不仅能借用宿主模仿、复制和传播,也可以通过重组方式构成新的模因。模因要成功传递,媒介必不可少,网络媒介成为模因传播的主要途径。在历史的长河中,"老虎"既是一个社会流行词,也是一个网络热词,更是一个成功的、引人注意的强势模因,因为有了网络媒介,语言"感染"现象越来越频密,自然语言与网络以语言彼此交叉,相互合力,制造了一个个成功传播的模因。成功的模因通过基因型传播和表现型传播,使得模因模仿、复制和传播更加有力,它们穿透了一个个模因库,成为语言模因大家族的新成员。网络热词或流行语因其生产的易学性和传播的便捷性,更容易被受众模仿、复制和传播出去。网民对网络语言的理解和使用基本上遵循了如此逻辑路径:先有了思想的准备、接受和模仿,再借助网络技术和输入法技术模仿性地介入言语表达,从旁观转向参与,从目的转向过程,从被动转向主动。就传播途径而言,传播模因是理解网络海量信息,特别是网络语言传递途径的根本。只要两台计算机同时接入互联网,信息便开始传播,网语模因就可以得到迅捷的复制、模仿和传播。

五 语言:网络语言的"须与根"

网络通讯对人类生活观念、思维方式与以及听说读写的方式具有重大影响。科学技术是对人类思维方式影响最深刻的因素。科学技术的重大突破更是会引发思维方式的深刻与重大变革。网络语言是"地球村"里"网络居民"通用的"新语言"。网络语言采用混合、拼贴、涂鸦、组合、拆解、分离、生造等方式生产了简明快捷、直观通俗的表达方式。生动形象、幽默诙谐网络语言克服了自然语言的冰冷,提升了语言的温度,拉近了人与人的心理距离。同时,网络语言宣扬个性、挣脱束缚,脱离了元语言的羁绊,创造出属于网民独有的语言天地。在网络社会进步与进化的过程中,语言也会

第十章 结论

有一个自然而然的新陈代谢的过程。网络语言丰富了网民们的网络生活，充实了网络语言交流的方式，也在一定意义上丰富了自然语言。数字媒介的发展和传播技术的进步不断改造网民的思维方式。网络语言迥异的表现形态与意义滥觞造成了网络时代的"语言无羁"。在网络空间中，语言视觉形象的回归、形式与内容的推陈出新、模式化语言的繁衍与滥觞、语言形式简化与模式化语言意义的固定化、语言形式与内容的纷繁复杂、能指与所指的断裂，导致语言在这种矛盾、多样化中发展变异，语言的变化使思维方式在传承固有思维方式的同时，具有抽象与形象、创新与趋同、趋简与趋繁、结构与解构等鲜明的时代特征。

六 微信：网络语言的"加工厂"

微信既是一个社交应用软件，更是铸造了一种新的语言表达方式。微信刺激了网络社交的繁荣，也改变了人类的交流方式，更是更替了传播理念。作为高度口语化的社交媒介，微信达到网民要求的即时性、快节奏、高效率与易表达。这样的诉求和交往方式必然引起人们思想的迷失，导致语言的散乱和传播的碎片化。零星的话语、思绪的表达、日常的絮叨无疑解构了传统的传播方式，嘲讽与质疑、敷衍与应付、好友与断交等成为微信中司空见惯的问题表达，瓦解了现行的语法规则、话语结构和人际交往模式。各种各样的"微语言"让网民进入"微生活"时代。网民们用微语言畅游大世界。随着微信的发展，与"微"相关的文化情境不断扩大："微语录"、微聊、微段子层出不穷。微信语言颠覆语言的传统形式，表情符号成为网络聊天中必不可少的元素，微信昵称则更贴近生活实际。微信语言的口语化、杂糅化、视图化和粗俗化成为微信的突出特征。在网络传播中，微信语言成了维护与破坏人际关系的双刃剑。首先，微信促进了社会交流、巩固了人际关系，沟通了彼此情感。微信语言既遵守又破坏了关联准则和礼貌原则。微信语言与顺应理论密不可分。其次，微信语言又损害了人际关系。正因为处于网络语境，才会有网络话语复杂多样性的存在，可以说网络语境是网络话语存在的不可忽视的原因。其三，微信也成为别有用心者散布谣言，诽谤他人、发表不当言论的场域，应当引起相关部门的高度重视。网络语境是一个不断变化的过程，微信语言也在随着语境的变化而产生意义和用法的变化。"点赞"疲劳、"呵呵"厌恶、"哦哦"敷衍、"嗯嗯"麻烦、"拉票"困惑、"红包"陷阱是微文化带来的必然结果。一成不变的语言"轰炸"必然带来语言的审美疲劳。

七 传播：网络语言的"放大器"

网络传播是网络语言的原发地。网络是一种"泛媒介"，融合了人际传播、群体传播、组织传播和大众传播等传播形式。互联网平台引发的"语言革命"成为人们媒介生活的"震荡线"，不断地让网民感受到虚拟社会的快速发展，短信、微博、微信、带宽、包月、极速让网民体验了"激情与速度"，也使他们见识了"语言的力量"。发邮件、发微博、发微信、聊天成为当代网络人际交往的生活常态。网络人际传播追求快捷，日常的书写习惯很容易被电子邮件简化。聊天室是网络语言最集中、最密集出现的场域之一。即时通讯延伸了人的视觉和听觉，加速了信息传播效率，使不同风格的语言实现了充分的杂糅、交融，增强了语言的活力，产生了网络语言的新形式、新内容和新意义。微信成为人类交往的第十一种沟通方式。网络促发的时空消弭、语言接触成本的降低、个人语言资本的增加、人际交往空间的扩大等因素，都使得网络语言不断扩张蔓延。随着时代的演进，越来越多的群体传播借助媒介环境而实现。网络

第十章 结论

中实现群体传播的方式主要包括：即时通讯中的"群"或"圈"、聊天室、论坛以及虚拟社区等。群体身份构筑的"共谋关系"成为"众人生产知识或语言"的群体共谋行为。论坛网民恰恰是利用网络语言，利用语言与非语言符号构筑了网络群体传播的基础关系。网络语言的表达方式成为"入网"的通行证。虚拟社区是一个全通道型的交流网络，群体传播具有不确定性，群体的人数始终动态变化。群体传播借助网络语言满足了交流的需要，使群体关系得以维系。网民在言语交流中形成了互动关系，结为虚拟群体，实现了群体传播。在网络语言的生产与消费过程中，群体传播具有突出的作用。群体的语言生产能力使其成为网络语言的"搅拌机"。网络成为新媒体后，最大的特点是话语"赋权"，"人人都是出版商"使受众的话语权得到了空前的提升。一些人滥用网络赋予的便利条件，将网络变成了造谣滋事、人身攻击、危害社会安全的工具。语言"雾霾"不仅污染语言生态，而且会间接或直接危害社会生态。网络语言暴力不分国界，它已成为一个世界性的、亟待解决的问题。网络语言暴力的主要动因在于网络语境助长了语言暴力，社会负面信息和心理不成熟共同驱动了网络语言暴力频发；群体极化阻碍了理性观点的表达，网站为追求利润，无底线地娱乐化、游戏化、暴力化；日常语言趋向粗俗化。网络语言暴力的危害体现在以下几个方面：毁坏他人名誉、损害语言生态、危及社会生活。雾霾横行，人类会自觉反思其成因，探究治理良策；语言生态系统也一样，当"语言雾霾"泛滥于语言生活中时，我们同样应加以重视与监管，清理语言污染，维护人类共同的精神家园。

第二节　网络语言复杂性与多元化的思考

一　网络语言的发展与规范

"莱布尼兹（G. W. Leibniz）发明了二进制数字，这是所有计算机技术的基础。"[①] 人类创造了计算机，要驾驭它、指挥它、控制它，让它完成人类下达的任务，就必须有计算机能够"懂得"的语言。基于计算的互联网诞生后，计算机的使用已经不仅限于专业人士的使用和操作了。除了人与机器打交道，也产生了更广泛的人与人的相遇和交流，交际的基本介质就是我们所说的网络语言。网络语言是网民在虚拟社会进行各种通讯交流和人际交往的工具，同时也是网络变化和语言变迁的历史载体。社会的发展需要语言的发展，网络社会的发展必然无法脱离网络语言。因为任何语言所具有的特色、文化和历史气息构成了五彩缤纷的语言世界。

随着网络语言的发展，众多学者和网络语言爱好者针对网络语言开展了大量研究。但是，不可否认，网络语言毕竟是个新生事物，其学科属性、学科特点还有待厘清，网络语言的研究定位仍处于"边缘"地位。网络语言是人们传达、交流思想的工具，但是，网络空间的虚拟性、传递信息的广泛性、参与主体的多元性，网络语言构成的后现代性使得网络语言呈现出了一种极为复杂、多元的特征。其复杂性不仅体现在字、词、句，也体现在句法、结构、语篇、修辞、逻辑和意义上，更体现在对人类思维和行为的重大影响上。其多元性则蕴含了多种语言、多个种类、多种文化的相互交叉和彼此吸纳。

[①] ［德］H. 波塞尔：《莱布尼兹与技术》，李理译，《世界哲学》2005 年第 4 期。

第十章 结论

网络语言的"使用与规范"是当下网络语言研究的热点话题之一。"任意发展说"、"禁止说"、"语言纯洁说"、"规范说"、"折中说"等等观点不一而足。其中"规范说"具有较大阵地。邓文彬提出规范网络语言的总原则是:"符合全民语言发展的规律,要有利于交际,有七个原则:1. 必要性原则;2. 明确性原则;3. 高效率原则;4. 普遍性原则;5. 符合汉语结构规律的原则;6. 注重品位的原则;7. 注意引导的原则。"[①] 刘桂芳和丛冰梅的观点是:"其一,我们需要坚持动态语言观,摒弃语文保守主义,平和地接纳新生的网络语言;其二,把握"交际值"与"层次性"的双重原则,包容发展过程中的并不成熟的网络语言;其三,遵照国家语言文字的政策和法规,坚持规范网络语言,纯洁和发展网络语言。"[②] 这与教育部、国家语委关于印发《国家中长期语言文字事业改革和发展规划纲要(2012—2020年)》的通知精神是一致的,即"加强对网络语言、新词新语等的规范引导。"[③]

二 语言+呼唤新学科

权且不论网络语言的"是"与"非",就网络语言发展的现状来看,就应当引起语言规划部门、教育机构、研究机构以及学者们的高度关注。

网络语言是汉语语言在网络语境下的一种语言变体,它与自然语言的基本词语既分离又结合。网络语言中的部分字词和语汇在被

[①] 邓文彬:《网络语言的定位与规范问题》,《西南民族大学学报》(人文社会科学版)2009年第1期。

[②] 刘桂芳、丛冰梅:《关于网络语言及其规范的几点言说》,《安庆师范学院学报》(社会科学版)2011年第5期。

[③] 教育部、国家语委:《国家中长期语言文字事业改革和发展规划纲要》(2012—2020年),2012年。

网民认可接受后进入了自然语言体系中,这既是网络技术的产物,也是网民利用技术对语言的创新和创造。网络语言拥有的超越性、整合性、拼贴性、模拟性、发散性等后现代语言特征为当代语言学理论的丰富和发展提供了别样的形态、结构、语用、语境以及语义研究素材和场域。简言之,网络语言培育的"网络脑"隐喻了一个新学科——"网络语言学"的诞生。网络语言"作为一种时尚性很强的语言,它对构建现代语言学和后现代语言学具有重要意义。"①

2011年,克里斯特尔出版的《网络语言学:学生指南》系统介绍了网络语言学的研究范围、研究方法以及研究方向。克里斯特尔认为网络技术会导致新词和新表达方式的产生,但是对语言的影响有限,没必要惊慌。他认为网络是一种媒介,因此网络语言具备口语特征,但缺乏同步回应。网络语言可以使用网络表情,还可以进行多人对话。网络语言具备书面语的特征,但是其易变性、多产性和多作者性又使它有别于书面语。克里斯特尔从词汇、拼写、语法、语用以及文体五个方面系统论述了网络给语言带来的影响和变化。克里斯特尔列举了排名前十位的网络语种,虽然英语目前排在第一位,但是有被排在第二位的汉语取代的趋势。② 随着网络语言研究的深入,"网络语言学"的诞生已经具备必要的人员、语言、技术、传播和研究环境。英国威尔士大学语言学系的曹学智对国际上相关网络语言的研究成果作了系统梳理并提出:

  网络语言学是一门介于网络技术和语言科学之间而偏重于语言科学的交叉学科,但它又不是网络技术的部分领域与语言

---

① 唐魁玉:《网络化的后果:日常生活与生产实践的变迁》,社会科学文献出版社2011年版,第28—29页。

② Crystal、符存、赵静宜:《〈网络语言学:学生指南〉介绍》,《当代语言学》2014年第2期。

第十章 结 论

科学的部分领域的简单拼凑，而是有机融合；它偏重于应用语言学和社会语言学的理论和方法，着重研究网络时代的语用问题。网络语言学还是社会科学和自然科学相结合而又以社会科学为主的综合性学科；研究它，需要综合运用语言学、教育学、社会学、心理学、传播学、伦理学、法学、统计学、信息论、计算机科学等多学科的理论知识。[①]

"网络就是新生活"是以网络为保障的。语言空间不断拓展，语言市场分外活跃，网民占有的语言资本越来越多，语言模仿、生产、交流、传播、达到了前所未有的活跃度。在"互联网＋语言"时代，网络语言对汉语字、词、句到段落和语篇的浸润，从汉语到外语的相互渗透，从语法到语态、语体到语义的流变，从中规中矩的言说到五花八门的表达，从单手、纸、笔的书写到双手、键符"击打"和显示屏的展示，从面对面的真实互动到虚拟远方的人际交往，作为一种新的语言传播模式，如何合理使用并加以科学规范，都在呼唤深入研究网络语言并加以科学规范。

第三节 研究限制与展望

本著作的限制有：第一，受人力、财力和精力的局限，问卷调查的样本不够大，问卷数据准确性与精确性还应进一步挖掘；在对网民做访谈的过程中，如何创造更加轻松温馨的环境，使其愿意说出其使用网络语言的深层动因，访谈策略和技巧还应进一步完善。

---

① 曹学智：《网络技术催生新兴语言学科》，http://www.csstoday.net/Item/30289.aspx，2012 - 11 - 05。

在网络上竞相发言的网民，在现实生活或工作语境中，往往并不乐意将自己的"如烟网事"说给外人听。第二，面对网络语言符号"杂、乱、隐、匿、混、偏、生"的特殊性，语料库的收录工具和分析工具还有待进一步改进。语料库语料检索尚无法实现对图像、音频和视频等其他形态媒体的直接、高速和精准检索。这一部分主要依靠手工收录、统计和分析。第三，还需要进一步把几千年汉语演变的规律和网络语言的成形进行更深层次上的语言学、心理学和社会学意义上的比较。第四，对网络语言暴力的深层动因和应对策略还需做出更加深入系统的研究。

鉴于此，倘若爱好网络语言研究的人士有意开展网络语言研究，本著作建议如下：第一，建立更加科学的网络语言语料库，排除人为干扰因素，对网络语言本体做出深刻分析；第二，深入研究网络语言的使用主体，深入了解其加工、生产、使用网络语言的心理背景、社会背景和个人因素；第三，除了结合语言学、符号学、模因论以及传播学的理论外，还可以结合人类学、心理学、语言接触理论、言语调节理论、社会支配理论的相关理论进一步开展网络语言的纵深研究；第四，借助政府机构或权威机构的帮助，开展网络语言使用的全国性调查，切实探究网络语言对汉语语言的深刻影响；第五，与相关机构合作，进入到某些特定人群的网络语言生活中去，搜集特定语料，进一步加强语料的丰富性与准确性；第六，在文化传播社会学的层面上深层次挖掘网络语言的内涵和意蕴，更清晰地展示网络对人与语言的深刻影响。

参考文献

Alvarez, C. , et al, Fostering new media literacies in the classroom through collaborative problem solving supported by digital pens and interactive whiteboards, *Computers & Education*, 2013, Vol. 63: 368 – 379.

Barlett, C. P. , et al, Cross-cultural differences in cyberbullying behavior: a short-term longitudinal study, *Journal of Cross-Cultural Psychology*, 2014, Vol 45 (2): 300 – 313.

Beebe, S. , et al, *Communication in Small Groups—Principles and Practices*, Beijing: Peking University Press, 2008.

Brown, G. & Yule, G. , *Discourse Analysis*, Cambridge University Press, 1983.

Bryson, J. J. , Embodiment versus memetics, *Mind & Society*, 2008 (7): 89 – 90.

Cassidy, W. , Faucher, C. & Jackson, M. , Cyberbullying among youth: a comprehensive review of current international research and its implications and application to policy and practice, *School Psychology International*, 2013, Vol. 34 (6): 575 – 612.

Clark, L. S. , Cultivating the media activist: how critical media literacy and critical service learning can reform journalism education, *Journalism*, 2013, Vol. 14 (7): 885 – 903.

Coelho, V., et al, Bullying and cyberbullying in portugal: validation of a questionnaire and analysis of prevalence, *School Psychology International*, 2016, Vol. 37 (3): 223 – 239.

Collot, M. & Nancy Belmore, Electronic language: a new variety of English, in (ed.) Susan C. Herring, Computer – Mediated Communication – Linguistic, Social and Cross-cultural Pespectives, Amsterdam: John Benjamins Publishing Company, 1996: 13 – 28.

Crystal, D., *The Language Revolution*, Cambridge: Polity Press, 2004.

Day, L. A., *Ethics in Media Communications—Cases and Controversies*, Beijing: Peking University Press, 2004.

Distin, K., *The Selfish Meme—A Critical Reassessment*, Cambridge: CUP, 2005.

Elçi, A. & Seçkin, Z., Cyberbullying awareness for mitigating consequences in higher education, *Journal of Interpersonal Violence*, 2016: 1 – 15.

Erdur-Baker, Ö., Cyberbullying and its correlation to traditional bullying, Gender and frequent and risky usage of internet-mediated communication tools, *New Media & Society*, 2010, Vol 12 (1): 109 – 125.

Fleming, J., Media literacy, News literacy, or news appreciation? A case study of the news literacy program at stony brook university, *Journalism & Mass Communication Educator*, 2014, Vol. 69 (2): 146 – 165.

Georgescu, M. & Popescul, D., Social media literacy in Romanian universities—are we ready yet?, *Economics and Finance*, 2014, Vol. 15: 437 – 444.

Grice, H. P. Logic and conversation, In Cole, P. and J. L. Morgan (eds.), Syntax and Semantics, New York: Academic Press, 1975, Vol. 3: 41 – 581.

Grice, Paul, *Studies in The Way of Words*, Beijing: Foreign Languages Teaching and Research Press, Harvard University Press, 2002.

Heiman, T. & Olenik-Shemesh, D., Cyberbullying experience and gender differences among adolescents in different educational settings, *Journal of Learning Disabilities*, 2015, Vol. 48 (2): 146 – 155.

Hiltz, Starr Roxanne, et al, *The Network Nation—Human Communication Via Computer*, London: Addison-Wesley Publishing Company, Inc., 1978.

Hubert L. Dreyfus, *On the Internet*, London: Routledge, 2001.

Hunston, Susan, *Corpora in Applied Linguistics*, World Book Inc, Cambridge University Press, 2006.

Karadeniz, A. & Can, R., A research on book reading habits and media literacy of students at the faculty of education, *Social and Behavioral Sciences*, 2015, Vol. 174: 4058 – 4067.

Khoury-Kassabri, M., Mishna, F. & Massarwi, A., Cyberbullying perpetration by Arab youth: the direct and interactive role of individual, family, and neighborhood characteristics, *Journal of Interpersonal Violence*, 2016: 1 – 27.

Koc, M. & Barut, E., Development and validation of new media literacy scale (NMLS) for university students, *Computers in Human Behavior*, 2016, Vol. 63: 834 – 843.

Kowalski, R. M., Morgan, C. A. & Limber, S. P., Traditional bullying as a potential warning sign of cyberbullying, *School Psychology International*, 2012, Vol. 33 (5): 505 – 519.

Lee, E. B., Cyberbullying: Prevalence and predictors among african american young adults, *Journal of Black Studies*, 2017, Vol. 48 (1): 57 – 73.

Lee, L., Chen, D., Li, J. & Lin, T., Understanding new media literacy: the development of a measuring instrument, *Computers & Education*, 2015, Vol. 85: 84 – 93.

Levinson, S. C., *Pragmatics*, Cambridge: CUP, 1983.

Lüdeling, A., Stefan Evert & Marco Baroni. Corpus linguistics and the web, in (ed.) Hundt, M., et al, *Corpus Linguistics and The Web*, Amsterda-New York: Rodopi, 2007: 8.

Maksl, A., et al, The usefulness of a news media literacy measure in evaluating a news literacy curriculum, *Journalism & Mass Communication Educator*, 2016: 1 – 14.

Malinowski, B., The problem of meaning in primitive languages, in C. K. Ogden & l. A. Richards (Eds.), *The Meaning of Meaning of Meaning*, London: K. Paul, Trend, Trubner, Supplement to Ogden, C. K. and Richards, l. A, 1923: 307.

Mishna, F., Cook, C., Saini, M., Wu, M. J. & MacFadden, R., Interventions to prevent and reduce cyber abuse of youth: a systematic review, *Research on Social Work Practice*, 2011, Vol. 21 (1): 5 – 14.

Naughton, John, *A Brief History of the Future: The Origins of the Internet*, London: Weidenfeld and Nicolson, 1999.

参考文献

Nissenbaum, Asaf & Limor Shifman, Internet memes as contested cultural capital: the case of 4chan's /b/ board, *New Media & Society The Author (s)*, 2015: 1 – 19.

Orel, A., et al, Exploring university students' coping strategy intentions for cyberbullying, *Journal of Interpersonal Violence*, 2015, Vol. 32 (3): 446 – 462.

Park, S., Kim, E. & Na, E. Y., Online activities, digital media literacy, and networked individualism of Korean youth, *Youth & Society*, 2015, Vol. 47 (6): 829 – 849.

Pérez-Sabater, Carmen, et al, A spoken genre gets written online football commentaries in English, French, and Spanish, *Written Communication*, Volume 25 Number 2, April, 2008: 235 – 261.

Rivera, R., et al, Design effectiveness analysis of a media literacy intervention to reduce violent video games consumption among adolescents: the relevance of lifestyles segmentation, *Evaluation Review*, 2016, Vol. 40 (2): 142 – 161.

Saussure, F. de, *Course in General Linguistics*, Beijing: Foreign Language Teaching and Research Press, London: Gerald Duckworth & Co. Ltd., 2001.

Soffer, Oren, Liquid language? On the personalization of discourse in the digital era, *New Media & Society*, The Author (s) 2012, 4 (7): 1092 – 1110.

Sperber, D. & D. Wilson, *Relevance: Communication and Cognition*, Oxford: Blackwell, 1995.

Thompson, N., *Communication and Language—A Handbook of the Theory and Practice*, New York: Palgrave Macmillan, 2003.

Treichler, D. G., Are you missing the boat in training aids, *film and audio-visual communication*, 1967: 14 – 16.

Tyler, S. A., The vision quest in the west, or what the mind's eye sees, *Journal of Anthropological Research*, 1984: 106.

Vandebosch, H. & Cleemput, K. Van, Cyberbullying among youngsters: profiles of bullies and victims, *New Media & Society*, 2009, Vol 11 (8): 1349 – 1371.

Verschueren, J., *Understanding Pragmatics*, Beijing: Foreign Language Teaching and Research Press, 2000.

Verschueren, J., *Understanding Pragmatics*, London/New York: Arnold, 1999.

Wade, A. & Beran, T., Cyberbullying: The new era of bullying, *Canadian Journal of School Psychology*, 2011, Vol 26 (1): 44 – 61.

Wilson, Robert A. & Frank C. Kell, *The MIT Encyclopedia of the Cognitive Sciences*, Shanghai: Shanghai Foreign Language Education Press, 2000.

Yeats, S. J., Oral and written linguistic aspects of computer conferencing: a corpus based study, in (ed.) S. C. Herring, *Computer – Mediated Communication-Linguistic, Social and Cross – cultural Pespectives*, Amsterdam: John Benjamins Publishing Company, 1996: 29 – 46.

Zalaquett, C. P. & Chatters, S. J., Cyberbullying in college: frequency, characteristics and practical implications, *SAGE Open January-March*, 2014: 1 – 8.

Zhang, Z., Li, J., Liu, F. & Miao, Z., Hong kong and Canadian students experiencing a new participatory culture: a teacher professional training project undergirded by new media literacies, *Teaching and Teacher Education*, 2016, Vol. 59: 146 – 158.

Zhou, Z. K., et al, Cyberbullying and its risk factors among Chinese high school students, *School Psychology International*, 2013, Vol. 34 (6): 630 – 647.

2011 中国网络生活价值榜推荐委员会：《2011 网络生活价值榜》，《新周刊》2011 年第 11 期。

［美］艾略特·阿伦森等：《社会心理学》（第五版，中文第二版），侯玉波等译，中国轻工业出版社 2007 年版。

［美］汉娜·阿伦特：《精神生活·思维》，姜志辉译，江苏教育出版社 2006 年版。

［法］吕特·阿莫西等：《俗套与套语—语言、语用及社会的理论研究》，丁小会译，天津人民出版社 2003 年版。

［美］大卫·阿什德：《传播生态学——控制的文化范式》，邵志择译，华夏出版社 2003 年版。

［英］A.J. 艾耶尔：《可能有一种私人语言吗》，商务印书馆 2004 年版。

［美］特里·安德森、希瑟·卡努儿：《网络调研：方法、策略与问题》，袁邦株、蒋晨晖译，中国劳动社会保障出版社 2007 年版。

［美］瓦格纳·詹姆斯·奥：《第二人生——来自网络新世界的笔记》，李东贤、李子南译，清华大学出版社 2009 年版。

［英］尼古拉斯·奥斯特勒：《语言帝国：世界语言史》，章璐等译，上海人民出版社 2009 年版。

［美］斯坦利·J. 巴伦：《大众传播概论——媒介认知与文化》（第三版），刘鸿英译，McGraw Hill，中国人民大学出版社 2005 年版。

［美］德怀特·鲍林杰：《语言要略》，方立等译，外语教学与研究出版社 1993 年版。

［美］丹尼尔·贝尔：《资本主义文化矛盾》，严蓓雯译，江苏人民出版社 2007 年版。

［美］马克·波斯特：《第二媒介时代》，范静哗译，南京大学出版社 2005 年版。

［美］尼尔·波兹曼：《娱乐至死》，章艳译，广西师范大学出版社 2004 年版。

［美］尼尔·波兹曼：《娱乐至死》，何道宽译，广西师范大学出版社 2011 年版。

［法］皮埃尔·布尔迪厄：《言语意味着什么》，褚思真、刘晖译，商务印书馆 2005 年版。

［英］苏珊·布莱克摩尔：《模因机器》，高春申等译，吉林人民出版社 2001 年版。

［英］鲁珀特·布朗：《群体过程》（第二版），胡鑫、庆小飞译，中国轻工业出版社 2007 年版。

［英］Crystal、符存、赵静宜：《网络语言学：学生指南介绍》，《当代语言学》2014 年第 2 期。

曹进、曹玲：《网络对语言听觉感知影响之深层解析》，《现代传播》2015 年第 11 期。

曹进、靳琰：《网络强势语言模因传播力的学理阐释》，《国际新闻界》2016 年第 2 期。

曹进、刘芳：《从模因论看网络语言词汇特点》，《南京邮电大学学报》2008 年第 1 期。

曹进、强琦：《语言无羁：网络影响人类思维逻辑之表征》，《现代传播》2014 年第 6 期。

曹进、王翌霖：《语言无羁——网络影响言语交流的逻辑路径》，《外语电化教学》2014 年第 5 期。

参考文献

曹进:《网络言语传播行为失范与规范》,《东南传播》2008 年第 12 期。

曹进:《网络时代批判的受众与受众的批判》,《现代传播》2008 年第 6 期。

曹进、张娜:《语言无羁:网络影响书写的逻辑路径》,《现代传播》2013 年第 9 期。

曹进、赵鸿章、王灏:《汉语网络语言语料库研制与应用》,《兰州文理学院学报》(社会科学版)2015 年第 5 期。

曹进:《网络语言传播导论》,清华大学出版社 2012 年版。

常晋芳:《网络哲学引论:网络时代人类存在方式的变革》,广东人民出版社 2005 年版。

车飞:《汉语网络类成语的生成、流行机理与规范新探》,《北京邮电大学学报》(社会科学版)2015 年第 3 期。

陈芳:《认识汉字符号的系统性》,《喀什师范学院学报》2000 年第 2 期。

陈琳霞:《模因论与大学英语写作教教学》,《外语学刊》2008 年第 1 期。

陈启萍:《新生语气词"哦"的多维研究》,硕士学位论文,暨南大学,2011 年。

陈卫星:《传播的观念》,人民出版社 2004 年版。

陈卫星:《传播的观念》(修订版),人民出版社 2008 年版。

陈永国:《视觉文化研究读本》,北京大学出版社 2009 年版。

陈泽源、马博森:《网络语言学:学生指南述评》,《当代外语研究》2014 年第 3 期。

储小昂:《网络语言与传统语言之比较》,《安庆师范学院学报》2003 年第 22 期。

戴玉磊:《浅析网络语言暴力的心理机制》,《开封大学学报》2009 年第 3 期。

[英] 里查德·道金斯：《自私的基因》，卢允中等译，中信出版社 2012 年版。

[法] 雅克·德里达：《论文字学》，汪堂家译，上海译文出版社 2005 年版。

[美] 赫伯迪格·迪克：《亚文化：风格的意义》，陆道夫、胡疆锋译，北京大学出版社 2009 年版。

丁莉丽：《视觉文化：语言文化的提升形态》，《湖南科技学院学报》2005 年第 4 期。

杜骏飞：《互联网：新闻价值系统的偏倚与统合》，载陈卫星《网络传播与社会发展》，北京广播学院出版社 2001 年版。

杜骏飞：《网络传播概论》，福建人民出版社 2008 年版。

杜子健：《微力无边》，万卷出版公司 2011 年版。

段伟文：《网络空间的伦理反思》，江苏人民出版社 2002 年版。

段永朝：《互联网：碎片化生存》，中信出版社 2009 年版。

[美] 哈洛维·多娜：《电子人宣言：20 世纪末的科学、技术和社会主义女性》，载陈永国《视觉文化研究读本》，北京大学出版社 2009 年版。

樊葵：《媒介崇拜论——现代人与大众媒介的异态关系》，中国传媒大学出版社 2008 年版。

[美] 罗杰·菲德勒：《媒介形态变化：认识新媒介》，明安香译，华夏出版社 2000 年版。

[英] 乔安·黛·菲利波：《网络色情》，载戴维·冈特利特《网络研究——数字化时代媒介研究的重新定向》，彭兰等译，新华出版社 2004 年版。

冯恩大：《媒介素养教育与大学文化建设》，载蔡帼芬《媒介素养》，中国传媒大学出版社 2005 年版。

参考文献

冯志伟:《〈应用语言学中的语料库〉导读》,Hunston,Susan,*Corpora in Applied Linguistics*,世界图书出版公司、剑桥大学出版社 2006 年版。

傅轶飞:《英汉网络语言对比研究》,国防工业出版社 2013 年版。

傅永军:《哈贝马斯交往行为合理化理论述评》,《山东大学学报》(哲学社会科学版) 2003 年第 3 期。

[美] 特里·K. 甘布尔、迈克尔·甘布尔:《有效传播》(第七版),熊婷婷译,清华大学出版社 2005 年版。

高岩:《基于语言学理论的网络语言应用研究》,哈尔滨工业大学出版社 2014 年版。

葛红:《语言哲学视域的网络语言语码转换原因研究》,《齐齐哈尔大学学报》(哲学社会科学版) 2011 年第 5 期。

[法] A. J. 格雷马斯:《符号学与社会科学》,徐伟民译,百花文艺出版社 2009 年版。

龚鹏程:《文化符号学导论》,北京大学出版社 2005 年版。

郭爱涛:《大学生网络暴力行为分析》,《扬州大学学报》(高教研究版) 2012 年第 1 期。

郭光东:《改版致读者——喜欢的更喜欢,不喜欢的从此喜欢》,《博客天下周刊》2012 年第 1 期。

[美] 约翰·哈格尔三世、阿瑟·阿姆斯特朗:《网络利益:通过虚拟社会扩大市场》,王国瑞译,新华出版社 1998 年版。

[德] 马丁·海德格尔:《通向语言的途中》,孙周兴译,商务印书馆 1997 年版。

[法] 克洛德·海然热:《语言人:论语言学对人文科学的贡献》,张祖建译,生活·读书·新知三联书店 1999 年版。

[英] 安德斯·汉森:《大众传播研究方法》,崔保国等译,新华出版

社 2004 年版。

韩永进：《符号、结构与技术》，人民出版社 2007 年版。

何明升、白淑英等：《中国网络文化考察报告》，中国社会科学出版社 2014 年版。

何自然、陈新仁：《语言模因理论与应用》，暨南大学出版社 2014 年版。

何自然、何雪林：《模因论与社会语用》，《现代外语》2003 年第 2 期。

何自然、冉永平：《新编语用学概论》，北京大学出版社 2008 年版。

何自然：《语言模因及其修辞效应》，《外语学刊》2008 年第 1 期。

何自然：《语言中的模因》，《语言科学》2005 年第 6 期。

胡曼妮：《网络语言对传统媒体语言的影响及其规范》，《乐山师范学院学报》2007 年第 2 期。

黄春平：《论网络聊天中的脸谱符号》，《新闻大学》2004 年第 2 期。

黄少华：《论网络书写行为的后现代特性》，《自然辩证法研究》2004 年第 2 期。

［美］爱德华·霍尔：《无声的语言》，何道宽译，北京大学出版社 2010 年版。

［法］Georges Jean：《文字与书写：思想的符号》，曹振清、马振聘译，上海世纪出版集团 2001 年版。

［英］安东尼·吉登斯：《社会学》（第 4 版），赵旭东等译，北京大学出版社 2003 年版。

纪丽宏：《从语言符号论角度谈"网络语言"中的非语言符号》，《现代语文》2006 年第 7 期。

吉益民：《网络变异语言现象的认知研究》，南京师范大学出版社 2012 年版。

蒋成峰：《网络语言的解构特性》，《语言文字应用》2006 年第 12 期。

参考文献

金元浦：《视觉图像文化机器问题域》（代总序），于德山《中国图像叙述传播》，山东文艺出版社 2008 年版。

靳琰、郑媛：《网络影响深度阅读的逻辑路径研究》，《现代传播》2015 年第 10 期。

景威栋、李丽：《新媒体时代中医药院校大学生媒介素养现状调查与分析——以甘肃中医药大学为例》，《甘肃中医药大学学报》2016 年第 6 期。

［美］尼古拉斯·卡尔：《浅薄——互联网如何毒化了我们的大脑》，刘纯毅译，中信出版社 2010 年版。

［法］路易-让·卡尔韦：《社会语言学》，曹德明译，商务印书馆 2001 年版。

［美］曼纽尔·卡斯特：《千年终结》，夏铸九、黄慧琦等译，社会科学文献出版社 2009 年版。

［美］曼纽尔·卡斯特：《网络社会的崛起》，夏铸九、王志弘译，社会科学文献出版社 2006 年版。

［美］曼纽尔·卡斯特：《网络社会——跨文化的视角》，周凯译，社会科学文献出版社 2009 年版。

［德］恩斯特·卡西尔：《人论》，甘阳译，上海译文出版社 2004 年版。

［美］詹姆斯·E.凯茨等：《互联网使用的社会影响——上网、参与和互动》，郝芳等译，商务印书馆 2007 年版。

［英］丹尼尔·柯曾-布朗：《网络研究指南》，载特冈特利特、戴维《网络研究——数字化时代媒介研究的重新定向》，彭兰等译，新华出版社 2004 年版。

［英］戴维·克里斯特尔：《语言与因特网》，郭桂春、刘全明译，上海科技教育出版社 2006 年版。

〔美〕保罗·莱文森：《软利器：信息革命的自然历史与未来》，何道宽译，复旦大学出版社2011年版。

〔美〕保罗·莱文森：《手机：挡不住的呼唤》，何道宽译，中国人民大学出版社2004年版。

〔美〕保罗·莱文森：《思想无羁》，何道宽译，南京大学出版社2003年版。

〔美〕保罗·莱文森：《新新媒介》，何道宽译，复旦大学出版社2011年版。

〔美〕保罗·莱文森：《思想无羁——技术时代的认识论》，南京大学出版社2003年版。

〔美〕保罗·莱文森：《数字麦克卢汉——信息化新纪元指南》，何道宽译，社会科学文献出版社2001年版。

〔美〕苏珊·朗格：《艺术问题》，滕守尧译，南京出版社2006年版。

〔法〕古斯塔夫·勒庞：《乌合之众——大众心理研究》，冯克利译，广西师范大学出版社2007年版。

雷跃捷、辛欣：《网络传播概论》，中国传媒大学出版社2009年版。

李光明：《"网络暴力"背后实为"网络暴利"》，《法制日报》2010年4月16日。

李果红：《Distin对模因论的新评定》，《浙江工业大学学报》（社会科学版）2007年第4期。

李鸿凯：《大学生媒介素养教育体系建构研究》，《西昌学院学报》（社会会科学版）2016年第4期。

李佳：《模因论视角下的网络表情符号流行分析》，《齐齐哈尔师范高等专科学校学报》2015年第2期。

李捷、何自然、霍永寿：《语用学十二讲》，华东师范大学出版社2010年版。

参考文献

李敬泽：《1976年后的短篇小说，脉络辨——中国新文学大系1976—2000·短篇小说卷，导言》，《新华文摘》2009年第22期。

李军：《传媒文化史——一部大众话语表达的变奏曲》，北京大学出版社2012年版。

李峻：《态势语言地位论》，《求索》2001年第2期。

李庆英：《网络对思维方式及思想发展的正负面影响——基于哲学、社会学、传播学、文化学的分析》，《北京日报》2012年4月23日。

李善淑：《从顺应论视角解读网络语言中的"××体"现象》，《安徽文学》2013年第6期。

李舒欣、赵宇翔：《新媒体环境下数字移民的媒介素养探索：基于智能手机应用的扎根分析》，《图书情报工作》2016年第17期。

李玉纯：《电子科技大学教师媒介素养现状调查与对策研究》，硕士学位论文，电子科技大学，2013年。

梁茂成、李文中、许家金：《语料库应用教程》，外语教学与研究出版社2010年版。

[美] 林文刚：《媒介环境学——思想沿革与多维视野》，何道宽译，北京大学出版社2007年版。

刘海燕：《网络语言》，中国广播电视出版社2002年版。

刘立红：《"人肉搜索"导致网络暴力之成因分析》，《东南传播》2009年第1期。

刘瑞顺：《基于Android平台的智能手机输入法研究与社会》，硕士学位论文，汕头大学，2011年。

刘元荣：《2000—2010年网络阅读研究评述》，《国书馆学研究》2011年第3期。

卢峰：《媒介素养之塔：新媒体技术影响下的媒介素养构成》，《国际新闻界》2015年第4期。

吕霓、方春雅：《浅论语言、媒介、传播的共融与互动》，《陕西师范大学继续教育学报》2002年第3期。

[美]戴维·H.罗斯曼：《网络就是新生活》，郭启新、刘文华译，江苏人民出版社1998年版。

马佳明：《微信平台传播内容分析》，《新西部》（理论版）2015年第5期。

马珺：《网络表情符号的文化意义》，《科技传播》2015年第3期。

马若宏：《网络成语——从"人艰不拆"说起》，《现代语文》（语言研究版）2014年第4期。

[法]埃里克·麦格雷：《传播理论史———种社会学的视角》，刘芳译，中国传媒大学出版社2009年版。

[加]马歇尔·麦克卢汉：《理解媒介——论人的延伸》，何道宽译，商务印书馆2000年版。

[加]马歇尔·麦克卢汉：《理解媒介——论人的延伸》，何道宽译，商务印书馆2007年版。

[英]丹尼斯·麦奎尔等：《大众传播模式论》，祝建华等译，上海译文出版社1997年版。

毛力群：《微信与微语言生活》，《社会科学战线》2014年第12期。

[美]约书亚·梅罗维茨：《消失的地域：电子媒介对社会行为的影响》，肖志军译，商务印书馆2002年版。

孟华：《文字论》，山东教育出版社2008年版。

孟宪斌：《浅谈"呵呵"的语义嬗变及使用心理》，《现代语文》（语言研究版）2015年第4期。

[美]乔治·赫伯特·米德：《心灵、自我与社会》，雷桂恒译，华夏出版社1999年版。

[美]C.赖特·米尔斯：《社会学的想象力》，陈强、张永强译，生

活·读书·新知三联书店 2005 年版。

瞄小鱼:《平穷在歌唱》,《三联生活周刊》2014 年第 16 期。

闵大洪:《中国社会变革与新媒体使用》,《Internet 信息世界》2001 年第 12 期。

[加拿大] 梅蒂·莫利纳罗、科琳·麦克卢洛、威廉·托伊:《马克卢汉书简》,何道宽、仲冬译,中国人民大学出版社 2005 年版。

南方朔:《语言是我们的居所》,辽宁教育出版社 2000 年版。

[美] 尼古拉斯·卡尔:《浅薄:互联网如何毒化了我们的大脑》,刘纯毅译,中信出版社 2010 年版。

欧阳友权:《网络文学发展史——汉语网络文学调查纪实》,中国广播电视出版社 2008 年版。

[美] 贾斯汀·W.帕钦、萨米尔·辛社佳:《语言暴力大揭秘:跟网络欺凌说"不"》,刘清山译,黑龙江出版集团、黑龙江教育出版社 2017 年版。

彭兰:《如何认识网络舆论中的暴力现象》,《中国社会科学报》2009 年 8 月 25 日。

彭兰:《社会化媒体时代的三种媒介素养及其关系》,《上海师范大学学报》(哲学社会科学版) 2013 年第 3 期。

彭兰:《网络传播概论》,中国人民大学出版社 2001 年版。

彭兰:《网络中的人际传播》,《国际新闻界》2001 年第 3 期。

[匈] 伊芙特·皮洛:《世俗神话——电影的野性思维》,中国电影出版社 1991 年版。

钱冠连:《语言:人类最后的家园》,商务印书馆 2005 年版。

冉永平:《语用学:现象与分析》,北京大学出版社 2006 年版。

[美] 约翰·塞尔:《心灵、语言和社会:实在世界中的哲学》,李步楼译,上海译文出版社 2006 年版。

［法］米歇尔·德·塞尔托：《多元文化素养》，李树芬译，天津人民出版社2003年版。

［美］凯斯·桑斯坦：《网络共和国——网络社会中的民主问题》，黄维明译，上海人民出版社2003年版。

山述兰、张力：《网络"语言暴力"的形成与文化特征分析》，《中华文化论坛》2014年第5期。

单晓红：《媒介素养引论》，浙江大学出版社2007年版。

邵丽娟：《呵呵，你真的笑了吗？》，《语文建设》2010年第3期。

《生活》，《Vista看天下》2014年6月18日。

［德］弗兰克·施尔玛赫：《网络致死》，邱袁炜译，龙门书局2011年版。

［美］理查德·斯皮内洛：《铁笼，还是乌托邦——网络空间的道德与法律》（第二版），李伦等译，北京大学出版社2007年版。

宋元林、李贺刚：《大学生网络语言暴力现象透析》，《当代教育理论与实践》2012年第2期。

［法］哈伊尔·苏波特尼克：《言语行为哲学——语言的精神衬托与日常性》，史忠义译，天津人民出版社2003年版。

苏向红：《当代汉语词语模研究》，浙江大学出版社2010年版。

苏艳春、蔡小梅、陈大青：《大学生网络语言暴力行为调查分析——以楚雄师范学院为例》，《东南传播》2016年第9期。

隋然：《自然语言与逻辑语言：人脑与电脑》，《首都师范大学学报》（社会科学版）2006年增刊。

孙海峰：《网络读写的主体重构》，载吴予敏《传播与文化研究》，北京大学出版社2007年版。

［瑞士］费尔迪南·德·索绪尔：《索绪尔第三次普通语言学教程》，涂友祥译，上海人民出版社2007年版。

参考文献

[瑞士] 费尔迪南·德·索绪尔:《普通语言学教程》,高名凯译,商务印书馆1980年版。

索振羽:《语用学教程》,北京大学出版社2000年版。

[法] 加布里埃尔·塔尔德:《模仿律》,何道宽译,中国人民大学出版社2008年版。

[法] 加布里埃尔·塔尔德、[美] 特里·N.克拉克:《传播与社会影响》,何道宽译,中国人民大学出版社2005年版。

谭山山:《从躲避崇高到自甘下流——屌丝进化论》,《新周刊》2012年6月15日。

汤玫英:《网络语言新探》,河南人民出版社2010年版。

唐魁玉:《网络化的后果:日常生活与生产实践的变迁》,社会科学文献出版社2011年版。

唐兰:《中国文字学》,世纪出版集团、上海古籍出版社2005年版。

陶侃:《僭越、冲撞与消融:网络语言无序化和规范化的博弈与思考——基于生活碎片化的视角》,《浙江传媒学院学报》2012年第6期。

[法] 鲁尔·瓦纳格姆:《日常生活的革命》,张新木等译,南京大学出版社2008年版。

汪奎:《网络会话中"呵呵"的功能研究》,硕士学位论文,华东师范大学,2012年。

汪晓东:《徐州立法禁止"人肉搜索"?》,《人民日报》2009年1月20日。

王芳:《网络表情符号的数字化程式创造及其审美接受》,硕士学位论文,哈尔滨工业大学,2010年。

王凤才:《哈贝马斯交往行为理论述评》,《理论学刊》2003年第5期。

王刚:《从"铜须事件"看网络暴力的成因》,《传媒观察》2007年第 1 期。

王欢、关静雯：《微信朋友圈"晒"现象研究》，《重庆邮电大学学报》（社会科学版）2016 年第 3 期。

王卉：《微信语言的表现形式及特点浅析》，《才智》2015 年第 29 期。

王菁、姚媛：《大学生网络媒介素养教育研究的回顾与反思》，《天津市教科院学报》2016 年第 6 期。

王立军：《汉字形体变异与构形理据的相互影响》，《语言研究》2004 年第 3 期。

王莉：《在网络时代如何看待汉字的书写》，《光明日报》2010 年 11 月 22 日。

王铭玉等：《现代语言符号学》，商务印书馆 2013 年版。

王宁：《大学生新媒介素养培养策略研究》，《新闻研究导刊》2016 年第 24 期。

王鹏、潘光花、高峰强：《经验的完形——格式塔心理学》，山东教育出版社 2009 年版。

王苹：《网络语言形成源流探析》，《深圳大学学报》（人文社会科学版）2007 年第 2 期。

王萍：《传播与生活：中国当代社会手机文化研究》，华夏出版社 2008 年版。

王庆洋：《微信朋友圈"晒"行为的心理分析》，《湖南大众传媒职业技术学院学报》2016 年第 3 期。

王顺玲：《网络语言的符号学阐释》，《外语电化教学》2008 年第 2 期。

王文革：《写字与打字：书写方式的改变意味着什么？》，《博览群书》2013 年第 8 期。

王文宏：《网络文化多棱镜：奇异的赛博空间》，北京邮电大学出版社 2009 年版。

王星：《莎士比亚悲喜剧中的源代码——人性的困惑》，《三联生活周刊》2014年第16期。

王炎龙：《网络语言的传播与控制研究：兼论未成年人网络素养教育》，四川大学出版社2009年版。

［俄］列夫·维果茨基：《思维与语言》，李维译，北京大学出版社2010年版。

［英］雷蒙德·威廉斯：《现代主义的政治：反对新国教派》，阎嘉译，商务印书馆2002年版。

［美］理查德·韦斯特、林思·H. 特纳：《传播理论导引：分析与应用》（第2版），刘海龙译，中国人民大学出版社2007年版。

［比利时］耶夫·维索尔伦：《语用学诠释》，钱冠连、霍永寿译，清华大学出版社2003年版。

［美］沃尔特·翁：《口语文化与书面文化——语词的技术化》，何道宽译，北京大学出版社2008年版。

吴风：《网络传播学——一种形而上的透视》，中国广播电视出版社2004年版。

吴太胜、陈业秀：《网络语言及网民群体的社会文化心理探析》，《广西社会科学》2007年第9期。

吴子慧：《网络语言对报刊语言的影响》，《浙江教育学院学报》2005年第6期。

［美］茱莉亚·伍德：《生活中的传播》，北京大学出版社2009年版。

［美］赫尔伯特·A. 西蒙：《我生活的种种模式》，曹南燕、秦裕林译，东方出版中心1998年版。

相喜伟、王秋菊：《网络舆论传播中群体极化的成因与对策》，《新闻界》2009年第5期。

肖少北、张文香：《语言与思维关系理论述评》，《海南师范学报》（人文社会科学版）2000 年第 3 期。

谢朝群、陈新仁：《语用三论：关联轮·顺应轮·模因论》，上海教育出版社 2007 年版。

谢朝群：《语言模因说略》，《现代外语》2007 年第 1 期。

谢朝群等：《网络交际中不礼貌话语的建构模式及其语用机制》，外语教学与研究出版社 2015 年版。

谢晓萍：《微信思维》，羊城晚报出版社 2014 年版。

谢新洲：《网络传播理论与实践》，北京大学出版社 2004 年版。

熊澄宇：《谁是新媒体》，清华大学出版社 2008 年版。

徐恒醇：《设计符号学》，清华大学出版社 2008 年版。

徐静：《网友造"草泥马"新字》，《广州日报》2009 年 3 月 30 日第 A17 版。

[美] 罗曼·雅柯布森：《雅柯布森文集》，钱军、王力译，湖南教育出版社 2001 年版。

[古希腊] 亚里士多德、[古罗马] 贺拉斯：《诗学·诗艺》，郝久新译，九州出版社 2007 年版。

[丹麦] 克劳斯·布鲁恩·延森：《媒介融合——网络传播、大众传播和人际传播的三重维度》，刘君译，复旦大学出版社 2012 年版。

燕良轼：《模仿并超越模仿》，《中国社会科学报》2010 年 12 月 15 日。

杨昊欣：《火星文使用偏好的符号学阐释》，《东南传播》2011 年第 2 期。

杨小卫、曾立英：《网络聊天语言中的网络符号研究》，《湖南大众传媒职业技术学院学报》2005 年第 5 期。

杨暄：《"恶搞事件"警示什么：从侵犯未成年人隐私看"网络舆论暴力"》，《人民日报》2008 年 1 月 11 日。

姚淦铭：《汉字文化思维》，首都师范大学出版社 2008 年版。

参考文献

叶静：《汉字的顺序不一定影响阅读》，《重庆文理学院学报》（社会科学版）2014年第6期。

叶韵芝、金兼斌：《表情符号在即时通讯中的采用研究》，杜骏飞、黄煜主编《中国网络传播研究》，浙江大学出版社2008年版。

[加拿大] 哈罗德·伊尼斯：《传播的偏向》，何道宽译，中国传媒大学出版社2013年版。

佚名：《朋友圈社交指南》，《云端》2017年第4期。

迎儿：《网络如何影响我的生活》，《Internet信息世界》2001年第11期。

应中迪：《第五媒体新解读》，《新闻实践》2006年第1期。

于根元：《网络语言冲击波》，载《应用语言学前沿问题》，中国经济出版社2006年版。

于根元：《网络语言概说》，中国经济出版社2001年版。

余光武、秦云：《语言学视角下的网络表情符号初探》，《中国社会科学院研究生院学报》2011年第1期。

余志鸿：《传播符号学》，上海交通大学出版社2007年版。

余志鸿：《符号——传播的游戏规则》，上海交通大学出版社2003年版。

禹哲：《批判性思维下的大学生媒介素养提升策略》，《传媒观察》2016年第12期。

曾庆香、张楠、王肖邦：《网络符号：视觉时代的交流》，《四川理工学院学报》（社会科学版）2008年第3期。

张慧中：《网络暴力第一案的思考》，《人民日报》2008年12月1日。

张健、冯青：《论语言系统的词义博弈》，《四川理工学院学报》（社会科学版）2010年第8期。

张柠：《文化的病症》，上海文艺出版社2004年版。

张文东：《微时代、微文化与微批评》，《光明日报》2015年12月20日。

张晓满、李水、彭静：《网络新成语的发展现状研究》，《新闻世界》2015年第8期。

张云辉：《网络语言语法与语用研究》，学林出版社2010年版。

张志伟、欧阳谦：《西方哲学智慧》，中国人民大学出版社2000年版。

赵爽英、尧望：《表情·情绪·情节：网络表情符号的发展与演变》，《新闻界》2013年第20期。

郑永晓、汤俏：《"网络暴力"喧嚣背后的政治与文化——兼论近年来网络文化的监管与疏导》，《西北师大学报》（社会科学版）2009年第6期。

郑志勇：《网络社会学引论——一种文化研究的视角》，二十一世纪出版社2009年版。

中国互联网信息中心（CNNIC）：《第40次《中国互联网络发展状况统计报告》，http：//cnnic：《cn/hlwfzyj/hlwxzbg/hlwtjbg/201708/P020170807351923262153，pdf，2017－08－10。

中国社会科学院语言研究所词典编辑室：《现代汉语词典》，商务印书馆1996年版。

中国语言生活状况报告课题组：《中国语言生活状况报告》（下），商务印书馆2005年版。

中国语言生活状况报告课题组：《中国语言生活状况报告》（下），商务印书馆2006年版。

中国语言生活状况报告课题组：《中国语言生活状况报告》（下），商务印书馆2007年版。

中国语言生活状况报告课题组：《中国语言生活状况报告》（下），商务印书馆2016年版。

钟琛:《当代文学与媒介神话——消费文化语境中的"媒介文学事件"研究》,华夏出版社 2008 年版。

周安:《网络语言暴力的角色定位对策研究》,《长江大学学报》(社会科学版) 2014 年第 6 期。

周明强:《现代汉语实用语境学》,浙江大学出版社 2005 年版。

网络参考

148知识网．网络语言，http：//www.yisi148.com/，2017-02-09。

2016年十大暖心、闹心热词榜单，http：//mt.sohu.com/business/d20170106/123613113_481803.shtml，2017-01-06。

360百科．阿里通网络电话，http：//baike.haosou.com/doc/877549-927605.html，2016-02-06。

360百科．网络传播，http：//baike.so.com/doc/5393576-5630561.html，2017-02-28。

360图书馆．这些2016最潮网络流行语 还不懂你就Out了，http：//www.360doc.com/content/16/0905/20/33741928_588650816.shtml，2016-09-05。

Belsey, B., *What Is Cyberbullying*?, http：//www.cyberbullying.ca, 2004.

Elizabeth Thoman, *Skills and Strategies for Media Education*, http：//www.medialit.org/reading_room/pdf/CMLskillsandstrat.pdf.

GaGaHi, https：//www.gagahi.com/，2015-12-31.

Heylighen, F., *Evolution of memes on the network：From chain-letters to the global brain*, http：//pespmc1.vub.ac.be/Papers/Memesis.html, 1996.

网络参考

Heylighen, F., *Memes on the net*, http://pespmc1.vub.ac.be/MEMENET.html, 1997.

Internet World State, http://www.internetworldstats.com/stats.htm, 2017-05-01.

Ditto, http://www.internetworldstats.com/stats7.htm, 2017-05-01.

Ditto, http://www.internetworldstats.com/stats17.htm, 2017-05-01.

Ditto, http://www.internetworldstats.com/stats3.htm, 2017-05-01.

Iphone6吧. 用智能输入法输入DT，你打出来的是什么？, http://tieba.baidu.com/p/2735572526, 2013-11-17。

IT之家. "呵呵"已过时！"嗯嗯"成最受欢迎聊天语气词, http://www.ithome.com/html/it/198593.htm, 2016-01-04。

Jarrell, D. & Mark R. F., *The Motivational Power of Internet Chat*, SAGE Publication, 2005。

Pew Internet. 不同社交平台用户使用频率, http://www.199it.com/archives/11631.html, 2015-01-19。

Truelie. 蜂群思维三个关键词：群体智慧、分布式、涌现, 简书, http://www.jianshu.com/p/04bee55648ec, 2015-04-14。

爱妮微. 语言魅力, http://www.anyv.net/index.php/viewnews-21495, 2017-06-06。

百度百科, 打虎拍蝇, http://baike.baidu.com/link? url = 18Huf4C4UUckutYssrrz2Jv2Lt1pXlrz_ VkKS5Zm-x0OV5GxQo2zYOxVR vM-VyZE75niU6yADHB_ O9q5A7_ fqyT1w0rGHnw6 APqtOZtrzJZRF-wib_ O4PvFDVnAlkpaQm, 2016-10-20。

百度百科, ICQ, http://baike.baidu.com/link? url = R_ 4h9TqPGCdxtGMW5Xe4XuPSw-vlzQRdDcnvh8us8xb0RfGuzQytyfnAyvrp24s _ 4mSCwOmNc33JHGXgCZj0lq, 2016-08-21。

百度百科，GAGAMATCH，http：//baike. baidu. com/link？url = y_sfe38z7r24jIlBRkxG63MFlKCOeZubGc9sYICxtrkc7Y5U8GrqMhqt4VOP5tW-AAghPAUm6EeVRCO295uEh_ WcT3p5iDarnn fkbbFl2 EP-azN98lrHrDXX_ SQaHT7ykG3b-4EIIRSrPCw8KovVza，2015 - 09 - 1。

百度百科，新浪 show，http：//baike. baidu. com/view/3449850. htm，2016 - 02 - 06。

百度百科，2013 十大网络用语，http：//baike. baidu. com，2017 - 03 - 01。

百度百科，厕所社交，http：//baike. baidu. com/link？url = Xg2OcR1wRX4G-SH7eLeheo8-eibtMB5aBG18RGANtzuX4g5Yafb8fTWpmPJVB8HcMzcKwKQ0jvOtkkgQtc4Y75HcWceAwoMca9of-WmLAWMDW8NP_Gc_ gV2qrdYBtrv4，2017 - 020 - 08。

百度百科，互联网 +，http：//baike. baidu. com/link？url = 2UoW8GcElF85-w3GP4TeU1r4HpbXe45w7sQn8_ sE4ycAUsbnXHP-cgUlY-fzn98n2SYlE9FwnMp6Ha_ gsdZVeSmFvbpvD8uCB273egVRwZpq，2017 - 04 - 26。

百度百科，李雷和韩梅梅，http：//baike. baidu. com/，2016 - 11 - 21。

百度百科，人机界面，http：//baike. baidu. com/view/192107. htm，2017 - 02 - 21。

百度百科，微语言，http：//baike. baidu. com/link？url = fiDuVXhNi-BY28oTejEvZGpJeZ1B9UIMYKe7x0HhKTJ1mzRJqd6-r5Etd3bjHPEjVHXEEWUmu7JX-Vmb_ 3zSDBQOviYAW8XJhWE HoYWxmpLk96g36RUyBaY1muK5Hw72t，2017 - 02 - 23。

百度百科，呵呵，http：//baike. baidu. com/item/% E5% 91% B5% E5% 91% B5/34431，2017 - 02 - 20。

百度百科，自然语言，http：//baike. baidu. com，2017 - 05 - 18。

网络参考

百度搜索，百度搜索风云榜，http：//top. baidu. com/，2017 – 04 – 03。

百度贴吧，姚晨生了个儿子叫小土豆，http：//tieba. baidu. com/p/4637052371，2017 – 05 – 29。

百度贴吧·网络语言吧，网络语言，https：//tieba. baidu. com/f? kw = %CD% F8% C2% E7% D3% EF% D1% D4&fr = ala0&tpl = 5，2017 – 05 – 20。

百度贴吧·安远吧，微信绑架，http：//tieba. baidu. com/p/479 2201948，2017 – 05 – 29。

百度贴吧·大同吧，微信是什么？http：//tieba. baidu. com/p/452 1191556。

百度贴吧·兰州理工大学吧，能穿多少穿多少，http：//tieba. baidu. com/p/2532229409，2013 – 08 – 15。

百度贴吧·北京国安吧，这几天，http：//tieba. baidu. com/p/4337 548965，2017 – 03 – 09。

百度贴吧，两个文盲的QQ聊天（不笑你拿刀砍我），http：//tieba. baidu. com/p/1842138804，2012。

百度贴吧，两个字搞晕老外，https：//tieba. baidu. com/p/2955036 027? red_ tag = 3160636245，2014 – 03 – 31。

百度贴吧，南京医科大学吧祝大家新春快乐，http：//tieba. baidu. com/p/4957755807，2017 – 01 – 27。

百度贴吧，十大神兽为：草泥马，雅蠛蝶，达菲鸡，法克鱿，尾申鲸，吟稻雁，鹳狸猿，菊花蚕，吉跋猫，潜烈蟹，http：//tieba. baidu. com/f? kz = 774923573，2010 – 05 – 19。

百度贴吧·文水吧，说我胖，http：//tieba. baidu. com/p/36094295 67，2017 – 02 – 28。

百度文库，喜大普奔，http：//wenku. baidu. com，2017 – 02 – 15。

419

百度知道，Twitter 是什么，https：//zhidao.baidu.com/question/94293070.html，2016－07－28。

百度知道，天降大任，https：//zhidao.baidu.com/question/326936492273485405.html，2014－03－30。

百度知道，呵呵、哈哈、嘻嘻有什么区别？，https：//zhidao.baidu.com/question/12610761.html？fr＝iks&word＝%BA%C7%BA%C7%2C%B9%FE%B9%FE%2C%CE%FB%CE%FB%B5%C8%D3%D0%CA%B2%C3%B4%C7%F8%B1%F0%3F&ie＝gbk，2016－02－23。

百度知道，呵呵的特殊含义，https：//zhidao.baidu.com/question/2115220278633197427.html，2013－12－27。

百度指数，https：//index.baidu.com/？tpl＝demand&word＝%B0%CB%B4%EF%C1%EB%C0%CF%BB%A2%C9%CB%C8%CB，2016－12－12。

百家号，2015 上半年中国互联网哈哈榜之 2：十大网络流行语，https：//baijia.baidu.com/s？old_id＝135133，2015－08－13。

半月谈网，受害者，http：//www.banyuetan.org/chcontent/jrt/2015 57/133877.shtml，2015－05－12。

北方网，四六级成绩发布，大学生微博调侃，http：//news.enorth.com.cn/system/2012/02/22/008702338.shtml，2012－02－22。

不重名的 ID，微信表情商店产品分析，简书，http：//www.jianshu.com/p/6a57dd225b5f，2016－10－19。

曹学智：《网络技术催生新兴语言学科》，http：//www.csstoday.net/Item/30289.aspx，2012－11－05。

产婉玲：《汉字手写能力未可乐观》，http：//culture.gmw.cn/2010－11/22/content_ 1402718.htm，2010－11－22。

网络参考

陈菲：《网络时代的"语言暴动"》，http：//cul. qq. com/a/20160117/004755. htm2016 - 01 - 17。

陈鹏飞：《低俗语是语言生态的雾霾》，http：//www. qstheory. cn/tjyd/2015 - 11/24/c_ 1117236800. htm，2015 - 11 - 24。

陈武、魏华：《网聊中"嗯"和"嗯嗯"有啥区别？背后学问这么大》，网易新闻，http：//help. 3g. 163. com/16/1004/18/C2I8AQFD00964J4O. html，2016 - 10 - 04。

程媛媛：《近年十大人肉搜索事件及追责情况》，人民网，http：//politics. people. com. cn/n/2015/0507/c1001 - 26960986. html，2015 - 05 - 07。

冲呀新起点，网络流行语大全，http：//www. cyxqd. com/，2017 - 06 - 01。

动态图片基地，最新经典网络语言大全，http：//www. asqql. com/html_ fenlei/415/，2017 - 050 - 07

豆瓣，淋语堂：淋语教学大纲，https：//www. douban. com/note/292778597/，2013 - 08 - 04。

豆瓣，网络新成语，https：//www. douban. com/doulist/33240447/，2013 - 08 - 07。

读者文摘，是哪位高人琢磨出的这条微信，太牛了，http：//www. de99. cn/news/12/11815. html，2015 - 03 - 04。

短文学网，最新最热2014年网络热词排行榜大全，http：//www. duanwenxue. com/article/401682. html，2014 - 12 - 19。

多语言国际交友，https：//www. gagahi. com/，2015 - 12 - 31。

范娟华：《新媒体时代网络语言的传播研究》，http：//m. fx361. com/page/2017/0524/1797171. shtml，2017 - 05 - 24。

凤凰科技，网络语言走红背后，http：//tech. ifeng. com/a/20160620/41625678_ 0. shtml，2017 - 04 - 04。

搞笑吧，你家没装修，http：//www.hugao8.com/141580/，2016-09-01。

顾朗的日志，http：//blog.renren.com/share/235903758/4979077319，2016-11-25。

光明网，《网络语言暴力现象的防范与治理》，http：//epaper.gmw.cn/gmrb/html/2013-08/26，2013-08-26。

海迅文学网，2017年流行网络语言，http：//www.haixunw.com/jingdianyulu/2376.html，2017-01-03。

海岩：《网络时代的汉字书写》，http：//www.ledu365.com/a/shehui/45577.html，2015-02-20。

和讯科技，《互联网十大著名"人肉搜索"事件》，http：//tech.hexun.com/2008-09-01/108505420.html，2008-09-01。

黑龙江新闻网，《"标题党"现象的成因与危害》，http：//www.hljnews.cn/fou_baoye/2009-01/21/content_59343.htm，2009-01-21。

互动百科，《马勒戈壁》，http：//www.hudong.com/wiki/%E9%A9%AC%E5%8B%92%E6%88%88%E5%A3%81。

互动百科，《网络用词，"哦"》，http：//www.baike.com/wiki/%E5%93%A6，2017-03-03。

互动百科，《网络成语》，http：//www.baike.com/wiki/，2017-02-11。

华龙网，《"嗯嗯"成为年度最受欢迎语气词 你爱呵呵还是嗯嗯哈哈》，http：//cq.cqnews.net/cqztlm/2015-12/30/content_36097029.htm，2015-12-30。

华夏经纬网，《网络成语"说闹觉余"等流行 专家：离成语还很远》，http：//www.huaxia.com/zhwh/whxx/2013/12/3655267.html?ejnc5，

2013－12－13。

环球网,《2014 大热年度新词:自拍、抢镜、集体自卫权》,http：//world. huanqiu. com/hot/2014－12/5322797. html,2014－12－31。

黄集伟:《2008 民间语文的狂欢》,http：//www. nbweekly. com/Print/Article/6917_ 0. shtml,2009－1－9。

急切网,《火星文字体转换器在线转换》,http：//www. jiqie. com/5/30/,2017－07－27。

教育部、国家语委:《中国语言生活状况报告(2015)》,http：//www. cssn. cn/dzyx/dzyx _ xyzs/201510/t20151015 _ 2496617. shtml,2015－10－15。

教育部、国家语委:《中国语言生活状况报告(2016)》,http：//baike. baidu. com,2016－11－20。

锦麟观察,http：//news. sina. com. cn/zl/zatan/2014－12－06/14322779. shtml,2014－12－06。

经典网,《辣词丨听懂这 7 个污污的成语,就再也不是小纯洁!》,https：//www. ishuo. cn/doc/spguviqf. html,2016－11－18。

经典网,《让人笑哭的神翻译!你会几个?》,https：//www. ishuo. cn/doc/vcuvqqqf. html,2014－09－18。

考古专用铲,《段子接龙,谁来继续往下接?》,http：//bbs. tianya. cn/post－14－1070730－1. shtml,2016－01－09。

李小甘:《阅读永恒载体创新——互联网时代的全民阅读》,前线,http：//www. bjqx. org. cn/qxweb/n247739c756. aspx,2016－05－04。

李宇明:《关注网络原住民》,http：//paper. people. com. cn/rmrb/html/2016－09/15/nw. D110000renmrb _ 20160915 _ 2－08. htm,2016－09－15,(8)。

励志一生:《2014 经典网络语言》,http：//www. lz13. cn/jingdianyulu/

19771. html，2014 - 10 - 12。

刘宏：《微信的三大传播功能》，http：//qnjz. dzwww. com/tyzg/201404/t20140418_ 10072982. htm，2014 - 04 - 18。

刘梦瑶：《关于微信"标题党"的现象和危害分析》，人民网，http：//media. people. com. cn/n1/2016/0726/c406139 - 285855 90. html，2016 - 07 - 26。

刘敏：《微信传播中文字语言应用的"破碎"和"缝合"》，http：//media. people. com. cn/n1/2017/0711/c413305 - 29397436. html，2017 - 07 - 11。

流行语大全网，http：//www. zuilxy. com/tag/% E7% BD% 91% E7% BB% 9C% E7% 94% A8% E8% AF% AD，2017 - 06 - 22。

陆俭明：《纸笔远离主流书写方式"提笔忘字"现象渐趋频繁》，http：//news. xinhuanet. com/society/2012 - 01/30/c_ 111468977 _ 2. htm，2012 - 01 - 30。

凤凰资讯：《面对网络生造字，你怎么看？》，http：//news. ifeng. com/2015/03/23/43394794_ 0. shtml，2015 - 03 - 23。

南成、雨生：《曝"呵呵"成最令人反感词汇》，南方日报，http：//www. nfmedia. com/，2014 - 03 - 13。

你已被移出群聊，《微信族必看的微信群和朋友圈从业者表情一览表》，http：//sanwen. net/a/cldkcbo. html，2016 - 07 - 10。

曲玮玮，《你怎么总是忍不住发朋友圈！》，http：//mt. sohu. com/20161001/n469517983. shtml，2016 - 10 - 01。

热词网，http：//www. lnlnl. cn/。

人民论坛，《网络语言暴力形成原因透析》，http：//www. rmlt. com. cn/2015/0128/370019. shtml，2015 - 01 - 28。

人民日报海外版，《网络语言走红背后》，http：//news. xinhuanet. com/

tech/2016 – 06/20/c_ 129075283. htm，2016 – 06 – 20。

人民网，《英国研究：好网名促成好约会》，http：//world. people. com. cn/n/2015/0213/c1002 – 26564260. html，2015 – 02 – 13。

人民网舆情监测室，《人民网舆情监测室发布2015年网络语象报告》，https：//mini. eastday. com/a/160326224519655 – 2. html，2016 – 03 – 26。

散文吧，《中国互联网20年发展简史》，https：//sanwen8. cn/p/2eagMhd. html，2016 – 10 – 31。

散文吧，《英语民间神翻译火了》，https：//sanwen8. cn/p/6b7vpAC. html，2017 – 01 – 17。

社会流行语网，http：//www. zuilxy. com/，2017 – 02 – 11。

沈姝华：《2014年度全球热词榜出炉心形符号居首》，http：//gb. cri. cn/42071/2014/12/30/7831s4823874. htm，2014 – 12 – 30。

时尚女性，《成都被打女司机照片遭人肉　成都打人男司机背景真实身份照片曝光》，http：//www. ibayue. com/hotnews/201505085353_ 3. html，2015 – 05 – 08。

搜狗百科，ymcall，http：//baike. sogou. com/v69460517. htm，2016 – 02 – 06。

搜狗拼音输入法官方博客日志，《汉语拼音五十年　搜狗输入法两年——同一个世界　同一个梦想》，http：//pinyin. blog. sohu. com/93397077. html，2008 – 07 – 01。

搜狐公众平台，《"刷刷刷"，请接招—2016年度汉字、十大关键词、十大流行语来了！》，http：//mt. sohu. com/20161215/n475992866. shtml，2016 – 12 – 15。

搜狐公众平台，《2016网络热词流行语大全，你听过几个》，http：//mt. sohu. com/20160729/n461672674. shtml，2016 – 07 – 29。

搜狐公众平台,《31张性与爱图片,看到最后一张惊呆了!》http：//mt. sohu. com/20160521/n450765295. shtml,2016 - 05 - 21。

搜狐公众平台,《一句话就把天聊死了是一种怎样的体验?》http：//mt. sohu. com/20170318/n483785498. shtml,2017 - 02 - 18。

搜狐公众平台,《科技是如何改变人类的语言》,http：//mt. sohu. com/20160223/n438230114. shtml,2016 - 02 - 23。

苏娅:《微博式写作:一种大众化书写的快感》,http：//tech. qq. com/a/20110304/000073. htm,2011 - 03 - 04。

隋岩:《从网络语言透视两种传播形态的互动》,http：//jour. cssn. cn/xwcbx/xwcbx_ cbx/201609/t20160905_ 3188851. shtml,2016 - 09 - 05。

腾讯大粤网,《神总结!2014年度网络热词,你造几个呢?》,http：//gd. qq. com/a/20150226/048121. htm,2015 - 02 - 26。

腾讯科技,《网络语言你明白多少?》,http：//tech. qq. com/subjec/kj15. htm,2017 - 02 - 11。

腾讯新闻,《奔驰宝马剐蹭引群斗 银行女员工被指踹翻小女孩》,http：//news. qq. com/a/20150917/057914. htm,2015 - 09 - 17。

腾讯新闻,《腾讯简介》,http：//news. qq. com/a/20040213/000285. htm,2004 - 02 - 13。

天涯社区,《娱乐八卦.聊天的时候,看到回嗯嗯大家什么反应》,http：//bbs. tianya. cn/post - funinfo - 5783630 - 1. shtml,2014 - 09 - 07。

天涯社区,http：//bbs. tianya. cn/,2017 - 04 - 29。

天涯社区,《时至今日,为什么还有这么多人喜欢用"呵呵"?呵呵呵呵呵呵呵呵呵…》,http：//bbs. tianya. cn/post - funinfo - 5363851 - 3. shtml,2014 - 05 - 10。

网络参考

田超：《2014年十大网络用语很轻松 疯狂传播源自网友智慧》，http：//media.people.com.cn/n/2014/1220/c40606 - 26243718.html，2014 - 12 - 20。

汪磊：《网络语言"情"与"理"之思》，http：//news.gmw.cn/2017 - 01/15/content_ 23476430.htm，2017 - 01 - 15。

王濂：《网络语言对传统媒体的影响》，http：//tech.qq.com/a/2005 0627/000133_ 1.htm，2005 - 06 - 27。

王宁：《给汉字找一个现代化出路》，http：//news.bnu.edu.cn/sdjt/xslt/19996.htm，2009 - 10 - 15。

网词网，http：//wangci.net/，2017 - 04 - 21。

人民网：《网络语言迭新不断，年轻女性偏好低俗网语》，http：//yuqing.people.com.cn/ni/2016/0325/c210107 - 2822636/html，2016 - 03 - 25。

网络流行语，http：//www.wllxy.net/。

网易新闻，《"哦"、"呵呵"谁伤了你，你又伤了谁？》，http：//news.163.com/14/0219/01/9LDK2KNU00014Q4P.html.2014 - 02 - 19。

微力无边，《记录社会》，http：//zhan.renren.com/weiliwubian？from = template&checked = true，2017 - 01 - 10。

微语录，http：//www.wyl.cc/，2016 - 11 - 03。

微语录，《2013网络热词大盘点》，http：//www.wyl.cc/weiyu/yijuhua/0815776.html，2014 - 01 - 08。

ITBear，《微信：第11种沟通方式》，http：//tech.xinmin.cn/2011/08/25/11837440.html，2011 - 08 - 25。

习近平：《网络空间是亿万民众共同的精神家园》，http：//www.cac.gov.cn/2016 - 04/20/c_ 1118679396.htm，2016 - 04 - 20。

谢天长：《网络语言暴力治理的法律对策》，http：//news. sina. com. cn/o/2016 – 12 – 22/doc – ifxytyzp5441324. shtml，2016 – 12 – 22。

新东方，《2016 年十大网络流行语，你了解背后的传播含义吗》，http：//mt. sohu. com/20161029/n471752357. shtml，2016 – 10 – 29。

新华网，《2015 上半年网络流行语分析"吐槽"类语言热度最高》，http：//news. xinhuanet. com/zgjx/2015 – 08/10/c_134499169. htm，2015 – 08 – 10。

教育部、国家语委：《中国语言生活状况报告（2016）》，http：//news. xinhuanet. com/politics/2016 – 05/31/c_129030561. htm，2016 – 05 – 31。

新华网，《趣味测试题网络走红 证实汉字顺序不一定影响阅读》，http：//news. xinhuanet. com/edu/2013 – 05/06/c_124665557. htm，2013 – 05 – 06。

新华网，《网络语言走红的背后》，http：//news. xinhuanet. com/tech/2016 – 06/20/c_129075283. htm，2016 – 06 – 20。

新华文摘，《新媒体催生新生活、新语言》，http：//blog. sina. com. cn/s/blog_4bf1796c0102wvc1. html，2016 – 07 – 17。

新浪教育，《盘点当下十大网络热词的英文表达：给跪了》，http：//edu. sina. com. cn/kids/2015 – 03 – 30/105088726. shtml，2015 – 03 – 30。

新浪微博，http：//www. weibo. com/1644395354/C65WSDYUY？type = comment#_rnd1491384107750，2015 – 05 – 26。

涯社区，《时至今日，为什么还有这么多人喜欢用"呵呵"？呵呵呵呵呵呵呵呵…》，http：//bbs. tianya. cn/post – funinfo – 5363851 – 3. shtml，2014 – 05 – 10。

应届毕业生网，《2016 网络流行经典搞笑句子》，http：//juzi. yjbys.

网络参考

com/gaoxiao/17612. html，2016 - 07 - 25。

应届毕业生网，《网络通讯对人类生活方式的影响》，http：//biyelunwen. yjbys. com/fanwen/yuyanwenxue/399812. html，2017 - 05 - 27。

于莹莹：《从网络新语言看网络空间的新语言现象》，http：//www. xzbu. com/1/view - 6115505. htm，2017 - 02 - 10。

唐颂：《唐诗里的"周老虎"》，http：//hb. qq. com/zt/2014/jyyd/004. htm，2014 - 08 - 02。

张薇：《网络语言是新意迭出还是汉语危机》，光明日报，http：//www. ithome. com/html/it/120497. htm，2014 - 12 - 30。

涨姿势：《一分钟了解不明觉厉的网络热词》，http：//www. 360doc. com/content/14/0830/06/17016779_ 405734098. shtml，20114 - 08 - 30。

找人网，《最高法院禁止人肉搜索称其侵犯隐私权》，http：//www. renrouwang. cn/news/19. html，2014 - 10 - 14。

知乎，《"哦"通常用来表达什么意思》，https：//www. zhihu. com/question/19757470，2011 - 08 - 26。

中国互联网络信息中心，《第 39 次中国互联网络发展状况统计报告》，http：//202. 201. 48. 3/files/3110000000626DCB/117. 156. 30. 211/cache/cnnic. cn/hlwfzyj/hlwxzbg/hlwtjbg/201701/P020170123364 672657408. pdf，2017 - 01 - 25。

中国互联网信息中心，《第 34 次中国互联网络发展状况统计报告》，http：//www. cnnic. net. cn/gywm/xwzx/rdxw/2014/201407/t20140 721_ 47439. htm，2014 - 07 - 21。

中国互联网史，http：//baike. com/wiki/中国互联网史，2017 - 05 - 01。

中国价值，《新新人类网络语言魔鬼辞典（数字篇）》，http：//www. chinavalue. net/wiki/showcontent. aspx? titleid = 49500，2006 - 08 -

16。

中国社会科学报,《语言技术改变语言生活》,http://www.njxzc. edu.cn/b0/4d/c3586a45133/page.htm,2016-08-02。

中青在线,《微博"约架":从网络语言暴力到现实的拳头》,http:// zqb.cyol.com/html/2012-07/23/nw.D110000zgqnb_20120723_1- 03.htm,2012-07-23。

重庆时报,《语言欺凌是校园欺凌主要形式》,http://www.cqtimes. cn/news/article/id/1861648/nowCat/51.html,2017-05-21。

周凯:《什么是移动互联网》,https://www.zhihu.com/question/20 284369,2012-06-08。

后　　记

　　不忘初心，方得始终。2013年5月21日，本课题组申报的《基于语料库的汉语语言符号的网络再生及其生成逻辑研究》被批准为2013年度教育部人文社会科学研究西部和边疆地区规划基金项目。几年来的研究正可谓"痛并快乐着"，无论是问卷设计、访谈设计、方法选择、语料搜集，还是理论探讨，课题组正在一种好学慎问的学术氛围下砥砺前行。课题组成员从语料库设计与搭建、阶段性研究成果的探讨与发表中，一步步迎来了研究的曙光。

　　累土不辍，丘山崇成。语言学家克里斯特尔期待汉语网络语言的研究成果："汉语，以及在中国使用的其他语言，是如何应对各种各样的电子媒体通信领域的，中国人又是如何对它做出反应的，我们需要这方面的研究资料。"网络语言的庞杂、散乱、多变、隐匿的确令人望而生畏，研究网络语言必将涉及众多领域：语言学、传播学、符号学、社会学、文化学、人类学、心理学、认知学、网络技术、计算机技术、输入法技术、语言加工技术等方方面面。反观之，这也是研究网络语言的动力和乐趣，看到网民在虚拟空间充满智慧的民间语文产品，课题组不得不为汉语语言的博大精深、精妙结构、悠远意义、汉字的自由组合而赞叹。六年的积累与研究，汉语网络语言的成因与使用初现端倪。

剥茧抽丝，察今知古。网络在发展、语言在发展，网络语言同样在发展。网络语言既包孕款语温言，也少不了伤言扎语，全面禁止未必就可以保证语言的纯洁性。借用语言的自产性和人类对语言的生产性，加之网络的介入，网络上甚至渗透到自然社会的"加花"语言是否会成为介于口语和书面语之间的"第三种"语言呢？目前难以定论，唯一明确的就是不断跟踪研究、不断介入观察、不断寻其发展脉络，观其现貌，推知其本来面目。深入研究网络语言的形式、内容和意义，对于发挥网络语言优势，摒弃不良表达，预防和制止语言暴力具有重要的学术价值和实践意义。

众人齐心，成城断金。课题组成员孙英春、任孟山、张建中、朱振明为本课题开展提出了许多宝贵的建议和传播学理论与实践的指导。赵鸿章、董晓辉两位技术专家则为语料库的搭建、语料的网络搜索与验证费尽了心血。靳琰、白丽梅、王灏带领张娜、王翌霖、强琦、曹玲、郑媛、陈立莉等研究生从不同视角开展了网络语言的深度研究，研究成果分别发表在《现代传播》、《外语电化教学》等核心期刊上，靳琰教授的论文更是被《新华文摘》全文转载。白丽梅教授反复通读了本书稿，提出了中肯的修改意见。硕士研究生陈立莉对第二章和第七章的撰写与修改做出了重要学术贡献，她所做的数据核实查验与最新文献的搜集使本著作锦上添花。边宝华、路素红、魏钰、马青玲为语料录入做了大量工作。感谢西北师范大学符号学研究中心多次组织的学术活动，为本著作提供了激烈的思想交锋，同时也为本著作提供了极其宝贵的学术支持，兰州大学祝东博士、西北师范大学王小英博士的精彩互动为本著作提供了理论与实践支持。

镂骨铭肌，铭感五内。感谢西北师范大学社会科学处王晓丽、赵勇两位老师，从课题申报、课题立项、中期检查到成果发表与鉴

后　记

定，他们默默无闻地付出了大量心血。感谢在网络语言研究领域默默耕耘的学者与同仁们，拙作得益于他们的学术探索，文献之多，未尽列举，谨表谢忱。

感谢中国社会科学出版社陈肖静编辑，她的耐心细致使本书顺利面世。

2018 年 12 月 5 日于金城